中学地理
教育教学问题研究

毛忠义 著

黄河出版传媒集团
阳 光 出 版 社

图书在版编目（CIP）数据

中学地理教育教学问题研究/毛忠义著.--银川:阳光出版社,2023.5

ISBN 978-7-5525-6835-6

Ⅰ.①中… Ⅱ.①毛… Ⅲ.①中学地理课—教学研究
Ⅳ.① G633.552

中国版本图书馆 CIP 数据核字（2023）第 101122 号

中学地理教育教学问题研究　　毛忠义　著

责任编辑　马　晖
封面设计　鸿图设计
责任印制　岳建宁

黄河出版传媒集团 阳光出版社　出版发行

出 版 人　薛文斌
地　　址　宁夏银川市北京东路139号出版大厦（750001）
网　　址　http://www.ygchbs.com
网上书店　http://shop129132959.taobao.com
电子信箱　yangguangchubanshe@163.com
邮购电话　0951-5047283
经　　销　全国新华书店
印刷装订　宁夏凤鸣彩印广告有限公司
印刷委托书号　（宁）0026251

开　　本　880mm*1230mm　1/32
印　　张　18
字　　数　330千字
版　　次　2023年5月第1版
印　　次　2023年5月第1次印刷
书　　号　ISBN 978-7-5525-6835-6
定　　价　88.00元

目录

第四部分　中学地理学科地理教学研究

第五部分　中学地理学科地理教学问题案例

序言

对于传道、授业、解惑的教师来说，教研与教学之间有着密不可分的联系。如果不教学，就不能称其为教师，如果不搞教研，也不会搞好教学，更不会成为名副其实的好老师。因为教学不只是照本宣科，教师也不能仅仅把书本上的内容全部陈述一遍。要搞好教学，教师除了要有好的口才、清晰的表述之外，更重要的是对所教内容有全面深刻的理解。要辨析并发掘教学内容蕴含的教学价值，依据学生的认知水准以及他们的求学特点开展对教学内容的组织、建构。对于所实施的教学内容，并不是单单要求教师有独特的见解，更重要的是教师自身所具有的地理知识基础要深厚扎实。换句话说就是，实施好教学的必要条件是教师要有学问。教师的学问从何而来？从根本上讲，只能通过读书、学习和科学探求以及教学研究获得。教师的教学生涯和专业发展，总是要经历一个螺旋上升的过程，由表及里、循序渐进。当中学生考入师范院校后，他的教师职前培训工作的初始阶段就开始了。从师范院校毕业后成为新入职的教师要经历探索、前进、发展等阶段。要想成为一名合格的教育工作者，那么职前培训阶段就这样拉开了序幕，他需要勤学不辍、锲而不舍地研修和探索。他的专业水平也许会很快提高，可能会迅速成长为专家型的老师抑或是教育家。毛忠义先生的成长历程，就是其中比较典型的一个事例。他从教几十余年，无论是教学能力还是教研水平都有飞跃性的进步。他教授的地理课受到学生的喜爱和称赞，教研工作也收获了显著的成果。

毕业于陕西师范大学地理教育专业的毛忠义自任教以来，始终以一颗赤诚之心、热忱之心、诚心诚意之心投身党的教育事业；对待教育工作认真负责，工作积极主动，能吃苦在前，能顶住各种压力，勇于开拓，勇于创新；工作中有很强的纪律性和热情的协作性；意志顽强，无私奉献，认真负责地对待自己的工作，长于沟通，善于化解矛盾，组织能力较强，具备团队互助精神；有爱心，善教乐学，并行不悖；有上进心，勤于探索，综合素质和教学能力不断获得提升。在教学中刻苦钻研教材教法，勇于实践科学教法，开展多项课题研究，结题并获奖，有多篇论文发表在不同的刊物上，在教学中取得了一定的成绩。在青年教师的培养上不断践行“凤城名师”的引领作用，为银川市第九中学（以下简称“九中”）培养了多名优秀的地理教师，他们在教学上取得了一定的成绩。从教至今，在教学态度、教学业绩、教学方法研究、名师引领、青年培养等方面都在不断地进步和提高。

毛忠义老师为人踏实，做事精益求精，谦和好学，博闻强识，博采文理，特别喜好探索、钻研。在大学学习期间他就认真学习地理教学理论，刻苦练习教学技能，教育实习期间也一丝不苟，毕业论文反复雕琢。1993 年从师范院校毕业，毛忠义先生进入学校走上地理课程教学讲台后，他时常以探索、研究的激情教学，使教学实施与教研探索密切融合，一体熔炼。他每一天都必须认真设计好、准备好每节课，之后还要认真地写好课后的教学反思。完成实施一个教学模块的教学后，立刻展开反思，并研发下一教学模块，动笔和思考是他的常态。他的授课获得了师生普遍的赞誉。他想把自己近几十年的地理教学工作总结一下，出一本书，我认为这是一件很好的事情。他的成长历程正是一位热爱教育事业的专家型地理教师专业发展的典型案例，对此我表示大力支持。经过我们俩的反复商榷最终形成了一个以专题呈现的编写提纲，初稿完成后并诚邀我写个序言。对此，我十分荣幸且欣然答应。这本书凝结着毛忠义 20 余年来对地理教育教学的体验和思考，讨论的问题包括地理教育理论基本问题、地理教材分析、地理教学案例实施等多个方面。书中内容不仅理论联系实际，而且具有独特的学术探究风格，其主要特点表现：一是它开宗明义地探讨了地理学科以育人为导向的价值实施路径，这也是“地理教育价值导论”所描述的地理教学的基本价值。注重并弘扬科学精神，可以说抓住了地理学科教育的关键。全书各个主题看似相互独立，实则全部围绕着如何更好地实现地理学的育人价值而展开。在他对本专业长期的探索、研究中，就是以学科育人价值作为自己的航标。导航器与指路灯是这本书的暗线。大家通常说，到底是教地理知识还是以地理知识为载体育人，这是两种不同的教学价值观。当多数一线教师在应试教育和题海战术的深刻浸染下，自觉或不自觉地忘却、轻忽、疏远育人价值时，他却能从更高的层次看待地理学自身的教育价值，并探索能够在发展期实施的路径，这种精神是非常难能可贵的。二是聚焦地理教育教学领域中的重要问题，并给出了非常专业的解答。爱因斯坦曾说过，由于解题可能只是数学或实验中的技巧，所以探索解答一道题往往比会解答一道题更重要。

紧跟学科发展、沿革与成长，能够提出新话题、新可能性的地理学科教师，必须具有创造性的想象力，必须对过去的旧话题另眼相看。从学生地理思维能力的培养到一节课的教学思路，毛忠义凭借敏锐的洞察力，发现并提出了许多宝贵的问题，这些都是他关注和思考的对象。书中所讨论的问题，大部分都是中学地理教育教学领域中比较关键的，也是中学地理教育教学领域中比较重要的问题，并且某些还是亟待处理的复杂、疑难问题，某些问题是先辈们尚未完全处置好的关键问题。毛忠义通过严谨的思考和长期的探索，尝试着为这些问题给出自己的解答。当然，对于有些问题，他的解答也并非最终的解释。科学之所以进步，主要是因为不断地提出新的假设、新的解释，从而能够发现真正值得深究的问题。我想能够恒久地做到这一点就是有特色的探索，就是有价值的研究。要做到这一点，一是爱与热情的体现。把爱心留给每一个学生，与他们促膝谈心，平等对话，耐心疏导他们。不唯成绩论人，不唯成绩诲人。要爱教育、爱讲台、爱所教学科，能从平凡琐碎的工作中获得意义和价值。他对自己所从事的地理学科教师职业时时充满激情、热情。他的地理课逻辑清晰，语言充满激情，每当他站上讲台，整个人便焕发神采，能从地理知识讲到科学家精神以及恢宏夺目的人类发展史。学生爱上他的课，在他的带领下，努力探求知识，在浩瀚地理科学的时空中畅游，用他们的成长实践着著名教育家霍懋征的一句话：“没有爱就没有教育。”二是求知与求真。谈到好老师，一般人会说业务能力强。但我想说，没有求知与求真的精神，很难有卓越的本领，只能风光一时。而对教育这项恒久的事业来讲，确实是毫无益处。他带着一颗求知的心，悉心钻研业务，在从教之初，每节课都坚持写课时教学反思和模块教学反思，复盘教学过程，琢磨知识背后的逻辑关系以及学生的学习过程。他是中学地理学科教师中罕有的接受了专门的、系统的学术磨炼的教师。从读本科时，他就对自己的职业发展有着清晰的定位，师承其母校的地理教学理论专家，搞调研，写论文。到“九中”后不变求知本色，以课堂为教学阵地，以教学方法为探索、研究对象，扎根一线工作几十年。在教学探索和研究范围上，地理学科也取得了很大的成就。十几年间，他参与编纂了好几本地理教学著作，还在全国一些重要学术刊物上发表部分论文。此外我还要强调的是，他以中学地理教师身份蜚声当地地理教育领域。长期以来教学学术被认为是大学老师的专利，一般对中学教师的评价也不太侧重这方面，学生、家长甚至教师自己也都普遍认为中学老师能上好课就行了。确实，中学阶段教学课程是主业，可我认为也绝不能抛却了对教学的探索与研究。好老师离不开教学研究，这是好老师提升自己最有效的手段。最本质的一句话就是，优质的教学实践绝对离不开探索与研究，脱离不了教学理论的指引和鞭策。很多优秀的老师，他们可能没有发表过什么论文，但其教学一定是经过了探索、研究和总结的，只是这样的探索、研究没能提升到理论阶段。他的学术研究基于中学地理教学实践，由课堂生成，接地气，有实感，问题找得准。当然，他的理论研究水平也很高，这一点已经得到了不少人的认可。他的探索、研究是真正的科学研究，他的地理知识、学问是真才实学。所有的成就，追溯起来都有源头活水。他爱读书由来已久，教育学、心理学、地理学、科学史、科幻小说等都有所涉猎，是学校出了名的阅读者。他如海绵一般汲取知识的营养，用于推动自己的教学研究。大家可以从这本书的很多篇章中读到不同领域的知识理论，某种程度上打通了科学知识和人文知识的壁垒。很多人只看到成书出版带来的荣誉和好处，却忽略了这一切都是源自大量的阅读和厚积薄发。一篇论文可能要经过几年的酝酿、修改才能定稿，要阅读上百篇的文献，做上万字的读书笔记。什么样的老师是好老师，如何成为好老师，是个常谈常新的话题。在此，他想借这本书告诉青年教师，要永远走在学习的道路上，不吝惜自己的爱和热情，执着地求知求真，为自己插上感性和理性的翅膀。毛忠义是我的同事，我们亦师亦友。他为人谦虚上进，对做好地理教学的探索与研究有特别的激情。经由这些年的研修、教学工作、调研历程，踏实勤奋地开展探究工作，获得了较佳的效果。作为他的同事和朋友，我感到非常欣慰和自豪。在该书即将付梓之际，以此为序，既表达了我对毛忠义的祝贺，同时与君共勉。

马文婷

2023年2月19日星期日

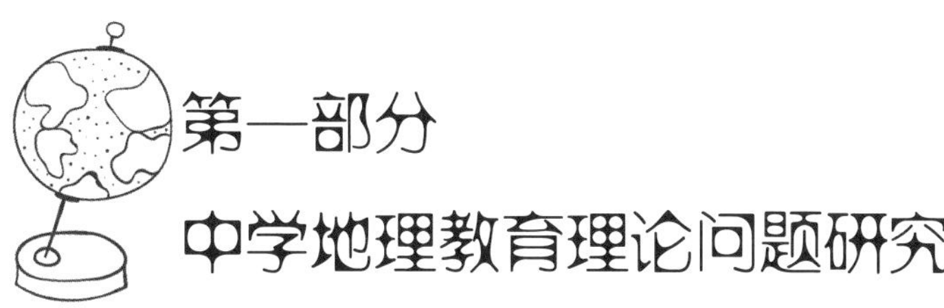

高中地理学科的育人价值

一、再认识的地理学科育人价值

《国家中长期教育改革和发展纲要（2010—2020年）》指出“把育人为本作为教育工作的根本要求”。要充分发挥求学者的能动性，把课堂、校园、社会、家庭尤其是学校教育作为育人的主阵地，作为学校各项工作的重中之重，作为促进各层次求学者快乐健康成长的出发点和落脚点，以广大求学者为主体，以各学科的施教者为主导，切实把育人作为立身之本。本着尊重各学科教育规律，尊重求学者个体身心健康发展规律的态度，关爱每一位求学者，推动每一位求学者积极向上、意气风发、生动活泼的健康发展，为每一位求学者提供最适合自己的个性化教育，提供最好的教育理念。尽最大努力培养出数以亿计符合标准的高素质劳动者，培养出千千万万专门型人才，培养出一大批突出拔尖、与众不同的人才。这说明各级各类学校的育人价值实质应包含着两方面的内容：一是必须传授给求学者终身学习和发展所必需的学科基础知识，此外还必须具备应对社会高速发展的各种基本技能。二是各学科的施教者在传授知识的过程中，要有针对性地对求学者进行一定的情感态度和价值观的教育，重视人格的培养逐步培养求学者良好的思想品德和人格品质，帮助所有求学者树立科学的、积极向上的人生观、世界观，教育求学者学会学习、学会做人，使求学者的思想品质获得升华。叶澜教授多次提出主要倡议“从本原出发建构学科施教价值”，从内在和外在两个方面描绘学科培养人的价值。“从本原出发建构学科施教价值”：“对于求学者所具有的非凡成长价值，任何一门学科的平常施教，都要仔细思考、辨析学科的内涵和外延，并从学科的视角培养人的价值。”它除了指求学者的生活、生计和成长价值外，还指学科界限所触及的基本知识，也应包括为求学者服务的施教者。施教者在瞬息万变的世界中帮助和服务求学者建设和实现抱负的意愿，拓宽求学者的视野，这是施教者所应具备的，也是从他们的成长路径和思维方式的特殊视角提供不同的差异化指导，助推求学者实现抱负。施教者指导求学者从本学科研究中获取概括性思维和经验的独特途径，并在此基础上研究本学科发现问题的措施、关注问题的角度、处理问题的途径、综合思维的策略和理解特有的地理操作符号、知识逻辑等。引导求学者对本学科发现问题的措施进行研究，把注意力集中到增强特殊能力上来——发现美的能力、欣赏美的能力、评判美的能力、表达美的能力等方面。然而，在拟定《2017 年中学地理新课程标准（修订版）》时，并没有把“促进求学者全面成长、自然成长”作为贯彻实施《2017 年地理新课程标准》的根本出发点和最终归宿。如果求学者能获得可供其成长的地理基础知识、基本技能、实践技能、关键能力和研究方法，愉快地体验和享受地理学科的研究过程，并在综合地理思想的运用中学以致用，这才是“促进求学者全面成长、自然成长”的根本所在，因此在 2021 年对《2017 年地理新课程标准》实施了修订。对于“促进求学者全面成长、自然成长”的根本所在完全可以根据《地理学课程总体目标》中的情境，对中学地理学课程的育人价值进行科学而具体的论述。培养求学者对探究地理基础知识的理解、判断、把握能力以及对基本地理知识的接受能力，建立起人地协调的环境伦理观念，树立全局意识，培养爱国爱乡的深厚情感，逐步积累起丰富的科学人文素养。因此，笔者认为，在以下四个方面应该主要体现出地理学科的育人价值。

（一）学习地理基础知识和基本技能是构成人的科学文化素质的重要内容之一

人类在日益频繁的各种商业活动、文化经济交流活动、农业生产实践、工业生产实践、交通运输、人际交往和日常生活中获得成功发展的基础，同时也得到了人文环境和自然环境方面知识。高中地理学科课程的学习，不但可以使学习者获得丰富多彩的、生动趣味的、科学的地理知识，还能够获取科学地对地理事物观察观测、严谨的调查统计、科学实验实践的技能和对各类地理图像、图表的阅读、辨析、填绘的基本技能。这些基础知识和基本技能，既能为求学者深入研究地理学科奠定基础，又能激发学者对地理学科研究的欲望，是求学者正在构建的现代科学文化基础知识体系的有机组成部分。地理学科也与求学者在平时的衣食住行、休闲娱乐、职业生涯规划等方面有着密切的联系。在发达国家，把地理作为重点课程，与数学、英语、科学、历史这四门学科一起对待，甚至把地理作为公共课程，放在许多大学的课程中。这从另一个比照的视角来讲，地理学科的育人价值是不言而喻的，尤其是在全球一体化经济的当下。地理学的育人价值，首先体现在求学者的生活能力上，使求学者获得可持续发展的基本的地理学知识、技术和技能，掌握研究地理学的基本方法，了解地理学的逻辑思维，了解研究（探讨）地理学课题的基本历程和技巧；建构全球意识，陶冶爱国情怀，把自然和人文科学的修养汇聚起来。

世界地理、中国地理和自然地理（必修 1，选择性必修 1）、人文地理（必修 2）和其他选修教材等内容在高考地理复习的教材中都有所触及。如何在高考复习施教过程中培养求学者的地理核心素养，使学子们走出校园校门后仍养成持续关注地理事物的习惯呢？以培育求学者们对地理课的持久学习乐趣尤为关键，这种乐趣的培育必须在施教者的指导下长年累月才能慢慢地形成。在学习世界地理的过程中，一定要在教室里张贴竖版的世界地图，让有条件的求学者自己动手准备家中的地理挂图，在课堂上培养求学者指图、读图、析图、绘图的能力，引导求学者学习和认识热点新闻中提到的地理热点知识，让他们在课堂学习过程中关注地理，同时有意识地创造各种机会，发挥求学者学习的主动性，让求学者在学习中通过研究性学习的开展寻找自信进行学习。 例如在区域地理世界地理的学习中，《考试说明》要求求学者掌握八个重点国家，在施教者以南亚印度为例传授了学习国家地理的思路后，要求同学分组通过查阅文献资料获取信息，各自独立完成某一国家的基础知识的学习课件， 创造机会让每位同学站上讲台讲解，展示给全班同学。在同学们进入高三前的那个暑假，笔者会额外布置三个有针对性的作业：一是利用假期完成一个 PPT，有针对性地详细介绍某一地理知识，内容灵活，可以是自己假期外出旅游的景点风景介绍，也可以是与地理相关的人文热点介绍；二是在假期里按时完成地理学科学习的经验总结；三是利用假期时间完成一篇有针对性的作业，内容可以是介绍自己学习的好方法，也可以是介绍自己学习过程中遇到的困惑和地理问题，这些问题都是自己很难解决的。这些就是开学第一周课堂交流的三个作业。笔者认为在这样的学习过程中既丰富了求学者的学习内容，也使求学者逐步养成关注、思考与地理相关的课外知识的学习习惯，求学者的地理素养也会逐步提高，求学者的地理基础知识与技术也能慢慢获得汇集和进步。

（二）地理空间思维能力是人的基本能力之一

人的三种能力分别是“空间辨识能力、计算数据能力、言语表达能力”，这是美国心理学家西莱辛格和格德曼提出的。地理学的着眼点在于重建空间布局、地理位置等地理事物，对于提升求学者空间思维能力和空间想象力的构成和成长，判断地域方位的空间方位，确定地理事物之间的空间联结和空间结构，是十分重要的。高中地理课程中，山岳、天气、生物、河道分布特点，城市和产业的合理布局等空间散布内容的研修和田野实践、研学游览等都有助于求学者对空间思维本领的延续锻炼和逐步提高。除此之外，地理课程在新课标的背景下，对其他思维能力的培养也具有非常独特的现实作用，具有很强的针对性，如抽象思维能力、逻辑思维能力、形象思维能力、综合思维能力等。打个比方，应用地理学观点进行判定和猜想是地理施教经常使用的方式之一，这类判定和猜想的施教过程可以培育求学者的抽象思维和逻辑思维；地理课本中的人口、资源、产业、环境、经济等施教内容，能够充分应用地域实践、查询、拜访、钻研的方式来进行，用钻研和探讨性的施教方式来处置这些课题，有助于综合思维能力的培育；现代地理施教融合互联网技术，通过地理信息系统技术，运用多媒体技术，在声、色、形、变等诸多方面对求学者进行感官刺激，打通信息的传播链条，促进信息的传递交流，有助于其抽象思维、过程性思维的培养。这说明，在培养公民思维能力方面，新课标背景下的地理课程同样具有十分重要的作用。《2017 年中学地理新课程标准》（修订版）展示了我国基础教育地理课程的基本实例，是我国对地理学科焦点素养的基本要求，加强了在地理知识与技术、过程与方式、情感立场与价值观等方面存在差异和不同学段的求学者的培养；规范地圈定了地理课程的性质、达成结果、内容框架等，以地理教材为翔实载体，展示了新课程标准圈定的地理施教方针，提出了地理施教思想、地理过程评价思想和最终评价思想。授课施教者只有认真、详细、科学地研读课标和教材，充分领悟课标和教材中所蕴含的地理教育理念和精神，只有这样才能确定科学、合理、正确的课堂施教目标，在充分掌握学情的情况下选择合适的施教方法和施教策略。否则，施教者精心制作的课件再精美、求学者活动设计得再丰富都难以把握，都难以保证地理课堂施教的方向目标和育人效果。笔者在讲授地理课本必修 1“大气的构成与垂直分层”一节时，直接联系到了后面的大气热力状态、大气运动以及许多天气、景象形象、气候常识，如大气垂直分层中的平流层 O_3 对紫外线的消纳等。由于本课内容是本单元的第一部分，也是各单元施教的前奏和根本，因此，“大气的构成与垂直分层”一节的内容在“大气的组成与垂直分层”一章中，受人类行动影响的大气中 CO_2 的保温效能（CO_2 是大气成分中的温室效应气体）、气候、天气等都在大气中得到了很好的体现。所以本节课施教的最终时效呈现将直接影响后续几节课资源的施教，但愿求学者们在上完这堂课后，明白大气的存在对人类活动的影响，建构起人类与环境和谐共生、走可持续发展道路的观点和意识，特别是包含在低层大气、平流层和高层大气中的对流层、电离层与人类活动的联结，就能更好地理解大气的存在对人类活动的影响，从而更好地认识到大气的存在与人的生存与发展的关系。笔者在上课的时候，一是设计了一个表格或者是简单的设问，让求学者把大气环境和大气组成的这部分内容进行阅读和小结，同时把大气的环境作用知识点和物理、化学的联系，以及与大气热力作用，做一个适当的延伸。二是“大气的构成和垂直分层”这部分课本内容的重点和难点、基础知识先后的逻辑、因果关系是联系密切的，如大气成分与大气温度的垂直转变紧密相关、大气温度的垂直转变与大气运动之间的关系、大气运动与气候状态转变的联系、气候转变与人类活动之间存在的关系等，如图 1。

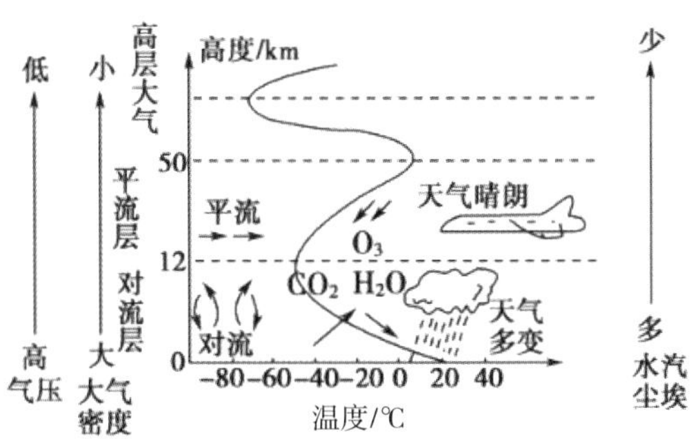

图 1 大气的垂直分层图

所以笔者在讲授这部分内容时，着重以温度的垂直变化特点为切入点，由因到果，层层深入，层层递进，使求学者对大气各层次特点的理解和把握更加得心应手。例如一开始就创设真实的地理情境并提出问题：大家知道天空是什么颜色的吗？这样的问题立即激起求学者的研修乐趣，然后举例说明曾经坐热气球对天空颜色进行过具体观测的苏联的三位科学家。他们操纵热气球，使其处于垂直飞行状态，当热气球从地面升至距地面 8 600 米的高空时，蓝色始终呈现在空中；当热气球升到 10 800 米高空时，天空酝酿出一片深蓝，再升到 13 000 米时，呈现出暗紫色；在 18 000 多米的高空中，天空变成了暗紫色。这种现象反映出不同空气物质组成所显示的空气颜色与波长之间的关系，这是由于该空域的空气非常稀薄，光线不会散射出去，地理学科与物理学科之间产生了联系（如表 1 中的颜色与波长）。由此可知，人们司空见惯的蓝天离地面只有 10 000 米的高度。这样的情境施教对求学者的认知价值、发展价值、精神价值、审美价值都进行了培养，最后起到了很好的施教效果。表 1 为物质颜色与吸收光颜色和波长频率（nm）的关系表。

表 1 物质颜色与吸收光颜色和波长频率的关系

物质颜色	吸收光颜色和波长 /nm	物质颜色	吸收光颜色和波长 /nm
黄绿	紫 400~450	紫	黄绿 560~580
黄	蓝 450~480	蓝	黄 580~600
橙	绿蓝 480~490	绿蓝	橙 600~650
红	蓝绿 490~500	蓝绿	红 650~750
紫红	绿 500~560		

（三）地理实践能力和综合能力是衡量国民素质的重要标准之一

人类社会是一个庞大的开放系统，发展性、可变性是由开放性社会的特点决定的。随着全球化时期的快速到来，自然环境和人文环境不断发生变化，地区间信息互通、物质交流也变得更加忙碌和频繁。公民在全方位处置、改造社会和自然的同时，其所具有的思维意识开放能力、矫捷的应答转变能力、超强的概括实践能力是必需的。地理课程在培育实践能力方面的功能因其具备很强的实践性而不言自明，在地理研修的过程中，要有超强的思维能力和步履力，很多地理知识的获取和验证必须在行动实施中或在实践中完成。大量的地理施教内容，可通过课内和课外的研学游览、实践实施展开，这能够培育求学者的地域察看本领（如地貌的查看），精确应用处置图、图表的本领，规范操纵地理仪器设备、田野研学考察、情况查询、社会调查拜访本领，甚至充分利用地域知识解读题目、解析题目且能科学地处理题目的本领等。同时，地理课程对于培养求学者熟练应用现代互联网信息技术具有独特之处。运用当代互联网手段可以培养求学者浏览地图的能力、绘制地图和操作地图的能力，对信息的运用和准确辨析能力，对地理问题的探讨能力和创造性研究的能力。还可以培养求学者利用地理信息系统的能力，在地理研究的实际行动中，相互交换信息、进行信息表达等方面的能力。此外，地理探究的几个圈层系统，每时每刻都在向外界传递能量、传递信息、交流物质、融合物质，呈现出开放、综合的态势。这种开放性和综合性的特点，使地理学融合了自然科学和社会科学，彼此贯通，形成了包括物理、化学、政治、生物、历史等学科的学科特征和学科内涵，地理学科的特点和内涵也就凸显出独特性。施教者在地理课堂上讲授地理知识的同时，也要注意培养开放的思维意识、应变的敏捷能力、超强的归纳能力等，所取得的成绩是其他学科所不能比拟的。地理是一门实践性很强的学科，仅仅局限于课堂上的讲授是无法完全达到施教者所期望的效果的，所以一定要走出去，到大自然和现实生活场景中去，把课堂内外有机地结合起来，才能收到良好的授课效果。依据地理学科的特点，学习地理必须培养求学者的综合思维能力和驱动力，求学者不仅要动口、动脑，还要亲力亲为地动手操作。人们常说："眼见千遍，不如手来一遍。"在地理学科施教过程当中，有很多知识点哪怕施教者屡次讲解、求学者各处研修，对某些求学者来讲也晦涩难明，不如施教者放开手脚，让求学者亲手做一下、切身体验一下，这样的效果会更佳。如笔者在讲到魏格纳的"大陆漂移假说"时，在讲到"构造运动"时，如果施教者只是带领求学者把课本上的内容读一读，然后画出相关的要点并要求求学者记忆，那么讲授"构造运动"的实际效果是怎样的呢？固然有助于基本知识的落实，却疏忽了求学者掌控、享受地理研修的过程，研修效果也是不稳定的、起伏的。考虑到这一实际情况，笔者在课前根据求学者的学情，先将求学者分成 A、B 两大组，安排他们利用课余时间将透明白纸覆盖在地球仪上，A 组求学者用笔描绘非洲大陆和南美大陆的轮廓，B 组求学者用笔描绘北美大陆、欧洲大陆和格陵兰岛等地的轮廓，然后用剪刀剪开，将求学者所剪好的大洲轮廓放置于同一张白纸上，将轮廓纸固定住，用笔再描绘一幅出来，这样就可以保证画出来的轮廓图是没有问题的。课堂上，笔者让 A、B 两组委派代表上台，将自己剪好的图片拼在一起，看纸的拼合处是不是基本重合，并给全班同学演示大陆漂移可能是什么样子。因为是求学者本人亲力亲为，就会使知识深深地印入脑海里。这类做法不但有益于求学者对“大陆漂移学说”理论的熟知和明晰，还有益于求学者亲身悟透科学的钻研方式，加强他们实施实践的意识。再如，让求学者用两本书叠加挤压，或双手各执两本书碰撞挤压，通过碰撞挤压和裂开拉伸演示实验，或用橡皮泥、牙签模拟演示地表岩层的新旧关系、地质构造的背斜和向斜（图 2）等，通过地理模型的制作，让求学者轻松理解“背斜成山”的地理原理是判断这一地貌的基础。这不仅可以让求学者更容易明白冲撞挤压使表面隆起，形成了一个巨大的山体，裂解伸缩使地表断裂，形成“裂谷、海洋”等知识，也能激发求学者学习地理的兴趣，提高求学者的参与性，既简便易行，又形象生动。通过动手练习，让同学们在生活中就能了解地理知识，在生活中就能逐渐感悟地理知识的存在。人们生活中到处都有地理，地理因子也在分分秒秒地影响着人们的生存、生产，反过来人类的行动也在深刻影响着地理环境的演变。

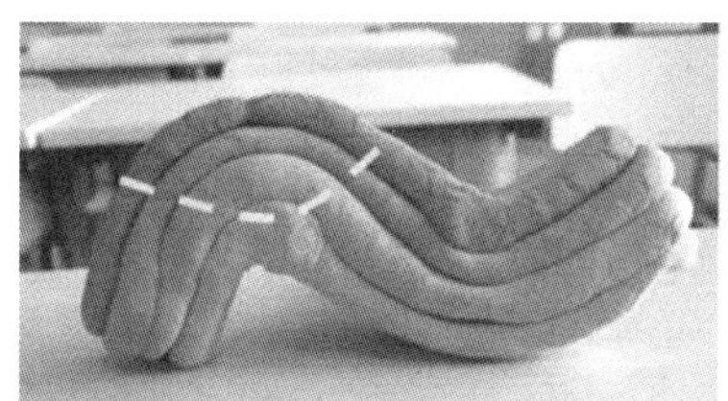
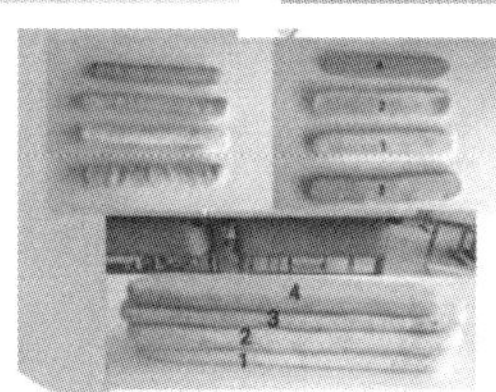

图 2　表示地层由老到新手工模型

在讲授“全球气候变化”一课时，笔者引导求学者做“温室效应”的小实验，结合地理实际，探寻农民在生活中随意焚烧农作物秸秆、城市汽车尾气排放、家用空调冰箱使用、全球气候变暖的原因等事例。进而让求学者增强整体的环保意识，提升求学者的综合思维和地理实践能力，这是求学者应该做的一件非常有意义的事情。实验的进行，使求学者在实践中的能力得到了提升。总之，在施教过程中，施教者要尽量让求学者在力所能及的情况下，多动脑、多动手，让他们在做中学、学中做。

（四）地理情感立场和价值观是国民基本素质的重要构成部分之一

地理科学素养的构成，主要内容是地理的情感立场和价值理念。中学地理课程以人类可持续成长和赖以生存成长的地理环境为基本内容，在中学各课程中独树一帜，其功效在于不仅能激发求学者对人类可持续成长的感受和探求，还能引导求学者建构科学的环保意识和准确的全球意识。求学者对环境保护的认识具有科学的地理思维。既能加深求学者对环境保护的认识，又能引导他们以人为核心建立人与地的关系观念。因此，中学地理课程具有独特的意义。从经济、社会、生态和人文精神等视角，使求学者能够明白、熟知和评价人类所面临的重大课题，且面临这些课题时应当采纳何种有效的行动来呈现地域价值观念，从而具备在这个世纪所必要的，能够介入中国与全球的可持续发展、国际交往、彼此互助与竞争的最基本素质，以顺应本世纪我国对人力资源的巨量需求。更多的情感立场和价值观的成长，是高中地理科学素养与传统科学教育最大的不同。传统教育很少关注求学者情感立场和价值观方面的成长，其首要目的是对求学者常识、技术和技能的培养，如果说即使有，也是以培养求学者的研习乐趣为首要着眼点的最基本的教育。地理科学素养中最受关注的是一个人对地理学科的情感立场和价值观。如果求学者对地球科学毫无兴趣，或表现出非常冷酷、不积极的态度，即使个别科学知识、技术、方式、能力被求学者掌握得很好，个别科学研究能力再大，但在价值判断上往往存在瑕疵的价值观，其效果又如何呢？地理科学素养不高，弄得不好，甚至会出现张冠李戴的现象。所以，在培育求学者地理科学素养上，家庭、社区、社会都要有担当，都要十分注意培育求学者的情感立场和价值观。人的情感是指个体对环境、事物或人的主观感受，如好奇、厌恶、排斥、贬损等。地理科学素养中的情感，也是指一个人对地理科学事物所表现出来的情感体验，如乐趣、喜好、激动、满足、享受，或憎恶、无乐趣、不快乐、反感等。这样一种情感的表达，是建构其科学态度的最基本的前提。立场是指认识和处理问题时所处的地位和所抱的态度，地理科学素养中的立场是基于客观的、科学的观察和研究，依据事实和证据来表达和支持，而不受个人偏见和主观情感的影响。地理科学的立场不偏袒任何特定的观点或利益集团，而是追求真实、客观和全面地对地球上的自然与人文现象的描述和了解。人的思想行动和外在表现，往往以科学精神为重，这是普通人看待科学事物的最基本的观点，也是科学价值观的自信和价值取向。第一性是物质，必须承认尊重现实、尊重客观自然规律的地理学最基本的思想——地理自然规律的客观存在。人类对自然的认识是有局限的，对地理科学的研究要不断深入，才能对自然世界不断变化、不断演变的真正意义有所认识；地理科学对人类具有两重性，既要充分利用好它对人类自身有利的一面，又要充分规避好地理环境给人类带来的不利于生活生产的一面；既要充分利用好它对人类生存有利的一面，又要充分利用好它推动人类社会走可持续发展道路，树立人地协调的正确理念。

二、育人价值是地理学科实践高中阶段的教育目标之一

在今天，地理学科育人价值的实现，依然有些不尽如人意。其关键表现在两个方面：一是认识上的畛域窄小化表现。对地域学科的育人价值的理解，有一种狭小化的倾向，使求学者仅限于将课本知识作为育人的资源，而是把自己的认识仅仅停留在掌握地理的基本常识和基本技能上，这是在应对考试中所获取的。求学者仅是被动地接纳施教者的传道，仅能死记硬背地理学科知识，经大量强化练习，以测验、考试、模拟的成效作为成功的目标价值，反而将人的全面发展轻忽了，抹杀了求学者的自主探求知识的抱负。二是行动实施中的极端形式化。有些施教者在培养求学者的情感立场和价值观方面已经想好了地理学科的成效，但还是没有把烟火气十足的东西，如课改要求、课改目标等脚踏实地地贯彻下去，只是在施教的基础知识目标之外，增加了一些自己都觉得脆而不坚的标语性目标。虽然增加的目标是按照课程方针的大格局来拟定的，但由于地理学科的特点，可能也只是形式上的表现。所以，地理学科的目标并不具有操作性，也就无法进行实际的运筹。给予人持续发展的搭载工具、文化资源等的同时，能将人的自动创造精神提升是地理学科对人的生存、生命、生涯发展的现实意义。上述问题是高中地理施教实践中存在的主要问题，这些问题使知识内化为求学者的动力明显不足，也必将使求学者的全面发展受到影响。为此，笔者将问题研究的重点放在如何发挥地理课程在促进求学者情感态度和价值观的养成教育方面。这里所提出的情感态度与价值观教育，除涵盖一般德育教育内容外，与以往德育教育不同的是，既有对地理学科求知欲的培养、对地理学科学习的兴趣，又有对科学探究态度的求真务实、对地理学科审美情趣的思考；既要有全局意识、团队意识，又要有协作精神和开阔的眼界；人人积极参与、人与人之间相互配合的环保意识及生态环境可持续发展的观点等。同时，还包括培养求学者价值判断能力和批驳思辨能力。

三、发掘有价值的地理学科研究目标

在过往的教育范式中，处在教育系统中的人们对求学者是否学会了、学懂了前人已经“发现”的知识是比较关注的，但是相对缺失、忽视了德育教育在传统教育中的效能，这是使人们不能不斟酌、审视、慎思、深思真真切切存在的社会实际问题。作为一名普通的地理学科施教者，笔者认为地理课堂施教不但要贯彻知识与技能目标，还要将其有效地、高效地落到实处，更要踏踏实实地传承新时代的社会主义核心价值观，不能人为地割裂地理学科传道与育人价值的联结纽带。

如今如火如荼的基础教育改革正在踏踏实实地进行，基础教育课程改革的首要目标是为国家和社会培养个性或人格健全的劳动者，着重于“教育”这一理念的真正内涵。地理工作者要使一切施教都具有教育意义，才能实现新时期的教育目标，施教与育人是分不开的，那么地理学科的育人价值就需要施教者在施教过程中不断地深入挖掘，并加以落实。这一课题需要所有地理施教者共同努力、共同探索。因此，作为地理学科施教者，在日常的施教过程中从备课、上课以及求学者的过程性评价、终结性评价等方面进行思考。如何落实开展立德树人教育，努力探索如何充分发挥地理学科育人价值的教育思路和开展步骤、途径。

目前，地理学科在地理施教实践中，对地理学科育人价值的认识存在着诸多偏差，这就使得地理学科在施教过程中育人的价值偏离了目标，也就是偏离了求学者的整体发展，这是最根本的，也是最长远的价值所在。所以，地理学科不仅要对求学者的整体发展价值进行重新的认识和定位，更重要的是对地理学科教育的认识和定位。探求地理学科内涵，怎样的教育理念才能有助于求学者的全面发展，除此之外还应对地理课堂施教在学科育人方面存在的其他问题进行详细梳理，提出解决问题的建议、对策和措施，解决办法要具有科学性、针对性和可操作性。同时，笔者在研究的过程中注重及时总结一线地理施教者在学科育人方面积累的好做法，发现育人典型，借鉴、传播优秀经验。地理学科的育人价值便是要培育求学者的爱国主义情怀、人地协调的观点、勤俭节约的美德和互助共赢的精神。地理施教者要实现这一目标，在施教过程中要将地理施教目标有机地融入立德树人的目标之中，还要有一双火眼金睛，发掘立德树人内容于学科施教内容之中，在日常的施教中也要逐渐养成发现和积累地理学科立德树人材料的习惯。充分挖掘地理课程内外知识与活动在立德树人中的作用，要充分利用教材文本，链接与教材关联的多学科知识、各类图文资料、实时热点等创设有价值的真实施教情境，使求学者在对地理知识充分理解和运用的基础上，为养成良好的思想品德夯实基础，逐步形成正确的人生观、世界观和价值观。这些都是我们要做的，也是我们必须做的。地理教育工作者通过长期的施教实践和探索，对地理学科育人价值课题进行不断探究，将会实现地理学科特殊的育人价值。

四、研究地理育人价值的意义

在地理学科的施教过程中，尽管有许多教育专家开始关注学校育人的价值取向，各学科一线的施教者也时有相关文章见诸报刊，但多为较为上位的理论研究或泛泛而谈，真正深入、系统地开展研究的很少，尤其是对学科教育价值的系统研究，更是凤毛麟角。目前在学科教育价值的研究中，教育专家们的教育价值观已经成为当今教育行业的重要组成部分。笔者立足中学地理施教一线，在理论研究的基础上开展相应的调查研究，力图发现中学地理学科在实现育人价值方面存在的问题，进而有针对性地提出解决问题的对策和建议，为今后对学校教育的育人价值进行更深入的研究具有一定的参考价值。同时也为地理学科的育人价值在课堂施教中得到有效落实指明了方向。

（一）为实现和提升地理学科的价值而努力奋斗

在学校教育实施的所有学科的教育中，任何学科都有其育人效能，而地理学科作为学校实施施教的有机构成科目，更是具备非凡的育人功效。地理学科所承担的育人功效，是地理学科教育价值的综合表现。实现地理学科育人价值的关键路径是通过对求学者不断强化训练来实现的，例如地理基础知识的练习、强化地域演化问题的认知，用宏观的地理视角察看宇宙，这都取决于平常的地理课堂施教。地理课堂施教系统中施教设计、施教问题提出、施教过程、问题生成、求学者的反馈、施教过程性评价、结果性评价等都是围绕“地理学科的育人价值，选择哪一种策略能够更好地实现”这一问题展开的。实现地理教育价值的最佳策略应该如何选择？选择什么样的课程内容才能达到目的？关键是地理课程施教内容的建构问题。地理教材的编写问题就是编者能提供什么样的施教资料给地理施教者在课堂中使用，通过教材编写者提供的施教资料，施教者怎样才能深入领悟编写者的思想？地理学科的育人价值如何实现才是最好的呢？在设计施教问题时，地理学科的施教采取怎样的策略？施教者开展课堂施教的方式有哪些？如何能实现地理学科的育人价值？由此可见，无论是地理课程教学内容的选择与构建，还是地理教材的编写、教学过程的设计、教学反思与教学的再设计等措施，要解答这些问题，最终还是要从地理学科的育人价值上寻求答案。探究这一问题的学者众多，基本上都从差异性方面或聚焦点剖析、探究，探索地理学科的育人价值的内涵，但理论界对这一问题的研究一直比较缺乏系统性。地理学科育人价值的本质、内涵及相互关系，需要通过课程建设、教材编写、教学设计、成果检测、目标达成等各个环节来体现，这是非常困难的。如果地理学科的育人价值不能梳理清楚、辨析清楚，那么地理学科的育人价值要想最终实现也是很困难的。因此，必须经过全体地理学科工作者共同探索和研究，经过施教者教学实践来实现。

（二）反思和促进地理学科的有效施教

有效施教作为一种施教思维，自从“传道”思想起源以来，经过施教者勤劳努力、不懈探求才使思想理论慢慢趋于完善，有效施教是施教者一直最关心的课题。即使是在师徒制的时代，例如在我国先秦时期的学馆施教就在探索这一问题。在这里施教者的追求又是什么呢？应该是努力寻求怎样高效地传授知识和本领的方法。这源于人们从教育范围上对施教有效性的孜孜寻求，致使呈现出了现代的学校教育以及班级授课制。

（1）从理论上看，地理学科施教的基本规律的探索是地理施教理论自诞生之日起的首要任务。“少教多学”是《大教学论》一书中提出的，要求施教者少教，求学者主动学。苏联的尤里·康斯坦丁夫·巴班斯基也在其著作《论教学过程最优化》中指出：“最优化的施教与最优的知识流程，即在这种特定的条件下选择最优的施教计划。”遵循施教最优化的原则，确保课堂施教在耗费参与者最少的时间的状况下，可以获取最大的效能。北京师范大学教育学院专家、教授裴娣娜在其著作《现代教学论》一书中指出“探索教学法则作为教学论最基本任务甚至是关键任务”。最有用的授业和最有利于求学者的教学是摸索、发掘施教的目标和意义。在教育理论层面或是施教实践层面，施教过程的紧凑性、有效性都是施教者最为关注的问题，针对有效的课堂施教，对“有效”的理解在不同时代、不同学者那里差异是非常大的。为了达成地理学科最佳的施教和求知效果，施教者首先要完成的第一要务就是在课后展开反思并进行施教再设计。到底怎样的施教才是“有效”的，是最值得反思的，要回答“地理课到底采用怎样的一种有效的教育方式来实施呢？”这一问题，施教者就必须首先思考“开设地理这门课程的目的是什么”，或者说“开设地理课程要实现什么价值”。由此可知，这不仅是一个授业传道观点的界限归置课题，更是一个教育哲学课题，因此反思地理传道、授业、解惑就要从哲学价值的视角去思虑。

（2）从哲学视角看，客体满足主体需求的效用是价值，施教者和受教者中，受教者是主体，有效的施教要符合主体的需求。《普通高中地理课程标准最新解读 2020》中对这一基本课程理念进行的论述，内容包括三个方面：偏重生活中的地理，以满足不同求学者发展的需要和不同教师发展的需要；对人文地理的关注，与求学者素质的需要相对应，与地理学科知识、技能的学习相呼应；聚焦自然地理，对应探究求学者对地理的研究，偏爱地理学科的发展。

（3）从学科育人价值出发，考虑地理课堂施教。以这个视角作为聚焦点，首先要梳理清楚求学者成长的哪些需求是地理学科可以满足的，求学者的发展需求究竟有哪些是与地理学科关联的，能最大限度满足求学者的研修需求，地理课堂施教应该采纳什么样的办法和策略。施教者从学科育人价值的角度审视自己的地理课堂施教，则能使施教者避免深陷“有效施教”、概念辨析的文字游戏化，从而促进了对地理有效施教的深刻反思；避免概念文字游戏化，对施教者更投入、更深层次地理解和辨析地理学科的有效施教，从理论和实践两个角度都有帮助。

（4）从实践视角上看，施教者作为施教行动的实践者不断摸索、改良、检视授业方法，充实授业本领、优化施教过程、探求施教范式、总结聚集授业经验等。

（三）促进施教者对地理学科施教的深度理解

国家组织编辑出版《教育大辞典》，是根据世界和国家形势发展的需要，为科学教育兴国战略作出贡献的一项重大基础性工程。对于“学科”，《教育大辞典》是这样解读的：纯粹从学术的角度来分类，或将其归入自然科学的范畴，或将其归入某一科学的分支中。如果把它归入自然科学的范畴，那么，《教育大辞典》的含义分类就可以理解为“学科”和“科学”。根据教育法规，学科的划分是为了更好地满足求学者的学习兴趣和实际需求，让求学者掌握相关的基础知识和技能，进而为其未来的学习和工作打下坚实的基础。教育工作者和家长也应该根据求学者个性特点，更好地引导求学者选择适合自己的学科，进而提高求学者个人的成长和发展。不同学科，其学科探究工具、研习内容、研修体例、学科思维方式和学科育人价值都有一定的差别。

目前在我国中学教育改革的大背景下，应试教育仍然深刻地影响着学科施教，求学者的学习目的就是为了考试，施教者的施教目标就是帮助求学者升学，传统思想仍旧影响着求学者、施教者。施教者对非高考科目的施教驱动力不强，求学者对非高考科目学科不够重视、学习动力不足，要从学科育人价值视角去认识本学科的施教本质。同时，即便成为高考科目的学科，其学科施教内容的选择、施教体例的安排、施教过程的评价、施教结果性的评价等都将与高考成绩挂钩，在施教中没有充分体现学科的育人功能，也忽视了求学者生涯发展所需求的学科的育人功能。其最基本价值的三个构成因子：目标主体的需求、对象的本质性质、创造价值的行动。不管是高考科目还是技术、体育、劳动、信息等非高考科目，都应该首先从本学科的属性展开思考、探索，要深入分析求学者个体对学科的现实需要，还要将学科的主体化落到实处，随时高度关注学科的发展动态是非常重要的。学科的主体化是一个长期而复杂的过程，需要不断地关注学科的发展动态，及时调整和完善学科的理论体系和教育体系。随时关注学科的发展动态，可以及时把握学科的新进展和新要求，进一步推动学科的发展。

学科的探究目标、探究内容、探究体例、思维方式等并不是地理学科的特质，这在其他学科的施教中也是一样的。地理学科的研究方向和目标：既统筹考虑自然科学和社会科学的本质区别，又兼顾“自然科学”和“社会科学”两个领域的交会点，开展人类活动与地理环境相互制约、相互渗透、相互影响的研究。当今社会人类面临地区性和全球性问题的困扰（尤其是经济落后地区的上述问题），如人口、资源、环境、可持续发展等，在这种困扰面前，地理教育可以起到比较重要的作用。科学地认识、理解世界，地理学科有着自己独有的视角，那么地理的视角是什么呢？简要地说就是区域空间视角，既能表现二维，又能表现三维。施教者可以通过地理学科的空间视角进行施教帮助，从而满足不同人群的学习需求。如掌握现代地理科技研究方法，深入自然探求自然奥秘，了解人类社会生活环境等，这些都是新时代的求学者所需要的。施教者应从学科的育人价值出发，进一步加深对地理施教的理解，将地理学科的发端回归到学校教育的本源。

（四）助推地理教育质量的提升

许多学校追寻的统一目标就是提升施教教育质量，学科施教者努力的方向就是通过施教研究探索出提高教育、施教质量的策略、方法。那么人们常常挂在嘴边的教育质量又是什么呢？一些研究者梳理归纳了国内外不同的观点，主要有以下几种：①杂乱无章的不可知论观点，质量问题难以言之凿凿；②借助工业制成品质量评价体系，评价教育成果的产品质量观；③成绩观点，达到素质目标；④以素质的外在表现间接反映教育质量为重点，以其他素质的描述代替最佳素质；⑤运用哲学观点的哲学观，认为物以稀为贵是指事物内涵的规定性；⑥“外在适应性质量观”，符合社会实际的实用观；⑦衡量学校投入产出的绩效观，主要是对社会需求的判断；⑧着眼于基础教育和研究的长远，以学术观点的短期成果为主要目的，以教育教学为主要内容；⑨前期知识的积累程度对于后期的学习来说，所谓的储备质量观，前期知识的聚集程度就变成了一种储备型的材料。

教育的目标终究是为社会培育人，教育的质量指的是对“目标”的满足水准，这是众所周知的。在学校有目标地培育人的行动，是由不同学科彼此配合承担的，其中也包括了地理学科的施教、授业。学科终极的教育功效与施教对象的需求水准是相符合的，最终由学科教育的质量来决定、确认的。要精准、科学地评判地理学科的授业施教质量的高低，明确地理学科授业的终极目标是什么， 这应该是对授业者最起码的要求。施教者要梳理清楚学校施教科目的关键功效是什么，地理学科在学校教育中处于何种地位，究竟能呈现何种功效。地理学科的学科功能应从影响求学者未来社会生活的角度出发，对地理学科的育人价值进行深入的探讨和研究，使地理学科的学科功能更加明确。地理学科研究对象的唯一性、研究方法的唯一性和综合思维方式决定了学校地理学科中的“不可替代性”。地理课堂施教、授业实践活动都要围绕地理学科育人价值这一焦点来进行，如此才有益于构建正确的、与时代吻合的、科学的地理教育质量观。

（五）达到推动地理施教课改的目的

我国基础教育自改革开放以来取得了辉煌的成绩，面对这样的成绩，教育部在此基础上经过深刻的、普遍的、科学地研究和反思，总结出隐藏在我国基础教育中的关键问题，于 2001 年出版发行了《基础教育课程改革大纲（试行）》（以下简称《改革大纲》），《改革大纲》从课程效能体系、课程布局体系、课程内涵体系、课程发展方式与历程、课程历史评价、课程终了性评价、课程治理体系、焦点素养体系、方针内容等多个方面，围绕“鼎新、构建、培育”三个目标，提出了基础教育课程鼎新的若干条详细的指导方针。以课程效率体系、课程结构体系和课程设置三个方面作为指导方针内容的重点，注重课程功能体系建设，提出由过去过于偏重知识传授转变为重视求学者学习态度，培养求学者学习知识又具有更加积极主动的学习态度。培养求学者学习知识的习惯，形成正确的人生价值观。按照蓬勃发展的时代要求，必须确认求学者生涯成长所需要的基本知识和基础技能是什么，是哪些。其次，要把视角从过去对学习成果的关注转移到对求学者学习过程和方法上来，培养和引导求学者热爱学习、会钻研，这是求学者学习过程中所必须掌握的基本知识和基本技能。这些改革措施是根据社会需求的变化来影响学科的，使学科施教更好地适应学科需求的变化，为学科需求的变化服务，实际上这就是学科主体化的过程。学科主体化的本色、根源所描绘的就是学科育人价值。紧密结合课程内容，从课程内容体系建设的角度，把求学者日常家庭、学校、社会的生活，以及现代社会的文明进步和科技信息的飞速发展融合起来，纠正过去课程内容“老、偏、繁、难”，过于偏重书本知识传授的现状。加强存眷社会发展，存眷求学者生涯的力度，从满足研修者未来需求的视角来抉择、充实课程内容，这就要求必须加强学科授业系统培植、鼎新、构建。由此可见，关注学习者的终身学习的需求是从基础教育课程改革的目标着眼的。要使课程鼎新的方针获得贯彻实施，课程施教只能从满足主体需要的视角展开，施教者更要充分准备，深入、合理发掘学科的育人价值。为使党的十八大提出的“立德树人”作为教育职责的根本目标任务落地生根，教育部印发了《关于全面深化课程改革，落实立德树人的根本任务的意见》（以下简称《意见》），针对课改的关键领域、主要环节和制约课程改革的体制机制障碍提出了十项措施，主要针对的问题包括以下几个方面：教育理念的转变、课程目标的明确化、教学方法的改进、教师培训与发展、教育评价的改革、教育体制的僵化、教育资源的不均衡、教育政策的不完善、传统评价体系的困扰、教师培训机制的不完善。《意见》提出的十项措施旨在解决这些问题，通过这些措施的推动，有望推动课程改革在关键领域取得突破。《意见》指明了“立德树人”最后的方向。教育部提出的课程改革目标趋向，是按照当前国际教育成长的新趋势、新境域而提出的。所谓求学者成长核心素养，便是求学者需要应该具备的关键能力与必备的思维模式，以期能适应将来社会生存，应从自身成长需要、社会发展需要这两个维度来设置课程目标。通过精准筛选、科学确认来定义求学者成长中的核心素养概念，通过课程的全新设置，构建出学科核心素养体系。地理学科核心素养建设必须明确以下两个问题：第一，明确地理学科对求学者终身发展的作用是什么？二是地理学科能为求学者将来适应社会发展、社会生活给予怎样的心理支持？这在本质上就要求教育工作者要深入开展探索、研究地理学科的育人价值。

（六）增强地理施教者的素养，推动施教者的职业化发展

地理施教者作为专业人员，在其研修的专业思维、大量的专业知识、实践中获取的专业能力等方面需要一个长期的过程，这个持续的过程就是施教者的专业化发展所必备的，也就是施教者从大学毕业时的新手逐渐演变为专业的施教者的过程。当前我国对相关施教者专业成长的探索也紧跟课程鼎新的不断推动成为教育界存眷、探求的焦点。在此境域下，施教者本身的专业素质也逐步提高，使得施教者教育水平不断提升。毕竟，这对于求学者的身体健康和成长都是大有益处的。为此，2010 年，国务院公布了《国家中长期教育改革和发展规划纲要（2010—2020 年）》（以下简称《纲要》）。该纲要提出的“严把授课人资格，提升授课人素养，尽最大努力培养一支师德高尚、教学素养精深、年龄结构合理、充满朝气的高素质、专业化、职业化的执教者队伍”的要求，《纲要》成为授课人职业成长的航标，也是其职业生涯发展的航标。为切实贯彻落实《纲要》的有关要求，2012 年，教育部又颁布了《教师职业标准（试行）》，该标准规定，“中学施教者是在职业操守、专业知识和职业技能方面有突出特长、需要经过严格培训和研究的，落实中学教育工作职责的职业人员”该标准规定：“中学施教者是从事中学教育工作的人员。”在《教师专业标准（试行）》中获得确认，在《中华人民共和国教师法》的法律层面，施教者的专业、学识、本领等标准亦获得足够的呈现，教育鼎新和施教者成长方向也被明确指明，施教者较高专业素质的获得，成为施教者的核心环节。而课程鼎新的焦点环节是学科课堂施教的转化，施教者的专业素质也成为课堂施教的核心环节。探索、开展“有效施教”的理论研究与实践，就集中体现了以上的逻辑。地理课堂施教应聚焦于地理学科育人价值，于是教育界又提出“顺应天然、人地协调、可持续发展”的新时期的地理施教策略。这一地理施教策略，结合了普遍的、科学的施教论及相关原理，是立足于地理学科特殊的育人价值而提出的。相对独立于其他学科的课程就是地理学科，其必定蕴含了自身独有的教育施教规则，对一般性问题的处置能力，特别是在的专业知识方面与其他学科不同。为解决现实的某些问题，地理学科还需要有序组织概念知识和开展实践探究，这一过程是必不可少的。梳理、辨析、贯通地理学科自身的施教规律，全面、科学地认识地理学科的育人价值，对求学者今后能顺利融入社会生活及终身学习的习惯也是至关重要的。地理学科的施教者必须肩负起社会责任，从内心深处更加深刻地认识到自己所从事的工作的价值，以施教者的职业为荣，更加明确自己努力的方向和目标，从而推动地理学科施教者的职业生涯的发展。

（七）促进地理教育理论的发展

地理教育的发展是一个持久的过程，这是指相关地理学知识及技能的专门训练和对公众的普及教育。初期的地理教育便是将人类在实践生产和人际交往中积聚的地理知识以传帮带的形式传承给下一代。随着时代的发展，在学校教育的重要组成中，地理教育终于有幸成为其中的一部分，这时探索、研究地理问题、地理教育的规律就成为必然。随着对地理教育的不断探索、研究，逐步形成了现代地理教育理论，地理教育理论也紧跟时代的发展不断完善，这也是地理教育理论探究者不断发现地理学科育人价值的结果。国际地理联合会地理教育委员会于 1992 年颁布了《地理教育国际宪章》，这成为了全球各国开展地理教育的纲领性文件，该文件指出“为现在和未来寰宇培育既活泼而又有担当责任的国民所必需的就是地理教育”，还进一步回答了公民学习地理的作用是什么的问题。它不仅深刻地影响着求学者对知识的探究和发展，对理解力的提升、技能的获取、态度和价值观的树立进行了规范，而且在事实上指明了地理学科的育人价值，这正是地理学科作为一门施教学科所具有的重要意义。以下三方面，在地理教育理论与另外的学科教育理论中并没有差异。第一，由地理教育观点、地理教育试题命制、必然的推理体例等构建了地理教育理论。第二，抽象归纳综合了地理教育征象或地理教育的目的。第三，系统性是地理教育理论所具备的。要想在地理教育实施中充实发掘、表现地理学科的育人价值，更好地提升地理教育的针对性与有效性，就要不断摸索、完善地理教育理论。要深切地从育人价值的范例、条理、内涵等方面去钻研地理学科，学习科学的、合理的、饱和的、完整的地理学科知识。它有助于学校教育对地域教育准确定位，也有助于促进地理教育理论内涵的丰富与成熟。

五、培养有价值的地理学科研究方法

为了明晰地理学的根本功效，在课堂施教中该如何实现地理学科育人价值呢？众多的学者展开了对这一话题的深度探索。学者的研究方向首先从地理学科的课堂主体、学科的育人价值、地理学科的课堂施教规律、施教实施过程、施教策略等方面，结合理论知识的施教实践经验，对地理学科的自然科学属性、社会科学属性、综合学科属性等进行分析，然后对其育人价值进行详细阐述、探究。提出了一些教育人的可行之策，这些策略可执行、可实践。事物比较研究法、资料文献归纳查询研究法、社会调查问卷分析研究法、实地观察分析研究法、典型施教案例分析研究法等是学者主要采用的研究方法，如图 3。

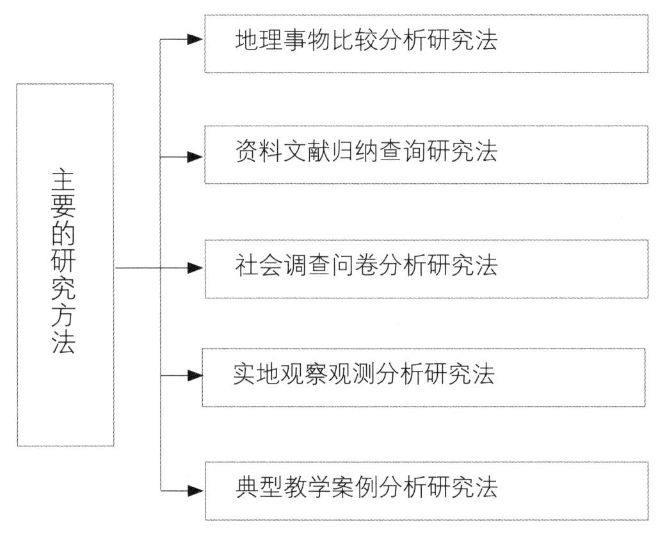

图 3　地理学科主要的研究方法和措施

地理学科兼具文、理两大领域，施教功能多样，知识面广、现践性强、综合性高，具有科学育人价值的基本施教作用，其体现是将读图、用图技能用在走出校园的（大自然和社会）社会实践中。由此可知，地理施教聚焦于当前和将来的经济建设，给求学者传授其需要的地理学科知识和本领的同时，培育求学者身心素养、综合实践能力。从教者要以地理知识为载体，把视野放在今后发展所必需的素养上，如培养和提高受教育者的观念、综合的思维方式和能力，就是要沿着可持续发展的道路走下去，构建人与环境和谐共生的理念。认识科学发展观和可持续发展。培养他们的逻辑思维能力和综合分析问题的能力。在德国著名地理学家阿尔弗雷德·赫特纳的经典著作《地理学：它的历史、性质与方法》中，对地理学的史籍教育、特征教育、使命教育、求索途径、观点教育、思想构成、地图教育、图画教育、笔墨表达等进行的系统的阐释和阐明，进一步探索和研究了地理理论。他在书中解释说："地理学尚有一说，唯美学地理学而已。"显然地表存在着大量的自然景观、人文景观，绚丽多彩，孕育着色彩美、形象美、声音美、想象美、运动美等，这些艺术美的地理景观，不仅能够使受教育者用有差别的视角赏识、享受、赏鉴这些美，还能够提升受教育者审视美好的能力，助推他们接纳、启发艺术美进而培育缔造美的意识。地理学科以时空散播的变化规律，清晰地展现出色彩斑斓、纷繁复杂的地域表面，这就是地理学科的外在美。成功的地理教育能够使求学者领会、熟悉、明晰这类科学美，培育其找寻、探求科学美的意识，努力通过地理学科施教使受教者的审美意愿、审美本领、审美情绪、柔软心灵、纯净心灵的能力获得培养。例如带求学者走出校园开展研学活动，策划开展野外探究、观察西北风沙侵蚀地貌、参观贺兰山东麓葡萄种植基地这样的研学活动。这既欣赏了祖国的大好河山和风蚀地貌景观的艺术美，也学会观察风蚀地貌的方法、探究风蚀地貌的成因、辨析地貌的分布与人类活动的关系。对他们开展国情教育，培养他们的爱国情操，获取地理技能，提升地理实践能力有积极的促进作用。同时，通过这样的实地观测观察法、典型施教案例分析法等方法，对笔者开展地理学科育人价值的探索、研究大有裨益。

参考文献

[1] 徐铮 . 互动反馈技术融入数学课堂的应用研究 [D]. 上海 : 上海师范大学 ,2019.

[2] 钱林 . 优化高中学生地理学习策略的实验研究 [D]. 上海 : 上海师范大学 ,2004.

[4] 杨奕 . 韩国富开高中青少年和成人汉语教学设计对比 [D]. 成都：四川师范大学 ,2017.

[5] 姚艺苹 . 案例教学与中学生地理科学素养的培养 [D]. 福州 : 福建师范大学 ,2005.

[6] 马进东 . 高中地理教学中社会主义核心价值观教育素材的挖掘与实施 [D]. 石家庄 : 河北师范大学 ,2016.

[7] 龙泉 . 地理学科育人价值及其教学实现策略研究 [D]. 武汉 : 华中师范大学 ,2017.

[8] 郭丹丹 . 科学发展观背景下的绿色消费问题研究 [D]. 济南 : 齐鲁工业大学 ,2013.

[9] 胡开盼 . 高中地理“水环境”篇课堂教学德育目标实施策略的研究 [D]. 上海 : 上海师范大学 ,2016.

[10] 刘芸 . 更新数学教学观念转变学生学习方式 [J]. 贵州教育 ,2005（16）:31-32,34.

[11] 王彬 . 我国高考制度改革的价值取向研究 [D]. 上海：上海师范大学 ,2013.

[12] 金富增 , 施扬 , 许龄文 , 等 . 基于研学旅行课程设计与实施的综合素质培养——以和顺古镇研学为例 [J]. 中学地理教学参考 ,2021（7）:8-12.

高中地理教学的人文本质

为适应当今社会的全面变革，我国新的学科改革正汹涌澎湃地进行。高中地理课程教学理论的探索成为课改大境域下的一个主要课题。开展高中地理学科教学课题研究主要有两个方面的内容，一是求学者学习态度与能力培养研究：研究如何培养求学者正确的学习态度和学习方法，提高求学者的学习能力和学习素养。二是高中地理学科施教理论与教学实践相适应的难题。高中地理课程教学的价值取向、课程教学目的的确立、学科施教内容的鼎新、学科施教措施的构建等，在《普通高中2017年版新课程标准》（2020年修订版）都有具体的规定。现代高中地理学科教学理论问题研究，无论是对改变高中地理学科的现状，还是推动高中地理学科教学理论的发展，顺应社会进步具有十分重要的科学意义。笔者认为，要想摆脱现今高中地理学科教学所面临的各类困境，应该着眼于从世界经济、区域一体化的全球背景视角来充分考虑，努力从地理学科的微观需求到宏观发展来找寻高中地理学科的发展面、生长点。因此，社会、经济、环境的可持续发展，“互联网+教育”融合学科教学背景下的知识经济是高中地理学科摆脱困境的现实机遇，国家大力实施的素质教育是高中地理学科建构崭新的、科学的教学理论体系的立足点。本文是笔者以“地理教学指导思想，教学研究路线，教学研究方式、方法，教学研究开展的目的”为生态链，从我国课程政策中的历史沿革、地理教学理念的“辩”与“思”、理论探析等三个方面，对问题提出的背景、研究意义、现实状况、探求方式展开了较为周详的阐释，对探索研究的基本框架进行了生动而翔实的勾勒。高中地理学科教学价值取向定位内容以此为背景，将高中地理学科教育的时代背景和时代责任客观地呈现在读者面前。领悟高中地理学科，通过介绍各种地理问题和挑战，明确反映了可持续发展的概念，通过学习地理，求学者可以深入理解可持续发展的重要性，并在未来的生活和工作中推动可持续发展的实现。而领悟地域意识是地理施教的重要构成部分。科学地开展环境教育、教学契合中华优秀传统文化的传承、现代科学技术再认识、学生创造力的开拓、培养全域观念的形成、提高领悟力是当代高中地理学科教学价值的旨归。通过对这些问题的研究，逐步形成关于个体与社会、人文与科学、地理知识与个体智力、世界整体化与民族世界化统合的地理科学的原则性认知。在地理施教中的问题、施教目标内涵确认层面，聚焦商讨了古往今来各种教育教学目标观念的建构和一些因素对其默化潜移的影响，梳理、归纳了中国学科施教改革策略的历史演进。笔者认为，培养当代中学生树立全局意识是当今地理教学目标的主题；当代地理施教能力目标的永恒探求：开拓求学者的创造性思维，培育求学者的社会技能；当代地理施教的知识目标是增强对地理科学原理与理论观点的研习和理解。笔者在当今学科教学、高考方式、地理教学内容都在不断更新，时代和现实教育潮流不断变化的情况下，深入浅出地学习了现代地理学，从而认识到“人口、资源、环境、发展”（PRED）的全面协调联系，是整个人类面对现实的必然选择，也是现代地理学研究的重要课题。对这个重要课题的再认识和再探索，夯实了地理教学内容改革的物质基础，是当今地理学科发展的重要要求。笔者提出了以培养高中学生可持续发展的人地协调观为根本主题，以 PRED 为主要链条，以高中人文地理、自然地理、区域地理、热点问题等构成的地理教学内容研究为思路，根据地理知识的实用价值，探索地理知识的思维价值和可持续发展价值，提出了采取何种有效策略，才能提高学习者的地理核心素养的原则标准。义务教育阶段地理课程知识部分依据《中国基础教育课程改革指导纲要》和《普通高中 2017 年版地理课程标准》的规定，以社区热点问题为中心组织教学内容，其模式为“人文地理 + 自然地理 + 广泛性专题区域地理 + 社会热点问题”。学科地域部分的自然科学综合课，以地学基础知识为主。高中地理学科以分科形式、人文融合自然的教学内容、“必修模块 + 选模块修”的模式在地理教学理论研究中展开延续与深入探索，即“人文地理 + 自然地理 + 可选专题区域地理 + 热点问题（知识难点较多，综合性较强）”。在高中地理教学方法、教学策略的建构与案例的呈现部分，笔者认为地理教学法必须符合现代地理教学的特点，教学方法是达到地理教学目的和完成教学任务的重要衔接环节。由于研究者视角不同，人们对地理教学的实质存在一定的认识差异，问题的答案也就各不相同。本章从高中学生核心教育的角度对地理教学的实质进行了全面的解读，从地理学科的人文本质和育人价值两个方面获取的地理教学过程是学生特殊的理解过程，是学生复杂的心理体验过程，是师生交流的过程，是推进人才与文化的双重建构，二者是相互渗透、动态生成的，是以顺应时代与社会发展的进程再熟知的过程。笔者探讨了地理学科与其他学科在教学过程中的差异，其中包含了地理学科的指导思想、施教内容、施教策略、施教范式等方面。人地关系思想是地理学科教学过程的主要特点，即人地关系思想的指导理论特征，体现在地理教学内容上它具有地域性、广泛性和综合性特点，常常被用来阐述地理施教理念中的“辩”与“思”等题目，这类题目往往以对各类地图的辨识本领来联系乡土地理的特色，也会联系地理的实际作用。本章探讨了建立以建构主义学习理论为基础，体现时代主体性精神的地理教学内容和特点，适合新课标背景下地理活动的教学模式；还探讨了以教师为主导性、学习者为主体性并重，以此为主要特征的教学模式，该模式应遵循现代高中地理教学的原则。笔者遵循新课程标准境域下地理教学原则的规定，以地理学科的教学目的为视域，以地理学科的教学内容为宗旨，以地理学科的教学特点为依托，从横向和纵向两个维度对地理教学方法的结构进行分析，并对地理教学内容进行了全面的分析。建立了由认识方法、组织方法、研究方法等共同构成的地理活动教学方法体系。笔者对地理学科课后教学理念重新定义，对地理学科教学理论问题的深入探究，对地理教学法的创设和地理课内、课外教学法的实践选择作了较为详细、具体的论述。

一、高中地理教学的人文本质

中华上下五千年文明，叶茂根深，源远流长，积厚流光，中国是世界上唯一一个文明没有中断的国家，被誉为“礼仪之邦”。当今世界，我国作为一个快速发展的发展中国家，显著增强的科技力量、经济力量，迅速增长的财富，和平稳定的国内政局，祥和安康的社会环境，使得中国的世界地位不断提升。为了长期保持这种繁华、协调、安康的氛围，实施普遍的义务教育就成为了一项国策，如此的重担天然地、首要地落在了基础教育者的身上。培育具备合格的、高素养的公民，基础教育是一个国家今后能否可持续发展所担负的关键。地理学科的核心素养教育，尤其是立德树人教育、人的协调观、可持续发展理念等方面，是基础教育阶段除了让学习者掌握基本的学科技能外的基本内容。假设正面的、主流的、最基本的核心素养教育丢失了，那么负面的、世俗的、伪科学的、迷信的教育就会乘机侵蚀，并且青年人的世界观一旦形成，如果被负面的教诲带歪，这是很难从头建构的。学科核心素养教育在学校教诲中已经化身为一项主要的根底，最终实现科目核心素养教育、立德树人的教诲只有经过人文教育才能够达成最终的成效。

地理学是一门研究地球的物理特征、人文环境和空间分布的学科。它旨在理解地球表面的各种地理事物，包括地形、气候、生物多样性，人类活动等。地理学通过研究地球的空间模式和过程，揭示地球上的地理现象和问题，并探索它们之间的相互关系。地理学可以分为人文地理学和自然地理学两个主要分支，人文地理学研究人类的文化、社会和经济活动，自然地理学研究地球的自然环境和生物地理学等。自然和人文科学被普遍涉及，这是一门既可以让人视野开阔，又向学习者传授如何对待事物、采取何种方法策略、如何分析问题的学科。自然地理首要描绘了变化多端的地质世界，从古到今地质地貌的演化变迁，借此谈古论今，推古论今；人文地理以人地关系为基本点，探索人类政治、经济、旅游、宗教、文化、民俗、文明程度，在一定区域内的原生态环境、人文环境中的地域差异，人类生活、生产活动与地理环境之间的联系。休谟说：“一切科学对于人性总是或多或少地有些关系。无论学科看似与人性相隔多远，它们最终都会以某种途径再次回归到人性中。”在当前新课程标准境域下，新课程的实践中，新的人教版高中地理课本不管是必修抑或是选择性必修课都蕴含着厚重的人文教育思想，成为实现学生基本素养、立德树人教育的主要材料。

（一）中华优秀传统文化、国家信念、人文精神的含义

1. 中华优秀传统文化

中华优秀传统文化是指中国千年积淀形成的具有独特特色和深远影响的文化体系，包括文学、哲学、艺术、音乐、舞蹈、戏剧、建筑、服饰、饮食等各个方面。中华优秀传统文化的特点之一是思想深邃，哲学思想体系宏大，涵盖了儒学、释、道三大思想。儒家思想以“仁爱”“忠诚”“礼仪”等为核心，强调人际关系、家庭、社会秩序的重要性；佛家思想强调超脱、慈悲、智慧等，对个人修行和社会和谐有着深远影响；道家思想讲究自然、道法自然，强调个体的自由和自然状态。另一个特点是在绘画、音乐和舞蹈方面，中国画以写意为主，注重意境与笔墨相结合；音乐方面，古代的音乐注重旋律与乐器的搭配，丰富多样；中国舞蹈则注重动作的优美和形式的完美。

中华优秀传统文化还注重礼仪和家庭观念。中国的礼仪文化强调尊重、谦虚、忍让，讲究社会交往的规范和仪式。家庭在传统文化中被视为社会的基本单位，强调家庭和睦、亲情和谐。此外，中华优秀传统文化还有诗歌、戏曲，建筑等独具特色的艺术形式，以及传统医药、饮食文化等。

中华优秀传统文化作为中国文化的瑰宝，不仅为中国人民提供了精神滋养，也对世界文化产生了积极的影响和贡献。在当代社会，保护和传承中华优秀传统文化，对于培养求学者的民族自豪感、凝聚民族精神、促进社会和谐发展具有重要意义。

2. 人文精神

人文精神是一种人类广泛的自我关怀，主要呈现为人类对各种精神文化现象的珍视，并长期传承、遗存下来，对人类自身尊严、个人价值、个人命运的守护、求索和呵护，对一种理想品格的全面成长予以肯定和塑造。而今天的人文学科，则是以展现人类价值与精神为重点，高度汇聚了展现人文精神的知识教育体系。从某种意义上说，人类不断执着地寻求理想世界和人格理想的品性，是通过实现自身价值、强烈反对各种迷信和盲从思想，寻求真理和完善自我，坚持理性、科学、逻辑的人文精神来实现的。如果从关注的维度来看，人文精神至少包含了这样两个维度的基本元素，一是个人的肉体和精神的高度自由必须得到全面保障，人的个体尊严必须得到保护；二是从个人维度观察，思想观念着眼于人的心灵要完善，要净化，凡事要明明白白关心。人的生活品位、生活标准提高的同时，人的精神境界也要与之相匹配，它对社会物质文明的不断建设起着潜在的影响，一个国家公民的人文修养、品位的高低，很大程度上取决于该国对人文教育重视程度，特别是公民基础教育的水准。

3. 人生信仰

信仰，是指某人对某一理论、思想、宗教、追求等自发地产生敬仰、崇拜之情，也是指人们以敬仰和崇奉的人为准则或榜样，对某一政治主张、主义、宗教或对某人的敬仰和崇拜来规范自己的行为。这在本质意义上也是一种文化，是人的存在精神的表现，是人的无意识状态的一种社会性的表现，也是一个人全部价值的自我实现形式，是人的思维理性化的过程，其反映了最普遍的人性价值。因此，我国劳动人民经长期的实践总结产生了大量的民谚，如民间谚语说“敬神如敬己”。伟大导师马克思所倡导的人类为解放奋斗，实现人身自由而得到全面发展，正是社会主义核心价值观。伟大的中国共产党从我国国情实际出发，提出了“立党为公、执政为民”“科学发展观”“和谐社会”“以人为本”“人与自然和谐相处”等先进的国家治理理念，对于国家的稳定、和谐、持续发展具有十分重要的意义。对于普通中学生而言，人生如果构建一种崇高而真实的信仰，其人生境界会得到不断提升，其胸怀会变得更加宽阔，会不断强化其恒心与耐力，当他们走向社会就能拥有一种正常的、健康的心态，就会努力回报社会，就会成为一名价值观正确、合格的具有高素质的社会主义公民。如果社会上各类媒体片面宣传财富，人们就会形成拜金主义，这不但不利于做到人与人之间的真正平等，人们也无法正确认识小我与社会、本身与他人之间的社会关系，这是造成社会系列问题的根源。曩昔一段时间，基于功利崇奉的教诲观造成了我国基础教育阶段存在着诸多的抵牾，最焦点的抵牾便是本色的提拔教育和优胜劣汰的裁减教育，与科学知识没法转化为实际生产力、社会利益本领弱的实际抵牾。

（二）以新课标为背景的地理教材所包含的人文教育思想和素材

1. 传统文化教育

（1）实施教育的要点。儒家学说的代表人物孔子的一句经典语录，是出自《论语·公冶长》的“博学而慎思，明辨而笃行”，这是一个过程性论述，从博学、慎思到明辨，是人们追求浩如烟海的学识和思辨阶段，最后的笃行是人们实际行动的阶段。地理事物的形成、发展变化往往受多重因素影响，要掌握这些地理事物的成因、特点、时空分布规律，就必须分析清楚其中的若干影响因素。学习者广泛而终身学习是必要的，除此以外，学习者还应掌握分析地理问题的正确方法，对其中的自然因素或人文因素要做到心中有数，对主要影响因素也要做到心知肚明。

（2）呈现在高中地理教材新课程背景下地理原理示例。A. 人文活动的分析（人文生产活动与地域联系篇），地理要素的分析，涉及工业、农业、交通、商业、城市等。B. 无论是工业生产、农业生产、商业行为抑或是交通运输、地区联系等人类活动方式无不蕴含着丰厚的地理学知识，人类活动的各种区位选择是人们普遍关注的地理问题，区位选择也成为授业者重点钻研的首要地理问题。人类活动的区位因素受多种因素的影响，如果按照整体性的原则来分类的话，一个是自然因素，比如地理位置、地貌地形、气候因素、水文因素、地形因素、自然资源状况等；另外一个是人文因素，比如人口密度、传统文化、科技因素、劳动力因素、国家政策、交通因素等。此中的地理位置、地貌地形、天气、水、天然资源状态等为自然的成分。地理事物对不同地理区域的影响因素是有差异的，地理区位选择得不同，会产生不同的经济效益、社会效益和环境效益，直接影响了该区域的可持续发展，所以一样平常的事物总是要选择一个综合效益最好的区位。我国自改革开放以来，各地都在大力快速地发展经济，但不容回避是有些地方采取了片面追求经济增长、以牺牲环境为代价的发展道路，有些地方发展的过程中违背自然规律的事时有发生，有些地区在修筑道路和建设开发区工程时，在区位选择问题上就有很多失败的例子。例如，某些地方人口密度小，经济发展相对滞后而花费巨资修筑了宽敞的十车道柏油路和完善的道路设施，然而人们发现路上车辆稀少，跑的主要是马车、拖拉机等；扶植经济开发区也成为发展乡镇地方经济的一个常见行为，有些地方政府将一定量的良田耕地开辟出来，投巨资成立了所谓的经济开发区，轰轰烈烈地举行宣传、招商引资，但是若干年后，这些开发区仍然只有一个开发区大门和空无一人的招商办公楼；此处的良田耕地早已杂草丛生，偶有草食动物出没的景象……这是决策者发展观念出了问题，决策出现了重大误差，因而造成了严重的土地、财政浪费。

【案例一】城市居民为满足基本居住条件，应如何购置一套自己最满意、最合适的商品房。

组织学生模拟居民在高中地理教学过程中购房置业，是一次实施区位选择的求学实践。众所周知，影响购房的因素是多方面的，包括房价、付款方式、户型计划、房屋朝向、住宅周边环境、交通状况、栖身便捷程度、住宅小区配套程度等。此外，学校、购物中心、养老院、卫生院、垃圾处理站等生存配套设施也会影响购房的选择。首先小区的位置选择都涉及区位的哪些方面？一般购房居民家中都有中小学生就学，因而要考虑住宅附近是否有各等级的学校，方便中小学生就近入学，而学校的教学和管理质量如何，周边的交通状况如何，与商业区的距离远近，与娱乐设施的距离远近等都是要综合考虑的。学生如果具备了这些基础知识，就可以选择出最满意、最适合、最佳的住宅。另外，近年来全国部分城市楼市价格飞涨，给购房者带来巨大的经济压力，排除商业因素外，这也与购房者不成熟的购房心理有关。部分购房者出于不同的目的，二次或者三次购房，可能的原因除了房价上涨带来的经济利益丰厚外，还有改善住房条件的需求。于是，在房价不断高涨中一味地加入购房大军，一旦房价下跌，就使自己遭受财物和精神上的损失。

（三）学生的人文精神教育

1. 教育要点

高中地理教学中的人文精神教育方式丰富多样，其中探究人类与自然界采取何种措施和谐相处是其中一个重要研究课题。要达到“既能满足人们不断增长的物质需求，又不破坏自然环境的自我更新能力”就需要科学的地理理念，并通过对学生进行人文精神教育来完成这一可持续发展的人地协调目标，但这是一件非常困难的事情。地理学研究的一个课题是资源、区域的开发与保护，其中区域经济的开发与区域生态环境的保护看似是一对矛盾，但人类却无法回避，在更长的时间内，开发与保护将成为人们主要解决的矛盾，这是地理学科研究的主要方向，也是区域经济发展与区域生态环境保护之间的矛盾。

2. 区域经济发展与生态环境保护教学案例

A. 区域经济开辟与生态区域环境建设中有关北大荒的拓荒与放弃开辟的章节教学案例。B. 生物公允原则章节的内容，可持续发展遵守的原则，可持续发展的内涵。

【案例二】有关我国东北地区北大荒的拓荒与放弃开拓的论述。知识面扩大：狭义的湿地是指湿地生物发展的地区，其概况是湿气太重或常常积水。湿地生态系统是一个统一的体系，由栖息在湿地中的湿地植物、动物、微生物和它们生存的周围环境状况共同组成。湿地具备庇护生物多样性、调节径流、改良水质、调节小气候、供给食物和工业原料、提供旅游资源等多种功效。

观点一：北大荒开发的理由。

20 世纪中叶，中国人口急剧增加，粮食生产落后，粮食一度严重不足，为改变这一状况，中华人民共和国成立后，采取了在地广人稀地区不断滥垦、毁林开荒、毁草开荒、围湖造田、扩大种植面积以提高粮食产量等措施，开辟出新的耕地，以田补粮、增加粮食产量。北大荒是东北三江平原的俗称，该地地形为平原，土地平坦，黑土地肥沃，以冻期长、人烟稀少为特征，以沼泽、冻土为主。当地通过修建和疏通地下水通道，引流沼泽降低地下水水位，使肥沃的土壤变得干燥，适宜大面积种植小麦，适宜机械化耕作。由于面积广大、地势平坦、农业生产效益的大幅度提高，使北大荒种植面积迅速扩大，单产、总产均跻身全国前列，年产量最高达到70亿千克。北大荒的发展主要采取的措施就是解决地下水位过高的问题。因为北大荒地广人稀，常住人口较少，这里就成为我国的首要商品粮基地之一，北大荒逐步演变成“北大仓”。

观点二：停止开发北大荒的理由。

北大荒的原生态是湿地，而湿地具有强大的生态功能，具有吸纳、清除、转换污染物的能力，因能调节局地气候被称为“大自然的肾”。湿地生态功效在北大荒主要有如下几个方面：

（1）湿地水体与地下水的互换，即地下水的弥补源于湿地水体。这一作用非常重要，如果不补充湿地水，很容易造成地下水位下降，就会使地面下陷，对地表建筑造成危害，对人的生命、财产造成威胁。

（2）对营养物质沉积有益。地表水进入湿地后，由于水流速度变慢，其中的营养物质会慢慢沉积在湿地底床上，成为湿地植物的养分。人们可以利用湿地植物生存和获取有价值的物产。湿地植物可以吸收、降解和分化沉积下来的有毒物质，所以人们称湿地为“大地之肾”。

（3）湿地调节局地气候。湿地明显影响局部小气候，可降温增湿。例如，人们研究发现，我国新疆博斯腾湖周边的西北内陆干旱带气候湿润程度超过了其他地方。湿地是碳的大集合地，破坏湿地意味着湿地储存的碳以二氧化碳的形式释放到大气中，而二氧化碳对地面辐射的热量吸收增加，从而增强了温室效能，导致全球气温每年都有一定程度的上升，气候逐渐变得暖的趋势就更加明显。因此，人们认为，湿地对碳的吸收是非常重要的。

（4）丰富的生物多样性使湿地成为生物资源的宝库。湿地物种异常丰富，是一个特殊的生态系统，具有庞大的动植物资源，基因资源也非常丰富。

（5）湿地的生态功能。温带湿地由于特殊的湿地物种、生态环境，其演化是一种天然过程，具备特殊的生态功能。其生态作用如何，还有待科技工作者深入细致地考察。

（6）湿地的教育与科研价值。在科学研究中具有重要科研价值的湿地生态系统，尤其是动植物群落的多样性，为教育科研提供了丰富的素材。一些湿地还保留着生物、地理环境等方面的远古和现代演化过程的信息，以此为依据，对环境演化和古地理的研究具有十分重要的科研价值。

在人口不断增加和经济持续发展的双重重压下，湿地面积大幅度缩减，湿地物种遭到严重破坏，加之过度、长期的开发，北大荒的原始生态环境遭受了严重的人为破坏，湿地面积缩小了一半，很多野生动物被迫迁移异乡，植物种类也大量减少，曾经肥沃的黑土地日渐贫瘠，水旱灾害也频频发生。根据研究成果来看，1998 年发生在嫩江的洪灾与北大荒湿地过度开发有必然的相关性。到 20 世纪末，中国在粮食总产量已居世界前列、基本解决中国人吃饭问题的同时，粮食进出口贸易在多个地区所占比重提高、粮价平稳并逐步走低的情况下，农业耕作技术和育种技术也取得了长足进步。

观点三：探究结论。

在我国粮食压力逐步减轻的情况下，综合效益就成为人们首要关注的问题。此时要削减乃至遏制北大荒的湿地开发，使这片湿地或许得以修复已成为可能，北大荒的生态环境将获得改良，减小了人类给环境带来的压力。北大荒通过采取退田还湿、植树种草恢复植被等一系列办法，如今的北大荒，已呈现出水丰林美、鸟鸣鹿欢的大面积原生态景观。部分因拓荒而消失的湿地获得了整体的还原，放眼望去，满目苍翠的林草，满眼的泡沼，重新呈现在国人眼前。就连白鹤、丹顶鹤这样的国家一级保护动物、这样珍贵的候鸟在过去多年难寻踪迹，现在也在这里低空展翅翱翔；曾经近乎绝迹的小动物，比如大羚羊、小马鹿，也在林间奔跑嬉戏；曾经濒临灭绝的野生东北虎的身形也在周围林区中屡次闪现。相关的专家认为，北大荒退耕还“荒”的措施是以还林为“荒”、还草为“荒”，还是以还湿为“荒”，这对恢复本地生态环境将产生深刻的、划时代的影响，特别对三江平原庇护生物多样性和呵护湿地可以起到深刻与深远的影响。

（四）学生的信仰教育

1. 公平性原则

提倡国与国之间、差别人种之间、差别民族之间、人与人之间、物种之间、代与代之间等都应该是公允的，尤其是差别物种之间的公允。地球上各类生物间的公允主要指人类都是同等于其他生物种属的，人类不能为了本身的存在而褫夺别的物种的生存空间，人类要善待各类生物种属，要本着尊敬、善待的原则与其和平相处。有些人为了利益取活体动物体液、鲜血、胆汁等行为使人惊愕，这表明了他们缺少人与物种平等的意识，如此的行为方式如果不加限制，是否会给人类带来灭顶之灾呢？所以，在求学者中展开物种间的公允教育是需要的、必需的。代际公允，是指当代人有义务为后代保存好自然资源和生存环境。中华传统文化之一就是民族繁衍、生生不息，把希望寄托在后代，善待后人、尊老爱幼是我们的传统美德。人类从起源以来能够进化成为地球上的聪明生物，一个主要的缘由便是对后代开展其所必需的传承技能教育。这包括文化和教育，传承和教育能够使古人的聪慧和经验直接被后人所接受与吸纳，后人是在祖先的聪慧和经验的基础上不断进步和成长的，这使人类成为地球生物物种中最优秀的一种，这也是为何人类能够演化成为地球上的聪慧生物，成为地球生物物种中的佼佼者。但在今世，因为人类经济发展和技术进步，对资源的获得能力不断提高，人类对自然资源不断加大开发力度，从自然界索取资源的量越来越大，对环境影响向深度和广度发展，自然环境的恢复时间被延长，大概要几百年，也许更长。无节制的地域资源的索取将对人类本身、对子孙后代都造成侵入骨髓的影响。在地理教育的引领下，当公平性原则成为大众普遍的选择，地球生态就会成为可延续的、绿色的、生机盎然的生态，人类也会持久地、安逸地繁衍生息在这个生机盎然的星球上。

2. 科学成长观：全面对待、和谐共生、可延续的以人为本的成长理念

以人为本，便是要不竭地能满足人的物质、精神需求，增进人的个体全面发展，把人民的切身利益作为一切工作的出发点和落脚点。要加强国家政治文明和精神文明建设，使它们相互促进、共同发展，同时不断完善社会主义市场经济体制，使社会事业健康、可持续发展。和谐发展就是要兼顾城乡、区域间经济社会发展，兼顾海内外，不断扩大开放。可延续，便是要把经济建设与资源索取、人口增长与财富获得、生态环境保护三者之间的公平关系科学地处理好，把社会事业推向以生态环境可持续成长为基底、为根本，以经济可持续增长为前提，以社会可持续发展为目标，最终走到经济增长、生活富裕、生态文明的道路上来。

地理教材中的科学发展观涉及的地理原理示例：

【案例一】跨地区调配资源、产业转移等跨地区联结与地区协调发展。

如何能够促进区域间经济的协调发展，是当前我国迫切需要解决的现实问题，我国国土面积广阔，地域辽阔，东西部自然和人文差异巨大，人口、经济、生态等发展表现出严重的不均衡。资源的跨地域调配的一个很好的范例就是，如“西气东输”“西电东送”“北煤南运”“南水北调”等高中地理课本中的工程措施，调配的结果是资源输入区与输出区共赢。资源匮乏的地域获得了丰硕的资源，使这些地域的产业发展所需的资源获得了充沛的供给，减缓了资源严重短缺的矛盾；资源富集区通过输出能源获得了充足的资金、管理方法和先进的技术，区域间协调发展的局面通过加强区际联系而显现。产业跨地区转移是世界近二十多年来产生的首要经济现象，在产业转移的过程当中，世界产业范式也产生了天翻地覆的转变，产业地区规模不断扩大，产业结构也在不断调整，世界经济的集聚程度也在快速提高。从加工业到高科技信息产业，从劳动密集型产业到技术资本密集型产业，中国也是世界产业转移浪潮中的受益者，这使得中国产业正在从

传统产业、制造大国向制造强国、智能制造强国迈进。可以说，产业转移增进了我国经济与全球的接轨，并与全球产业经济体差距不断缩小。一样的道理，产业转移在我国内部也是存在的。我国地区间的产业转移是缩小了区域间的差距，提高了经济的集聚水平。最近几年，我国的西部大开发战略和东部产业结构调整规划已普遍深入开展，既产生了庞大的宏观效益，也使东西部的区域经济差距在逐步缩小。总之，需要广大中学地理施教者不断潜心挖掘，并将这些理念与日常地理教学相结合，逐步融入地理教学情境，力求在今后的公民思想意识中根植人文精神，努力促进社会长期和谐发展，塑造长治久安的“和谐社会”，新课标背景下的高中地理教材中蕴藏着丰富的人文精神教育思想和素材。

参考文献

[1] 林宪生 . 地理教学理论问题研究 [D]. 兰州 : 西北师范大学 ,2000.

[2] 李金富 . 以生为本 质量立校 特色兴校——淮安市车桥中学王少宝校长访谈 [J]. 科学大众（科学教育）,2015（4）:7,70.

[3] 杨慧莹 . 高中地理实践教学的功能与可行性策略分析 [D]. 杭州 : 浙江师范大学 ,2021.

[4] 刘宏光 . 浅析人教版高中地理教材中人文教育功能的体现 [J]. 中小学教材教学 ,2006（10）:9–13.

[5] 赵佳佳 . 新时代大学生中华优秀传统文化认同研究 [D]. 天津 : 天津理工大学 ,2021.

[6] 王冬冬 . 列宁“文化革命”思想及中国借鉴 [D]. 重庆 : 西南大学 ,2015.

[7] 新疆维吾尔自治区党委宣传部课题组 , 徐长春 . 全面推进和谐文化建设问题初探 [J]. 新疆社科论坛 ,2007（1）:10–13.

[8] 彭薇 . 关注古代文学作品教学中优秀传统文化精神的传承 [D]. 长沙 : 湖南师范大学 ,2007.

[9] 王宇 .“道德与法治”课教学中学生科学精神培育研究——以太原市 X 中学为例 [D]. 重庆 : 西南大学 ,2021.

[10] 慕慧洁 . 基于 RMP 框架的烟台市海岸带旅游资源开发模式研究 [D]. 济南 : 山东师范大学 ,2016.

[11] 强爱国 . 艾比湖湿地景观变化对生态服务价值的影响研究 [D]. 乌鲁木齐 : 新疆师范大学 , 2014.

[12] 徐向泽 . 额尔古纳县域经济发展研究 [D]. 北京 : 中央民族大学 ,2013.

[13] 赵剑芳;中药提取车间水资源循环利用系统 201521025905.0[P]. 实用新型专利,2015-12-10.

[14] 解志姣 . 基于低碳经济的河南省废气排放强度研究 [D]. 郑州:华北水利水电大学,2013.

[15] 台学者 . 发展系于大陆市场去年台湾集成电路出口占比创新高 [N]. 中国新闻报,2021-02-05(A7).

中国地理课程标准历史沿革

一、地理课程标准

课程内容是由课程标准决定的，对课程标准的描述国际上并不完全统一，但本质上是一致的，对地理知识的广度与深度都作出了具体的规定，采取什么样的施教策略，怎样推进施教进度，达到的施教目的，都有具体的阐述，一般由总纲等几个分科的课标综合而成。《地理课程标准》是学科课标中的结构标准之一，内容包括地理学科课程的基本性质、基本理念、学科达成目标、学科内容的组织结构、学科所包含的内容、学业质量的评价、施教策略的建议、施教实施内容和施教策略等。该标准明确规定了地理施教要达的目的、要讲授的内容。教育部颁布的《基础教育课程改革纲要（试行）》确立了《地理课程标准》的地位，而且明确指出：它既是学科教材编写的关键依据，也是学科施教的聚焦视角，更是国家处置和评价课程的根本，是评估各级学科和试题命制考试的关键。学科课程标准的分支构成为地理学课程标准，地理学科以课本编撰、施教实施、评估课程、测验命题为首要依据，说明了地理学基础教育的重大意义。

二、《地理大纲》和《地理课程标准》内容提要

国家颁发的地理施教大纲是对于施教地理课程的意见指导、内容施教、方法应用的纲领性文件，内容如下：①地理学科的使命和目标要求；②地理课程的地位；③地理理论应注意哪些课题；④借鉴新中国成立以来，以四大部门为主要内容的《地理学要义》。我国教育在改革开放后仍沿用的是课时施教大纲，作为中学地理施教的行动指南，来指导、组织、实施地理施教。为适应全球经济、信息、教育的高速增长和深刻变化，教育部门于 2003 年颁布了新的地理课程标准，替代了地理施教大纲。笔者以时间为线索，对照地理大纲和地理课程标准，用言简意赅的语言阐释它们之间的差别。

（一）地理大纲出台时间轴及地理课程标准

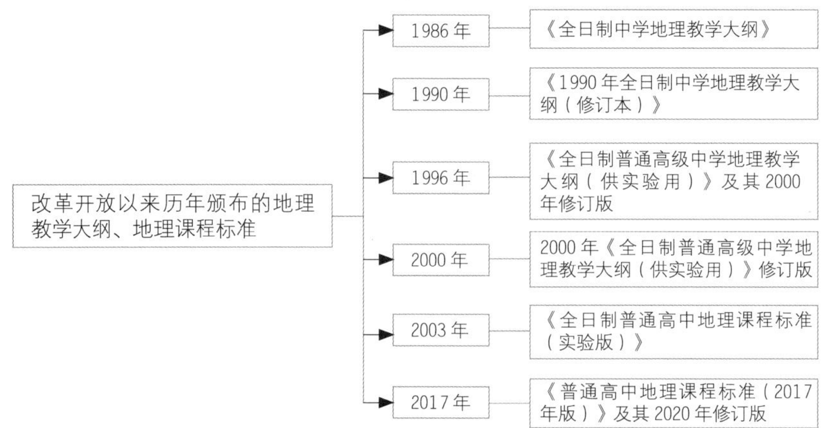

图 1　地理大纲出台时间轴及地理课程标准

（二）对照《地理课程标准》的文本要素和《地理学科大纲》中的内容

表 1　不同年代《地理课程标准》的文本要素和《地理学科大纲》中的内容

年代	地理施教大纲及标准	大纲文本要素构成	大纲及标准的颁布背景和主要内容
1986 年	《全日制中学地理教学大纲》	施教目的和任务 施教内容及其安排 施教中应该注意的问题 施教内容要点和基本训练要求	纲要背景①邓小平 1983 年提出的教育鼎新和发展的关键指导方略是“三个面向”；②教育施教与建设社会主义的彼此联系，精确地表明在 1985 年中共中央关于教育体制革新的文件决议中；③ 1986 年，国家发布《中华人民共和国义务教育法》，相应制定了 1986 年教育纲要。主要内容①含初中、高中阶段各 2 个学段内容。②对照肯定的规定目标，施教内容，施教使命，高中阶段施教要求。③对高中地理学科的教学要求首次提出，以“人地协调观为线索”的重点内容
1990 年	内容介绍《全日制中学地理教学大纲（修订版）》	施教目的和任务 施教内容及其安排 施教中应该注意的问题 施教内容要点和基本训练要求	1990 年教育纲要是在 1986 年施教研究指导下启动修订的。本修订版首次举办高中学段地理课课纲修订案，将高中学段分为必修与选修两大地理课课纲，同时增加必修课时数，必修课程较 1986 年的地理课课纲在总要求下有所降低。《普通高中学段必修课程教学大纲》规定了会考、高考的试题命制以及施教的必修课程；选修课程施教与试题命制以《高中选修课程教学大纲》为依据
1996 年	内容引见《全日制普通高级中学地理学科教学大纲（供考试用）》是全日制普通高级中学的教学纲要	施教目的 课程安排 施教目标和施教要求 施教中应注意的问题 考试与评估 施教设备和设施	纲领颁布背景：到 20 世纪 90 年代，各行业人才激烈竞争，基本地理施教在国际上兴旺昌盛，国家教委依据我国基本国情与国内外境况，于 1996 年 5 月颁发《中学地理施教纲领》实验版。纲领主要内容：与以往的地域施教纲领相比，本版本添加了“检验与评价”和“施教装备与方法”这两个部分的内涵，保存了地理在高中阶段的施教目标、施教内容、施教使命、施教要求等四大部分的内容，并对这四大部分内容的表述方式进行了改造，对地域施教的内容进行了重新表述。《施教大纲》在高一划定必修课程，在培养求学者“可持续发展”观点的同时，首次提出了以人文地理和中国地理知识为主的新的施教目标，将以地理知识为主的限定性选修课程设置在高二、高三年级

续表

年代	地理施教大纲及标准	大纲文本要素构成	大纲及标准的颁布背景和主要内容
2000 年	《全日制普通高中地理教学大纲(实验修订版)》内含引见	施教目的 课程安排 施教目标和施教要求 高中地理研究性课题 施教中应注意的问题 考试与评估 施教设备和设施	纲领公布安排：2000 年，国家教委依照 1996 年纲领和 1997 年教科书试验效果，展开修订 1996 年版施教纲领，并将 1997 年天津、山西、江西三省（市）评估的环境公布了实验修订稿。纲领主要内容：与上一版的施教纲领相比，增加了求学者自立性的讨论，以“高中地理研究性课题”为其最明显的处理方式，将高中地理施教纳入研究性课题中。纲要精练和减删了部分的必修和选修的内容，仅划定了必修和选修的详细施教内容，没有把必修和选修的限制作为高中不同年级的另一突出之处
2003 年	导引《普通高中地理课标准（2017 年版）》内容	前言 课程目标 内容标准 实施建议	纲领公布：21 世纪与地理学科共同承担的使人们了解人类与自然的联结、人类与自然如何和谐相处以及如何加强对可持续发展的看法等问题，在 21 世纪，资源、能源、环境、粮食等问题越来越严重，我国紧跟国际地理基础教育课程鼎新的程序，也逐步认识到我国基础教育课程在生长中不能满足人才的需要，其间成长与人才需求是矛盾的，教育部在 2001 年出台了《基础教育鼎新成长纲领》，要求全面开展基础教育课程鼎新，实施新课程施教，是我国基础教育课程成长历程中，基础教育课程的全面展开。这个纲领的公布，成为新的起点、新的标志。《普通高中地理课程标准（2017 年版）》修订工作从 2013 年伊始，由教育部启动，并于 2018 年正式印发。 大纲第一条：2003 年版大纲与改革开放以来各版本大纲在群体框架上有较大差异，其第一条的四个组成部分分别为：媒体(Media)、课程目标（课程目标）、内容尺度（内容尺度）和实施倡议（执行倡议）。结合时代特征，将可持续发展作为中心思想的课程内容，第一线索处置为人地关系，以三维目标为目的的培养策略。相沿多年来的纲领，随着 2003 年地理课程标准的公布而正式从历史舞台退出
2017 年	《普通高中简介地理课标准（2017 年版）》内容	前言 课程性质与基本理念 学科核心素养与课程目标 课程结构 课程内容 学业质量 实施建议 附录	纲领公布背景：自 2003 年至 2020 年教育部颁布《课程标准试行草案》以来的 17 年间，课程标准在这段对基础教育成长有重大影响的时期内，对基础教育提出了新的理念和实践。新时期的社会关键矛盾也呈现了巨大的变动，新形势下的高中施教也出现了很大的变化，以往课程标准中不适应时期成长的内容亟待完善。《普通高中地理课程标准（2017 年版）》由教育部从 2013 年起开展新课程标准的制定和修订工作，并于 2018 年正式发布。 纲领第一项内容：由三大部分构成的 2017 版课程标准：传媒，正文主体，附录，其中正文部分为第一项，第一项涵盖性质与思想、方针、布局、内容、学业质量、启发性六大块内容。一如既往围绕地理核心素养展开阐述，内容包括根本理念、规划课程目标、选定课程内容，这是 2017 年课程标准的最大特色

三、科学论证 1978 年以来高中课程标准

（一）改革开放以来各版本的地理课程标准（大纲）的演变和发展阶段

1978 年以来国家颁布的不同版本的课程标准，都是经过多次修订，是时代进步和发展的产物，与不同时期的大时代背景紧密相连。从时间上看，是紧紧随着祖国社会经济

的繁荣发展而转变的。笔者主要从 1978 年以来各个时期国内和国际的时代背景，结合地理课程标准在不同社会和经济发展阶段的演变和发展特点，从地理课程标准（教学大纲）的课程构成、课程组织结构、课程实施目标、选课内容等四个方面进行归纳，并辅以 1978 年以来部分年份的高考内容。由于地理高考命制试题和施教的一个主要的参考依据就是课程标准，地理课程标准的转变，在以往的高考试题内容的转变上获得充分的反映。

1. 地理课程标准基本恢复和发展阶段（教学大纲）（1978—1984 年）

时过境迁，由 1978 年延续 14 年至 1984 年，这个时间段只公布了初中地理两个课程大纲，但并未拟定高中地理课程标准，即 1978 年颁布的《全日制十年制高中地理课程大纲（试行草案）》和 1980 年修订的《高中地理课程大纲（试行草案）》（以下简称《地理大纲》），曾经的思想路径在 1978 年召开的十一届三中全会上获得矫正和补偏救弊。党中央审时度势，作出了改革开放的重大决策，开始逐步恢复我们国家的教育事业。地理教育在党中央新制定的方针政策的正确指引、引领下受益，使它处于能够逐渐发展与恢复的阶段。以下是 1978 年至 1984 年全国普通高等学校招生统一考试地理试题精编。

1978 年试题精编

一、填充题（答案直接填写在试题的空白处）（10 分）

1. 革命历史名城遵义位于我国________________省的北部。

2. 大庆、大港和_______________油田是我国新建的三大油田。

3. 我国的________三角洲是著名的“鱼米之乡”，______三角洲是著名的蔗糖产地。

4. ______________渔场是我国最大的渔场。

5.______________铁路西起兰州，东至连云港，在郑州与_____________铁路交会。

6. 我国最大的内流河是________________河。

7. 太行山以东是_______________平原，以西是_______________高原。

8. ______________峰是世界第一高峰。

六、问答题（答案写在试卷上）（共 40 分）

1. 我国南、北方的外流河有哪些不同特点？为什么会有这些不同特点？（10 分）

2. 有人在冬至时从阿根廷首都布宜诺斯艾利斯出发，正好三个月后到达位于赤道上的厄瓜多尔首都基多，正好又三个月后到达美国首都华盛顿，试问：（15 分）

①他出发时，布宜诺斯艾利斯是什么季节，为什么？

②他到达基多时，布宜诺斯艾利斯、基多、华盛顿的昼夜长短如何？为什么？

③他到达华盛顿时，华盛顿是什么季节，为什么？

3. 结合你学过的地理知识，简要回答：（15 分）

①我国冬、夏季气温分布的特点怎样？

②我国降水的地区分布和季节变化怎样？

③我国气温和降水的特点为农业生产提供了哪些有利条件？

1979 年试题节选

下面这段文字在地理知识上有几个地方是有问题的，试以“×”字在写错的地方用笔改写，并将更正后的答案写在上面：（共 10 分）

习惯上，中国境内受冬日风影响较大的地区，锋面雨带在中国的季风区，南方则相反，随着夏季风的进退而移动，以便北方雨季的早起晚结。长江中下游地区夏秋之交多为“梅雨”，年降水量多在 1000 毫米以上，天气较为湿润，属于湿润区。夏季风早、强度大、冬季风弱的长江中下游地区，持续降水天气会比较多。

1980 年试题节选

二、判断题（共 15 分）

下列各题的问答，在所有的答案中（错别字扣分），有一个或多个准确无误的答案，请选择正确的选项。

1. 印度人在种族上属于（　　）

A. 黄种　　B. 白种　　C. 棕种　　D. 黑种

2. 东北镜泊湖的成因是（　　）

A. 断层陷落形成　　B. 火山喷发岩浆阻塞河流

C. 冰河冲刷而成　　D. 潟湖远古时期淤积而成

3. 非洲南部地区最近宣布独立的国家，经过长期的民族解放斗争是（　　）

A. 纳米比亚　　B. 乌干达　　C. 阿扎尼亚　　D. 津巴布韦

4. 南亚地区主要的出口农产品有（　　）

A. 棉　　B. 黄麻　　C. 茶　　D. 橄榄

1981 年试题节选

五、问答题（共 40 分）

1. 为什么在世界大陆上会形成横向的自然带？热带草原带—热带雨林带，自然形成的热带草原带特征是不可分割的？

2. 试阐述我国季风气候对长江中下游平原农业生产的影响。（15 分）[提示：综合分析热量、水分条件、雨带移动及耕作系统、主要粮食作物等]

3. 亚马孙水系具有哪些特色？并从地形和气候两个方面阐述其成因。（10 分）

1982 年试题节选

一、是非题（10 分）

下列每道题您认为正确的在括号内打“√”，错的打“×”（此题分值为 0—10 分，错 1 小题，在此题总分中倒扣 1 分）。

1. 地形地貌是内外力长期作用的成果。另外，内力作用强大，主导作用是诱发地形转换。（　）

2. 海洋的物理性质和大陆内部的物理性质是不一样的。夏季陆地气温迅速升高，气压降低，夏季海洋气温升温慢；海水变暖变慢，气压变高，甚至海面上刮起了大风，吹向大陆。（　）

3. 气温的垂直变化与其他要素有很大关系，如地理纬度和海拔的高低。大兴安岭（7 月）是我国夏季平均气温最低的地区。（　）

4. 我国竹类资源丰富，但最多的是热带，其次才是亚热带。（　）

5. 辽河虽然长于闽江，流域面积也比闽江大，但两者的水量几乎没有差别。（　）

6. 我国矿产资源丰富。近年在安徽省庐江地区、滇西澜沧江畔等地也发现了大型锰矿。（　）

7. 巴基斯坦大部分地区气候炎热干燥，但印度河贯穿全境，带来最多的是农田灌溉水源。（　）

8. 西德境内河道较多，除多瑙河外，其余河道均自南向北流入北海境内。（　）

9. 按领土面积大小排序的非洲第一大国是扎伊尔。（　）

10. 横断山区是我国地理上一个奇特的单元。这里山水相并列，自西向东主要大河是澜沧江、怒江、金沙江且形态万千。（　）

1983 年试题节选

四、读图与填图（25 分）

1. 按照下表所列项目对甲、乙两张图进行阐述，并在表中填入阐述成果。（5 分）

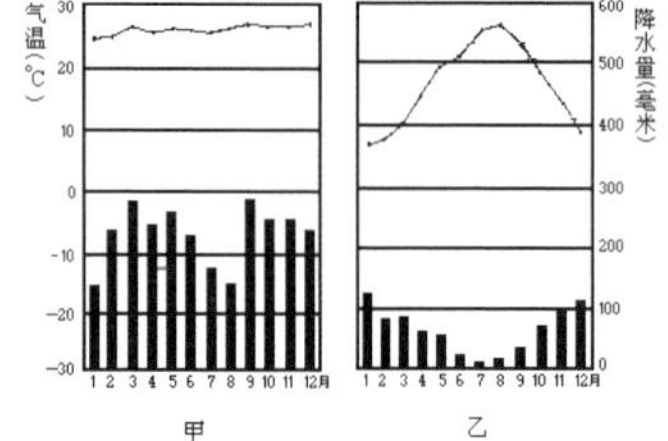

项目	所属温度带	气候类型名称	代表地区（以面积最大者为准）	植被类型名称	主要经济作物（限答两种）
甲					
乙					

2. 下列是地形剖面示意图（大致沿东经 109° 经线，范围在北纬 32°~37° 之间），根据图上所给出的条件，判读后按图上所给出的数字及其位置，对下列问题进行解答。

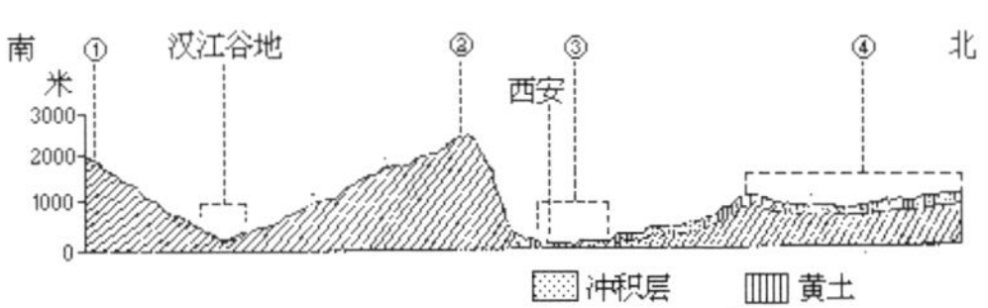

（1）地形与山脉名称：①______；② ______；③ ______；④ ______。

（2）______地点为汉江谷地，其所属的温度带是______；③所在的温度带是______。

通过对 1978—1983 年地理类高考题型分析，我们能够了解，从 1977 年到 1983 年恢复高考，历经 6 年时间，高考的地理类试题中的第一类题型，主要考查题型、内容有填空题、读图填空题、正误判定改错题、解释名词题、选择题和问答综合题、常识性知识掌握题等。然而，在重点课程目标以基本常识施教为主的情况下，对求学者能力的考查涉及严重不足，在这一阶段的高考地理试题中得到了淋漓尽致的体现。现整理 1978—1983 年高考地理试题的题型示意图，以飨读者。

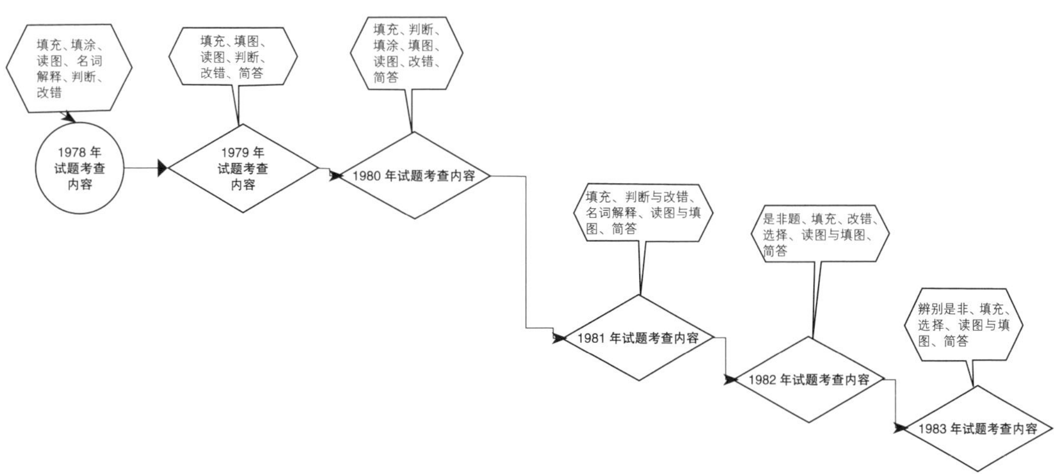

图 2　1978—1983 年高考地理试题的题型示意图

2. 地理课程标准的实验探索阶段（1985—1990 年）

1984 年，国家出台了把工作重点转移到城市经济建设上的《中共中央关于经济体制改革的决议》。由于经济体制改革的新步伐加快，大家观点的转变也随之加快，专家们也展开了对施教范畴的一系列辨析和咨询，他们的一些思想观点的桎梏也逐渐被突破，大家纷纷展开了积极的探索和研究，探讨中国施教范畴内所呈现出的新问题和新挑战。

1985 年教育教学改革的文件要求施教者必须为社会主义经济建设培养更多的高素质优秀人才，为我国教育事业指明了方向，提出了面向现代化、面向世界、面向将来的三大目标。“三个面向”成为教育战线的一大指引，为教育事业以后的发展明确了目标，指明了前进的方向，同时也为教育范畴的新探索加快了进程，教育理论研究成为教学实践中不可缺少的一部分，在教育的发展过程中，授业、传道、解惑将成为教育发展的关键构成部分，这对教育事业发展具有重要意义。在 1985—1990 年的尝试和摸索阶段，1986 年国家颁布了《全日制中学地理教学大纲》和 1990 年修订版两个主要的地理学大纲，1986 年地理教学纲要尤其在地理教育史上具有划时代的意义，成为全国首部高中阶段地理教学大纲，其成为改革开放后高中教育科学发展的标杆。自此高考地理试题在大纲的指导下从命题方式、命题立意方面发生了较大变化，如下面高考试题的节选所示。

1985 高考地理试题

五、综合题（共 17 分）

读图并回答以下问题：（10 分）

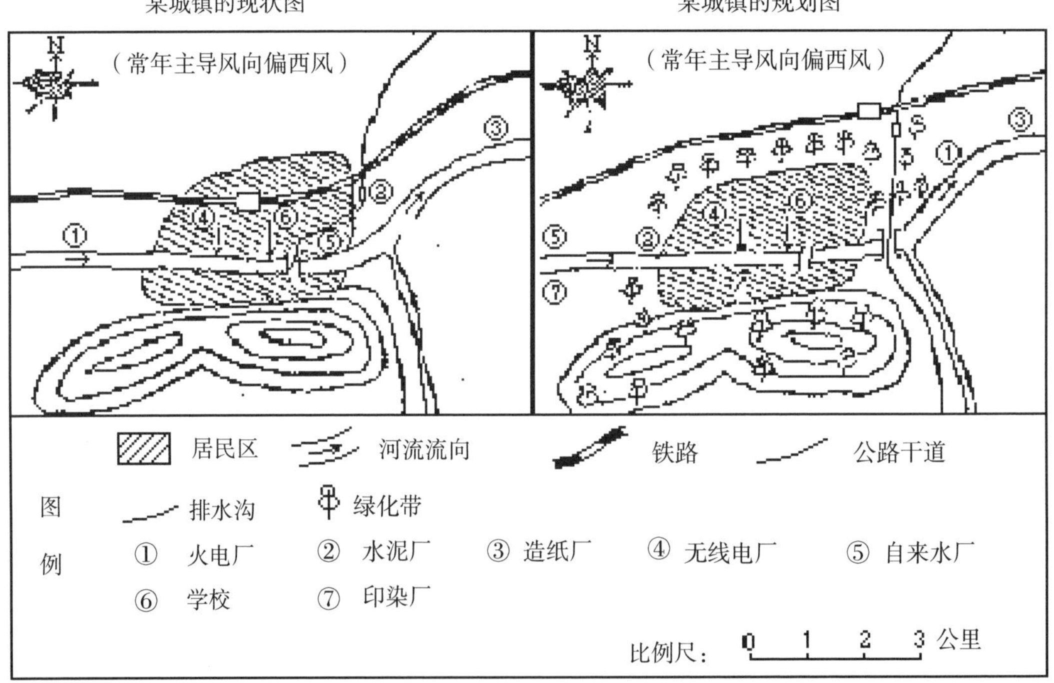

1. 火车、工厂、汽车等向大气排放的重要污染物；符合题意的；①______；②______。（2 分）

2. 城镇河流污染物的来源有：①______；②______。（2 分）

3. 与现状图相比，规划图中①～⑦铁路、公路、绿化带各点布局哪点比较合理？哪一点说不过去呢？这是为何呢？（8 分）

1986 高考地理试题

三、读图分析题，填涂（共 34 分）

看下面这张图，回答几个有关地球运动的问题：（4 分）

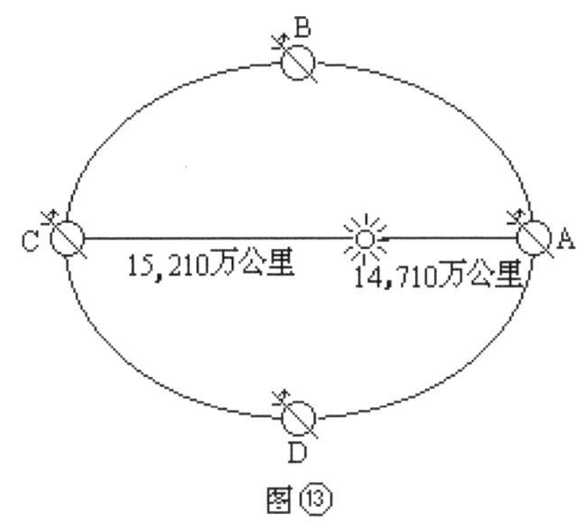

图⑬

1. 运动到 A 处时的地球是______月初；公转到 C 处时是______月初。

2. 地球公转速度在______处较快；在______处较慢。

3. 地球需要 365 天 5 时 48 分 46 秒公转一周，这便是天文上常说的______年。

4. 图中有误画之处，请指正。地球公转一周，天文上常说的五时四十八分四十六秒，时间为三百六十五天，为______年。

1987 高考地理试题节选

综合题（共 30 分）

4. 根据黄河水系，分析解答以下问题，并结合所学的地理学科知识进行分析。（6 分）

1. 黄河与珠江对比，黄河长，而珠江水量是黄河的 7 倍，主要有几个缘由：____。

2. 兰州以上河段为黄河输入 70% 以上水量，但流经宁夏平原、河套平原的水量又被削去了，原因是 ____。

3. 指出图中两大支流名称，属于黄河中游的①为______，②为______。

4. 扼要阐明黄河郑州段以下流域河段范围非常狭窄，无支流的缘由是______。

1988 高考地理试题

三、读图分析题（共 25 分）

1. 读我国两省的轮廓图，回答图中城市的名称和所临河道的名称。每小题分值为 1 分，共 2 小题。

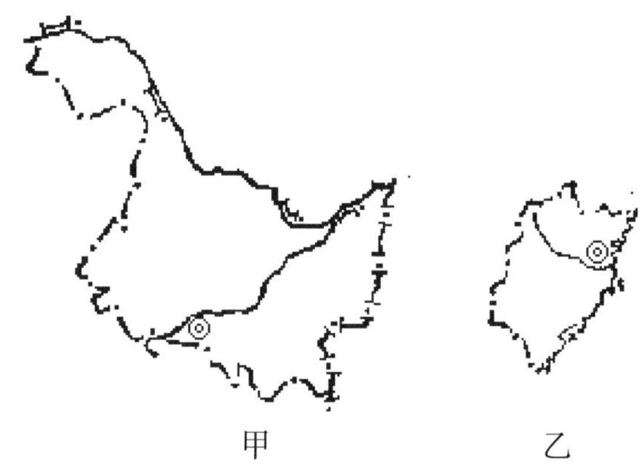

（1）甲图中的都会是______，所临河道是______。

（2）乙图中的都会是______，所临河道是______ 。

2. 根据东方快车路线，把下面各组语言所描述的城市称号填入相应括号内。每小题1分，共4小题。

（1）城市由横跨多瑙河两岸的两座城市组成，并有数座雄伟的桥梁将两座城市连接在一起。（　）

（2）多瑙河穿城而过，山川秀丽，风景如画，是世界音乐名城。（　）

（3）多瑙河下游平原的中部，位于多瑙河的一条支流河岸上。是行业中最多的国家。（　）

（4）都会区地处巴伐利亚高原，向南瞭望挺拔的阿尔卑斯山。是它所在的国家主要的南部工业中心。（　）

对 1986—1988 年高考地理试题进行分析、总结，不难发现图表中的特点。

表 2　1986—1988 年高考地理试题分析

高考地理试卷年份	试卷考查知识类型	试卷考查知识类型占比 /%
1985 年高考地理试卷	①能直接找到课本上的知识答案	60
	②可灵活变通间接来源于教材的知识	25
	③考查求学者能力潜能的知识	15
1986 年高考地理试卷	①能直接找到课本上的知识答案	57
	②可灵活变通间接来源于教材的知识	26
	③考查求学者能力潜能的知识	17

续表

高考地理试卷年份	试卷考查知识类型	试卷考查知识类型占比 /%
1987 年高考地理试卷	①能直接找到课本上的知识答案	54
	②可灵活变通间接来源于教材的知识	28
	③考查求学者能力潜能的知识	18
1988 年高考地理试卷	①能直接找到课本上的知识答案	35
	②可灵活变通间接来源于教材的知识	35
	③考查求学者能力潜能的知识	3

在 1985—1988 年的高考试卷中，考生能直接从课本上找题目，能找出准确结果的题目比例从 63% 逐年下降到 36%，从课本上考查常识的间接来源比例从 25% 逐年上升到 35%，考查考生技能潜能的题目中所包含的常识从 15% 逐年上升到 30%。而且后面两项在高考试卷中的比例逐年提高，但居第一位的，还是从课本的基本常识中衍生出来的。可以推测的结论是，这段时间对基础知识的考查仍然是高考地理学科的重点。但考生发现，考查辨析和处理地理问题的潜力且与之相关题目所占比重增大，从知识立意逐渐转向能力立意，这也是高考地理试题要阐明的，也从侧面印证了课程目标在地理大纲中对内容目标的要求。1980 年中后期，人类面对世界人口激增、社会物质不断丰富的时期，人地矛盾日益突出，伴随着环境污染、土地污染、大气污染、水污染、生物多样性减少等一系列环境问题的出现，生态环境保护的课题将是人类要面对的。对这一课题的研究也深刻影响着人类的生产、生存。环境、人口、资源等问题，从人类起源至今就在不断地探索中，随着经济高速发展，现代社会呈现出史无前例的人地关系紧张状态。在此背景下，课程内容的编写也开始将环保内容纳入其中，强化人们对环境保护意识，对环境的重视程度逐渐提高。因为地理学科与自然环境的紧密联系，人类也开始探索自身的发展路径。1986 年、1990 年地理大纲的布局构成，重视条理与逻辑之间的安排，要求展开详细的陈述，从理论目标过渡到详细内容的设置，再到基本方法的现实。首次将必修课程和选修课程从课程结构上进行了划分，同时兼顾了学习者发展的规律性。选修课地理课程一改以往以“常识性立意”为主，逐步扩大了“技能”学习的课纲，以培养求学者的共性必修课程，保障地理施教目的的实施和达成，促进学习者个性的健康发展，增强了该如何适应学习者多方面的发展需要。

3. 地理学科改革发展阶段，课程标准（施教大纲）（1991—2000 年）

20 世纪 90 年代，全世界教育界不约而同地开展了地理教育改革，地理课程标准也迎来了新的契机，对于地理课程标准都或多或少地进行了调整，如 1991 年英国出版的《全国地理理论课课标》，就是为了推广英国的地理理论学教育，这一课标的出版使地理理论课在施教中的地位大大提高；美国为中学地理课程的推广和设置制订了一个笼统的计划，没有统一的标尺，却把世界地理课程圈定在了 1994 年的课标，这也使颁布了标准的地理课程有了较大的变化；日本在 20 世纪 90 年代也对课程标准进行了修订，在教育体制等方面都作了新的规定。1992 年，我国经济发展进入了关键时期，邓小平于当年视察南方并发表重要讲话，人们的思想进一步获得解放，将构建社会主义市场经济确立为国家取得发展的总目标，也让教育沐浴在党的十四大召开时的春风化雨之中。随着经济快速增长，在国际地理教育改革洪流的影响下，教育界提出要革新过往已不适宜时代的教育体制，教育部在 1993 年颁发了《教育改革和发展规划纲要》，以适应社会主义市场经济，建构新的教育体系。出台的这些纲领性和指导性的文件，极大地鞭策着地理教育在新时期向纵深发展，拟定并公布了 1995 年全国教育“九五”计划，于是面向 21 世纪的教育振兴计划又在 1998 年颁布了。2000 年的《全日制高级中学地理学教学纲要试验（修订版）》总纲有这样的论述：（地理学）是研究人类存在下来的地理环境的学科，是研讨人类与地理环境关系的学科，是研究地理学和地理环境的学科，地理学这门学科说明了地理事物和地理征象的分布规律，全球和中国东、中、西部各地区的地区特点和地区差别。中学必修基础课之一的地理学科，对于进一步深入学习文化科学知识，投身建设社会主义现代化，可以起到立身之本的作用。在这样的背景下，1996 年《全日制普通高中学校地理国情施教大纲（供实验性使用）》和 2000 年《全日制普通高中学校地理国情教学大纲（实验性修订版）》先后被拟定为《全日制普通高中学校地理国情教学大纲（供实验性使用）》。1993 年由于地理被高考科目取消，这也直接造成了地理学科在中学教学中的地位迅速降低，地理学科一直到 1995 年以后才逐渐被各方重视，地理学科的地位可以说是被恢复了。最有代表性的是 1996 年的《课程大纲》。

在地理知识领域，一方面，大量删减了各分支学科的基础知识，包括天文、气象、水文、生态、经济、环境保护等范畴的基础知识，删减了与人的关系不密切的部分，以保护和围绕人的关系为主线；另一方面，排除与物理、生物、政治、化学、历史等学科交叉重复的常识，只借鉴它们的结论，去繁就简，注重正确处理地理学科的边缘性；增加了人口承载力、新区位结构、都会中心地理论、文化分散性、综合国力等方面的新内容，如人文景观、国土国力、地理区域研究的方式和现代化能力等。这一时期，地理课程标准的组成成分愈加地丰富，在前一阶段大变动的基础上，在学业测验、高考评价等实施层面补上了更多加倍细化的地理施教纲领，内容也增加了关于施教设备与项目内容，便于今后开展研究性活动课程（表 3 是课程标准中新增的施教仪器与项目内容类型的阐述）。

表 3　课程标准中新增的施教仪器与项目内容

	新增仪器与具体项目	新增项目具体内容
课程标准新增项目类型	地图	世界地图、中国地图、本省地图、各类专用地图等
	仪器、模型	举行课外活动所需的地球仪，月地运行仪，地理施教模具，地理观察仪器等
	标本	土壤、矿物、岩石等标本
	音像施教器材及软件	放映机，电视机，幻灯机，录像机，电脑和必要的投放片，幻灯片，录像带，录音带，电脑施教软件等
	地理施教专用教室根据学校实际情况增设	因地制宜地考虑当地实际情况

因为增加了人文景观、国土国力的研究方法和地区现代化技术等新的内容，选修课程将领土完整与国家安全高度保留在课程布局中，并为研修者进一步学习增加了中国领土与地区常识。课程目标中强化了对技能教育的重视。首先包括了地理学的基本功、地理学的思考力、进一步学习和阐述判断等诸多技巧；同时，课程实施目标也一改过往概念抽象、实施操作困难，实现课程目标的实际操作性增强，施教者可以利用当地地理资源开展教学，从求学者的实际生活出发，以身边的小事为着眼点，以管中窥豹的方式，培养求学者热爱家乡、热爱国家的情感和品德，使思想情感得到升华。从热爱家乡上升到热爱祖国，从现实教育的视角出发，增强了对祖国的热爱和施教的可操作性。表现在课程内容上，更加细化的课程内容成为施教的关键，地理自然知识成为主导。

4. 地理课程标准（施教大纲）改革创新阶段（2001—2009 年）

进入 21 世纪，科学技术尤其是信息技术迅速发展，各业各行争夺人才的竞争日趋激烈，各国纷纷发布了各自的人才发展策略，对人才的培养尤为重视。培养知识经济时代的信息化人才已经成为当今世界最重要的人才发展战略，各国对人才的培养、人才选拔、人才储备等方面非常关注。例如，某邻国就强化了新的中小学教育，在教育上更加重视问题处置技能的培育，不仅在地理教育上大量使用信息技术，如教育媒体和教育媒体资源，而且在利用信息技术方面也要加倍重视。当代地理教学大纲是 2002 年由德国颁布的，在这份大纲中非常突出地体现了对求学者空间能力培养的重视，重点突出了因材施教。在全球人才培养和人才抢夺日趋白热化的国际形势背景下，我国也在国内社会经济发展和基础教育矛盾重重的情况下，不断紧跟国际教育改革进程，加快推进教育改革的行动。2002 年《教育第十个五年计划》颁布，该计划要求继续实施科学技术、教育振兴中国的战略，培养高、精、尖人才，使教育产业加速成长，加强培养创造性能力。为落实党的十六大精神，在中小学求学者当中全面实行素质教育，教育部在 2004 年发布的《2003—2007 教育复兴方案》中指出，《全日制普通高中地理课程标准（实验版）》（以下简称《地理课程标准》）借助于上述文件政策，地理基础教育渐入快车道。该版本虽然实质上与以往的地理大纲相同，但在内容上却有很大的不同。《地理课程标准》在高度概括和归纳总结的基础上，更加完善，更加凝练。在不断完善过往地理大纲的基础上，用“实施建议”高度概括上一阶段地理事物方面的内容，内容不仅涵盖施教和评价建议，呈现得比较完善的是教材编写的发起和科学开辟课程资源的建言。课程结构的编排更加注重个体的自主性和需求的选择性，为求学者提供了更宽阔的选择空间，而不局限于几个小范围的选修，不仅选修的课程模块数量更多，自然、人文、技术领域等内容也更广泛。《地理课程标准》的课程目标具有丰富的内涵。对课程目标的实施，在多个维度上更加具体地进行说明和规定，将能力目标的实施摆在第一的位置，高度重视求学者素质的提升和发展。《地理课程标准》在注重课程内容的连贯性和知识的综合性的同时，减少了自然地理的内容，提升了人文地理的地位。

表 4　2004—2007 高考文科综合地理能力要素统计　　单位：%

文综地理试卷以考查条目为主的内容信息技术、计算应用技能		2004—2007 高考文科综合中的地理试题能力要素结构				
		区域地图、专题地图的读图技能	地理基础知识的记忆能力	地理问题的综合分析能力	地理原理、规律的应用能力	
试卷年份	各年份地理试卷能力要素所赋分值及构成					
2004 年		4	4	45	39	8
2005 年		4	7	33	48	8
2006 年		8	10	42	36	4
2007 年		10	10	29	47	4
备注：						

经过对表 4 的剖析研讨能够直观地发现，在历年文科综合地理试卷中，考生对地理问题的综合分析能力和地理基础知识的识记能力所占比重最高的是 48%，最低的是 29%，这两项技能在地理试题的分值构成份额中都占了相当大的比重。以前的教学施教，如果要提升能力的培养，施教者只是培养传统的地理技能，如求学者查图、读图、绘图等，而现在颁布的课程标准其课程目标内涵更加丰富，命制的地理试题考查的是考生发现问题的能力、分析问题的能力、探究问题的能力和解决问题的能力。因此，科学命制的地理试题对考生提出了更高的能力要求。命制的地理试题推理思路赋分能力较强，并且随着时间的推移分数的比重也在不断增加，如地理规律原理应用方面的题目逐渐增多，考查的力度也在逐渐加大。从中可以看出，高考地理试题更加全面深入地考查了求学者的能力，真正体现了地理试题与课程目标的高度契合这一命题意图。

5. 地理课程标准深化改革阶段（施教大纲）（2010 年至今）

2010 年，《国家中长期教育改革与发展规划纲要（2010—2020 年）》颁布，该纲要指出，高中阶段要全面提升求学者的综合素养，实现求学者成长的多元化，最终教育部在 2014 年的改革文件中，以“立德树人”为宗旨，要求全面深化课程。2017 年国务院颁布的《关于深化教育体制机制改革的意见》，给出了中国要环绕“五位一体”的总体规划，把根本任务确立为深入贯彻立德树人、将高中教育改革进行到底的新的成长理念，这是中国全面深化教育体制机制鼎新改革的方略，也是中国全面深化教育体制机制鼎新改革的思路。之后，教育部又刊印了《中小学综合实践活动课程指导纲要》，提出努力培养求学者的价值观、责任感、解决问题的能力、创新能力，这是高中阶段的课程指导纲要，也是高中阶段的目标。目前，社会经济生活日趋复杂，社会发展对高素质人才的需求更加迫切，这些情况我们都应该坦然面对。在此背景下，教育部于2013年开始了新的地理课程标准修订编写工作。本标准是在国内高中课程革新实践总结和经验吸纳的基础上，借鉴国外优秀的改革成果而制定的课程标准，具有科学性、系统性和相对完善的特点。《地理课程标准（2017年版）》更加细致、条理化地阐述了构成布局，删除了之前概念模糊的内容，分类细致、条理清晰。同时以理论研究到实际实施为线索，对课程理念、性质、达成目标、组织结构、教材内容、施教建议等进行详细的叙述，层次不但丰富而且清晰明了。在必修、选修、选择性必修三科组成的课程规划上，我们不再理解为各科为选学者提供差异性的进一步深造选择，而选修内容则进一步增加，选学者的选择性也随之加强。课程目标的立意转化为“素养立意”，立意得到进一步升华，对立德树人的要求，紧紧围绕核心素养，分别从四个维度对地理核心素养进行阐述，它们分别是人地协调观、地域认知、综合思维和地理实践。在2012—2016年全国新课标II卷地理试题中，充分体现了地理学科的核心素养。表5是地理核心素养成绩统计表考查范围为2012—2016年全国新课程标准II卷。

表5　地理核心素养成绩统计　　单位：%

年份 分值 素养立意	人地协调观	综合思维	区域认知	地理实践力
2012年	48	48	54	16
2013年	54	38	40	30
2014年	42	44	40	36
2015年	62	46	30	46
2016年	73	61	45	55

注：考查范围为2012—2016年全国新课程标准II卷。

从表5可以看出，虽然高考地理考卷中核心素养四个方面的分值比重在不同年份有差异，但在近几年高考试题分值中，核心素养在高考试题中所占分值的比重总体表现为上升趋势，这对于课程目标在课标中的变化是一个很好的说明。课程内容对家国情怀的加倍重视，以审视世界的眼光使课程难度有所降低。实施的新课程标准，在教学水平上，强调问题导向，在教学内容中融入合适的地理问题，将问题线索作为导向，贯穿教学过程，使求学者敏捷地发现问题、合成问题、贯通知识、更新思想、处置问题、综合能力得到了培养，在利用策略处理问题的过程中，促进求学者心理、身体、心智、知识等方面的全面发展。在施教考核层面，强调重视思维结构考核，要求施教者注重考查求学者对地理概念的辨析能力、对地理事物的判断能力和对地理逻辑推理能力的强化，同时也留意考察求学者的思维综合能力，采用结构化的规划展开评估量化。

总之，《课程标准》提出了无布局、单点布局、多点布局、联系关系布局、拓展抽象布局等思维层次的差异，并对以往难度较大的部分知识进行了删减或迁移，在培养求学者核心素养上做了更加用心的精巧构思，如选考必考科目中的“地球的运动”板块知识从必考科目迁移到选考科目中，使那些偏爱地理的考生对这部分知识的掌握更加深入，从而选择地理作为选考科目；加入了更加重视所有求学者的家国情怀和全球视野培养的海洋权益、领土安全等内容，使必修课程中新增了新的内容。

参考文献

[1] 向雯．改革开放以来我国高中地理课程标准的演变及教学启示 [D]. 湘潭：湖南科技大学 ,2019.

[2] 李凤芝．关于体育教学中教师主导作用对学生学习主体地位影响的实证研究 [D]. 呼和浩特：内蒙古师范大学 ,2006.

[3] 董娜娜，张清，刘丽翠．农村中学地理教学中地理思想的研究 [J]. 吉林省教育学院学报 ,2015,31（4）:67–68.

[4] 王思源．百年中学课程文本中的地理实践活动内容研究 [D]. 哈尔滨：哈尔滨师范大学 ,2021.

[5] 河北师范大学．一种中学地理水土流失实验用演示装置 :CN202220064035.1[P]. 2022–01–09 .

[6] 纪懿芯，董永盛，周慧．初中地理核心素养建构及教学策略刍议 [J]. 中学地理教学参考 ,2018（9）:13–15.

[7] 赵新生，赵何冰，李丹丹，等．关于高校教材中降雨类型概念定义差异研究 [J]. 水利技术监督 ,2018（5）:1–3,16.

[8] 陈书忠，黄婧，骆翠红，等．生态环境保护视角下探讨“两山基地”建设 [J]. 农村实用技术，2022（4）:109-111.

[9] 马苗．创新教育视野下体育院校体育教育专业培养方案的优化研究 [D]. 西安：西安体育学院，2012.

[10] 钟璇．高中地理课程案例教学设计与实践研究 [D]. 南昌：江西师范大学，2019.

[11] 胡超．基于教学过程分析的高中区域地理教学策略研究 [D]. 武汉：华中师范大学，2012.

[12] 刘思琪．基于综合难度模型的高考地理试题评价分析 [D]. 济南：山东师范大学，2020.

[13] 罗文宾．人教版初中历史教科书使用情况调查研究 [D]. 赣州：赣南师范大学，2018.

[14] 白有凤．语块产出为导向的大学英语口语教学模式实践研究 [J]. 广州广播电视大学学报，2022,22（1）:47-50,109.

[15] 翟文敏．文明之窗——浅谈中国策展人如何为中国观众阐释世界古代文明 [C].“互动、融合与流动：全球当代性语境下的博物馆”国际学术研讨会，2019-09-15.

[16] 史宁中，吕世虎，李淑文．改革开放四十年来中国中学数学课程发展的历程及特点分析 [J]. 数学教育学报，2021,30（1）:1-11.

[17] 李嘉昕．初中历史教学中的导课研究 [D]. 牡丹江：牡丹江师范学院，2019.

[18] 梁文莉，李飒，黄随．深度学习视角下“婚姻家庭法学”课程思政在线教学设计探索 [J]. 广东开放大学学报，2021,30（3）:7-11.

地理教学观念的“辨析”与“思考”

在笔者职业生涯中，为了提高教学质量，需要不断地对地理施教的方方面面展开探索研究，在地理施教的内容探索和开展研究的过程中时常会遇到各式各样的问题，对于这些问题，笔者进行了不同层次的深入探索，旨在唤醒从教者对地理施教课题研究的再认识、再思考。长久以来，个别施教者只为开展研究而开展研究，轻视了开展施教研究最关键的现实目的和现实意义。笔者通过对施教研究意义的再认识、再思索、再辨析认为，地理教研应该依据差异性的学情，深挖学习者的个体深造竞争潜力，以此为开展地理施教教研奠定理论依据和夯实开展实践的根基。

一、教研者开展“施教研究”的缘由

教研者利用科学的方法探索地理各种施教课题的过程就是地理施教研究。地理施教研究首先是有规划、有系统地汇集、汇总各类相关资料和信息，并进行分类、整理，利用现有资料，对地理课题分析、解析、评释等，从而获取解决地理问题的途径，或是将地理学科规律、原理、理论及最新研究成果在教学实践中应用。从上述内涵上讲，开展地理施教研究的学术价值不仅属于它自身，而且隐含在这个课题之中，抑或是由其激发出来的更深层次、更丰富的意义。当然，前人关乎地理科目的施教研究，有深浅、有见地、有实践价值的研究很多，尤其是新课标颁布后关于“有创造、有个性地传习”“有效率、有效果地传习”等内容，众多具有显著参考价值的著述、论述、论文等比比皆是，研究成果使人振奋。然而，当人们一窝蜂地开展对这类题目探索研究时，让人感觉遗憾的是，“为什么开展施教研究”这一首要问题却被轻视了。深入了解现阶段的地理施教，人们容易发现，由于受到某种因素的推动，某些所谓“地理施教研究”和“探求”的步伐已远远偏离了“科学的思索”轨迹，尤其是缺乏有内涵的、有深度的科学思考。例如，到底为达到什么样的目的而展开地理施教研究，以及由此引发出来的关联性问题是什么？探索发现了什么样的地理课程具有“独特的”施教案例特征与施教法则？研究者开展研究后得出的结论是否被采纳？实践可行的施教案例和施教规律是否被采用？研究结论是否成为中学地理施教的依据？是否期望把研究结论内化为施教行动？是否为地理施教活动供给了有价值的施教依据？在现实中施教者事实上实施了这些研究成果了吗？凡此种种问题有解决方法吗？固然撸起袖子实干的精神值得人们弘扬，“边干边摸索经验”的探索勇气也值得赏识和赞美，但是不加辨析、盲目蛮干现象却也令人担心，如果“施教研究的缘由是什么”这个问题只定位于浅薄的“认知水平上”，而从未确定其核心内涵，那么研究者的做法与实施的研究目标只能相悖而行。

二、转换视角重新审视“地理施教研究”

长久以来，在日常的地理课程施教过程中，受教者与施教者之间的关系总是被默认为施教者成为中心点，施教者只是知识的传授者。而新课标的颁布从根底上扭转了这种现象，转化为基于学习者为中心的课堂施教。据此，新课标情境下的课程施教研究，首要的是开展对受教者的研究。有超强的时空特性、总括性和成长性是地理学科的特点，地理施教最现实的状况应是“施教者的传授”与“学习者的研修”无缝衔接、高度融合、合理协调。比如，施教者和受教者具有平等的学术地位，在探究地理问题上同步前进，在价值情感上产生共鸣等诸如此类。这就要求施教者在施教活动过程中一定得把求学者作为施教的核心，深谙学情，以学情定教，即遵从“以学定教”的原则。因此，所有科目的施教研究都必须遵从“以学定研”的原则。需要说明的是，随着新课标的颁布，地理课程施教内容和施教目标的调整幅度是细微的，仅仅是在先前课标的基础上做了些许的细微调整。但是，伴随受教者学情的差别，需要重新梳理施教内容的先后次序、理论次序也必须调整；需要将施教内容和考试说明重新整合；头脑风暴和价值引导等更是需要不断通过新的实践来检验。通常来说，理论研究和应用研究是地理科目施教中两个重要的方法，其中理论研究的主要目标是为了拓宽或增强课程的科学理论常识，即课程科学思想的识别判定、综合演绎、科学归类、异同对照、精准分析、归纳概括等内容；应用研究就是将地理教学研究的最新成果应用到地理课程日常的施教实践中，内容包含思想方法的实践，如研究反思、文本修订、理论提升、学说凝练、反复实践等。总结当下的研究，在内容研究上过于偏重对受教者学习要领与技能的培养，着重于培养受教者学会知识与会学知识的能力；但相对将提升课程思维、陶冶科目精神、驱动人文情感、导引人生价值等轻忽了，没有充分地调动受教者的可持续发展能力，即使有也收效甚微。每一批求学者都具有不可复制性，都或多或少带有时代差异的烙印，每一批求学者都有独一无二的个性特征。但是，某些学校的施教者的科研成果一旦形成推广后，便被“尊崇”为典型的施教模式，其实际价值大小、实践效果如何却无人关心，总是企图让受教者被动地来顺应、适应这一既定的施教模式。事实是，教师的理论研究成果理应“推陈出新”，应在充分掌握学情的情况下，随着求学者特点和个体的差异而“与时俱进”。

三、开展地理课程施教研究需要应对的课题

1. 施教者用“教课本”教学还是用“课本教求学者”的争议

案例 1：施教者在上课过程中列举出几种常见的天气现象，驱动受教者对天气的概念有本质的感性认知，接着施教者导入气候的概念，受教者的领悟由感性认识升华到思想的层次，让受教者自己依据对概念的理解，并说出各类气候类型，因而对气候按热量条件进行分门别类。

案例 2：施教者根据自己所罗列的气候类型，试着让受教者自己也罗列几种气候类型，并因势利导，让施教者和求学者对气候的概念进行剖析，受教者在别人的思维中对气候概念进行了解和学习，在自己的头脑中对原有的气候概念进行修正和完善。同时引导求学者尝试如何分析气候特点、成因，推测该气候类别与人类活动的关系。

上面的案例 1 一般被称为施教者“教课本”，依照教材既定的内容开展施教、照本宣科，较为垂青教材上的所谓典型案例，易将典型案例照单全收；案例 2 一般被称为“用课本施教求学者”，即聚焦学习者的个性特征、成长状态、生涯规划，创造性、开放性地精确利用教材展开施教，较为关注每个求学者且融入求学者的生活实际。“用课本施教求学者”把视角放在了学习者在课堂中的情感表达和真实的感情体验，的确值得开展实验；而“教课本”虽也关注了受教者的大脑影像、理解、掌握科目常识，也较重视对课本的开拓利用，但对受教者的未来生涯发展意义不大。一直以来，学术上关于二者以何为中心的争议，比较多的研究者认为课本仅具备普及性，并不一定完全与施教的实际情况相吻合，而“用课本施教求学者”则更加自如随心，更加重视学习者的发展状况。从某种意义上来说，“求学者学课本”超越了“教课本”。有时，施教者诚然看起来好似立足于课本，但在相当大的程度上仅仅承担着课本“土电话”的角色，施教者在彻底理解课本、精准分析课本内容、科学解读课本上略有欠缺，施教者进行施教设计以及运用课本进行授课时，往往在某种水平上依据学习者的现实情况和施教者自我的讲课格调，仅是将实施的传习活动进行适当的细微调整。经过长时间的实践二者皆有值得借鉴的地方，与其激烈争论，不如尽心认真思考。到底怎样处理求学者与课本资源之间的关系呢？如何将这种关系处理恰当？这确实是个科学的问题。求学者学习的对象是课本，是施教者实施施教的主要对象，将这种关联化繁为简，即在授课开展中，施教者与求学者通过教材内容产生联系，也就是施教者通过合理运用教材教会求学者所需知识。因此，从这个意义上来观察，不管是“求学者学课本”还是施教者“教课本”并无实质上的冲突，症结在于施教者对待课本和求学者的关系时，该如何处理好这层关系。实际上，许多重视“教课本”的施教者可能更倾注于筛选“自我解读课本而难为求学者”，具体表现为开发教材只为施教者服务，并将其传授于求学者；“用课本施教求学者”的施教者则更能倾注于筛选“吸引、关爱学习者而研习课本”，呈现出施教者研究受教者，转化为研究整合教材。两者最大的差别是前者是施教者借力于权威的课本内容来助推求学者学习，课堂施教活动借助于合理科学地使用课本内容来调整和实施，而后者是要求施教者能够眷顾求学者，在研究学习者状况的过程中解读课本内容，揭示课本内容并重新整合课本。如要使讲习迸发出伶俐智慧的火花，散发出具有激情的生命生机，无论是“教课本”还是“用课本施教求学者”，都不可简单地以征服“课本”抑或是征服“求学者”为最终目的，而需要施教者引领求学者一起深入课本、应用课本、完善增补课本内容，甚至脱离课本、再开发课本内容。这样的施教过程中，教材、施教者、求学者就会在和谐的氛围中相互促进，共同成长。

2. 施教目标的“预设”与“生成”的抉择

案例：人教版普通高中地理教材必修三《资源的跨区域调配》内容，笔者对教材内容进行了再开发，把宁夏宁东基地的建设作为乡土“乌金”资源开发的教学案例，引导学习者因势利导，在开发宁东煤炭资源（“乌金”资源丰富，开发基础相对较好）的前提下，在宁东煤炭资源消费市场广阔、地理位置恰当、资源运输条件便利的情况下，笔者提出以下问题：在上述开发前提下，作为内陆省区的宁夏，在推进宁夏区域发展方面会采取什么样的措施，请您仔细思考一下？求学者经过相互讨论基本达成了如下共识：① 因为宁东地区乌金资源富厚，开发条件好，应该充分地发掘其潜力、发挥其优势，恒久鼎力发展以资源开发为主导的采掘业；②由于其地理方位的优势，物资运输条件好，交通利便，应该把交通资源充分使用好，扩展煤炭的输出量；③由于国内经济发展能源需求大，“乌金”市场需求广阔，可在旧有市场的基础上，持续扩大“乌金”资源的市场占有率，同时积极努力开拓其他市场。利用基础课本知识与专题地理课堂的导引，就是对资源富集地建设的相关内容的延伸，基本上贯彻了笔者进一步预设的思路。在课堂中，也有求学者对一些问题提出了质疑，这无形中扰乱了笔者课前的预想，对于这种课堂中求学者生成的质疑，师生之间产生了思想碰撞的火花，笔者适时适度地调整施教策略，将求学者的普遍问题进行归纳。他们的问题主要表现在以下几个方面：①空气湿度小、极干燥、严重缺水的宁夏属中温带大陆性气候；②经济基础薄弱，对“乌金”资源的依赖程度过高；③区域内普遍存在破坏生态、污染环境的现象。于是笔者将求学者提出的问题归纳写在电子白板上，继续对求学者加以引导：在经济发展过程中上述问题的确是有所表现的，那么到底该怎样解决呢？在这几个课题的导引下，求学者连续思考，在研讨结束后，本节的知识布局体系已经梳理得比较完善，课堂有限的时光得到了有效利用的甚至可以表现为高效利用。笔者曾在其他课堂做过教学实验：当删除预设“宁东开发乌金资源”这个条件，让求学者直接思考并分组讨论，宁夏应该怎样因地制宜地促进区域经济的发展？虽然求学者了解地区发展的基本目的是贯彻可持续发展的理念，实施走可持续发展道路的战略，但求学者还是认为，可持续发展的基本目的就是发展，就是实现可持续发展的理念，可是最后还是达成了一些与之无关联的内容，有的太过于天马行空。课后，笔者认真进行课后反思，发现的问题是对学情了解不够充分，没有充分了解抑或忽视了求学者当时的现实知识起点和学习状态，由于课堂的随意性、不可预见性的特征，使某结果不尽如人意，这主要是因为缺乏预设的引导。求学者在课堂上的出现意外问题或想法，实际上这是一种无可代替的研习资源。此时，施教者应敏锐地捕捉求学者转瞬即逝的智慧火花。如果智慧火花稍纵即逝，可能因为预设的施教思想就像早已被计算消耗掉一样，被所谓的“经验”填满了大脑思维的空间，从而失去变通灵活的思考。无可否认，求学者的思维不应完全被施教者思路牵着鼻子走，而是思维发散，甚至与施教者预设的想法背道而驰。作为施教者不应该单一地解读，不应限制性、强制性地把求学者牵引到预设的途径上，但亦不可以完全顺应求学者的思维思绪或是学习者的价值取向。因为地理科目的施教活动有其突发性、复杂性、多变性的特点，这是以施教宗旨为条件的。新课程改革之后，对于求学者“迸发和显现的智慧火花”，虽然是有特定的创新，但是却太过随性，又欠缺课程科学规范，而且距离实施施教宗旨或高考考试说明保持特定的间隔，因而施教者又煞费苦心地向着“课程目标”这个方面牵引，最后又回到原点，还是事先筹算好的“预设”方位上来。所以，施教者对求学者的主体性和积极性的调动，确实有着与以往不同的重要作用，无可非议的是，经过精心的预设，才是施教者上好一堂课的根本所在。因此，只有在精心研究学情、摸透学习者的实际状况的先决前提下，认真地研习教材、施教目的和考试说明（考纲），用心、用情、用爱创造真实施教情境，创立具有弹性的施教设计，只有这样课堂施教才能有效甚至高效利用，才能自然地达到多彩缤纷的效果。

3. 为什么要开展地理施教

笔者在授课生涯中，经常找寻成长背景、学习成绩有差异的求学者聊天，了解他（她）们学习地理的目标是什么，对这个学科有什么需求、有哪些期望等。高一的学生对地理的渴求是学业水平测试时尽量争取达到“A”等的成绩，为高考地理学科能打下良好的学业基础，高考分数能多上几分；高一年级的学习者除了根底较好的，学业水平测试时想获得“A”等次，为将来的高考有个令自己满意的分数、考个理想大学以外，多半学习者对自己的渴求就是成绩达到“B”等次；只有个别学习者对地理专业有较强的兴趣，未来生涯规划可能向此方向拓展。在此情境下，地理学科施教到底为了呈现什么，可能有很多种不同的回答。最朴素、最普通的认知就是教师是一种职业，为牢牢把饭碗保住，不敢也不能丝毫有误人子弟的想法；施教者的教就是为了传授给求学者一种学会深入学习的方法，一种科学的、严谨的求学态度，培养一个良好的学习习惯。这虽是功利主义的体现，但也是最现实的施教水平的体现，在唯成绩的思想主导下，不给所带班级成绩拖后腿；让求学者考个好成绩、上个好大学、找份好工作、有好的职业生涯，将来能安身立命要靠一技之长。这是最有人情味的，最高的思想境界是为国家甚至是为人类培养未来接班人等。立足于某个特殊的视角，以上论述不管是哪种科目的施教目标，都有一定的普遍性，都有必然的逻辑。归纳起来会发现课程的施教目的，并不是仅依靠课程标准和科目要求，也并不是依靠施教目标划分理论所供给的参照物和实际的施教水准，而是将非智力的因素融合了。“学有所成”诚然是施教要达成的目标，但成长“成人”确实是首要目标，即每个求学者的成长都成为一个精彩的故事。但是，现实很残酷，每每过多地偏重了“目标”这个结果，而忽视、忽略了教育的使命，传授什么是最恰当的？新课程标准颁发以来，施教的根本任务之一就是将视角转移到每一位学习者的学习状况，着眼于每一个学习者的自身成长上来。这样的高标准，就是约束授课者既要重视学习者的实际情况，又要智慧地、适度地挖掘学习者的潜能，给学习者搭建未来生涯“发展”的基本阶梯和根本保障。因此，既要满足不同学习者的个性成长需求，也要满足所有求学者的普遍需要，使学习者确确实实成为学习的主人，建构以人的成长为主线、为本质的求学观与施教观，让求学者在感兴趣、愿学习、学会探究知识的良好氛围中助力自学能力和自我成长能力的进一步提升。

四、开展怎样的施教研究才能更有效

基于如上的探索、思考，笔者联系施教实施过程与最终达成的成效进行分析。笔者发现，学习成绩时常有较大的起伏波动，这是在很多求学者中存在的普遍现象，尤其是到了高三后段的模拟考试和高考冲刺复习期间，表现得更为突出。这时要把握时机，主动找求学者谈心，通过与求学者沟通，出现以上现象的原因归纳总结如下：求学者除了表现为心情或者情感的游走不定外，也会表现为一些诸如自我约束能力不强、学习动能弱化等原因，这致使他们有效学习的持续性变弱，不能持续地学习。众多教育研究说明，受教者的学习与成长并不是完全取决于他的学习根底和能力，与其求学驱动力、坚忍的意志、肩负的社会责任感等因素具有相关性。求学者的学习根底是其成长的“原始起点”“再起点”；求学者的实际能力和潜在的认知隐藏能力，组成了最根本的发展潜力，对他们基底平台的建设起到了潜移默化的作用；而求学者的情绪、意志、性格、行为习惯、责任行为能力等则是其发展的内生驱动力，其能力与潜在能力的开拓都能够受到影响，从而促进求学者成长的速率。这些因素不能被很好地把持开发或者被无视，则会对求学者的发展、求学者的成长带来消极的影响。在现实的施教中，施教者应把助力求学者、教育培养求学者树立恒久的、连续性学习为终极目标，让他们能终身受益。这种终身受益、长久的、持续的研习行为被称为“学习竞争力”。学习能力是学习竞争方法和技巧的体现，有了学习的方法和技巧，在学到应该学到的知识之后，这门学科的专业知识就会慢慢形成；学会了应该如何实施的要领和技巧，就进化成了执行的本领，而学习力则是一切能力之根本。学习专注力、学习成就感、学习意志力、思维灵活度、思维自立性和反思力成为评判学习者学习能力的六大指标。一般而言，学习能力是指在多种的基础活动中呈现出的能力，像识记能力、理解能力、试题解答能力、抽象概括能力、归纳与演绎能力、表现力、观察和观测力、表达力、应用力等。人的核心竞争力就是会学习的能力，也就是助推学习的动力；人的核心竞争力也就是学到核心知识并加以灵活应用的能力。而学习竞争力则是求学者学习能力的综合体现，如学习的带动力、学习的意志力等。求学者的知识容积、知识承接能力、应用知识的能力就是其内涵。求学者学习课程内容的广泛程度与其个人创新拓展能力相关，也与求学者学到的知识质量以及收获和拓展知识的能力，即内生的学习驱动力的大小、学习意志的坚忍程度、学习效率的深浅轻重、学习品德的良莠等密切相关。在求学者发展的全域中应对其成长的状况高度重视，把提升学习竞争力看成解决求学者的学习问题，使其在未来步入社会获取进一步发展与成长的最核心、最关键的要素。因此，在课程的施教探索研究中，作为开展研究的施教研究者不如下沉到研究的“步履零点”，得当地、适度地开展相关研究，切勿好高骛远，以期助力受教者做好生涯定位与生涯规划，使其能对自己的求学生涯满意，实现求学生涯的全阶段、可持续的成长与进步。

参考文献

[1] 姜永华 . 地理教学研究思辨 [J]. 教学研究 ,2013,36（3）:111-113,117.

[2] 冯奇 , 郑晶 , 邵军航 . 创新理念 深化改革——大学英语多种模式教学实验 [J]. 外语电化教学 ,2005（5）:56-60.

高中地理教学理论探析

一、新课程改革境域下普通高中地理有效教学的内涵

有效教学，即在特定时间、特定空间范围内教学效率不低于平均水平的前提条件下进行教学，与时代发展相适应，与构建个人良好价值观相契合。有效教学是开发求学者的创造性，并使之产生头脑风暴。诸多的探究说明，辨析性、自立性、研究性的求学对助推求学者的创造性思维有显著的效果。有效求学是指求学者主体表现出的求学状况具有自主性、探索性、研究性的特点，这是施教者要侧重开展的对求学者的求学活动。有效教学的思想，重视求学者需求是重中之重，是绝对的核心，而侧重的心理根底则是尊

敬，尊敬则是人文、平等等细节明确的体现，是人类社会交往的行为准则，是诚实守信、互助关爱、平等协作等品德形成的根本。施教者与受教者互相尊重是实践新课程改革的首要条件，如果不尊重求学者，那么课改无法推进。既要探索有效教学的呈现方法、教研课题和教学的普遍规律，又要探索应用和遵从规律来处理教学实际问题。有效教学是当前课改全局中的热门与要旨问题，学校要开展有效的实验，施教者务必要提升对有效教学的认知。那么，归根结底该怎样在普高地理教学中助推教学的有效性呢？究竟表现出怎样效能的教学能够算是最有效的呢？蕴藏于内而不显出外在的内涵又是什么呢？通过查询文献资料，发现探索者都是从金融学的视角来辨析教学有效性的内蕴。因此，笔者主要从有进度、有成效、有获得、有深浅、有宽度等多个方位来探索这一问题。对于施教者来说肯定就是教学的效果，这就是施教的收获。施教者的教学能否有效，可以通过下节所述的四个个层面来呈现；求学者能否有效求知，在内心迁移知识是衡量教学能否有效的目标。

二、新课程改革境域下普通高中地理有效教学的根本特色

1. 有效教学必须重视每一位求学者的全面发展

在高中地理教学实施过程中，每位施教者都必须具备整体意识，施教者不但要关注每个求学者的学习进度，更要使每个求学者踊跃融入课堂学习的热情。这就要求每一位地理科目的施教者在着手教学设计时，必须确立面向所有求学者的意识，认真思考每一位求学者的成长需求，从求学者的视角、出发点来创设和策划教学问题，充分掌握学情划分层次的创设问题，让不同层次的求学者都能投身到实施教学的过程中，让地理学科实施教学的过程中所有求学者都能有事做，整个过程都能被愉快的氛围感染、被所学精彩的内容强烈吸引，有效助力课堂教学效率的提升。在此基础上，重视每位求学者地理科目求学的水平，在相同环境中，人的个体差异较大，存在这样或那样的差异。因此，求学者对地理基本知识驾驭的本领也是有差别的，学习知识的能力也有区别，这就需要施教者关心、关爱每一个求学者。了解求学者能否把握所研习的知识，哪个方面的知识还存在问题，还应该采取什么措施来补救没有掌握的知识等。

2. 有效教学必须把视角转变到授业效果的高效性上

有效的教学是指施教者适宜地使用情境创设、问题提出、师生互动、求学者反馈等措施，在短暂的时间内，使求学者收益获得最大值，从而收获最佳、最好的教学效果。新课程境域下施教者与求学者在教学课堂中所处的位置发生了相应的变化，求学者成了

教学的主体，施教者只起到辅导作用。因此，每一位地理施教者要想达到最佳的教学效果，就应结合求学者的情况，对教学内容进行适当的调整，对适合求学者的教学方法进行有效的筛选，以充分考虑求学者的需求，驱动每位求学者学习地理知难而进的意志力、踊跃性、自主性等，期望收获最佳的、最有效的教学效果。

3. 有效教学一定要重视施教方略的应用

地理学科的教学方式多种多样，一般常见的有发现式、启动式、案例式、项目式、问题式、研究式、探讨式等。这些方式可以混合起来利用，称之为“混合式教学”。到底什么方法最有效呢？其中最佳、最有效的方法到底是什么呢？有效的地理教学措施就是为了达到最佳的教学效果、教学目标和培养求学者能力，融合课本内容而采纳的有效的教学方法或策略。它具有较强的针对性、精确性、便捷性、可操纵性、互通性和应时性等特点。施教者的教学水准、求学者的学习能力和现有基础、教学实施的环境以及两者在教学过程中信息交流的程度等都潜移默化地影响地理科目教学措施有效性。所以，我们要重视地理学科的施教者在创造有效的教学措施的同时，在每一节课上都要做到有的放矢。针对课程标准的规范、要旨和约束，融合学科教学内容，依靠科学的教育教学思想来创造教学目标，要综合考虑不同学段求学者的共性和个性特点进行规划，使求学者在施教者的适当引导下，积极地融入课堂的各项教学活动中去，在教学活动中也要紧紧围绕全体求学者的共性和个体求学者的差异相结合这一原则，在教学中做到有的放矢，还应注意培养施教者和求学者、求学者和求学者之间的有效互动与及时反馈行为，这样才能得到最好、最有效的教学结果。

4. 有效教学要长于开展教学反思

所谓教学反思，是指施教者对课堂教学实践进行全面深入的思考和总结，逐步提升教育教学水准。教学反思的一般内涵是先反思、教中反思、教后反思、再反思。一直以来，教育上有成就的教育工作者，都非常重视这一点，这是施教者提高个人专业水准的有效手段。现在许多施教者都会从教育实践中总结自己教学的优劣，通过典型的教学案例、情感丰富的教育情节，以及自身的教育收获来提高教学反思的质量。教学反思的方法多种多样，具体有纵向的反思与阶梯式的研究法、横向的反思与相互比较法、个体的反思与归纳法、全局性的反思与互动性的反思等，这些都是教学反思的类型，也是教学反思的具体表现形式。当然没有完美无缺的教学，只有更恰当的。施教者每教完一节课也会出现这样或那样的问题，如问题处理不好、教学时间规划不完善、求学者活动不踊跃等。

这就要求施教者深入地、持续地反思，概括每节课的得失，实时对教学作出相应的调整与改进，使其日臻完善，这就能使施教者的教学环境愈来愈卓越有效。教学反思是施教者通过施教过程来辨析教学进程中显露的问题，并由此去辨析、反馈解决问题，这是施教者提升自身施教技能的有效路径之一。

三、新课程改革境域下普通高中地理有效教学的理论依据

1. 最优化施教理论

教育学家提出了所谓的最优化施教思想，就是指创设出最好的效果而消耗的时间是最短。施教最优化首先是确定施教内容和实施任务，分析求学者状况，对表现有一定差异的求学者要进行状态分析，以便采用不同教学方法。实施教学最优化的步骤有哪些呢？需要注意哪两个方面才能抵达施教最优化呢？在实际学习中要注意：一是要选好完成教学任务的有益学法、有益教法；二是要让求学者熟练掌握教材中的必备知识。虽然没有最佳的教学，教学最优化思想也不是毫无瑕疵的，只要教学效果最佳，那么教学方法的选取就自由了，无论用何种教学方法都是允许的，且每节课的布局也是有差异的。所以，采用的方法、方式、策略等也就与众不同。评判是否达到了最佳教学效果，主要看施教单位时间和求学者成绩的对比关系。所以，怎样用最少的时间把教学成果做到最好，就奠定了最优化的教学思路的理论依据。

（二）有效施教理论

有效施教理论始于西方20世纪中叶，其中施教效益是有效施教思想的基点，要求施教者将施教效果与施教时间彼此结合。施教效果的高低，不单单是依靠施教者传授的内容多少，而是靠单位时间里求学者学了多少知识，掌握了多少知识。教学效果的提升与求学者的进步是分不开的，也不是说施教者的施教可以天马行空跟着感觉走，施教到哪里就算哪里。首先，施教者要有正视“对象”的意识，传统的授业是施教者“教”，受教者“学”，施教者基本上滔滔不绝从头讲到尾，甚至将课堂延时，不去关注求学者是否学会了知识。因此必须确定求学者的主次地位，新的课程改革要求“求学者成为主体，施教者仅仅扮演场景的导演角色”。其次，要求施教者要具备“整体、大局”之观念。施教者不能过度地评判地理学科的价值，应该给予求学者全面的发展。施教者随意过量侵占求学者有限的时间，导致求学者地理成绩考得佳，但是其他学科落后，如此现象司空见惯。所以，教学效果与求学者提高成绩的关系也是本文探索的一个主要内容之一。教学效果与教学目标的订立两者是密不可分的，教学目标的订立更加明确具体，只有这样，教学效果才能最佳。但是，这不能单纯地说教学目标只要定位明确，越详细越好。

教学效果的优劣和教学目标联系紧密，假设教学目标不明晰，或者内容重难点不凸显，求学者不晓得应该掌握哪些知识内容，哪些是重点内容，不了解这些常规，如此教学，效果应该会很差。常言道“万事从头难”，所以就要求施教者必须掌握相关的措施、策略、方法等，常备反思的意识，探索、研习，一节课后要及时反思，思索这一节课还有哪些问题没有获得最好的结果，问题处理得有哪些不恰当之处，教学有哪些亮点，是否有智慧的火花闪现。我的教学有没有达到目标，有没有激活求学者的求学兴趣。如果不是如此，那么怎样做才能更加有效。只有不断地思考，不断地反思，在这样的教学氛围中你的教学水准才能提高，才能寻得适应求学者科学的、恰当的、有针对性的教学模式。

（三）多元智能理论

多元智能理论是美国哈佛大学教育研究所的心理发展学家于 1983 年提出的。当他从事脑部创伤患者的研究时，发现他们在求学能力上有两个方面的成长进步，即术科和本国语言（主要是阅读和写作）。智慧型组合，不同的人会有相当大的区别。如图 1 所示。

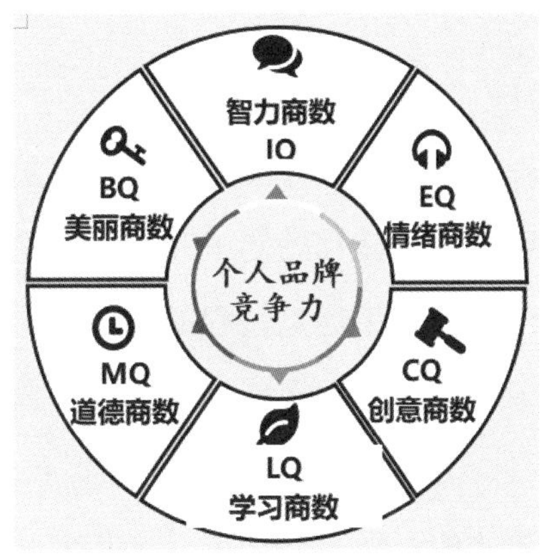

图 1　个人品牌竞争力示意图

这个学说的内涵是说求学者的智力是由各个层面的能力组成的整体。假设某人某一方面智力突出，而在其他方面却低于正常水平，这属于非常正常的现象。每当这个时候施教者无须对求学者产生抱怨和责怪，应该呵护、引导、激发他们的思维。多元智能理论包括语言识别表达、空间观察判读、演绎逻辑、音乐偏好传达、人际交往、反省反馈、肢体协调运动、原生态探索等八个方面。有些人拥有原生的好声音，偏好古典或现代的音乐，所以表现出在音乐领域的不俗造诣；也有偏好人际交往、情感商数高、善于处理协调人际关系；还有的人偏好某项运动，运动能力强，肢体协调性好，常常享受在运动中体会到刺激，所以在体育领域一枝独秀；也有不爱运动、肢体协调性差、喜欢静静欣赏的人；也有一些人喜欢阅读、写作、朗读、语言，喜欢汉语言文学，在这个领域里涌现出一大批文学家、才子、诗人等，这些超凡脱俗的表现，正是多元智能思想的体现。对求学者个体来说，喜好语言，对语言敏感，有良好的阅读、书写、朗读的习惯，或许他们的文科知识收获就较其他人突出，未来生涯或许可以从事媒体主播、出镜记者等；数学、物理、化学、生物等学科学得好，能辨析问题，有推演思维，对某些平面图或立体图等有相对敏锐的空间观察、观测、想象能力，这类人往往在工业、生物领域等方面会作出杰出的贡献。地理学科有特定的时空特征，对人的空间认知能力需要有相对较强的要求。多元智能学说为施教的有效性夯实了牢固的思想根底，主张以求学者为中心，主张以施教者的角色为辅助，在教育思想中产生巨大影响，对教与学二者的方法和方式也产生了深刻变革，无论施教者还是求学者在知识的传递和获得中，都在这种影响下，从教学的有效性中受益。根据美国心理学家加德纳的“多元智能”理论，学校在培养求学者各方面智能的同时，必须注意不能让求学者因为某方面落后而受到责罚，而是要在每门学科都赶进度的情况下，帮助求学者在心理、生理、知识等健康成长的氛围中得到关心、启发、爱护和保护。

（四）建构主义学说

建构主义学说是认知心理学派的一个分支。建构主义学说一个关键的概念就是所谓的图式。所谓图式，是人的脑海中已储存的知识和实践经验的潜在网络图像。此外，图式也是影响人们去提炼、加工获取相关信息过程的特定词项的表征、事件、事物的认知结构，既是指个人感觉、理解、思考周围环境的方法和方式的生物体形态学图式，也是一个人心理活动的框架或组织结构，又是认识结构的原点和中心，或人类对事物的观察、认识和辨析的基础。因此，图式的酝酿与演化是受这几个过程的作用而产生的认知成长的本源，主要表现为对事物的顺应、对事物的同化、对事物的平衡与协调。杜威经过研究认为，教育必须建构在已有的实践经验的基础上。也就是说求学者通过求学，通过参与各种活动，相互协作探索研习教学问题， 求学者进行问题的探讨也必须以已储存的知识作为基础，在这个基础平台上发现问题并思考出切实可行的处理问题的策略。施教者进行教学设计时，也不能与这个主题背道而驰。假如施教者创设的问题，求学者毫无接触，那么也就不存在所谓的展开探究过程，求学者根本就一窍不通，就无法开展探索研究。新课程的改革，要求以求学者为主体，施教者为主导的实施，核心就在施教者怎样去引导求学者的主动性，激活他们的思维，该怎样去创设、提出其容易接受、理解的问题。创设的问题过于明了简单或者超过了求学者理解能力， 求学者一旦对此失去兴趣，也就萌生了消极的对抗情绪。从内涵上来讲，建构主义只是搭建了一种假设，它还需要施教者去摸索、探索。建构主义并不完全要求施教者直接向求学者表达学科知识，而是在学科知识的建构过程中激发思考，引导求学者自主探索知识的能力。由于求学者能力参差不齐，储存、掌握的知识和实践经验良莠不齐，这就更加要求施教者首先具备博学的知识、仁爱之心和较高的学科素养。只有这样，才能在问题的创设、思维的表达、逻辑的推演、解决问题的方法上给予求学者一定的帮助。

（五）最近发展区理论

维果茨基是苏联心理学家，其撰写了多篇论著阐明教学与发展的关系，提出了“最近发展区”“教学一定要比发展早介入”等理论，他的“最近发展区理论”，其观点被表述为求学者的发展水平有两种：一种是求学者在独立活动过程中所能达到的处理问题的水平；另一种是求学者潜能的发展水平。这两种发展水平的不同之处就是最近发展区。学科施教应以求学者最近的发展区为重点，为求学者提供适当的、能充分调动其积极性的、能激发其求学潜能的、跨越其最近发展区的、符合其下一生长阶段标准的、稍有难度的内容，在此基础上发展下一个发展区。求学者在已储存知识的基础上处理问题能力，学说称之为“现有水平”，求学者在已储存知识的基础上处理不了的，未来可能通过教育获得处理问题的潜力，学说称之为“可能的发展水平”。那么施教者需要实施的就是让求学者可能的发展水平演化成已有水平。这两个水平之间的差异，称为最近发展区。这种学说就要求施教者依据求学者已具备的知识创设恰如其分的情境，激活求学者解决问题的思维，使问题能够顺畅地得到解决，使求学者不断提高自身的水平，到达相对高的层次，使自己的成绩能够显著提高。

四、新课程改革境域下高中地理课堂实施有效教学的策略问题

在新课程改革的境域下，高中地理课堂特别有必要推行有效教学举措，教学举措的改进直接影响到课堂教学效果，恰当、优良的教学方案更能激发出施教者与受教者的潜能。以下笔者概要地从订立教学目标、创设教学情境和施教过程来阐述这些问题。

1. 制定实施施教举措和施教目标

制定施教目标是实践有效教学的基础。一般情况下，订立施教目标、教学内容与实现教学目标是每位施教者在课堂必须完成的。教学目标是每一节课的指路明灯，引导前进的方向，教学目标是否明确，这是实施有效施教的根本所在，也是评判课堂教学是否有效的一面镜子。因此，教学目标就是每一节课的行标。以下几个方面就是笔者探索、探究的内容。

（1）整体性的教学目标

整体性的教学目标，首要的要求是从事地理教育的施教者要熟知新课程改革的观念，根据新课改要求订立教学目标。要从多个维度创设教学目标，如知识储备、实用技能、探究过程、求知方法、情感态度表达、价值取向等。包括“四要素”的课堂施教目标必须有范例，这四个要素分别是主体行为、行为动词、行为条件和表现程度。这四个要素是规范的、科学的、符合求学者的认知水平的，施教者要整体性地把握求学者的主体行为、实施的行为动能、实施行为的条件和最终的行为表现。约束教学实施过程中的关键因子是教学目标，也是高中地理课堂实践有效施教创设的基础、条件和前提。细化课程目标，即教学目标，是实现整体目标的重要路径。一切施教过程都必须以课程内容作为支柱，它是无法摆脱课程而单独存在的，高中地理学科就是如此。以课程目标的整体化、周密化为教学目标，确立了教学实施的途径和方向。当施教者和求学者在传授地理知识、学习地理问题的途径中相互交流的时，就把课程思想与教学实践衔接在一起、交融在一起了。综上所述，课程目标与教学目标的关系既有区别，又紧密相关，科学把握二者的关系，既有助于施教者增强教学工作的能动性，使其不受外界因素的影响而自然而然地开展工作，又能使施教者确立教学目标，处理地理教学实践中的各种问题；既不依赖他人的协助，又能帮助施教者提高教学工作的能动性。

（2）迥异性的施教目标

教学目标的制定，一定不能脱离课本，脱离对求学者心理的剖析。教育的最终目标是培育有用的人才，然而求学者受到自身的心理健康、生理、社会环境、家庭氛围、学校境况等因素的影响，也同样与地球上其他物种一样，没有两个求学者是完全一致的。换句话说，求学者是有个性特征的，技能、潜能迥然不同。因此，要使每一位求学者都能得到最好的成长和发展，首先必须承认这一事实，面对这一事实，求学者个性存在的鲜明差异，这就要求教育工作者通过因材施教来解决。假定不认可求学者的个性，而使用一个没有灵活性的统一形式、统一的尺度或规范去强求每位现实中存在着差异的求学者，那么面对的后果就是对求学者不是助力其发展而是压制其发展，甚而是一种抹杀个性的发展。教学目标应位于求学者的最近发展区范畴内，并促使其潜在的发展水准向实际的发展水准转化。教学的搦战性目标也最有利于驱动求学者求学的踊跃性、主动性。因为每位求学者的最近发展区是具有一定差异的，因此搦战性的目标必然是兼顾差异的；颓废的、姑息迁就求学者水准的教学目标是对求学者发展没有好处的目标。首先，迥异的教学目标的定制绝不能摆脱教材，订立目标应该和教材相得益彰，围绕教材内容去定制教学目标。与教材背向而渐行渐远且逐渐发展到无书状态，那么制定的教学目标也就如海市蜃楼，缺少了现实的价值。为此，订立教学目标不能摆脱教材而另起炉灶。其次，迥异的教学目标的订立也不能偏离求学者个体状况的分析，分布区域不同、学校的层次不同，那么求学者的概况分析也是有差异的，求学者在学校积累的日常经验也有所差异，其对地理事物的见地也不完全相同。如果订立教学目标时忽略求学者概况的分析，那么订立的教学目标就会没有迥异性，结果毋庸赘述，某些求学者求学起来相当繁难，如听天书，使他们备受挫折。这也就遗失了教学目标的价值，得不偿失。根据最近发展区理论指出的那样，要在求学者在原有根基上，订立出相宜的、因人而异的施教目标，只有如此才能使施教目标对求学者的成长生涯有助推作用。因此，订立教学目标要与求学者的境况分析相适宜，要订立既有普遍性又有迥异性的教学目标，以求和谐地助推教学实践。

（3）施教目标的针对性、层次性

以往订立施教目标是以“理解、了解”等主要关键词来表达制定的，新课程改革的施教目标呈现出极大的变化，从以往的被动求学，到求学者现在主动地求学，关键词转化成了“会学了、学会了、会辨析了”等，重点在于求学者学会判读地图，辨析地图且能处理问题的能力。求学者实际存在不同的层次，针对不同层次的求学者可以量身定制，制定基本目标和更高的目标，以满足各个层次的求学者的成长需求。必须以求学者的研习和技能操作为主体，施教者的施教是次要的，是辅助的，施教者绝对不能把自己的活动在一节课上将有限的课堂时间挤得满满的，如果那样的话，求学者就失去了求学的兴趣。要让求学者在课堂上“活”起来、“动”起来，这就需要施教者的教学目标具有层次性和针对性。教学目标一定要切合实际，不能把目标定得过低，当然也不能定得过高，要切合求学者的实际情况，即适合求学者的认知水平和接受知识的能力。不同求学者的接受能力和创造能力是有显著差异的，因此要求施教者对求学者个体差异有足够的重视，因材施教，只有这样才有益于求学者对知识的吸收、对技术的驾驭和革新能力的培养。

2. 教学策略与课堂导入

在地理课堂上创立教学情景，对求学者来说有重要的价值，每个导入的最佳教学情境对求学者来说举足轻重。这样的情景也许是施教者身边的一个鲜活的例子、一个充满内涵的故事、一个能激发智慧火花的问题。这些情景就能吸引求学者主动投入到学习中，呈现出最佳的求学状态，激起他们的求学兴趣。

（1）创设现实的生活情境

生活中的例子是求学者最通晓和最熟知的，这些例子通常能够引起求学者的关注和兴趣。从高中地理课本上触摸到了人们现实生活中的许多事例，比如每天晚上必看的央视《天气预报》；建筑风格差异较大的中国南北生活习俗差异；西北内陆部分地区水资源严重缺乏等。在平日引用一些案例到地理课堂教学中来创设教学情境，这样让求学者在熟知的场景下有话可说，可以畅所欲言地表达自己的看法以及提出自己对问题的理解，从而加深求学者对地理内涵的理解，进而激励求学者的求学兴趣。如师生在研习常见的天气系统这堂课时，施教者可以播放当天媒体上有关银川的天气预报，让求学者通过媒体视频去辨析当时的天气状况会受哪些天气系统影响，并结合教材内容分析银川的未来天气会怎样发生转变。如此让求学者感知到自己的存在感，强化对课程知识的领悟，又处置了这堂课的困难问题。通过观看央视《天气预报》让银川的求学者举例阐述冬春季节常见的沙尘暴、夏季的暴雨以及冬季的寒潮等。这些天气现象对银川的求学者来说司空见惯，但它们到底属于哪种天气系统呢？这需要他们脑洞大开，冥思苦想。还可以让求学者通过锋面雨带的推移规律，辨析视频中关于银川天气预报描述的冷锋和暖锋，在过境前、过境时、过境后的天气变化，培养求学者通过视频，辨析银川天气预报所描述的冷锋和暖锋的区别。这样既能培育求学者理论融合实际的能力，还能恰当处理现实问题。笔者在讲到《地形对聚落影响》这一节内容时，借助媒体图片来导入情景，向求学者展示我国南北方迥异风格的聚落和风土人情，让求学者来辨析存在如此差别的重要原因是什么？主要的影响因素又会是什么？地理学科由两大部分组成，高中必修 1 为自然地理，必修 2、必修 3 为人文地理。我国南北建筑风格与当地自然环境的关系是怎样的，结合对教材内容的学习，让求学者足够领悟到自然环境与人文环境之间应该是一种怎样的相互关系。施教者将身边的事物作为情景引入课堂对于求学者来说是熟悉的环境和熟悉的场景，这有助于提高他们的求学兴趣。笔者在施教《环境问题》这一节内容时，求学者对身旁的环境问题就相对熟悉，当提到身旁能见到的环境污染现象时他们凸显出异常兴奋的情绪来。再比如我国华北地区水资源短缺，严重影响了人们的生产生活，可以让求学者探讨华北缺水是由什么原因引起的，让求学者通过聚落环境问题来创立融入感情的问题。还可以迁移到银川市永宁县工业园区的大型制药厂对银川的污染，人们在日常生活中常常可以闻到一股刺鼻的味道，两个区域间有相对较远的距离，那么为什么人们可以闻到呢？该如何科学合理地布局大药厂呢？可以让求学者分组来试着探讨分析并得出结论，最后施教者归纳各小组结论并进行评价得出最终结论。再如流经银川的典农河河水从哪里来的？河水又汇入哪里去了？为什么一段时间污染严重，现在怎么就变清澈了？人类活动与环境之间的关系通过这些问题的讨论得到说明。河水的污染主要是人为因素导致的，通过对这些问题的讨论，说明了人类活动与环境的关系。如此的情境设定、地理问题的提出不但实现了获得了知识的目标，而且又提高了求学者的能力。实践佐证了通过求学者现实生活所见所闻来实施教学，能使教学效果大幅提高。对于高中生而言，他们的人生阅历相对丰富，围绕他们的环境中有许多的生活案例，施教者引导求学者学会观察，让他们放眼生活中的案例，探寻与地理学科有关的地理问题，也许求学者暂时发现不了，这也没有关系，只要他们探索科学问题的精神得到培养就可。施教者能起的作用是什么？就是引导求学者把遇到的问题找出来，处理好。人类日常的衣着、食物、居所、 出行、旅游、风土、民情等都和地理学科休戚相关。衣着，不同区域服饰迥异，如青藏高原的藏族同胞喜着棉袍（热拉），西北地区人们头上总是戴纱巾，黄土高原的人们喜欢将白毛巾戴在头上。食物，中华大地幅员辽阔，地域差异巨大，不同地域饮食习惯迥异且主食不同，南方人以食米为主，湖南、四川、重庆等地的人喜食辣味，尤其对辣椒情有独钟；北方人爱吃面食，山西的刀削面、河北的驴肉火烧、陕西的肉夹馍等美食独具地方特色。居所，南方与北方聚落布局、居所风格有巨大差异，如西南少数民族聚居区的吊脚楼，建筑材料以竹木为主，基本上依山而建的两层小楼，一般下层不住人，用作放置一些杂物；而北方居所多以平顶房为主，方便晾晒谷物。出行，交通是一个相对重要的课题，表现在地理课程中，如地形崎岖影响了西南地区的出行，该区域交通不便，交通对地区经济发展的制约就特别地凸显，影响了区域的发展。出游，各地居民依据本地旅游资源的独特性、非凡性逐渐形成了各具特色的旅游风格。上述现象在日常生活中屡见不鲜，而地理围绕生活，对求学者的兴趣、情感能会有充分的带动作用，因而能更好地驾驭和理解过往所学知识，这样教学效果才是最好的。

（2）用生活中的故事创设施教情境

爱因斯坦认为，教育应当使所有提供给求学者的东西，让求学者作为一种宝贵的礼物来领受，而不是作为一种艰苦的任务要他去负担。这里所讲的礼物是求学者乐于接受而又有所求的知识，我国先秦时期伟大的教育家孔子就讲过：“好知者不如善知者，善知者不如乐知者”，而在课堂上如何让求学者愉快地接受知识，学习知识呢？有些呈现给求学者的教学内容，他们学习起来的确有一定的难度，如果仅靠施教者直接施教、灌输给求学者，他们不仅听得如同嚼蜡，而且理解困难，这样肯定会挫伤他们求学的积极性，使他们逐渐丧失学习地理学科的自信心。假如施教者在课堂上恰当地利用情景故事来进行教学，那就大相径庭了。这样不仅可以以简驭繁，把困难的问题简单化，不但能激活他们的求学兴致，创造协调活跃的课堂氛围，还能最终将求学问题迎刃而解。因此，施教者在带领求学者学习地理教学中合理利用情景故事，不但可以提升教学效率，还可以使教学过程得到进一步优化。地理课堂教学实施中，尤其是纯粹的地理学科自然部分知识枯燥无味，为使求学者的求学兴趣得以激活，施教者可以引入来自身边抑或将教材编辑成故事，创造出趣味性的故事背景。让求学者感受到地理的趣味，从而激活求学者的求学兴致。寓教于乐的地理情景故事可以是一般的自然界奇闻、趣事，也可以是社会情景故事，也可以是虚拟情景故事等。某些施教者不善于编故事、讲故事，更不会结合课本内容绘声绘色地讲好地理故事，甚至漠视地理知识。因此，施教者应重视讲故事的方式和方法，利用故事情境充分调动求学者的强烈激情，从而激活他们求学地理学科的兴致。

（3）利用自然界的奇闻，激发求学者的求知欲

自然界中的奇闻逸事往往更能吸引求知欲强的求学者，地理学科知识涉及的内容十分广泛，通过一些奇闻逸事就能表现出来，从而诱发求学者的思辨能力。如施教者可以提供如下的背景材料作为情景来实施教学。科隆岛拥有秀美而深邃的空中轮廓线，不亚于电影大片《金刚》中的场景。若是乘飞机来到科伦群岛上的卡拉棉群岛，那么当飞机在科隆上空翱翔时，岛屿内陆景色一览无余，如同营垒般的峭壁上植被生机盎然。科伦群岛是耐寒的企鹅和喜暖的鼠蜥一起生活的地方。见图2。

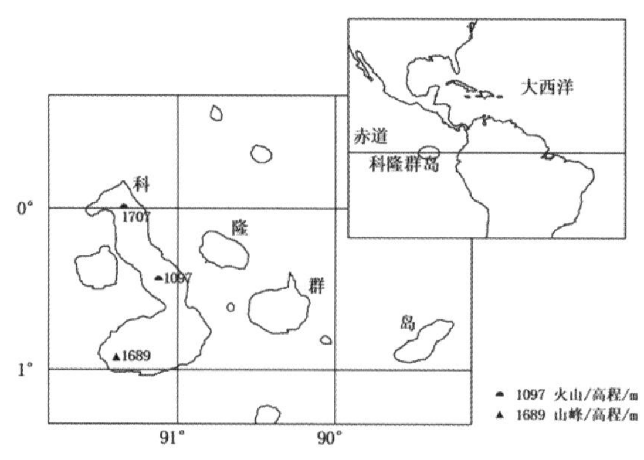

图2　为科隆群岛外景图片

笔者通过文字资料和岛屿位置图创设情境，对求学者提出教学问题并进行探讨：我们都知道生活在南极的企鹅所处的环境是十分恶劣的，南极的自然环境也是十分恶劣的，我们都知道企鹅能够生活在南极，是因为它们已经在那里生活了许久，已经适应了那里的环境。但是企鹅是在靠近赤道的科隆群岛被发现的，那么究竟是什么原因导致企鹅在这里生活呢？为什么南极寒冷地区的企鹅会出现在赤道附近？他们又是怎么到达的？除了南极、科伦群岛外还有哪里会有企鹅生活呢？其实还有新西兰南岛海湾福尔克兰兹，遍布仙人掌的加拉帕戈斯群岛，这些地方也有企鹅留下的踪迹。企鹅这种动物在地球上分布区域非常广泛，既能在 −25℃的严酷寒带地区存在，也能在 38℃的亚热带地区生活。怎么会发生这样的事情呢？这些到底是为什么呢？这样的问题可以让求学者先思考，施教者最后归纳总结给出答案。原来赤道附近的科隆群岛等都在洋流中的寒流的作用下，使该地干燥，降水稀少，气温偏低，适合企鹅生活、生存。这个案例反映的地理事象，强烈吸引起求学者的关注，从而辨析并学会解答问题，提升了求学者辨析问题的潜在能力。

（4）利用社会故事，激发求学者求学欲望

求学者过往的许多经历，有些与地理学科 一脉相承，仅仅是由于求学者常常不太关注自己的经历中与地理学科的联系。因此，施教者可采用社会故事导入施教情境，能与求学者产生共鸣，激发他们浓烈的求知兴致乃至强烈的求知欲。施教者应该挑选一些典型的小故事，如笔者把这节课的山谷风引入故事情境中，作为教学的切入点，带领求学者熟知《热力环流》这节内容。如图 3 所示。

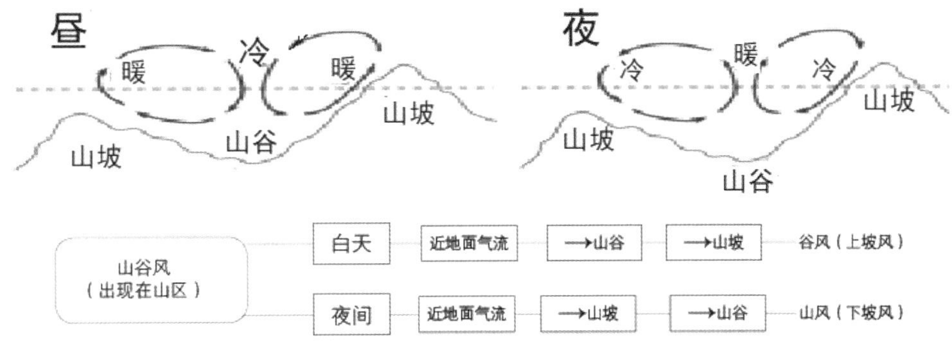

图 3　山谷风示意图

暑假一个乌漆墨黑的晚上，有求学者瞒着家里结对到贺兰山主峰敖包疙瘩附近山地徒步旅行，夜晚迷失了方向并向救援警察求救，警察根据他们描述的线索找到并解救了他们。救援人员问走失者：描述一下你们两个人的大致位置和周围环境？A说：我在山坡，觉得微风从背后吹来有点冷，刺激得人还有点心情愉悦，但是我闻到了空气中有一股动物骚味，我害怕有狼出没。B说：我站在山坡上不敢动，迎面吹来阵阵凉风，阴森森的，一丝凉意让人胆战心惊。警察从山麓发现山坡上有贺兰山岩羊在活动，根据他们的话马上就定位出他们所在的位置，并成功解救了他们。警方的定位依据你了解吗？笔者将本节课的求学知识引入到警察救护失踪者的情境中，以引起求学者求学的兴趣。

（5）巧用古诗词来激发求学者的求学兴趣

笔者在讲授“农地区位因素”时，向求学者展示了唐代白居易《萧员外寄新蜀茶》中的诗句：“蜀茶寄到但惊新，渭水煎来始觉珍。满瓯似乳堪持玩，况是春深酒渴人”和《琴茶》中的诗句：“兀兀寄形群动内，陶陶任性一生间。自抛官后春多醉，不读书来老更闲。琴里知闻唯渌水，茶中故人是蒙山。穷通行止常相伴，难道吾今无往返？”蒙顶山产茶历史悠久，适合种植茶叶的自然条件有哪些？蒙山距离长安遥远，当时的萧员外用什么方式将蜀茶寄给白居易的？为什么白居易说茶水满瓯如乳，现在的渭河水能煎茶吗？我国历史悠久的绿茶——蒙顶茶，因产于蒙顶山而闻名遐迩。蒙顶茶产地具有先天优越的适宜茶树生长的自然条件，蒙顶山地处四川省雅安市名山区西部，由五座山峰组成，它们分别是上清、玉女、井泉、甘露、菱角。诸峰匹敌，状若青莲，山势巍峨，险峻挺拔。常年的平均气温为14.5℃，降水充沛，年降水量在2000 ~ 2200毫米，常年细雨绵绵、云雾缭绕。这种湿度大、云雾漫溢的生态环境，可以减弱太阳光的直射，增加太阳的散射光，促使茶叶中的含氮物质形成和蓄积，同时茶叶中的信使核糖核酸使咖啡碱、蛋白类物质、维生素C、儿茶素等物质含量增加，从而使茶叶中的含氮物质增加。这种以古诗文、资料为内容创设的施教情境，对求学者来说有吸引力，能激起他们探究问题的欲望，对教学来说可起到事半功倍的作用。再如施教《常见的天气系统》这节课时，笔者以小说中的文字作为情景导入教学。再比如《宋公明雪天擒索超》一章中，关于天气的描写在《水浒传》中也是如此。“是日，日无晶光，朔风乱吼”；“其时正是仲冬天气，连日大风，天地变色，马蹄冰合，铁甲如水”；“次日彤云压阵，天惨地裂”；“当晚云势越重，风色越紧。吴用出帐看时，却早成团打滚，降下一天大雪”；“那雪降下一夜，平明看时，约已没过马膝”。以此文作为故事情景引导求学者思考，文中描述的天气系统是什么？该天气系统移动过程中对天气的影响是什么？求学者阅读这样的文章，思考地理学科问题也是别有一番滋味的。

（6）创设游戏情境，激活课堂氛围

求学者喜好游戏，这是他们的天性。所以，用游戏的方式把新课导入到教学过程中，对求学者的求学兴趣更有激活作用。例如：可以用流行歌曲《起风了》改编成的地理歌曲视频，在讲述“大规模海水运动”时引入，让求学者听歌词，“这是沿途走走停停，漂流在洋流中的痕迹”。暖流增温加湿后，寒凉，湿气减退。洋流之律，谨记于心。北半球画“8”，南半球画“0”，画洋流模式图。让求学者在玩中学、在学中玩、在乐中学，使求学者掌握学习的主动权。每个人都清楚只听不记忆，容易遗忘，遗忘曲线早已证明了这个问题，所以边动手边记忆，这样就不易遗忘，知识更能深深地印在脑海里。同时以游戏导入，更能增强吸引力了，求学者不仅能驾驭所学知识，激发求学者的求学兴趣，还能培养求学者的实践能力和自主求学能力。

参考文献

[1] 李金刚 . 新课改下高中地理教学提高有效性的理论与实践研究 [D]. 石家庄 : 河北师范大学 ,2016.

[2] 程明 . 高中数学新课程实施分层次教学的实验研究 [D]. 广州 : 华南师范大学 ,2009.

[3] 茶小隐 . 茶中故旧 [J]. 法人 ,2015（4）:89-91.

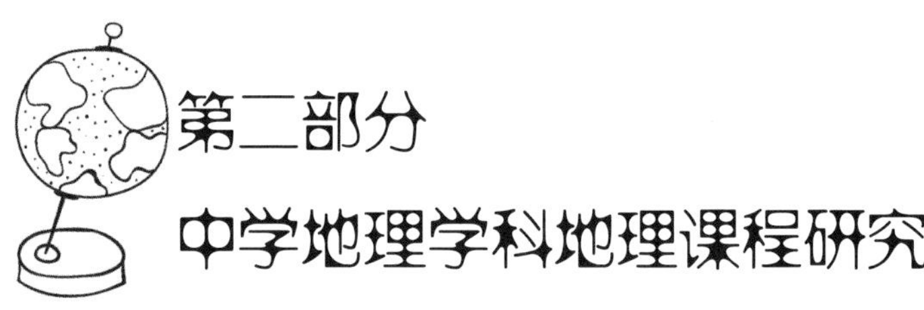

普通高中地理课程标准特点分析探究

党的二十大报告指出：“全面贯彻党的教育方针，落实立德树人的根本任务。培养德智体美劳全面发展的社会主义建设者和接班人”。办好人民满意的教育，最关键的是要以教育优先发展为战略，加快建设高质量教育体系，发展素质教育，促进教育公平。要以立德树人根本任务为使命，努力培育时代新人。2003 年，教育部颁布的《〈普通高中课程方案（实验）〉和语文等十五个学科课程标准（实验）》，指导普通高中几十年的课程创新实践，对标准的鼎新、贯彻标准的目的和学习施教前辈的教育理念，建立了适合中国国情、顺应时代成长需求的普通高中课程体系，提升了施教教法、学法的更新，提升了人才培养模式的转变，提升了地理施教者队伍的群体素养程度，有助于政策的鞭策、测验、评价体系的鼎新，为我国基础教育质量的进步作出了巨大贡献。我国普通高中课程鼎新的主要责任，面临着当代社会、经济、科技的快速成长和社会生活的变化，面临着新时期社会主要矛盾的深刻变革，面临着我国普通高中课程整体进步、转型的现实和本质要求，也面临着普通高中进一步完善教育新需要、新原则、新战略、新谋划和新发展。在以往修订的基础上再次修订，本次修订总结了 21 世纪以来中国普通高中课程鼎新的宝贵经验，深刻借鉴了国际课程内容的卓越功效，努力将普通高中课程方案和课程标准修订为原则性的教学文件，构建具有中国特色的普通高中课程体系，以宽广的国际视野为背景，既适合中国国情，又具有国际视野的教育情怀。施教者应努力研习课程标准，深入领悟标准的本质，深入研究新的教学理念，体验地理学科的核心素养内涵。

一、地理学科核心素养

（一）地理核心素养内涵

1. 区域认知素养

区域认知是指求学者所具备的最基本的分析、解释和说明地理学认知的方法，是最基本的模式、最基本的方法和技巧，也是求学者具备的对人地关系区域系统的特征、问题进行分析、解释、预测的意识和能力。地域是地理学最鲜明的特征，在一定地域空间内贯彻落实任何自然地理事象都是非常必要的。某一地区自然地理的气、地、水、土、生等要素相互渗透、相生相克、相互影响、盘根错节，不同地区自然地理要素差异明显。

2. 综合思维素养

地理学科的综合思维是指对处理地理事象具有的综合的、体系的、动态的逻辑思维能力和应用技术素养。地理学科的最根本的思维模式便是综合思维。地理学科的研究对象纷繁多样，复杂、千变万化。自然、人文、社会、经济、政策等各要素相互联系、相互影响，表象相互联系。逻辑思维能力是每一门课程都在不断培养的，地理学科首要应从自然与社会两个视角去思考与阐述，在阐述和创设地理问题时，综合思维能力是通过对求学者不断施教获得的。

3. 地理实践素养

地理实践是培养地理学科核心素养之一。地理实践既有教学模型的制作、地理问题的讨论、示意图的绘制、植物的种植、课堂内的地理实验等；还有地理观察、地理考察、研学旅游等传统意义上的课堂外实习，这些都是求学者动手操作技能的综合体现。求学者具备应用地理知识的技能，有助于培养求学者善于发现和处理地理问题、解决地理问题的能力和自信心，具有善于把握地理知识和方法，锻造与环境相适应的能力，具有高度的责任感和团队协作能力。

4. 人地观念素养

地理教育以人地关系为主题思想，即人的生活活动关系、农业生产活动关系、工业生产活动关系、地理环境关系。人类对地理环境的观念，直接表现在人和地的观念之中。求学者应当学会用科学的、正确的、统一的人地观念来处理地理问题，在辨析和解决、处置各种地理问题时，应把人和自然和谐相处作为核心理念。

（二）地理核心素养的培养策略

1. 树立施教者核心素养教育理念

地理施教者在课改经历中扮演着课程实施者和评价者的双重角色，其应该具备的地理教育理念决定着课程实施和评价的效果，也是直接影响新课程实施的最后实效。地理施教者所具备的教育理念直接影响着求学者的职业生涯发展。因此，地理施教者在实施教学的过程中，应具备树立施教者核心素养教育理念。

2. 注重整合学科逻辑结构与培育地理核心素养

核心素养并不是生来就有的，需要经历长时间的培养，需要通过全局的筹划和各个教育阶段的整体系统创设。恪守地理学科的基本思维逻辑，力图展现学习地理课程的独特认知过程，保证求学者在相应学段所学地理课程的内容符合学科思维逻辑，符合各学段求学者身心发展的规律，是培养求学者地理核心素养的重中之重，地理教学应以地理科学素养为核心，整合学科逻辑，培养时代合格的求学者。

3. 以探究式的教学来主导求学者的思考

地理学科探究式教学是指地理施教者在求学者学习相关课程时，通过阅读、提炼、观察、辨析、探究问题找出解决的法则，研判、掌握相应学科知识等多种方式，施教者为求学者提供相关联的地理事象和地理问题，引导求学者积极思维。探讨式讲授既有求学者的个体自主探讨，也有团队彼此协作互相探讨。探究式教学过程中必须深化求学者的主体地位和自主能力。地理问题获得解决与创新，求学者的自我管理也是求学者在核心素养系统中自我提升、自我发展、自我评价领域的重要核心素养。

4. 打造贴近真实生活的地理教学情境

地理课堂讲授，要求地理施教者建立地理讲授情境，紧密联系现实生活和社会现实，以培育求学者的核心素养。所以，情境教学法是求学者地理核心素养构成的桥梁，它是培育求学者核心素养的有效途径，它与现实生活切近。地理施教者应在核心素养的要求下，对地理课堂教学改革进行研究，真正转变培育求学者的模式，培育需要必备知识和关键的能力，这是适合求学者成长生涯和社会成长需要的。

二、学业质量分析

作为本次课程方案和课程标准修订的一大亮点，《高中地理课程标准》增加了“学业质量”标准，学科核心素养达到的等级条件。

（一）学业质量的内涵

学业质量以学科核心素养及其表现程度为第一维度，关联课程内容，整体描绘求学者的学业成绩和学术表现能力，是求学者在完成本学科课程的进一步学习后，在学术能力上的呈现。《高中地理课程标准》中的学业质量标准按照分层考核学业成绩，将学业成绩按分层递进划分，对分层考核学习成绩的具体表现进行了描述。从题目情境、常识技术、思维体例、实践行动和价值理念等维度描述高中地理学业质量标准。

（二）学业质量水平

地理学科有四个学业质量等级。各个层次首要表现为求学者具有综合地理学科的分层核心素养，应用各类主要观点、思维、方式和理念，在具有差异性的纷繁复杂的情境中解决问题的关键能力。程度级别 1 级到 4 级具有由低向高渐进性关系。素质等级的差别首先体现在人地协调观、思维综合、地域认知、地理实践四个方面。那么，学业质量等级与考试评价到底存在什么样的关系呢？整体来讲，学业程度测验的命题以高中学业质量标准为依据，考查求学者的学业水平。学业水平测试分为及格测试和等级测试两大类。学业质量等级 2 是重点理解和控制高中毕业生在学业水平考试命题中应达到的合格要求；学业质量等级 4 是以了解和驾驭学业水平等级考试命题的求学者所应达到的需求为重点，选择地理学科作为学业水平等级考试科目。教学过程中的阶段评估，可根据学业质量等级 1、等级 3 进行评定。学业质量标准为了使施教者更好地掌控教学过程，因材施教，更加重视教育方针的有效落实，将学业质量划分为差异性等级。同时，学业质量要求的出台，也为阶段性评价、学业水平测试和升学测试命题提供了重要依据，以增强教、学、考有机结合。

三、课标改进之处

（一）课程性质与基本理念分析

1. 课程性质分析

（1）高中地理课程的思想性更加突出。在《普通高中地理课程标准（2017 年版）》（以下简称“新版课程标准”）中，重点突出地理学科在现代科学体系中的重要地位，明确地理学科学习对当代人口、资源、环境、发展问题的作用，突出地理学科学习的重要性。结合我国发展的实际需求，体现了高中地理学科学习的现实意义。该标准以学科素养为背景，使得高中地理课程的思想性更加突出。

（2）地理学科的基本思想和基本方法表述更加明确。高中地理课程是与义务教育地理课程相衔接的基础课程，需要让求学者在更深层次的地理学习中，以培养学科核心素养为重点，同时也从新版课程标准中理解地理学科的基本思想和基本方法。

2. 基本理念分析

（1）贯通地理核心素养。基础理念的论述在新版课程标准中都体现了地理核心素养的内容，地理课程设置以培养求学者的地理核心素养为目标，以地理核心素养为主导，同时围绕地理核心素养建立了进一步学习的应用体系和评价体系。

（2）强化地理课程设置的差异。掌握现有的地理信息技术，在强化自立、互助、探究式的高级教育课程标准的基础上，展开更加丰富多样的地理实践行动，在创造直观活泼的地理教学情境的基础上，构建更加科学的地理教学过程的计划。

（3）细化了升学评价体系。《高中地理课程标准（实验）》在课程理念中提出要重视升学过程评价与升学成果评价的关联，但在细化评价的目标和目的上没有作出明确规定。因此，新版课程标准对求学者的升学过程评价和升学成果评价进行了细化，一定要全面反映新版课程标准中明确提出的求学者地理核心素养的成长状态，从求学者的认知程度、价值判断能力、思维能力、行动能力等多个层面入手。

（二）课程目标分析

1. 总目标的设定

通过对比可以发现，总目标最直观的变化是表述更加精练，短短一句话就明确了修订后的课程总目标的核心要点——注重地理学科核心素养的培养，把立德树人作为地理教育的根本任务。从中可以看出，新时期的地理教育在注重知识教育的同时，更注重品德的培养。教育的目的不在于眼前的分数，更注重满足求学者今后学习、工作和生活的需要。

2. 课程目标的维度

《普通高中地理课程标准（实验）》要求的课程目标是从知识与技能、过程与方法、情感态度与价值观三个维度来体现，新版课程标准则是从人地协调观、综合思维、区域认知与地理实践能力等维度来阐述，但核心是将知识与技能、过程与方法、情感态度与价值观等进行高度整合与提炼，并以培养“地理核心素养”的方式体现出来，并渗透到塑造品格、提升能力的教学过程中，通过该方式来实现地理学科的素养。

（三）课程结构与内容分析

1. 改变了呈现方式

（1）呈现方式从表格变为纯文字。

（2）删除活动建议和体例说明。

（3）加入教学提示和学业要求。

（4）增加说明模块主干内容及课程目标。

2. 调整了课程内容

（1）必修课更具基础性。

（2）选修课内容更加丰富。

（3）内容课程更清晰具体。

（4）凸显时代性与科学性。

3. 人地关系理念贯穿始终

以人地协调观为中心的地理传道、授业、解惑。因此，新课标在内容选择上将地理环境与人类生产生活的紧密联系更加突出，通过将人地关系理念融入地理学习过程中，可以使求学者更加紧密、更加全面和深入地了解和认识到人类与自然环境之间的重要联系。并且在这个过程中求学者也将通过各种角度来认识、探讨、研究、评价人类与自然环境的相互关系，从而形成良好的生态环境保护意识。

（四）实施建议分析

1. 教学建议

新版课程标准的内容更加简练，对指导学业提出了准确的地理观、要求采取符合求学者个体差异的教学体例、对求学者的批判性思维和立异性思维等内容进行了删减和修订，将培育地理学科核心素养的内容融会贯通，并结合了地理学科的学科特点和施教理念，从学科结构、施教内容、学科编排次序等方面进行了规范。同时，新版课程标准“教学建议”强化了正视项目式教学，以话题整合内容，以话题为导向，贯穿始终，让求学者在发现问题、阐述问题、解决问题的过程中，掌握知识、提升思维、获取技能、提升能力，提升求学者综合发展的能力。

2. 评价建议

新版课程标准中的“评估建议”强调评估思维布局，要求施教者着重考查求学者对地理概念认知的清晰程度，增强对地理的判断能力和推理能力，并着重考查求学者的思考力；重视日常地理教学中的知识整体性，重视求学者的认知思维方式，重视求学者的个体差异，如采取开放性设问，促使求学者的思维清晰地呈现出来；应用布局化的评价方案，特别提出了将思维层级分为无布局、单点布局、多点布局、关联关系布局和拓展抽象布局，并针对地理核心素养，展开了对如何提升求学者的素养构成的探索。新版课程标准中的“评价建议”还特别强调了表现性评价，提出了在论证过程中对以往三维目标评价模式的评价，在实验考察过程中对实验结果的评价，在完成科研课题过程中对研究结果的评价。随着地理学科核心素养培养的提出，教学考核建议在原有三维目标考核的基础上，围绕地理学科的核心素养展开。表现性测评更重视对求学者地理学科核心素养测评。

3. 学业水平考试命题建议

实施意见中新增加的特色是学业水平考试的命题建议。评价目标：命题立意为素养，命题依据为学业素养；拟定考查框架：地理核心素养及其表达程度三个维度的标准框架，分别是考查内容、具体任务和试题情境；成绩反馈：以学业质量标准的水平为依据，以反馈成绩的实质内容并结合具体的问题任务反映。从总体上看，高中地理课程标准的两个版本有不少共通之处，也有不同之处。课标的两个版本，一是呈现出“开发不断”“一脉相承”的态势；另一方面，新版本在深化新的地理基础教育课程设置上，有很多不同之处，也有很多突破，以适应国际地理教育的新趋势。普通高中深化课程改革的一个重要环节就是这次修订直接关系到教育质量的提高。对照新的课程标准检查普通高中的课程方案和学业质量标准，并在教学实践行动中加以改进，是当前教学工作中必须做到的。

四、打造具备核心素养的高中地理施教者

高中地理实践的核心素养分为地理学科素养和传道授业解惑的素养。其中有三个重要组成部分，即地理学科素养、教学素养和施教者情感素养。这里面的地理素养包含了四个方面的内容：人地协调观、综合的思维、地域认知、地理实践能力；教学素养包含三个方面的内容：施教理念、教学方法、探究反思；施教者情感素养包含：认同、担当、尊敬、慈爱。以上三种不同的核心素养对地理教学工作的作用是不同的，其中地理学科素养是地理施教者从事地理教学工作的条件，而教学素养是地理展开地理教学行为的保障，情感素养是施教者介入教学工作的关键动力；地理学科素养决定了施教者是否能够胜任教学工作，是不是具有从事教学工作的根本。高中地理施教者的核心素养包括一个施教者的认识、技能、价值观等地理学科素养是一个让地理施教者不断成长的基础。因此，地理施教者必须在现实教学过程中，不断完善自我认知，在新课改的时代背景下，树立正确的价值观，并加以利用，才能构成核心素养的突出表现。

（一）地理施教者在新时代应该具备的素养

教育是中华民族伟大复兴的基础工程。因此，施教者成为决定教育改革成败的关键因素。这也说明，施教者队伍素质的高低直接影响着学校教育人才培养的优劣。那么，施教者在新时期必须具有怎样的素质呢？笔者认为作为学校高质量、高品质化发展的核心因素——施教者，要催醒他们的专技成长意识，打开获取幸福的源泉，造就每一位高素养的施教者，实现施教者的超凡发展。新时代基础教育的发展，必须由崇德谦逊、知书达理、求实革新的“新时期的施教者”来担当。一所高品质的学校，要着力使每一位施教者都能胸襟坦荡、学识精深、教法儒雅，成为学校施教者培养中遵循的崇礼尚义、教学相长、谦逊育人、责任担当的“新时代施教者”。对新时代的地理施教者的衡量尺度是怎样的呢？笔者以为必须做到如下的五个“会”。

1. 地理施教者应会教育

教育需要地理施教者内心有饱满的爱心，更需要无微不至的关爱。一个地理施教者对教育的敬业程度，决定了他在教育教学领域的发展潜力。作为地理施教者，一定要有深爱教育、关爱求学者的精神，才能脚踏实地走好每一步。的确，一个人有多挚爱一项工作，那么对这项工作将会付出多大的精力。所以，作为一名新时代的施教者，必须全心全意地加入这项宏伟而圣洁的事业中去，这样才能达成教育事业的壮伟。

2. 地理施教者应会读书

刚刚满怀激情投身教育事业中的新施教者不能只爱好看书，还要学会看书，学会读高品位的书，对教学有助力的好书。某些地理施教者在看书的时候并没有很强的目标性，很多时候他们的读书仅仅是停留在喜欢这一兴趣点上。作为地理施教者，不仅仅要阅读地理学科专业的书，更重要的是要广泛地认真博览各种各样的书，做不到学富五车也要学识相对渊博。地理施教者必须经常性地思考：为何要爱浏览、爱收集、爱阅读呢？到底能设置哪些方面的地理题目呢？当我们总是带着思考、带着问题去涉猎书籍的时候，我们的教育和课堂教学就会伴随素质的逐渐提升而更富有内涵。

3. 地理施教者应会写作

写作不仅仅是自身情愫、领悟、观念的文字体现，更是对自己的反省和认识。作为满怀激情投身教育事业中的新地理施教者，要长于写作，要能将自己的教育教学想法、领悟、观点、见解等用心回想，用笔记载、记录下来。这些“记录”不仅能够助推自己革新教育教学，更能够传播自己优秀的教学经验，实现帮助他人建立功业，提高地位的目的。纵观我们身边的许多优秀施教者，他们之所以在若干年后陷入庸碌，最主要的一点就是没有将自己的思维和观念、领悟等很好地记录下来并分享出去。我们很多优秀的地理施教者也只是停留在日常将自己的思维、领悟、观念停留在“围桌说法”上。缺失了写作，年深日久，自然而然就无法达到应有的水平。

4. 地理施教者应会听课

一名地理施教者的威信始于课堂，学会聆听他人教课的施教者自然就能获得更多人的厚爱与好感。所以，作为一名地理施教者，一定要把课标研究好，把地理教材吃透，把地理课讲好，把地理课讲得生动活泼，把地理课上得积极高效。要把自己的课堂塑造成求学者的期许、求学者的酷爱，形成自己的格调和特质。作课和作优质课是有巨大差异的，带给求学者知识与思想的共识与同频共振，让求学者在课堂上时时刻刻沉浸在课堂教学场景中，这就是地理施教者探求的四十分钟地理课的效果。

5. 地理施教者应会探究

地理施教者一定要在教学探究上出力气、下功夫，这样的探究才能有所建树。首先明确自己研究的方向与目标，如果是一名求实创新的地理施教者，那么无论何时何地教研都必须带着教学问题、教学思考、教学反思去开展研究。一定要坚持对关键问题的深入研究，不是简单地浅尝辄止。把地理教研作为提高课堂教学质量的措施，为教育教学服务，才有可能从实践中来，沉浸到地理课堂中去，带着教研的初心去开展地理教研，才有可能有所成就。新时期的地理施教者，在“三新”改革的教育潮流中，只有不断提升自身职业素养，将教书育人的本领融入新时期教育征程中，担负起民族中兴的重担，当仁不让、义不容辞，才能锻造出优秀品质，做出应有的贡献。

（二）高中地理教学中施教者重点素养培养及改进对策

新时期要想让施教者顺应新课程鼎新的要求，全面提升地理施教者的核心素养，不仅需要施教者自身的努力，还必须多方面地助推，如培训部门、工作单位等，这些都需要施教者尽其所能，而地理施教者的核心素养的进步需要施教者通过自身的努力，不断提升施教技能。首先，在培养地理学专业求学者时，应加强对地理学专业素质培养。因此，师范类院校在加强求学者学科素养培养的同时，还必须加强对毕业生实践能力和情感素养的培养，如论文撰写、科研等方面的培养。其次，地理施教者的再培训，师资培训部门要加大培训力度，拓展培养高中地理施教者核心素养的主要途径。长期以来，施教者培训部门作为施教者入职后再培训的主要机构。制定培训工作缺少有体系的规划。因此，培训部门需科学合理地制定培训规划，在充分体会施教者需求的基础上，理论培训与现实应用相融合，助力施教者更好地体会新的传道解惑理念和现代教育理念。最后，对地理施教者的素养提升，需要规划建设一个很好的平台。对高中地理施教者来说，学校和课堂是他们的主战场，也是提升施教者核心素养的最佳平台。学校在为施教者创造卓越的教研空间，鼓励施教者积极开展教研行为和教学反思行为，比如可以通过过程管理制度、绩效考核制度、薪酬奖励制度、人文关怀制度等方式，打造一支勇于钻研、长于钻研、用心钻研的施教者队伍，让施教者的核心素养不断提升。新时期对于上级部门来说就是搭建各类平台，培养施教者的核心素养，提高施教者的核心素养，培养施教者的育人本领。

（三）地理施教者的核心素养在地理教学中的应用

1. 地理学科素养的应用

新课改中明确提出，构成地理核心素养的是施教者在讲授地理学科的过程中要培养合格的求学者，这就意味着施教者必须具备扎实的专业功底。地理施教者以人地协调观为例，首先要正确认识人与地理环境的关系，要秉持正确的价值观，这样才能在一个区域内，引导求学者正确地认识人口、资源、环境、发展等各方面的关系，使求学者认识到人地关系是相互联系的。比如，以地区农业可持续发展教学为例，施教者要在教学过程中，对财富增长的利弊进行分析，以农业可持续发展所带来的社会、经济、生态等各方面的效益为主要内容进行讲授。

2. 教育教学素养的应用

教育教学素养是一个施教者在教学实践过程当中，长年累月、逐步成长形成的一种特殊的、不可替代的素养。以教学技能为例，施教者为实现教学目标，进行课程开发、讲授行为设计、课程构造建设、讲授资源利用、求学者评价，对讲授效果和讲授质量的评价都应有规划。比如在“森林的开发与保护——以亚马孙热带雨林为例”一课中，某学校的施教者让求学者扮演当地居民、政府官员、伐木公司总裁等角色，通过教学过程角色扮演的教学方式，每个角色所处的位置都不一样，雨林开发对这些角色的影响也不一样，施教者让求学者扮演的角色成就了求学者的实际体验。求学者在进入角色的过程中，会对森林发展形成不同的认识，进而对森林发展的影响和由此产生的问题产生深刻的影响，使求学者的自我分析能力有了明显的提高。而这类境域讲授法的应用，可以体现出施教者施教行为的设计能力，即施教者的履职能力。

3. 施教者感情素养的应用

施教者的感情素养首要源于对教育行为的明确和对自己身份的认同，以爱为例，爱是指施教者由内到外都要热爱这个职业，可以从求学者的角度出发，尊重求学者，从求学者的想法来考虑问题；同时也要爱生命，以积极乐观的心态对待人生。施教者要增进一个人求知欲就是使求学者不断进步、体会到学习的乐趣；若是求学者们对地理学科感兴趣，学习效果自然会明显进步。地理施教者在面临一些“学困生”时，应尽可能从求学者的实际状况出发，了解求学者的饮食、起居、思想、健康状况。以东南亚地区的教学为例，施教者可以结合地区的实际情况，将东南亚地区物产丰富的特点，如汽车轮胎、泰国香米、马来西亚的镍矿等特色产品呈现给求学者，让求学者对东南亚地区的物产有更深入的理解。

综上所述，地理学科在高中教学过程中可以说是必不可少的重要学科，它可以促进素质文化教育的进一步发展，使求学者达到全面发展。地理学科焦点素养的培育，是当前教育成长进步对地理施教者提出的具体要求，是教育改革发展提出的新需求。作为地理施教者，必然要与之相适应。新课标提出“立德树人”的目标，只有施教者的专业素养和职业研修素养不断加强，才能让每一位地理施教者自动提升本身技能。

参考文献

[1] 唐莉霞.美术学科核心素养背景下高校美术史论课程的反思[C]// 新疆师范大学美术学院.第五届全国师范大学施教者暨美术与设计教育论坛,2019.

[2] 杨爱玲.试谈对农村高中双语阅读的认识与实践[J].作文成功之路：小学,2017（8）:29.

[3] 叶佩珉.新时代高中生物学课程标准的深化改革[J].中小学教材教学,2022（7）:43-48.

[4] 杨伟.语文核心素养概念的背景、意义与理论资源——论《普通高中语文课程标准（2017年版）》的创新[J].课程·教材·教法,2019,39（7）:99-105.

[5] 孔旭.基于核心素养的高中地理研学旅行方案的研究[D].聊城：聊城大学,2020.

[6] 刘霞.以校园气象社团活动为抓手，对初中生地理核心素养的培养[J].软件（教育现代化）（电子版）,2018（9）:35-36.

[7] 牛超,刘玉振.试论地理核心素养的内涵、特征及其培养策略[J].天津师范大学学报（基础教育版）,2015,16（4）:48-51.

[8] 耿夫相.地理核心素养与PISA科学素养的比较[J].地理教学,2019（22）:4-7.

[9] 谭洪.关注核心，优化教学——高中地理教学中培养核心素养的有效策略[J].新教育时代电子杂志（教师版）,2020（9）.

[10] 刘博智.为求学者的终身发展奠定基础[N].中国教育报,2018-01-17（1）.

[11] 李益民.基于学科核心素养的高中地理学业质量水平与评价研究[J].中小学教学研究,2019（08）:83-89.

[12] 王国芳.学业质量标准：思政课标落地的关键[N].中国教育报,2018-09-12（9）.

[13] 黄杏杏.基于核心素养取向的地理教学设计[J].中学地理教学参考,2019（3）:34-36.

[14] 马万里.高中地理教学中求学者读图能力培养探究[J].甘肃教育,2020（6）:18-20.

[15] 孙慧慧.《普通高中地理课程标准》比较分析——以“2003版”与“2017版”为例[J].文教资料,2018（16）:210-211,93.

[16] 王万春 . 新课标背景下高考复习策略研究 [J]. 科学咨询 .2019（9）:23-24,42-44.

[17] [1] 万婉霞 , 白舟 .《普通高中地理课程标准》实施建议比较浅析——以“2003 版”和“2016 版”为例 [J]. 地理教育 ,2017（S1）:42-44.

[18] 新高中课程方案和课程标准出炉 [N]. 中国妇女报 ,2018-01-17（A2）.

[19] 为高中教育改革绘制“精准坐标”[N]. 文汇报 ,2021-06-07（5）.

[20] 张会清 . 基于 TPACK 模型的《统计学》课程混合式教学改革研究 [J]. 财会学习 ,2022（10）:129-132.

[21] 付文思 . 面向文化传承的小学低年级 STEAM 教学模式构建与应用研究 [D]. 桂林：广西师范大学 ,2022.

[22] 胡琴 . 高职院校“六度六化”学生管理工作保障体系的构建——以武汉交通职业学院为例 [J]. 开封教育学院学报 ,2019,39（6）:154-155.

对高中地理新旧教材的分析探究

“高中地理新教材”是在新的教育教学思想和理念指导下编写而成的，是一本具有时代性、超前性、科学性的好教材。要用好新教材，深化课程创新，以教学观点的转变为先导。我国西部地区基础教育偏弱，地理学科长期不受重视，进入新课程实验又较晚，改变施教者观念是一项艰巨而又紧急的任务。地理施教者要吃透教材上好每一堂课，积极参与到教育改革中去。地处我国西部地区的宁夏将加入高中地理课程改革的大潮中，这给地理施教者搭建了施展才华的舞台。众所周知，高中地理课本经过多年在多个省市的反复实验与修编，日臻成熟与完善。作为最后一批新课本的使用者，宁夏的地理施教者虽然有很多教学经验可以吸收，但怎样将教育、施教新理念与宁夏的施教现实相结合，如何在处置教材、施教建议、活动启动、评价处置等方面采取调整，都有必要进一步地探究与实践，而对新旧高中教材的对照剖析则是实行教学改革的首要任务。

一 、高中地理旧教材的优点和不足

之前一贯沿用的高中地理教材（简称旧教材）是 20 世纪 80 年代早期编写的。它冲破了往昔轮回式课程设置格局，以典范的系统地理课程的形式呈现，与初中区域地理组成了完整的中学地理课程体系。在教材的编写上，课本编写者创设了以人地关系为主线，将自然地理与人文地理作为教材的两大构成部分。除经济地理外，还包括人口地理等内容的人文地理禁区被首次突破，与人类社会的关系也被自然地理部分所触及，人地关系的内容也编进了教材。这类编写体例使教学内容开创了由学科系统向教育教学系统转变的先导，对我国基础地理教育的成长有着不可磨灭的功绩。可是，随着社会的发展、地理科学的发展，这本教材便显现出许多不足，主要呈现在以下方面。

1. 人文性方面

旧教材缺少自然、人文环境等要素之间的综合联系，缺少天文、景象、地貌、天气、水文、地质、生物、生态、农业、产业等自成体系的人文地理、旅游地理、政治地理、生物多样性等人文内容，这些内容实际上都是地理知识的组成部分。以全球化为研究背景，以处理人地关系和可持续发展等战略性话题为指导原则，人文地理与自然地理相互渗透，构成了当今地理科学。此外，社会结构的多样性和趋同性并存，使人们过去认为十分遥远的地理事象与现代人的生活越来越紧密地联系在一起，因为全球化引发的问题逐渐融入人们日常生产和生活中。应对自然地理与人文地理的关系、全局地理与区域地理的关系，无论从内容还是形式上，地理课程都需要紧跟社会的进步和地理科学的发展。很明显，旧教材在这方面有较大的缺陷。新教材在编写上突出人文地理的教学内容，从人文地理学科的角度，而不是在人文地理的支脉学科的维度上，专门探求各种具体的人文地理事象，从人文地理的学科视角对其特点、规律进行探讨。这样，一门课不仅要把人文地理主要的内容介绍给求学者，还要让其支脉的内容让求学者有所了解，而支脉的内容往往占了较大的篇幅，这样就很容易造成求学者在学习内容时缺少系统性，结构上杂乱无章，缺乏地域、城市、产业、人口、交通等方面的内容。使求学者很难构建起对地理的统一印象。

2. 知识本位方面

旧教材的重心突出学科特色，将主线设置为学科系统，强调了基础知识和基本理论的培育。虽然中规中矩，体例工整，但却表现出应用性、实用性较差，且教材内容多为论断性知识和结果或事理的论述，很容易造成施教者照本宣科、求学者死记硬背，没有系统地展示出培养求学者的能力，对培养求学者的品质、健全人格的成长都没有好处。知识本位，只关注各学科知识内部的全局性和知识内部的逻辑性次序，而忽略求学者的接受知识能力和对知识兴趣的培养。新课改以人为本、以求学者为主体，突破了学科本位，而是从求学者接受能力视角来遴选知识。旧教材对我国地理理念中的、重视知识传授与技能训练的“知识本位”的教育观的贡献进行了肯定，新教材则对旧教材中的症结及存在的弊端作了合理的反省，指出持这种理念的施教者已无法应对现代教育的挑战，对施教者来说只有实现施教观的完全转变——从知识论、认识论的态度观点转化到品德论、行动论、创造论的观念上来，才能胜任新时代教育工作。

3. 教学内容方面

旧教材因为编写时间较早，课本中一些内容、概念和提法显得陈腐，甚至不符合时代要求。比如，近代工业布局的因素已经从单一走向综合，从单纯依赖自然资源的分布，转变为更多地考虑人文综合因素，如科技、交通、信息、智能等，而十多年前的分析，旧教材还停留在立场上。比方说现代工业布局的因子已由单一走向综合，由单纯依靠自然资源的分布变成更多考虑科技、交通、信息等人文综合因子，而旧课本仍停留在以往的观念、思想的阐释上。以某资源枯竭型城市为例，在选择必修 2 课程中分析了这类城市的发展历程和方向，是一种新的变化。此外，局部的科研新成果也未能及时在教材中表达出来。比如说 RS、GIS、GPS、智能制造的出现和成长，促使地理科学研究产生了翻天覆地的转变，但在旧教材中几乎没有获得表现。新教材编写者，在通览旧教材利弊、横向对比、辨析国内外地理精品教材的基础上，在阐发旧教材长处的同时，勇敢地推陈出新、标新立异。它突破了长期以来对学科特点过分偏重的教材编写偏向以知识为主，突出了人类自身的可持续发展，展现了以人为本的新理念，并以新理念为指导，对教材的结构形式进行了新的布局，对教学内容进行了新的建构，是一部以人为本的优秀教材，是一部以人为核心的典范教材。众所周知，影响求学者地理素养提高的是重教材、轻应用的教学活动。在高中地理课程教学中，施教者一般都强调求学者对地理课程中书本知识的识记，强化求学者对地理知识的记忆，以及对其课本中理论知识的阅读，而对这些知识在生活中的运用却不屑一顾。地理课程是一门实践性很强的课程，从某种意义上说，它超过了很多求学者的想象。研习地理课程，既是对地理知识的研习，亦是对生活常识的充实，尤其是求学者学习地球运动、地貌变化、大气变化、气旋形成与特点等，这有利于求学者更科学地认识自然变化、土地沙化、植被减少、环境恶化、污染严重等现象，这些问题全部和地理有着紧密的关系。只有在教学中关注求学者对教材的学习与掌握，强化求学者应用能力培养，才能更有效地提高求学者的地理课程学习效果。重学习、轻探索、轻研的教学活动，严重影响求学者能力提高。在高中地理课程学习过程中，学习成绩固然重要，学业水平考试、高考需要取得好成绩，但是在学习过程中不能一味地只追求学习成绩，忽略求学者的能力教育与培养，特别是求学者的探究性学习的能力，这是求学者学好任何学科的关键所在。在学习过程中，适当地增加求学者对于地理知识的探索活动，让求学者对地理问题进行研究性学习，让求学者从起因、过程、发展、结果等环节展开，通过研究性学习掌握其内在因素，以寻求合适的解决办法，形成科学的研究报告，助力求学者处置生活中的问题，这也是新课程所提倡的研习理念。由此来强化求学者学习与实践的结合，通过探索研究活动，发展求学者研究性学习能力，促进求学者学习能力提高。其实地理课程的很多考试题目都是特别贴近生活的，不管是高考的题目还是学业水平考试的题目，由此也不难看出地理课程的实用性和生活性都是特别具有指导性的。因为在高中阶段面临高考升学的重压，所以在教学中一般都会比较注重它的学习成绩，地理课程的实用性和生活性在高中阶段都是非常有指导意义的，这也是地理课程在教学中的实用性与生活性的体现，比如在地理的识图题目中，给出一组图，让求学者分析出所处的地理位置及其地理特征，这些题目对于一些求学者来说，难以给出准确的答案，这是由于求学者在以往学习过程中对文字性答案的重视，而忽视了地图的学习和地图中信息的提炼能力，因此，如果求学者多看地理图，多接触地理图册，多注意地理的分布情况和自然特征，那么做这些题目时，特别容易得出结论，这样求学者在做题的时候，就不会遇到这样的情况。又如在学习“全球气压带与风带分布示意图”“说明太阳对地球的影响”“分析地球运动的地理意义”等章节时，有这样的要求：“说明气压带与风带分布的应用示意图”“说明地球运动规律及其对气候的影响”“结合实例说明太阳对地球运动的地理意义”“地球运动规律及其对气候的影响”“地球运动的地理意义”等，这些问题是有逻辑次序的。主动获取知识，通过学习过程和自主学习，会有很大的收获。如求学者识图能力差，不主动学习，这也直接影响求学者的学习效果，反之，重视学习过程则对于求学者学习具有非常重要的助推作用。

二、高中地理新教材的特点

1. 以人为本的理念，构筑可持续发展成长思想的基本构架

可持续成长理念是人类重新审视自身和环境的关系中渗透，并通过从无到有建构起来的思维定式，是人类得以生存和成长的必要，也是中学地理教学可持续发展理念的现

实需求。以人为中心的框架体系（见图 1），以人与地理环境关系为主线，以社会与人为中心，以人与环境的关系为新教材的主线，以可持续发展为引领人类活动的行动思想，以人与社会周围事物为线索的焦点视角，构建和实施人类的经济活动和社会活动。

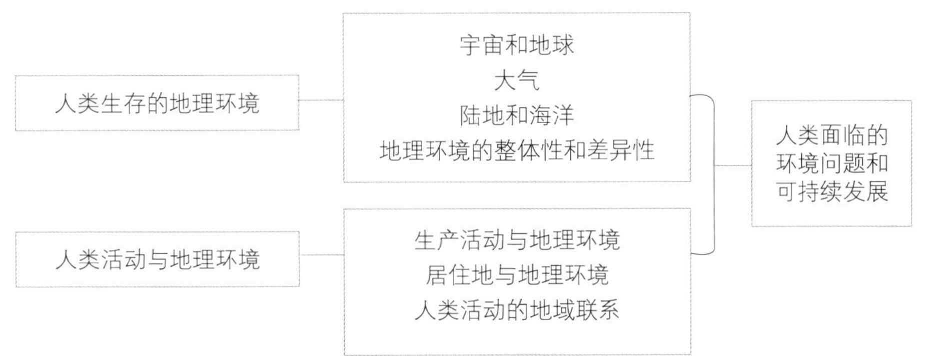

图 1　人类面临的环境问题和可持续发展关系

知识结构突破了传统的地理四大圈层，按照与人类关系的层次，通过对各种状况特征的报告，以及强调生态文明理念的人与人、各种状况、资源的关系，将人类生存的自然条件由远及近、紧密地划分为宇宙环境、大气环境、海洋状况、陆地情况、人与各种环境状况、资源的关系，包含产业、居民、聚落、交通、通信、贸易、游览等各个方面，都是人类保存下来的社会环境。新教材通过描述各种人文经济和社会活动的特点、发展和转型，注重表现经济的持续、社会的持续等观念，并对此进行了深入研究。由此可知，新教材的焦点内容是“人类社会的可持续发展”。新教材地理知识的系统性与旧教材相比，虽然有所削弱，但它真正把人与周围的事物、周围的事物与人的成长联系起来，放在了地理教学的重点位置。教材的素质教育作用得到了强化。一是采用了与人的关系紧密、亲密、协调的内容，删除或简写与之关系不紧密的内容。比如，在宇宙环境这个单元中，从人和人的成长角度出发，肯定地球在宇宙中的状况，把地球置于中间位置的内容选入新的教科书中，删除纯粹天文基础知识的内容，这在地球和人的对比中，在旧教科书中就显得冷冰冰、格格不入了。二是对旧教材中一些难度较大的内容，从求学者的认知程度入手，浅尝辄止，减弱难度、拆分难度等。比如将旧教材中地球的活动周期中恒星日和太阳日这一难点内容分配到地球自转周期和日夜交替两处内容中。三是常识难度固然下降但要求并没有下降。在强化基础的同时，力求把课本内容充实到最新的常识中去。如“工业的区位选择”这一章节，删减了现行高中课本中对工业区位因子的详细分类描写，只要求求学者通过图表阐述出有几种因子影响工业布局。使求学者在吸收当代新常识、新信息的同时，又强化了地理位置的发展变化和影响产业位置的选择等内容；

在接触时代脉搏的同时，可以使自己的视野更加开阔。总之，新教材对求学者可持续成长理念教育起到了突出的作用，强化了对求学者人口观、资源观、环境观和成长观的培养，对求学者开展可持续成长理念教育起到了有效开拓，突出了地理学科的重要作用。

2. 新教材重视学以致用，增强求学者能力的培养

旧版地理教材的理论性较强，缺乏切合实际的内容，使求学者“学而不精，乃至用而不精”。对求学者而言，这个“用”应该表现为在社会上能够运用相关的地理知识、基本技能和思维方式，对一些现象和问题进行解释和处理，能不断地深入研究和进一步学习，借鉴地理常识、基本技术和相关思想方法。在这几个层次上新教材改革都比较大，主要表现在以下几个方面。

（1）聚焦当代的人地关系。例如，与现行地理教材相同章节的“区域的发展”一章，舍弃了啰唆的各种区位因子的理论叙述与分类，让求学者自己去叙述影响产业结构的因子和产业实例，联系当代社会发展和科技进步对产业布局的要求。“区域的发展”以某一地区为例，对该地区的产业结构变化过程及其原因进行分析，提出的问题，如从钢铁企业中的武钢、鞍钢、宝钢等企业自身的实例出发，让求学者在成长和思考中不断地探讨产业结构的大转变。如“企业的空间发展”一节，“人类的生产活动”单元，更多的是为充分体现教材时代气息，将跨国公司的空间成长历程、企业的成长战略、企业空间成长的特征等环环相扣。教材在第一篇涉及农业地域类型和产业区时，不是泛泛而谈，而是采取对典型例题进行解剖的方式，尽量把每一个农业例题或产业例题的内容落到现实中去，让求学者了解不同的农业例题怎么去解答，每个产业区的特点是什么。新教材联系实际，能让求学者感受到与现代社会关系密切的地理学科和生产、生活学科，展示地理学科自身的实用性。人教版《高中地理选择性必修 3》选取了“中国耕地资源分布”这一内容，在讲述自然环境影响人类生产和生活的特点时，将地理周围事物对人类不同行动的影响从“地对人”制约机制的角度加以说明，并在教材中首先向求学者表述了与中国自然资源有关的特征内容，将中国多种气候类型、广袤地域和多样土壤类型的实情传达给求学者；因我国发展农业的耕地分布很不均匀、差异巨大，我国该怎样利用现有耕地将饭碗端在自己手里；通过保护耕地、改良土壤、提高耕地利用率、改进灌溉技术，提高了水资源的利用率，打破了土壤条件、水分条件对于农业发展的限制，发展了现代农业等内容。让求学者明白，要达到这个目的，就要采取“藏粮于地，藏粮于技，藏粮于仓”的合理措施。

（2）对理性学的思维特质作出反应，使求学者学会综合运用地理学描述问题的方式。学习地理须具有融会贯通和空间感知的思维能力，新教材多采用以案说法的方式，对常

识的介绍和深化，对求学者理解和体会地理思想方法有一定的帮助，如选位常识放在课本上的内容占比多。在谈农业区位时，要考虑自然、经济、社会各方面的情况，如天气、地形、土壤、市场、交通、政府决议计划等，也要考虑这些方面的发展变化，要明确农业区位的选择和定位；在谈工业区位选择时，要考虑清楚农业区位的选择和定位，因为农业为工业的发展提供了丰富的原料和充足的劳动力，也要考虑有没有交通运输的快捷便利前提等，还要考虑从哪些地区获取资料、能源（燃料）、劳动力、市场等。通过对这些常识的学习，求学者可以潜移默化地形成一种多身份、多层次分析问题的能力与习惯。

（3）增添“行动”内容，增强求学者的地理知识的综合、应用、探索等思维能力。新教材与旧课本相比，特别注重对求学者本领的培育，其中一个主要的转变是在每节课的内容都设置了“行动”的内容，且有显著的启示性和可操控性。如《企业的空间成长》一章，施教者就安排求学者收集某企业成长资料、咨询相关话题等活动。施教《城市与乡村》一章要求求学者参阅《从闭塞难行到四通八达——细数银川交通巨变》文章，让求学者考察当地交通环境，并指出利弊，提出改进思路与方案并且书写文案。对于《区域协同发展》模块要说明生态脆弱地区环境问题与发展问题等，安排求学者调查学校所在地域的首要环境问题及风险，分析问题产生的缘由，提出整体的防治措施等。求学者通过这些活动，既能激起探索乐趣，又能增加常识，培育和提升其分析、察看 、思维、实践、立异的能力，堪称一举多得。

（4） 增加阅读资料量，增强课本的弹性。阅读材料的一部分也放在新教材中，设计了“自学场地”，三个“板块”面面俱到：第一个板块是“读文章”，通过读所选文章，让求学者对其中的某些道理有所感悟，读懂了文章，能够凝练出关键信息来；第二版块是“技术篇”，这是求学者学习技能的部分，通过一些地理技能的学习，通过一些高效的学习方法，让求学者能够准确地把握；第三板块是“习题篇”，通过做单元综合练习的过程，温习并牢固掌握单元知识。这与现代所倡导的个性化学习的需要相适应，为学习有余的求学者提供了进一步研习的条件。

三 、新教材对施教者要求转变观念

1. 在地理学科讲授中应树立的观点

（1）以求学者为本的主体观。新教材在思想上贯穿了以人为本的育人思想，突破了过去过分重视常识传承的局限，围绕增强教材的探究性和思考性，激发了求学者继续深造的乐趣，培养了求学者继续深造的热情态度，在教学、治学、反思等方面都有独到之处。施教者在教学中要打破“满堂灌”“填鸭式”的教学范式，积极摸索，尽力营造民主、宽松、协作的课堂氛围，实施以“导学为主——启动式、问题链条——探究式、个案主题——开放式、行动式”等新方法、新策略的教学，引导求学者自主学习、深造，始终为求学者营造最佳的学习氛围。

（2）评价结果与继续探究过程并重的观点。在旧的讲授模式中，常常习惯于以“考试定生涯”，并且尺度是封闭的 、独一的，扼杀了求学者的本色与创造性。新课程增强了教材的探究性，很多问题的提出都是开放性的、多元化的，目的是让每个求学者的天性得到充分的发挥，这就要求施教者在讨论过程中既要存有求学者的探究成果，也要存有求学者的情感、立场、价值观的表达，重视培养求学者的综合素质。

（3）课本利用观从“教材”到“学材”。长期以来，教材在师生心目中的地位很神圣，教师不敢讲授教材以外的知识，更谈不上质疑、批评，只是照本宣科。在新的教育理念下，教材是作为继续深造的材料，是求学者学习的载体、立意的载体、进步的载体。新高中地理教材在内容难度要求、常识取舍和编辑手段上，尽量贴近求学者的认知程度和认知特点等方面，在“学材化”上下了很大功夫；在情境与结构上，拓展求学者主体设想、自我考量的空间，也提供了一个广泛的范畴，供师生互动使用。因此，一是要贯彻教材内容的本真阐述，归纳筛选，重新整合，使教学内容的处理既突出了重点、难点，又与系统连贯的共同认识体系相协调；既有利于形成探究气氛与施教气氛的协调一致，又有利于保证教学内容在教学过程中的协调一致。二是将地理直观图表、新闻报道、典型事例等资料引入，扩大求学者的知识面，使他们加深理解，了解一些常识。三是正视探究式学习对求学者的引导，勉励求学者经由过程收集资料、调查访问、探索实验等多种手段，对专题进行研究阐释，提升综合素质，养成个性化探索特点。

2. 施教者应储备的知识和能力

常言道：“授课者要给求学者一杯水，授课者就得有一桶水”。所以，施教者既要准备好知识量，又要在技能上做好准备。例如，新的地理课程，必定带来新的讲授方式，如探讨性问题，就是一个新的课题。施教者对这一课题的领会程度和在现实中的运用能力，不但直接影响着施教者的知识水平，也对施教者业务水平的进步有极大的促进作用。所以说，课程革新是施教者更新教育看法、提升施教水平的大好机遇，它为施教者的成长与进步提供了广阔的舞台，施教者应好好掌握这样难得的历史机遇。

3. 加强施教者间的交流与互助

新的地理教学大纲 、地理课本对广大施教者都是新事物，在实验中每一个施教者都可能会碰到不少的题目，也都会形成不同的想法。只有不竭的努力才能碰撞出更加绚烂的火花，所以省和省之间，市和市之间，学校和学校之间，学生和老师之间，应该有一个最佳的探讨和协作的关系，而且要做好情景换位，首先要注意交流，交流讲授过程当中的心得体会，尤其是施教中的“灵动点”，多动脑、多动笔的人才能获得更多。

总之，高中地理新课本的编写，适应了新形势需要，聚焦凸显了素质教育的本质，具体体现在以下四个方面，一是新教材立意新。注重构建教材框架，运用可持续发展的理念，使新教材在素质教育方面具有明确的方向性。二是可读性很强。新教材内容强化了对地理事象辨析过程的说明，而不是像以往那样直接得出结论，如选修2《乡村与城镇》中就有这样的描述，以某一大城市为例，从区域空间组织的角度对大都市的辐射作用进行了说明，考察了地理事物、地理现象的辨析过程。三是新教材聚焦求学者能力的培养。新教材聚焦通过对地理事物的辨别、剖析，培养求学者的地理逻辑思辨能力。四是新教材有超强的适应性。现在的教材突出了处置生活、生产中的现实问题，要理论与实际相联系，凸显生活中的地理的重要作用。由于新教材对上述四个方面的内容进行了强化，而且采用了单一的教材结构，使得一节课的容量大大增加，这就要求施教者必须及时扭转施教观念，创造出有效的、混合的教学方法，从而在课时计划和教学任务中更好地完成教学任务，从而提高课堂教学质量。要转变施教观念，创设施教氛围，就必须立于时代的潮头，面对新世纪的挑战，从提高求学者的全面素质、培养求学者的创造、创新、开拓意识和继续学习的能力等角度入手，在课堂施教使求学者主动发展。那么，如何按照新教材的特点具体施教呢？应该在整合教材的基础上，以求学者为主导，以课程标准为准绳来进行教学。地理学是与现实社会紧密相连的学科，地理学科施教是教育、引导、领悟自然与人类关系的学科，课改又把施教者导引到新的征程上。施教者要明确自己肩上的社会责任，通过辛勤汗水，以地理知识滋润、浇灌求学者的心田，为地理教育事业的全面发展保驾护航，这是新时代每一位地理教育工作者应尽的义务和责任担当。

参考文献

[1] 白娜 . 高中生学习地理困难的原因及对策 [J]. 读写算 ,2018（13）:165.

[2] 孙中旭 . 对高中地理课程的几点认识 [J]. 辽宁师专学报（自然科学版）,2004（3）:22–25.

[3] 马丽萍 . 思想政治课的开放性教学研究 [D]. 北京：北京师范大学，2011

[4] 朱春梅 . 中学地理社团对自然地理课堂教学效果的促进作用研究——以盘州市第一中学为例 [D]. 重庆：西南大学，2020.

[5] 胡继康 . 核心素养视角下地理教学目标设计——以“洋流”教学内容为例 [J]. 新

校园,2022(3):27-28.

[6] 夏晓.高中生地理实验能力评价研究[D].武汉:华中师范大学,2018.

[7] 陈灵芝.初中语文“一主多翼，读写双赢”课堂教学模式探析[D].济南:山东师范大学,2011.

[8] 丁强.新思想、新思路、新结构——高中地理新老教材对比[J].中学地理教学参考,2000(12):29-30.

[9] 甄淑平,吕昌河.中国西部地区水资源利用的主要问题与对策[J].中国人口·资源与环境,2002(1):88-91.

[10] 李月.LocaSpace Viewer辅助心象地图建构的教学模式研究[D].武汉:华中师范大学,2022.

[11] 王学东.激发兴趣体验成功[J].小作家选刊，2017(1):9-10.

[12] 陈钜生.案例教学法在化学教学中的应用[J].科学导报,2015(12):7-8.

[13] [1] 罗丹丹.GIS辅助培养高中生地理综合思维的设计与应用[D].桂林:广西师范大学,2022.

普通高中新课程背景下对不同版本地理教材的探究

在新一轮教育“三新（新课程、新教材和新高考）”全面铺开之时，基础教育课程改革做到了“标准唯一”（课程标准）“教材版本多”（教材版本多）的格局，不同版本的教材就像百花争艳一般，映入施教者和求学者的眼帘。在不同背景的教科书影响下，地理施教者也有了更多的选择，也使一线地理施教者在言传身教的施教中有更多的教学资源可以利用。2017年版《普通高中课程标准》背景下“人教版”“中图版”的教材，地理施教者也在进行针对性地研讨，教师通过“围桌学习”“集体阅读”“课堂实践”的教学信息收集、整理、分析、表述反馈，认为两套正在宁夏用的地理教材还是比较好的。笔者认为必须在新课程环境下，展开对地理教材的不同版本的阅读、研读、比较和整理，以求优质、高效、适宜地开发和科学合理地应用地理教学资源。

一、“人教版”和“中图版”地理新课标教材的对比分析与研究

一般将教材的表达方式概括成三种：推论式、心绪式、折中式。推论式就是要将实

景资料、观点、道理、见解、规律作为建构教科书的基础，这些基础的组成是内在的、互相交融的；依照相关科学知识的内涵、推论次序组织教科书内容，这就是推论式组织表现形式。心绪式就以求学者的生涯为根本，把重点置于求学者的体验，并将体验的结果作为组织教科书的起点，逐渐扩展教科书的资源空间，聚焦求学者的兴致和需要，使求学者有意愿研习，有兴趣研习，勤奋研习，最终学会研习。折中式则是在推论式和心绪式两者之间展开舍短取长、各得其所，统筹了学科和求学者的需要。教材的编写采用什么样的逻辑顺序组成地理学科各学段的教学内容，仍然是地理学科内容在不同学段的排列顺序。教材的编写还可分为一条线式的编写和上升旋涡式编写。一条线式的编写采取丝丝入扣、直线推动、不回头、不重叠的方式；一条线式对地理学科教学内容展开编列，这也是对过往讲过的教学内容，其后在教学内容施教时不再重叠。上升旋涡式是按学习者的接受能力有次序的螺旋范式罗列，反复出现地理学科知识的一些基本原理，按照去繁就简，化深归浅，化难求易，循规蹈矩，螺旋式上升的方式编写。地理课标教材的“人教版”和“中图版”，源于对地理教材展开科学、得体和适应当前形势的加工，正是采取了折中式的表述方式，因而广受欢迎。

1.“人教版”地理课标教材的解析与研究

深刻领会《普通高中地理课程标准（2017版）》精神和要求，人教版地理教材在丰富的体验实践、传承中成长创新的优势下，精准驾驭，全面展现基础教育教材长期研究和编写的经验，确立了重基础、固本源、重衔接、重实用、朴实无华的编写风格。人教版地理课本聚焦对地理思想的关注，实现了课本中有“魂魄”；探讨地理问题有聚焦视角，使得课本“有条有理”；链接生活中的地理现实，使得课本能“展专长、施拳脚”；测试的表达方式多样化，使得课本能“趣味横生、爱不释手”。教材用“可持续发展”的观念来建构搭起教科书的结构基底，让素质教育在教材中的导向性更加明确。社会的需要、学科特征、求学者认识规律是课标要求的三个焦点，这三个焦点在编纂的教材中确实达到了适度展现。可持续发展理念贯通教材首尾，最为特别的是在强化了“就地取材、因地制宜、合理规划助推区域可持续发展”的理念后，更加聚焦培育求学者以区域发展面临的题目为焦点，探索发生问题的缘由、历程、结论、措施等，因而利用区域可持续发展思想来提升辨析问题和处置问题的技能。教材能较好地凸显学科基础的先进性、科学性，凸显地理学科的实用价值，符合设计推论结构精确、明晰、严谨的课程标准最基础的要求。整套的教材具备了较高的政治站位和较强的精准落点，具有较强的可读性、操作性、实用性、实践性。

（1）聚焦地理观念和地理视角。教材以人地协调关系为指导思想，以可持续发展观为准绳，考查地理学科的逻辑思维、概括性思维和动态思维能力，以观察宇宙的整体、综合、统一、动态的地理思维范式为判断地理问题的落脚点，凸显协调人地，精简资料，降低难度，扩展思路，促进成长。在深度、广度上适当把控，在地理学科的内涵结构上契合最基本架构和构建未来进步的方向。

（2）紧扣时事主题和社会发展标的。在紧扣时事主题、聚焦社会问题的当下，理论与实践融会贯通，让求学者在学习内容上更加生动活泼，在实际生产和生活中，紧密联系求学者已有的经验和体会，突出了地理学科细致入微的现实应用价值。聚焦基本规章，紧密联系实际，培养求学者运用地理概念、地理原理、地理模型、地理法则等，培养处理现实问题的能力，通过典型案例的安排与开放性的活动，如课本上创设的“问题研究”专栏，让求学者从地理学科的视角去面对社会问题、国家大事、生活常识，体会地理学科在策略层面的应用，让地理学科的各章节内容丝丝入扣、密切配合、过渡自然，选择求学者有意愿、有需求、感兴趣的题目展开审题。如《地理选择性必修 1》第五章“自然环境的整体性与差异性”之后的问题研究题目：“如何看待我国西北地区城市引进欧洲冷季型草坪”（第 92 项）。这样的问题注重过程与方法，以凸显地理实用价值的开放成果为主要内容。高中地理新课程的基本思路之一，就是注重对地理问题的探究，倡导主动学习、协同学习和探究学习。“人教版”教材把题目钻研行为编写得有条有理，问题嵌入到“章、节、标题”序列中，且在各单元内容末了都嵌入“问题研究”，无论是必考还是选考。比如高中选择性必修 1（自然地理基础）第三章“大气的运动”后为中东国家——阿联酋设计了“造山引雨”的问题研究，在呈现丰富材料的同时设问这样的措施是否可行。这样的设计秉承了传统课本架构的长处，既便于开展教学实施，又能在研习新内容后排布探索问题，使研习新内容与求学者探索研究的行动相互衔接、相互融合，突出了“迁移”的要求。

（3）实施探索性研习的理念和措施。教材本着探索性研习的理念和措施，力求把教学过程变成探究过程，课后的“问题研究”就是一个最佳的探究性研习的课题，使求学者在研习过程中，拓展、判断、分析解决问题的能力得到进一步提升。教材编写紧扣社会主题，关注社会热点，既培育求学者深入研习地理的兴趣，又使求学者对自身发展有一种学习地理的欲望。案例资料中的部分内容采取范例分析的方式，通过对一些典型范例的辨析，让求学者从中领悟，体会其中的道理，而不是直接从教材资料中叙述该学的内容。再如将众多现实问题创设于教材中，这些问题尽可能地联系现实，这有利于培育求学者分析现实问题的技能和融会贯通的能力，既紧密结合课文，又合理分工，能够吸引求学者积极踊跃地参与其中。教材创设、编写、呈现的案例类型多样化，材料容量较大，并有不同案例之间的组合。课本上分析案例的“睹物思理”，就要在具体探索案例的时候，将其置于一个全局的理论高度，用边叙边议的方式展开分析。分析案例采取“攻击前进、遇阻跳出、方法切换、明晰旋进”的方法，对案例剖析不仅仅局限于自身，而是将视角向其他领域导引，展开迁移和拓展应用。导引求学者紧扣相关案例揭示的思想方法，通过研读教材的主体范例部分后，利用已有的思想方法，去探索课文扩展部分的案例，做到知识迁移、方法创新、能力提升。

（4）着眼于求学者的自身反省和批判性认识能力。培养求学者自身反省和批判性认识能力，是教育的重要任务，它可以帮助求学者更好地理解自身和外部世界，提高他们的学习效果和问题解决能力。使求学者在实践中能够以地理的视角、地理的逻辑、自主的思考、探究某些世界、国家和地区的现实问题，提出自己有意义的、独到的见解。比如全球疫情、开发热带雨林、湿地沼泽保护、水库大坝修建、水库大坝拆除、海湾赤潮、土地荒漠化治理等问题。这些都有待进一步提升反省和批判的空间范围，让他们能够有持续反思的余地，获得持续批判的空间。

（5）聚焦培育求学者再现学习内容、灵活运用学习内容的能力。培养求学者再现学习内容和灵活运用学习内容的能力是教育的重要目标之一。这种能力可以帮助求学者将所学知识和技能应用到实际问题中，促进创新思维和解决问题的能力。施教者应通过不同的施教方法和评价方式为求学者提供更多的实践和应用的机会。同时也要鼓励求学者独立思考和主动解决问题，培养他们的实践能力。

（6）丰富的教材言语表达。教材言语表述标准、严谨、科学、准确、流畅，图文并茂，可读性强，呈现方式丰富多样，激发求学者踊跃探索、协作研习的求知欲。

教材在编写过程中重视依据求学者地理学习的特点创设课文，教材中突出了较多科学的、标准的、贴切的、景物的、统计的图示以及各式各样的地理事象、事物变化图。画面线条流畅、画幅多样且具有较强的直观性，彰显出地理学科“图”的卓越性，设计了一些有益于教学互动的活动和思考问题。教材可供求学者阅读的资源多，剖析问题案例呈现多，能获得的信息量大，对拓展空间、延伸内容、加深课程理解有一定的帮助。每单元后都有聚焦于学以致用、能够联系求学者现实生活世界、有益于地理素养培育的“问题研究”。

（7）对求学者的主观能动性有积极的调动作用。教材围绕“过程与方法”，以求学者为核心，体现自主学习，有利于培养求学者优秀的情感立场和价值观，热情调动求学者的主观能动性。教材关注对求学者开展观念教育，最大限度地把知识内容与情感立场和价值观目标相连接，让求学者明晰为何要研习关联的所有知识，把控知识内容的立足点。教材把人文精神的培育都凸显表达出来，将人口观、资源观、环境观、发展观等诸多层面的内容融会贯通。

（8）实行教材立体化、形成教材系列化、施教资源配套丰富的策略。

实行教材立体化是指将教材内容从单一的文字和语言形式拓展为多样化的形式，包括地理图表、图像、地理实验、案例等。以增强求学者对学习内容的理解和记忆。形成教材系列化是将教材内容进行分层次、连续性地编排，形成系列教材，以逐步深入拓展求学者知识。施教资源配套丰富的策略是指为教材配套丰富多样的辅助施教资源和施教游戏，以增强求学者的学习兴趣和参与度。提高学习效果。这些都有助于提高求学者的学习动力。施教者应该根据求学者的特点和需求，灵活运用这些策略，创设积极、互动和富有挑战性的学习环境。

2.“中图版”地理课标教材解析与研究

（1）对学科知识要求较高，教材内容选材上突出系统性、整体性和条理性。学科知识要求较高意味着教材内容涵盖学科的核心概念、教学、理论和原理。并且对于学科的深入理解和应用具有一定的要求。教材内容选材上选择具有代表性的经典案例、现象和实证研究，以帮助求学者建立起对学科知识的整体认知。教材内容的系统性要求教材中的知识点和概念之间有明确的逻辑关系，形成一个有机的体系，求学者可以通过学习教材逐步建立起对学科知识的整体框架，从而更好地理解和应用学科知识。教材内容的整体性要求教材是将学科的各个方面都考虑进去，避免仅重视某一方面的知识点而忽略其他。教材内容全面、均衡地介绍学科的各个领域和重要内容，为求学者提供全面的学科知识。教材内容的条理性要求教材按照一定的结构和顺序组织，使求学者能够清晰地了解和掌握学科知识的不同层次和要点。教材的章节的划分合理，知识点的阐述有层次性和逻辑性，以便求学者能够更容易理解和记忆。

（2）教材适应求学者实际的需要，整合传统教学内容。

“中图版”《高中地理必修第一册（2020 新版）》在进一步学习的内容中，大量添加人文地理的内容，例如“自然地理实践的基本方法”编辑在第四单元。教材编写强调了以人地协调关系为发展主轴，以人与周围事物协调发展为中心线索，对求学者的素养展开了适当的培育，使求学者剖析地理问题的兴趣获得了提升，从而培育和开辟了求学者的地理思维能力和地理推论能力，聚焦对求学者展开评判性思维、创造性思维、逻辑性思维的培育，引领求学者研习、进修地理知识。

（3）教材编写严谨、精确、流畅，可读性强；突出地理主脉和核心知识，叙述深入浅出，科学规划、精细地绘制地理图表；教材重点突出，图文并茂，方便施教者优化教学方案。

（4）教材与施教者和求学者的实际需求相吻合，系列化配置资源，资源配套丰富，施教工具书、练习图册、施教挂图、课外读本、多媒体资源库、精品示范课等施教资源都有丰富的配置。

（5）教材的编辑精益求精。教材使用了清晰度更高的图片，对某些图片选材的典型性进行了进一步强化；对工农业区位选择阐述方面的案例常识等主要以人文地理常识为主，设置的实例进行了充分的解读；一些常识性的知识在教材编排上反复呈现，如中图版《地理选择性必修》第二册“区域发展”章节中的相关内容在“地区产业发展”中反复出现；课本上可供浏览材料多、活动内容多。如果加强典型性内容的选择，更加便于施教者操作运用。

二、二次开发教材

教材二次开发的“三大步”——熟悉、理解、活用。在教材中广泛应用于一线的施教者，大都树立了“教材为人所用而不为人所教”的理念，认为教材不是求学者的天下，天下皆是求学者的教材，所谓教材为人所用而不为人所教是用教材的哲学思维，用教材打开求学者的视野，教材只是窗口；求学者更应读好“课本薄书”“社会厚书”“生活杂书”等几本大书，以求学者现实生活的多彩履历和社会实践为依托，融会贯通；教科书不是约束施教者的法书，更不是约束求学者的圣经，用这块“敲门砖”敲开新课程的“挡风墙”，对施教者来说，是一件再好不过的事情了。实践证明，对教材使用应该是熟悉、理解和活学活用。从施教层面上来说，教材的二次开发，必须经过四大步：“精读课本”“吃透课本”“理解课本”“活用课本”。

1. 二次开发教材的前提是熟悉课本

施教者谙熟教材，对地理施教者阅读教材和评鉴教材都有益处。高中地理新课标必修 1 教材（中图版）共 3 个模块，分别为地理学科基础篇、自然地理实践篇、自然环境与人类活动关系篇，涵盖了当代地理的基本内容，对自然地理与人文地理、区域地理两个学科进行了较好的展示、衔接和整合。新教材的编写布局和体系合理，地理独特的视角被突出反映，聚焦地理问题的探讨，将求学者置于研修的主要位置；充实与现实生活的链接内容，如教材中出现了大量的“案例”。这就要求施教者要认识到位，只有读懂、读透“案例”所要呈现的内涵，教材编写者的良苦用心才能得到进一步的体现。

2. 明晰是教材二次开发的核心

“有板有眼，我们才能理解所感，只有理解了才能感受得更深。”了解课本，并不局限于增加常识，提高文化素质，而应该把已经取得的常识应用到施教资料中，提出观点，解决问题上来。对于新教材，要喜读、勤读、研读、善读，要做到竭力求真，就是要把教材的特点研讨透、辨析透、归纳好，融会贯通编者的意图，把教材的布局理清楚，带着实践中紧迫需要研讨的课题深入浏览，做到对教学实践的点拨与启发。如《地理必修3》中图版“区域间联系与区域资源配置”一章中的《中国西气东输与东亚产业转移案例汇编》，这是首次在教材中说明了跨区域资本配置与转移的缘由，之后才论述了其对区域发展的影响。对地理新教材的特点和内涵如果不能理解和驾驭，就会出现曲解和错误解读，就会误人子弟，就会影响课程改革，就会带来对地理施教的危害。

3. 二次开发教材的主旨是活用教材

目前不同版本的地理教材，并不是针对任何特定的求学者群体，我们所传授的这些具有不同个性特征、认知发展水平不一，甚至有特殊需求的求学者群体，实际上这是一个有个性特征的特定群体。所以，课堂教学的每一个过程，就是对所教求学者的认知发展水平由施教者进行真实的阐释，同时施教者要将课程标准深入理解，都要先把教材“解锁”，把教材“建构”起来，然后把教材活用起来。活用地理教材的情况与平常一样，根据学情对教材进行二次调整；重新编写授课内容和展示体例（也指补充、弃用、扩充授课内容）；内容精选，把控难易水平；留有余地，用好教材上的规定时间；站在复习教材的高度，对教材要有勇气质疑。以中图版《地理必修3》中“区域间联系与区域资源配置”章节案例为例，授课时能灵活应对，如资源跨区调配，可提出正在实施的南水北调中线案例，指导求学者读图，自主深入各省区、气候区、地形区、土壤性质、植被类型等输水路线始末的相关常识，这种水资跨流域调配的缘由及其对地理环境的影响，凡此种种，在教学中皆能灵活应变。

三、高中阶段新开地理课程的基本条件执行情况

实施新课程，提高课堂教学效果主要的资源是什么？重点是什么呢？重点就是课堂施教鼎新，依据课程标准转变施教方式，夯实施教和研习体系的根底。在课堂教学中，

施教者要将教材的着力点找寻出、把控好，发掘出与教学学情相符的教材的难点，体会教材的闪光点。研读、精读教材，不断提高教书育人的技能。

1. 将科学的施教理念转化为施教实践

对需要实践的高中地理新课程，要在实践中找出问题，并在实践中积累经验。施教者要对课标和教材融会贯通，将教学理念转化成教学实践，把课程理念变成教材理念，把施教者所扮演的角色重新定位，不能仅仅满足目前的教学现状，而是要将地理知识和技能传达给求学者，更要成为求学者地理研修的引领、研习、指导、研讨、协作的对象，建构起民主、平等、共同进步、共同成长的人际关系，为地理教育事业的进步作出自己微不足道的贡献。

2. 制定真实可行的施教目标

在备课时，施教者要明确课程标准对施教内容的精确要求，将具体化的课堂教学目标与求学者的实际需求相协调、相吻合，使之既与课程标准要求相适应，又与求学者的学段年龄、认知心理相适应，用心研读课程标准解读、地理课本、施教者参考用书。施教方针的拟定要涵盖三个维度的需求，即“知识和技巧的需求，进程和体例的需求，感情态度和价值观的需求”，把教材理清楚，把隐含的知识结构提炼出来。“知识与技巧”是地理教材的两个重要方面，知识性内容提供了地理学科的基本知识和背景，而技巧性内容则培养了求学者的实践能力和应用能力。“进程和体例”指的是地理施教者在进行地理问题探索时采用的方法和步骤。地理学的研究对象包括自然和人文地理。因此施教者在地理问题的探索过程中运用不同的方法和途径。“情感立场和价值观”是要加大爱国主义情感和科学观点的培育力度，比如资本观、境域观和可持续发展的理念。增强完成地理课程多样化的目标，达到常识性和技术性相协调，过程性和范式相协调，情感立场和价值观相统一。

3. 对教学设计进行优化

优化教学设计要大胆吸收其他教材的创意，在研读其他版本教材的基础上，以新课程标准为引领，以新课程施教观念为呼应，处理好地理课堂施教规划、施教设计、施教实践之间的关系。问题要点：解读课程目标、梳理基本课程标准要求、陈述课程标准布局要求；对课本进行梳理，对课本中隐含的知识结构进行凝练；根据教学内容和事物的特点，确定教学的重点、难点和指导方针；开发、收集、整理、储存与教学内容有关的教学资源；制订了以内容特色计划为主的教学计划和方法，进一步拓宽求学者的视野；对考生学业表现拟评定；课后立即归纳反思教学过程中出现的问题。

4. 施教理论与实践探索相结合

清代教育家颜元说：“讲之功有限，习之功无已。”重视学法研究，培养求学者的能力和实践地理本领，是为了使求学者能够沿着专业发展、学习地理知识、探索学习地理的方法、沿着地理知识的目标前进，把以知识教授为主的教学形式转化为求学者研修技能提高的形式。不同教材的编写者都以共同的课程标准为指引，从求学者生理、学科成长、社会需求三位一体整合优化的角度，从教材内容的理解、掌控、把握和处理来编写的。解决好教材中图像、语言系统的均衡搭配，对教材编写“最具价值的知识系统”开展了深入研讨，达到两者的协调组合，是施教理论与实践探索的焦点。而了解地理学教材的编写意图和对地理学教材的科学利用，应该是此后一段时间内，地理施教者要努力学习的目标。

参考文献

[1] 曲忠厚 . 普通高中新课程背景下不同版本地理教科书的分析与使用——以“人教版”和“湘教版”地理实验教科书为例 [J]. 中学生政史地 .2010（8）:15-16.

[2] 杜俊凯 . 微信平台辅助教学对高校武术选修课教学影响的研究 [D]. 北京 : 北京体育大学 ,2018.

[3] 杜静 . 新课标背景下高中地理实践力培养现状分析与提升策略研究 [D]. 贵阳 : 贵州师范大学 ,2020.

[4] 龙桂华 . 如何用跳绳和仰卧起坐提高初中生立定跳远的成绩 [J]. 读写算——素质教育论坛 ,2015（2）:18-19.

[5] 杜晓初 , 李家清 . 中学地理课程与教材发展研究二十年 [J]. 中学地理教学参考 ,2001（12）:7-8.

高中地理教材核心素养的分析探究

高中地理教学要在科学设计地理教学方法和过程的前提下进行，要达到课程标准要求的地理教学目标，就要对地理教材进行认真分析。地理教材是培养求学者地理核心素养的重要载体，对培养求学者地理核心素养具有基础性、枢纽性和关键性作用的是地理教材内容的表达范式。《普通高中地理必修教材·地理（地理 1）2020 版》“地球上的水”以人民教育出版社教材（以下简称“人教版”）为例，从地理核心素养（人地协调观、综合思维、区域认知、地理实践力）的角度对教材进行解析，希望从地理学科教材中发现求学者的不足，提出了一些让施教者能够融会贯通的方法。

一、地理课程标准中体现地理核心素养的培养

“地球上的水”章节要求体现在《普通高中地理课程标准版教材（2017 年版）》中。如表 1：

表 1　体现在普通高中地理课程标准版教材中的“地球上的水”

<table>
<tr><td rowspan="4">地球上的水</td><td></td><td>内容要求</td><td>教学提示</td><td>学业要求</td></tr>
<tr><td>水循环</td><td rowspan="3">1.7 用示意图表示水的流通过程和它的地理意义。
1.8 利用图表等材料说明海水的性质和运动对人的活动起到何种作用</td><td rowspan="3">丰富应用地图、景物图像、地域视频、AR 技术、GIS 技术及周边资源等支撑教学，以认识自然地理要素及其与人类活动的关系为线索组织教学。指导求学者开展地理实践活动，采用履历、观摩、实验、实地考察等多种方式进行。
自然环境对人类活动的各种影响要辩证地看待，帮助学生认识自然环境是人类生存和发展的根本</td><td rowspan="3">学习完本模块后进行。学生对与地貌、大气、水、土壤、植被等有关的自然现象，能运用地理信息技术或其他地理工具进行观察，并加以鉴别和说明。运用审题、实验、考查等手段进行科学探究，具有一定的意识和能力（地理学科的实用性）。对一些自然现象（综合思维）之间的关系和变化过程，能运用地球科学的基础知识加以说明。能对特定区域内的自然现象进行一定程度的合理描述和解释，说明对人类（区域认知、人地协调观）的影响</td></tr>
<tr><td>海水性质</td></tr>
<tr><td>海水运动</td></tr>
</table>

虽然水循环示意图在我们生活中并不是经常用到的，但是在地理课堂上，水循环示意图对一个合格市民必备的地理核心素养的培养有着非常大的影响。“内容要求 1.7”旨在使求学者对水循环示意图进行阅读和简单分析，并对其过程和地理意义进行解释。水循环示意图以地球上的水处于不断变化中的某一区域的水的运动状态为基础，以区域认知和思维综合能力的培养为主，从蒸发、降水、植物蒸腾、渗透、地下径流、地面径流等多要素、多空间、多角度了解水循环的过程和发生的领域，可以归纳出水循环的特点。说明海水的性质和运动对人类活动的影响是“内容要求 1.8”所要求的，在进行施教的过程中应用了图表和其他材料，并能联系有关洋流实例作适当的扩展分析，着重从海水运动入手，认识其对人类活动的影响，培养理论与实践相结合的求学者。活动建议以要

求求学者感受自然灾害的存在为重点——把自己的地理动手能力体现在地理实践活动中。通过审题、分析，解决了环渤海地区淡水紧缺的问题，即通过海水淡化的方式来解决，培养求学者的地理思维能力。地理思维是地理事物分布的空间思维，是地理要素之间相互影响、相互作用的关联思维，也是人地关系的逻辑思维。综合思维的培养要从思维路径、思维品质、思维结构入手，突出学科思维范式、探究方法与技能的运用，其基本思路是以思维路径为抓手培养求学者综合思维能力。

（一）地理上的因果联系，从要素综合的角度进行阐述

应用自然地理环境整体性原理和要素关联阐述方式，从“一因多果，一果多因，一果一因”的视角，重点阐述因果关联，剖析思维路径的逻辑顺序，如“顺推证法，逆推证法”等方式。对于天气、地貌、水文、土壤、植被等要素之间的相互关系，做到胸有成竹，条理清晰。

（二）从时空综合的视角分析水循环的过程与变化

首先，应用空间演绎的方法通过地理事物空间模式，刻画地理空间的发展、转化。其次，应用因子辨析方式诠释地理演化过程的缘由和助推力；通过对地理事物变化过程的分析，既要注意关键核心因素的“稍有不慎，满盘皆动”这一连带反应，又要注意整体效应的相互影响和相互制约这一多要素的相互影响。比如，我国西北内陆地区在干旱的环境条件下，水循环的运动是很弱的，这就是因为西北内陆干旱地区降水少，蒸发量大，植被稀少，地表多疏松沙质沉积物等，在这样的环境条件下，流水的作用很弱，但是风力的作用很强，也是很常见的。

（三）从地区综合的视角评价各种人地关系征象

对比特定区域内众多地理要素的融合叠加，应用人地相互作用的原理，阐明某一地区的自然要素和人文要素对该地区的特征构成的影响，这一地区存在的人地关系问题，即人地关系在某一地区存在的问题。例如：过度城市化带来的资源环境条件紧张问题，主要表现在哪些方面？中国将来的聚落空间详细分布及空间模式会显现什么形态？一些新农村建设过程中伴随的“大拆大建”会在多大程度上影响人居环境传统的延续？又如，新生聚落多选择在本地区中部偏西地带或交通便利地带，以良田地区居多。固然理论上村落搬迁后会清算出农田面积，但大多数地区把原有村落用地作为扶植产业用地指标有偿转让。其结果是农田面积不增加，农地质量却下降。再加上新农村建设多以当地户籍人口为单位分配居住用地，人口城镇化将使许多农民进城居住，这就造成了城乡建设用地空间的错位，城乡建设用地之间的不平衡，形成了城乡统筹的现象。回答这些问题，

需要从“人地关系”角度出发，对新型城镇化发展作详细梳理。

二、地理核心素养的培养体现在教材中

《普通高中地理课标教材·地理（地理 1）2020 版》中“地球上的水”以“地球科学基础”一课的“水循环”与下一课的“海水性质”并列关系为内容，将本节内容与整个单元的重点、难点相结合。本节内容的计划是本单元知识布局中的主要一环，从教材的布局上来看，有承上启下的联系。由于各种水循环环节的关键发生与大气圈、水圈、岩石圈、生物圈之间的联系，特别是与大气的活动联系紧密，因此本课在综合前两节内容的基础上，论述了水循环发生活动的常见原因，并对其进行了详细的阐述，特别是与大气的活动。

（一）人地协调观的训练体现在教材中

人地协调观的培养主要通过三个方面来分析，即人地关系中的“地对人”“人对地”关系和“人地关系如何协调”。对本节课来说，人地协调观的培养主要表现在台风登陆对人类活动的影响，即“地对人”的影响，如我国北方地区夏季午后的暴雨，冬季寒潮爆发，西北地区冬春沙尘暴，江淮流域夏季梅雨等，都是对人地协调观的培养。如农民在每年的收获季节，经常焚烧秸秆引发大气污染甚至是雾霾，求学者对此应该也都深有感触，我们可以就此引发讨论雾霾产生的原因、危害。人们应当如何更好地使用秸秆，变废为宝。这样的事例在日常生活中还有很多，作为地理施教者要有善于发现问题的一双敏捷的眼睛。

（二）综合思维素养的培养在教材中得到体现

综合思维，要求学者从时间和空间的角度，对地理事件的空间演化进行一次清晰的阐述。对于全球气候来说，它每时每刻都在进行着无穷无尽的转换，锋面系统也遵守着对地理规则的反应。作为气候系统的一部分，在教材中对冷锋、暖锋过境前、过境时、过境后都作了具体论述，阐明地理事物是在特定的时空标准下不断地建构、生长、演变的，这一点在教材中是明确的。此外，课本上的水循环示意图、全球洋流分布示意图等，都是培养求学者时空视角的能力，以建构求学者的空间思维。地理学是为人的生存服务的。大量出现在日常生活中的征兆，实际上是地理环境的综合反映。因此将生活中的实例引入课堂中，求学者会有身临其境的感觉。对求学者来说比较陌生的“雾霾”一词，含义究竟是什么？如酷暑去青藏高原避暑使用地图导航、户外助手等软件，无不浸透着地理气息。在地理课堂上对自然景观进行解释，必须要有丰富的依据。例如对于指路牌景观，解释该地所处的区域，并以此为话题，对此话题的观点进行引导和鼓励求学者进行叙述，

并说出判断的依据，这就是阐述地理信息的过程。地理新课标提出地理研究要多维度地阐述地理事件，熟悉各要素之间的相互作用，并对其产生、成长的过程进行一定程度的解读，考察、阐述、熟悉地理环境特征，辩证地看地理问题，这是新课标中提出的地理学科的施教观点。由于地理综合思维所触及的角度是多样的，开放思维是施教思想中的主要部分，给求学者留出识读常识的空间，所以在高考开放性试题中，地理学科也体现了培养综合思维的开放性。在平时的施教中要给求学者以展示的机会，使之充分表达对某一话题的探究和见解，求学者之间在思维上碰撞、辩论，在辩理上据理力争，这样能使求学者的才学有所表现，有所显露。

（三）体现区域认知在教材中的训练培养

区域认知素养事例是通过浏览栏目《1998 年长江大水》，对照长江水位的前后差异，通过对特定区域位置长江时空标准上的大洪水生成和发生过程的分析，应用区域对比方式，对这一概念进行深刻理解。高中地理课程是以区域地理为载体融合初中课程，因为学科地位等现实原因，教学时间并不是很充分。如果每个地区的施教者都用 PPT 按部就班地进行教学，求学者容易产生厌烦情绪，教学进度也很难推进。考虑到每个地域特点的叙述目的和模式都是稳定、稳固的，因此可以通过过程思维导图，给求学者构建熟悉地域特点的思维结构，从而在节约时间、优化施教内容的同时，也提高了他们的施教效果。此外，构建开放的思维导图，给求学者留下自由发挥的空间，让求学者持续追踪、完善，不仅有助于唤起求学者自主研修、独立探究的乐趣，变“被动研习”为“自动研习”，更有利于激发求学者创造性思维，使求学者的立异能力得到培养。通过过程性对照区域间的相同点，熟悉区域内要素配合的特点，并整合构建原有区域认知结构，通过区域间不同过程对比，增强认知结构的明确性，从而加深对区域特殊性的理解。在讲授区域地理特征方面，有利于求学者把原来的认知结构强化起来。而地区差异则是地区联系的根本所在，通过对比地区之间的差距来了解地区之间的差异，比如自然前提、社会经济前提等，熟悉地区之间的不平衡性，从而真正了解在国家政策支持下的一系列资源跨流域配置项目的支持目标，如西气东输、西电东送等。在国家政策的支持下，地区之间的差异需求是什么？因为引导求学者对地域差异的比较和对地域联系的了解，对培养求学者对事物之间的差异性和通融性是有利的。

三、地理学科核心素养的培养，从教材上反映出不足之处

通过对上述内容的分析可知，在“地球上的水”中，教学材料首先培养了求学者的人地协调观、综合思维素养和地域认知，分别从人地关系、时空视角和地域三个方面入手，

而在培养人地协调观方面则缺乏相对翔实的例证，不能从全局的角度去考虑。如人教版选修性必修1《常见天气系统》中的“锋与天气”这部分内容，反映了地理事物时空动态（冷锋或暖锋）。在综合思维培养时、学习内容禁锢于某一区域，虽熟悉该区域位置，但在这一区域开展综合地理要案分析等方面的不足，导致综合思维培养方面的不足。考察这一区域水的动态变化，应用区域比较等各种方法获得，需要在某一区域强化区域认知的培养上。对于地理实践能力训练，尽管已经展开了行动，但并未给出详细的计划。对于地理学科核心素养内涵的观察，地理学科核心素养内涵在各项指标上也有差异。以区域认知素养培育为例，将区域认知素养培育的重点放在对区域特征的阐释上，疏漏了区域探索方式的衡量指标和区域的开发方案。当然，地理学科的核心素养培养行动，对于某一门课来说，并不是“均衡主义”，也不是越全面越好，而是应该有策略、有计划、有重点地在施教内容上体现，根据差异，有重点地进行施教练习，这样才能有重点地进行施教实践。比如，归纳思维素养在三大指标之间，按要素、时空和方式综合，联系教材上行为动词在区域认知上的使用频次，我们可以知道地理学科的核心素养培养层次越低，成绩越好，但是很少能触及高层次的素养培养。这说明，高中地理课堂在这一阶段的教学质量，仍然没有达到“课标”的要求，需要加强，需要提高。地理学科核心素养只能通过学科研究，逐步形成的具有隐匿性、学业性和综合性的准确价值理念。地理学科核心素养的衡量，首先是以求学者的行动作为衡量的依据，是在详细的地理事件和地理情境中所呈现出来的。在辨析地理核心素养的高低时，涉及元素越多、越贴近自然实际、越有利于培养高水平地理核心素养的“问题情境”列为辨析依据之一。当然，四个地理核心素养的培养不是每节课都要触及的，而是要按照教学内容、求学者学情、时间摆放、场地前提等来策划教学行动，培养与之相关的核心素养，培养与之相适应的重点素养，培养有侧重点的核心素养。

四、在优化教材中施教者培养求学者地理核心素养的策略

（一）补充相关知识，建构人地协调观

人地协调观是价值观念中最基础的理念。人类与地理环境之间的关系是动态的、客观的、辩证的，对这一概念施教者应该加以指导。在地理教材中，有些部分的编写并没有完全体现人地协调观的内容，所以地理的施教者在进行教学时应该有所补充。如教材中关于冷锋的事例，只轻描淡写地提了一句，“我国一年四季都有冷锋，冬天尤甚”。如果在备课时，施教者对教材进行优化，对我国寒潮构成的寒流南下、寒潮带来的风险和益处，如何对寒潮进行合理的预防、引导和处置等问题进行指导，则会有较好的结果。

所以，施教者在教学时，既要指导求学者阐述寒潮给农作物带来冻害，也要指导求学者明晰寒潮的好处，特别是寒潮能增进地球表面热量互换、寒潮是农作物病虫害自然的“灭虫剂”、寒潮能带来雨雪减缓旱情等，这些都充分体现人地协调观中“地对人”的影响。但一般农民在面临“寒潮”风险时，又该采取何种方式？“人对地”效应充分体现在人工施放烟幕过程中，通过增加大气中二氧化碳浓度，增强地面长波辐射，使大气保温效果更强，降低昼夜温差。有的施教者以敏锐的眼光对教材内容进行集中处理，然后培养求学者建立辩证的思维，使求学者对人地协调理解得到提升。只有让求学者在真实情境和实践行动中增强体验与感悟，才能建构人地协调观。为此，培养人地协调观应以人地关系为主线，按照主题内容的包容性和技巧进阶的条理性，规划出一条逻辑清晰、操作性强的施教链条，把体现“地对人，人对地，人与社会，环境与人”的事理融会贯通。人地协调观主要的培育途径：一是选择人地关系不和谐和人地关系和谐的案例，通过项目助推，让求学者在经历、探索中领悟人地协调的必需性。二是在地理实践中，让求学者经由对实际人地关系问题进行探讨，明白协调人地关系的内涵，构成人与自然和谐共生的价值观。三是检测求学者对人地协调观的熟悉和了解程度，运用地理问题解决案例（如对家乡宁东重化工基地发展方向、发展路径的论证等），通过求学者对这些问题的回答可以初步评价他们对人地协调观的熟悉和了解程度。四是通过求学者自身的价值取向和行动表现过程（如积极参与环保志愿行动、践行低碳生活方式等），把人与人之间的和谐理念转化为“看得见、摸得着、可评价”的实实在在的行动，来评价“知行合一”的能力。

（二）突出事物动态，建构全面思维

自然地理是以考查地理事物成长演变的现象为重点，要求在研究中突出时间的动态性，突出空间的差异性，结合静态和动态的说明，在时间和空间的结合上培养求学者的思维能力。以近期一场影响人们生活的寒潮入侵和大范围降温降雪天气为例，中国气候网于 2022 年 12 月 18 日发布寒潮预警，预计包括广东等全国近九成省市将在本日（18 日）夜间至 21 日连续出现 6℃以上降温，局部降温可达 12~15℃。同时，长江中下游干旱带喜迎降雨缓解旱情，东北地区遭遇大范围强降雪的概率较大，中东部大部地区将出现大范围雨雪天气。冷锋移动示意图通过多媒体展示给求学者：18：06，冷锋前锋移动到乌鲁木齐周边地区；19：03，冷锋前锋移师西宁、银川一带；19：15，冷锋前锋移师西安周边地区，太原、石家庄以东，郑州以东；20：01，冷锋前锋移师成都西和重庆。21：03，冷锋前锋移师海口周边、东沙群岛、台北、钓鱼岛、赤尾屿等地，地点包括长沙、南京及周边沿海、沈阳等地。这样既有时间上的延续性，又有空间上的差异性，才能突出动态，才能培养出一个求学者的综合性思维。

（三）以某一区域落脚点建构区域认知

世界上大大小小、尺度不一的地区很多，对地域的熟悉程度、求学者在空间上的差异、对地域的认知程度都有差异。求学者在研究地理学科时，地理学科中的原理、观点、过程、规律等具有很强的抽象性，这就需要施教者借助必要的案例，帮助求学者理解上述的常识，这是求学者在研究地理学科时所需要的。就像施教者要联想到中国寒潮（秋末春初）所呈现的季节，寒潮在配以相关寒潮路径运行图片的同时，对中国的哪些区域产生了某种影响，从而展开施教。同样，我们在讲述暖锋这一概念时，可以通过区域对比证明暖锋过程对不同区域产生影响，如中国华南地区、长江中下游地区、华北、东北地区以及求学者的区域认知，都可以看出夏季风对我国产生的影响。尤其是求学者在哪个区域，可以定位在哪个区域，施教者和求学者可以把相关的材料集中起来，引导求学者进行学习，明白了冷锋和暖锋的地理规律。运用地域对比的方法，从地域分布、地域特征差异等方面，对区域间的自然现象差异进行阐明，从而在实际案例中培养求学者对区域的认知，掌握对区域的认知方法。区域认知需要求学者熟悉地理事物，具有从区域视角出发的意识，能够准确地解读和评析区域开发利用的决议性方案的得失，能够采用准确的方式来熟悉与事物相关的区域。所以，区域认知施教要应用地图、图表等资源和空间推理方式，以开展“观图知地、论从图出”的思维方式和认知作为突破口。

1. 区域地理特点

区域地理特点是指某一特定区域内对地域的自然和人文地理特征，如地图、图表的运用等地理特征的成因进行归纳和概括。了解区域地理特点有助于深入理解和研究该区域的地理特征和发展方向。

2. 地区人地关系评价

链接地区演化的相关资料，准确推导地区自然地理环境对人类行动的影响，阐述地区演化中的人地矛盾题目，评价地区开发办法的得失。

3. 地域发展展望

针对地域发展中存在的题目，从“随机应变、充分发挥地域特殊性、地域合作和人地协调”等视角对地域发展的标的、目的、办法作出合理展望与判定。区域认知施教要指导求学者学会依照空间标准的巨细决议对整体与细节的掌控。大空间地区一样要严格聚焦整体，疏忽细节，重视“普适性”；小空间地区一样严格聚焦细节，重视细节特点的描绘。对小空间地区的叙述，要先全局扫描地区所处情况的“普适性”身份，再局部聚焦小地区本身的“特殊性”的身份。

（四）课外观摩记录，建构地理学科的实践能力

新课程标准对地理教学提出了更高的要求，围绕资源、环境、人口、区域发展等问题，讲授现代公民必备的地理知识，强化求学者对地理学科的认知，提高求学者的生存能力。正视对地理问题的探讨，重视求学者的兴趣爱好和生活经历，以满足求学者探索大自然奥秘的愿望。教育家陶行知先生曾说：结合《墨辩》提出三种知识即“亲知，闻知和说知”也就是课内要“闻知”，“说知”；课外要“亲知”，“亲知”才是根本；“闻知”“说知”一定要和“亲知”配合，才会“真知”；“闻知”“说知”要把“亲知”和“真知”融合在一起，才能把“亲知”变成“真知”。课堂施教空间有限，视线狭小，死板单调，地理野外实践——第二课堂，无疑填补了高中地理施教的短处。学会察看，这是展开地理野外实践的最关键的一步。心理学认为，察看是一种长期的知觉，有条理地对比，按照某种目标进行察看。观照是建立在知觉进程的基础上的，但它已带有了人们熟悉天下的主要体例——知觉的最高情势——“思维的色彩”。察看能力是一种可以固化的本领，是智力组成的重要因素，它是在有目标、有组织、有思维介入的感知过程当中建构的。因此，培养求学者的察看能力是最重要的。如何培育求学者在野外实践时察看事物的能力主要有以下几个方面。

1. 明确观察目的

地理野外考察是一项课外实践活动，求学者主动参与，亲身体验，合作交流，教和学都要有明确的目的，整个活动的设计要具有可操作性和针对性，每一位同学在发挥主观能动性的同时，对考察时间、路线、任务、注意事项等做到心中有数，从而激发求学者的求知欲，培养参加考察活动的兴趣。

2. 学会科学观察

地理事物千差万别，对不同地区的差别该怎样找寻到周围事物的主要特点，脱离了科学的观测是没有办法的，除了要借助专业地图和仪器，还可以通过眼、手、鼻、口等人体器官感知地理事物。科学考察要长于获取丰富的地理信息。如利用 GPS 定位仪、温湿度检测仪、空箱气压测量仪、地形地质图等对相关因子进行测量。完成考察任务，首先要分析、阐释地理现象或地理规律，那么，获取信息的关键环节就是选择合适的观测项目，并找到更多的不同之处。例如，考察某一地区的某一优势植被，观测项目可以是

地形地貌、水文等的宏观特征，也可以是植物个体的形态、生理特征等微观特征；对某一优势植被的考察，可以对某一优势植被进行宏观观察。常见的方式有以下几种。

（1）观察多角度的问题。比如考察贺兰山西麓的珍稀羽叶丁香，可以从当地的自然和人文两个方面获取信息，自然方面包括依山面沙的地形环境、干燥气候、洪积扇微地形、土壤性状、羽叶丁香的果、叶、根等特征，人文方面有阿拉善牧民传统的生活习俗、民居特色等。这些都可以从当地的自然和人文方面获取信息，也可以从当地的牧民交流方面获取。

（2）对比观察，寻找不同之处。如观察山地的不同方位、阳坡与阴坡的不同、迎风与背风地带的不同、不同海拔条件下环境垂直变化等。

（3）采样情况。采集的样本有岩石、土壤、植物、昆虫、化石等。采集样品分析结果为考察提供了重要的依据，可供实地观测获取相关信息，也可供后期使用。

3. 运用地理学科思维指导观察

（1）指导田野观察，运用地理知识全局思维。地理环境是由地球表层的各种自然和人文要素有机地结合在一起，形成内部各种要素相互联系，统一演化过程，同时又存在差异的系统，包括大气圈、水圈、岩石圈、生物圈等在内的各种圈层组成的一个庞大的系统，因此我们在观测中要认识到这一点。认识到环境的整体性，还应该看到环境局部的差异。总之，要提高自己的观察能力，要有一个整体思维的高度，要有多个观察的角度。

（2）用发展变化的观念，看地理事物和地理征象。视野中出现的地理景象，无不穿越时空演化而来。看地理事物，看地理征象，要用发展变化的眼光，研究过去和未来的变迁。

（3）重视地理环境对人类活动的影响。人类是周围事物的主体，人类活动对地理状况的影响历来都是久远的，影响也是复杂的，人类活动对地理情况的影响既是持久的。也是深入的。随着人类文明的进步而发生变化，人类活动会干预地理环境中的诸多元素，如地貌、土壤、水文、大气、生物等。在野外实践活动中，发现地理学科思维指导观察实践的方式也是通过实地考察和参观，观察人类活动的痕迹，以及发现痕迹背后的故事来实现的。

4. 重视观察总结

对实地实践活动，要随时有准确、严密的说明，客观真实地记录下来。除文字定性描述外，基本原理还可以借助工具对观察对象进行定量的描述。通过强调数据采集的图画、相片的补充，客观真实地记录观察的全过程。活动结束后，要总结归纳。通过总结，理论联系实际，了解实践活动的得失，积累更多的观摩经验，激发创造性思维，使求学者地理思维能力有很大的提高。有位名人曾说过：“我既无超凡的悟性，也无超凡的圆滑，只有对稍纵即逝的事物的观察能力，以及他人所不具备的精细的观察能力，我可能凌驾于所有人之上。”由此观之，地理野外实践活动对开阔求学者视野，促进求学者个性发展，提高地理素养有积极意义，可以培养求学者敏锐、精确的观察能力。施教者可以引导求学者在课堂上熟悉、分析天气地图，指导求学者分析天气预报，引导求学者通过课前看电视、看报或从网上搜集有关天气预报的资料过程，指导他们搜集和理解有关寒潮的常识。有兴趣的求学者还可以通过对日常生活中偶遇的灾害性气候的观察，用心记录下灾难所表现出来的自然现象。另外，对于这种自然景象形成灾难的产生过程，也可以通过寻找有关材料，了解其成因、特点、产生周期、传播和对人类的影响。这样，求学者就会对气旋、寒潮、台风等天气有更深的体悟，也让求学者们体会到地理为人生服务的喜悦，在地理实践中体会到地理为人生服务的快乐。所以，走向“郊野”（将课堂内的地理进修扩展到课堂之外的田野和社区等）展开地理实践行动，是培育地理实践力的必由之路。依靠本地地理特征，展开自然地理田野查询拜访、人文地理社会查询拜访、区域开发模块小区域查询拜访等“主题式”实践行动。依靠校园及周边地理环境，随时展开易操作的地理实践活动。依靠乡土地理资源展开“主题式”实践行动，如自然地理的田野考察、人文地理的社会查询、拜访、地区发展模块的小地区查询、拜访等。展开地理实践行动要依照“精确选题、计划规划、线路选择、考察查询、拜访、取证解释、建构功效、交换评价”的流程有序推动。以调查报告、调研论文、地理计划、网页建造、辩论会、手绘地图为首要显现方式，为满足求学者个体地理研修需求搭建一个广阔的平台，使地理实践研修形式丰富多样，转变了以往单一的纸笔操练形式。

参考文献

[1] 钟建松 . 浅谈高中地理核心素养培养的有效方略 [J]. 天津教育 ,2022（34）:25–26.

[2] 张华中，闫守轩；高中生历史空间观念缺失的具象、归因与救赎 [C]. 第六届全国教育博士论坛，2018.

[3] 严青 . 基于生态课堂理念的地理教学策略研究 [D]. 武汉 : 华中师范大学 ,2018.

[4] 张岑 , 郭芳英 . 培养地理核心素养为取向的课例设计——以必修课程《地理 1》内容要求 1.7 为例 [J]. 地理教学 ,2018（21）:31–34.

[5] 王万燕 , 高伟 , 孙玉娟 .“探秘地球上的水”单元主题学习活动 [J]. 地理教育 ,2020（12）:23–32.

[6] 马巍，王民．情境教学的课堂评价与教学改进研究——以“资源枯竭型城市的发展方向”为例 [J]. 地理教学 ,2020（04）:11-13,29.

[7] 李小建．“人地关系”视角下的新型城镇化 [N]. 光明日报 ,2013-08-11（7）.

[8] 缪语然．神木县土地利用总体规划生态环境影响评价研究 [D]. 西安：长安大学 ,2017.

[9] 王建．地理课堂教学中的综合思维培养 [J]. 中国教师 ,2017（11）:51-55.

[10] 孙亚楠．核心素养视域下区域认知能力的培养 [J]. 新课程（中学）,2017（7）:195.

[11] 程玉玲．高中地理教学中影视资源的应用 [J]. 都市家教（上半月）.2015（1）:11-12.

[12] 陈晓良．中学地理研学旅行课程开发与实施研究——以青海省 F 中学为例 [D]. 西宁：青海师范大学 ,2018.

[13] 付艳丽．高校翻转课堂教学设计与效果评价研究——以《大学生心理健康教育》课程为例 [D]. 绵阳：西南科技大学 ,2020.

[14] 王秀红．地理核心素养区域认知能力的培养策略——以“南方地区”为例 [J] 中国课程辅导（教学研究），2019（11）21-23.

地理新课标境域下以“教—学—评”一致性为切口探究

一、以“教—学—评”一致性为切入口探究

课改经验提示，如果课改缺少可供操作的抓手，往往容易将课改政策与地理教学形成“两张皮”现象。“教—学—评”很大程度上是这一轮全新的教育课程方案和课程标准修订工作的重点。以“教—学—评”的一致性为切入口，变施教者讲授为求学者体验课程的过程。“教—学—评”一致性，即课程转化的关键——学习目标、学习过程、评价三者相互配合、相得益彰。

（一）“教—学—评”一致性引领地理新课标

新修订的高中地理课程标准的核心内容，系统回答了对新时代求学者提出的“学什么形象”“学什么”“怎么学”“学到什么程度”等四个问题。这对实践“教—学—评”一致性起到了重要的指导作用，也起到了很好的火车头的牵引作用，为以“塑造学习者的品格”为学习目标的地理新课标的形成奠定了基础。以不同学段的求学者核心素养具

体表现在哪些方面，在这门课程中应该培养哪些核心素养的求学者，这就是地理新课标所呈现的学习者形象。地理学科“学习者形象”是规定求学者课堂学习目标的种类、范围和进阶层次的各层次课程建设的起点，是课堂教学所要达到的理想目的。教—学—评一致性的灵魂是课堂学习的目标。

1. 高中地理新课标在学习内容的选择上，以“学什么”为导向

地理学科新课标主要回答哪些内容载体需要提供，哪些学习经验需要提供，哪些学习资源需要提供，才能培养出理想的“学习者”，即地理新课标的内容标准是对培养理想的“学习者”应该提供怎样的支持，从“学什么”的视角进行回答。内容标准的编写从“学习者为中心”的角度出发，内容标准在新课标中采用体验式结构化的方式组织，对组织学习内容在“教—学—评”一致性中起到了重要的借鉴作用。

2. 新课标改变学习方式，规范“怎么学”

求学者学习活动标准的确立是新课标的重要突破。需要指出的是，这一标准并不像内容标准那样显而易见，而是通过学习理念（课程理念中包含）、学习活动建议（教学建议中包含）以及学习活动案例来呈现的。学习理念在“教—学—评”一致性方向指导学习方式的选择，学习活动建议在“教—学—评”一致性方向上规范学习任务的设计，学习活动案例从“教—学—评”一致性方向上从案例的角度引导学习过程的展开，学习活动案例在“教—学—评”一致性方向上选择学习要与求学者的学习状况相吻合。

3. 新课标明确考核要求“学到几分”

以课程核心素养（课程目标）为主要维度，结合课程内容提出学业质量是新课程标准的一大亮点，整体刻画求学者学业成绩的具体表现特征。同时，学业质量为编写教材、教学、评价和考试命题提供依据，对求学者“学到什么程度”进行了明确规定。

（二）地理学科新课标下“教—学—评”连贯性探究趋向

地理新课标引领地理学科教学“教—学—评”一致性从四个方面入手，这也决定了“教—学—评”一致性的未来走向。

1. 遵从整体性原则，依据学习的逻辑展开践行

新课标从学习的四个方面提出了“教—学—评”一致性的要求，对同样严格遵循学习逻辑的“教—学—评”一致性的做法给出了提示。以地理学科核心素养为学习目标的“教—学—评”做法，表现为地理新课标背景下学习中心的一致性。求学者参加的每一种实践活动，是求学者为了达到预期的学习目标而进行的学习过程或教学过程。这是求学者求知的心路历程，也是求学者求知的过程，是求学者学习目标达成的过程。让求学者在实践的过程中获得素养的提升，学习过程在地理学科核心素养的背景下，更加强调

任务设计，指向学习的目标。评价是为求学者判断和提高学习状况提供依据，收集求学者学习证据的一种制度。实践中，可采取“教—学—评”的一致性，围绕素养目标与新课标下学习目标的转化与关联这几个方面：教育教学实践的转化要以此为核心；用形成性评价的学习引领学习的过程，用形成性评价引领学习成果，用形成性评价提供适当的学习资源和材料；重视学习任务在学习过程中的逻辑关系，注重对求学者素养的关键作用的培养——学而思之，避其害，趋其利。

2. 在学风方面，突出了学科实践环节

学习的本质以原始经验为基础的学习者个体形成新经验，是通过获取知识，掌握技能、改变行为和理解概念等过程，实现个体的成长和发展。对于求学者来说，经验产生的过程即为实践过程。地理新课程标准特别强调：强化地理学科实践，推进育人方式变革，必须以深化教学改革为突破口。如思想政治课学习中的道德与法治，倡导社会责任，考察、实验、制作中的物理、生物、化学等学科，突出实验和制作的学习，查找资料、访谈调查中的语文学科，研学、野外实践的地理学科等，体验地理现象和地理过程。因此，需要在学科实践中充分重视“教—学—评”一致性的做法，才能将地理学科的核心素养落到实处。实践中，“教—学—评”的一致性需要关注这三个方面的内容：地理学科实践不是否定地理课堂学习的方式，而是要根据地理学科特点深化其内涵；要把地理学科实践贯穿于课堂教学和学习的全过程，进一步细化地理学科学习过程，并根据学科实践情况有针对性地加以细化；考核求学者学习的重要构成环节是学科实践的深入落实。

3. 在考试测评方面，重点开发情境测评系统

在“教—学—评”的一致性上，必不可少的一环是考试评价。地理新课标一方面以真实情境核心素养为纲，考查评价以学业质量为纲，将核心素养的深化和细化为主要目标。所以，考试的分值要从情境出发进行设计。另一方面，求学者在地理新课程背景下完成考试测评任务的过程，是整个学习过程中重要的一环，即做一件完整的、具有挑战性的事情。所以，审视、评价需要体现系统性。综上所述，地理新课程背景下的考试评价应注重情境评价体系的发展，以评价促进求学者素养的发展，以评价承载求学者素养的发展。因此，新课程背景下的考试评价应注重情境评价，并且在情境测评系统的开发上需要把学科知识融入相应的真实情境中，从学习大单元的角度出发。“教—学—评”的连贯性，需要在实践操作中注意这三个方面的内容：运用情境评价系统对求学者的学习过程进行真实信息的采集；对收集到的学习材料和求学者的学习情况进行有针对性的反馈；根据反馈的结果，为求学者提供有效的深度学习“托架”。

（三）地理教学一致性探索存在的问题

地理课堂教学评价一致性方面存在以下问题：一是教学目标设置不合理，教学目标不明确，施教者难以运用科学方法进行地理课程教学；教学目标导向作用认识不足，导向教学活动难以开展。绝大多数施教者在地理课堂教学中，没有意识到教学目标的指导性服务作用，使得教学过程中对教学目标重视程度不足，在开展地理课堂教学时，教学内容与教学目标之间的偏差较大，这降低了"教—学—评"的一致性效果。二是教学目标细化程度不高，缺乏对教学目标的凝练和系统的研究，使施教者在具体教学活动的开展过程中不能起到导向作用，往往是教学目标大、范围广。求学者能力发展的需求难以满足，在具体课堂教学中的应用不足。最后，施教者本身对地理课堂教学评价一致性研究不足，教学评价一致性目标不明确，导致在教学目标导向缺乏、求学者学习积极性不高的情况下，施教者难以提高地理课堂教学中的教学效果。

1"施教"层面的问题

（1）教学目标不明确。施教者根据教学目标，只能制订一套统一的教学计划，很难在具体教学活动的开展上下功夫。首先，地理课堂教学中，施教者对知识、技能培养目标重视程度较高，但是对地理课程教学过程和教学方法目标的设定不足，对求学者的目标设定不够充分，在情感上、态度上、价值观上都不够到位，使得地理课程教学目标设计比较片面，不利于高素质人才的培养，更不利于人性化培养目标的实现。如地图的教学中，教学目标主要以参考书以及课程标准为主，了解地图基础知识以及运用地图等，忽视了教学目标的匹配性，忽视了教学目标是否符合求学者的认知，忽视了具体的教学内容，过于宽泛的教学目标使得施教者很难通过单节课的内容达到这一教学目标，导致教学内容与教学目标之间的偏差扩大，教学目标与教学内容的匹配性差异越来越大。特别是在教学目标选择与课程内容本身的难度不匹配的情况下，教学目标涵盖的内容较多，需要求学者经过一段时间的学习才能达到这一目标，而施教者则将其概括为单一课程或单一单元的教学目标，其细化教学目标的能力不高，教学具体目标的应用情况不明确，不利于地理课堂教学中求学者识图、读图能力的培养，也不利于地理课堂教学中求学者掌握地图应用的方法和技巧。其次，对地理课堂复习课教学目标设计比较笼统，施教者将复习课作为检验过程，以复习的方式完成课程教学活动，而忽视了复习课程教学目标的指导性作用，而部分复习课的目标没有突出以文字形式显示出来，导致地理课堂复习课的目标不清晰。教学目标不明确，对施教者开展具体教学活动的指导性不强，施教者收集整理参考教学目标资料的自觉性和能力不高，教学目标对具体教学环节的指导设计在开展具体教学工作时的应用价值不高，必然会使地理课堂教学的总体效果打折扣。最后，地理课程部分的教学目标表述不科学，不能突出课堂教学中求学者的主体地位。同时，教学目标本身缺乏可操作性，而导致地理课程教学目标的发展不能完全符合课程标准化发展的要求。施教者自身对教学目标的表述和理解不够充分，使得教学目标形同虚设，不能发挥其指导作用；教学的具体组织形式和教学内容设计对施教者的参考意义不足；地理课堂教学中整体教学效果达不到预期的目的。因此，教学目标在教学组织形式、教学内容设计的指导作用等方面，由于地理课堂教学的整体效果与教学目标之间存在一定的联系，而被施教者所忽视。

（2）教学活动目标导向不明确。地理课堂教学中由于地理知识具有形象性、抽象性以及新颖独特性等多样性的特征，所以不同类型的教学活动有着不同的教学效果，而施教者针对不同类型教学活动的目标导向不明确。在进行主题式教学、探究活动和实践操作类别的教学活动时，由于不能合理地设置教学目标，不能满足求学者对不同类型教学活动形式的需求，导致地理课堂总体教学目标的实现受到影响。首先，部分地理课堂教学中，施教者由于经验不足等，导致教学内容偏离施教者预先设定的教学目标。在地理课堂教学活动开展时，存在根据课堂情况以及具体的考试要求选择性地调整教学进度和教学行为活动，导致教学内容难以完成既定的教学目标。其次，部分地理课程教学活动无法达到教学目标认知维度，尤其是难度较高的地理课程教学时，很难突破理解维度时达到认知维度的高度。因此，地理课程的教学需要求学者观察、了解、积极思考。但由于求学者本身的动手操作能力不足，导致求学者存在理论和实践脱轨的问题。尤其是地理课堂教学活动的目标导向发展依据不充分，对新课程标准要求以及地理课程教材研究不够透彻的情况下，施教者不能根据具体的教学活动目标开展教学活动，而地理课堂教学内容本身缺乏连贯性，很难突破从了解层面的认知向理解层面上的过渡。求学者本身对地理课程实践操作掌握不足，动手操作的技巧应用不足，尤其是在技术方法运用水平不高的情况下，增加了求学者掌握地理课程知识的难度。最后，施教者没有结合求学者实际学习情况开展具体教学活动，照搬新课标要求，忽视求学者在地理课程教学中的主体地位，致使地理课程教学评价失去价值，这是由于地理课程教学中在现有活动目标导向的发展方向上缺乏创新。

2.“学”层面的问题

学习层面的问题主要来自求学者自身，由于初中学生对自身学习的认知不清，自我定位不清。因此在学习地理知识时，求学者对所要达到的课程目标和学习目标的认知不足，难免存在学习目标感不强的情况。因此在目标引导下，求学者学习地理知识的自觉性很难得到持续的提高。尤其是在求学者本身的目标不清晰的情况下，容易受到外界因素的影响，对于地理课程知识的掌握不充分。所以，求学者本身自制力差以及学习能力不强，使得地理课程教学效果受到影响。

（1）求学者学习目标不清晰。作为求学者来说，没有明确自己的学习目标，主要表现：求学者在课堂上被动地接受施教者的教学设置、教学环节的设计和学习活动。这就使求学者在教学中容易受到施教者的教学经验、教学能力和教学内容的差异化影响，从而导致求学者学习状态、学习成绩和学习效果不稳定，出现忽高忽低、忽上忽下的问题，也会使得求学者在地理学科学习过程中获得感、幸福感大打折扣。其次，求学者对学习目标这一概念了解不够透彻，对如何建立学习目标以及自身为着学习目标努力的方法运用不恰当，使得求学者虽然投入大量的学习时间和训练，但无法达到预期的学习效果，制约着地理课程学习质量的发展。最后，施教者对求学者如何确立学习目标，以及在良好的学习目标引导下，不能规范求学者的学习行为，不能强化求学者的自主训练，从而导致求学者的自主学习能力发展缓慢，施教者对求学者学习目标的梳理和纠正意识不强。

从总体上看，求学者对课堂知识的了解和掌握与地理课堂教学中的施教者素质的高低是分不开的，施教者对教学目标的设定、选择以及教学内容的结构设计是否合理等都在一定程度上影响了求学者的素质提升和地理课程的学习效果，而施教者的综合素质不高，教学能力参差不齐。因此，在地理课堂教学中，求学者的地理课程学习质量必然会受到影响，所以地理学科教学质量的提高，需要地理学科施教者的综合素养的全面提高。

（2）求学者对学习认知不足。求学者本身对地理课堂教学的整体认知不足，对于地理知识内容结构以及教学活动形式的兴趣不足，从而不能主动认知地理课程内容。求学者对地理课程学习目标的了解不充分，对自身学习认知不足以及具体的学习方式方法了解不够，增加了地理课教学中学习层面管理的难度。首先，由于社会和家庭的原因，大部分求学者不具备自主学习的能力，参与地理课程教学的意识不强，很难配合施教者完成教学目标和教学任务。求学者自身参与地理课堂教学行为的主动性不高，影响了求学者对地理知识的掌握效果以及学习兴趣。其次，求学者对自身学习目标的认可度不高，对自身学习目标不明确，很难通过目标导向指导自主学习意识的发展，而施教者对求学者参与地理课程教学的兴趣引导不足的情况下，无形中增加了求学者与施教者之间的矛盾。最后，施教者的教学目标导向不明确，课程内容本身对求学者的吸引力不高，降低了地理课程教学目标的达成度，而不能很好地完成课程目标。对施教者而言，达不到教学目标，求学者达不到学习效果。

3.“评价”层面的问题

评价行为与地理课程教与学的关系不清，施教者对教学评价的重视程度不够，评价的思维方式不清晰，施教者很难通过评价方法的运用达到在地理课堂教学中完成教学目标的目的。因此，评价行为与地理课程教与学的关系不明确，评价思路不清晰，尤其是施教者受传统教学方式和方法的影响，对教学评价认识不足，教学评价本身形同虚设，造成教学过程中设计评价地理课堂教学环节不到位、运用评价方法创新不够、教学过程中对评价环节实施不到位等问题。特别是地理课堂教学评价框架体系建设的重要性，不能完全体现在施教者对整个课堂教学评价的单一视角下，出现了地理课堂教学评价不一致的问题。

（1）评价环节设计不足。作为教学改革的重要内容之一，教学评价环节在地理课堂教学中的应用已成为必然趋势，但地理课堂教学中施教者对评价环节的设计认知较少。评价环节如何应用、教学评价方法的恰当选择等都对施教者提出了更高的要求。一是整个教学过程中对地理课缺乏专门的教学目标指导，在设计地理课堂教学活动时，施教者对评估活动的设计缺乏针对性。通常施教者以课堂压轴题考查求学者对地理知识的掌握程度，侧重于终结性评价，而对过程性评价缺乏专业性的思想认识，对地理课堂中如何恰当地评价求学者的成绩、观察和了解求学者的学习状况等方面的认识还不够深入，对地理课堂评价的总体效果造成影响。二是部分地理课堂教学评价反馈不足，施教者在布置完成课程教学任务后，没有对求学者的学习知识情况作出具体及时的评价。评价反馈不足，致使求学者对地理学科的学习、完成学习进度等方面的不足还不能充分认识。如施教者运用信息技术和智能技术科学设置教学评价指标和选择评价模型，如果施教者自身操作评价技术软件质量不高等，使施教者在进行课堂评价工作时，不能明确自己在地理课堂教学评价中的作用，导致自己在收集、整理相关数据信息、判断分析能力不足等方面的问题。由于施教者对求学者的学习情况评价、求学者间的互评、求学者对施教者评价的重要性认识不足，无法参照已取得的教学评价结论开展有针对性的评价服务，使得地理课堂教学中教学内容、求学者学习情况以及评价机制三者之间的一致性效果不高。三是部分施教者由于地理课程教学任务较多，处理地理课程作业的工作量较大，对求学者的精力关注不够，对求学者的作业反馈了解不够，对学习上的优点和不足不能及时给予帮助。对求学者的评价仅用对、错等方式，没有明确说明原因，不利于求学者对自身学习过程的理解和学习方法的掌握。如地理课堂教学中的施教者对求学者的教学评价单一，降低了求学者与施教者在地理课堂教学中互动交流的效果，导致地理课堂教学过程评价设计不合理，在求学者学情评价环节设计不恰当，评价时机选择不恰当，特别是在评价机制嵌入水平不高的情况下，由于地理课堂教学过程评价设计不合理、评价机制管理难度加大，形成现有评价机制不能适应新的地理课堂教学评价。

（2）评价视角不够立体。在构建地理课堂教学评价一致性框架体系的过程中，由于评价视角不够立体，影响了求学者的参与意识，以及地理课堂教学的参与效果，致使评价活动、评价行为的构建与发展不能满足预期的需要。特别是评价内容仅限于教学过程和施教者教学活动，而忽视了求学者这一评价主体，导致施教者对求学者在课堂上的表现、求学者的测试训练和求学者之间的成绩评价、评价方法的运用等相关探究不够充分，影响了评价工作的立体化发展效果，不能对求学者在教学过程中、在教学活动中的表现开展合理科学的评价。首先，地理课堂教学评价制度体系建设不足，使得地理课程教学工作的开展无法体现其应用价值和优势，从而影响地理课堂教学评价工作的有序开展，不能发挥多元化评价方法以及评价模式作用，不能达到预期的课堂教学目标，导致地理课课堂教学内容与教学目标完成情况的差距不断拉大。二是施教者习惯于评价自己的课堂教学内容、教学过程和自我反思，而对求学者的学习状况则疏于评价。缺乏对地理课堂教学工作进行有效评价的探究，制约着地理课堂教学效果的系统化发展，如求学者对地理课程教学形式的接受能力、对教学内容的理解能力、教学知识点的连贯性等，通常施教者没有站在求学者的角度去思考问题，影响了施教者对地理课程教学形式、教学内容、教学知识点的连贯性等方面的研究。最后，由于施教者评价的业务水平不高，以及在地理课堂教学过程中运用评价方法进行评价行为的思维定式受到限制，不能很好地运用科学的评价方法评价求学者的学习情况和对求学者知识技能的掌握程度，在地理课堂教学过程中，由于施教者没能在教学评估反馈结果的基础上进一步完善教学流程，造成地理学科课堂教学评估工作进展缓慢，无法取得应有的成绩。

（3）评价方法缺乏创新。施教者对教学评估一致性的内涵思想理解不透彻、认识不够，对评估方法的掌握不充分，导致施教者在教学方法上难以创新，教学评估一致性的效果难以得到提高。首先，施教者在现有的认知水平意义及评价思想制约下开展地理课堂教学活动，忽视了评价在地理课堂教学中的作用，而使评价概念化，制约着地理课堂评价工作开展的可靠性。其次，受到施教者思想认知局限性等因素的影响，对评价方法掌握得较少，以及施教者灵活运用评价方法开展地理课堂教学评价的能力不足，使得施教者针对求学者学习情况以及求学者之间的评价，施教者恰当评价的时机等具体内容的实施不充分，很难发挥其作用，无形中增加了地理课堂教学评价的管理难度，评价方法的创新水平不高，评价方法不能充分发挥其作用。最后，地理课程教学评价工作开展缺乏理论和实践指导，不利于求学者通过评价方式提升学习能力和体现学习效果，原因是评价机制不健全，评价体系建设发展缓慢，对评价方式创新的思想认识和实践经验不足。

二、考查地理教学的连贯性，探求解题方略

“教—学—评”一致性是要求施教者基于地理学科的课程标准思考三个问题：施教者要带着学习者到什么地方去？通过何种方式向学习者提供哪些最基本的资源？如何明确学习者到了什么地方？这就是要求地理学科的施教者必须围绕课程目标来开展“教—学—评”一致性。要保持“授课者之教，求学者之学，课评之评”的一致性，采取什么样的策略才能实现呢？

1. 找到学习目标的依据

地理施教者要帮助学习者根据地理课程标准合理科学地寻找和确定学习目标，学习者的学习目标要与地理施教者预先设定的目标相吻合。找到开展学习目标的依据是学习者开展学习的基础，也是实现学习最终目标的本质。如《高中地理选择性（必修 2）》中课程标准对“地貌的观察”设定的目标是让求学者学会观察常见地貌的方法。

2. 制定学习目标

制定地理学科的学习目标，既要兼顾地理的课标，又要兼顾地理的教材，还要兼顾求学者的学情。地理学科的施教者也要考虑学习的主体和学习的对象，通过什么样的措施方法，怎么学，最后学到什么程度，并尽可能多地写出可检测、可考核的教学目标。最后写成的句式表述为“通过何种资源内容、通过何种途径学习，学习知识可以做到哪些、进阶到何种程度或体验到何种程度、达到何种程度”等，这样就要求把多维目标有机地融合到教学的每一个目标的写作中去。地理学科施教者通过几轮修改目标，如将选择性必修 1 第四章“水的运动”这节课学习目标确定为五条：第一，陆地水体之间是怎样联系的？第二，世界洋流的分布有哪些规律？第三，洋流多大程度影响地理环境、多大程度影响人的活动？第四，全球水热平衡受海气互动的影响有多大？第五，全球气候和人类活动受厄尔尼诺现象和拉尼娜现象的影响如何？

3. 设计有效评估任务

实现“教—学—评”的一致性，需要依靠施教者的评估素养来实现。评价素养则表现为：施教者必须坚持地理学科的育人理念，对目标进行细致明确的总结，构建与目标一致的评价任务，获取与达成目标有关的学习信息，对这些信息进行科学、合理的解释，并作出信息反馈或展开辅导。并且实现以标准为基础的“教—学—评”，一定要在教学设计之前，围绕学习目标，先进行评估任务。测评任务主要是根据学习目标拟定的，具体由谁来进行测评，应该如何考核，怎么评价，内容设计从三个方面着手；考核任务要表述清楚，可采用“一项考核任务只考一个学习目标，多项考核任务同时考一个学习目标，一项考核任务同时考核含有两个或两个以上学习目标中的知识点和能力点”等方法，对考核任务有明确、清楚的要求。结合上述要求，经过多次研磨，本节课的考核任务为两项：

一是通过创设的情境获取地理教学信息，自己提出地理问题，总结地理问题的解题方法，在教材中圈定主要材料信息和重点动词，在小组中对照地球上水体相互影响的共同点，找出共同点，把地理教材中的地理问题、地理信息等提炼出、解决掉。二是在认知冲突中创造与同桌交流的思维导图，自己思考更简便的表达方式；看微课，自己尝试，构建“水体运动”的思维逻辑模型；本人要在分析全球气候和人类活动受到何种影响的案例——厄尔尼诺现象和拉尼娜现象中，成功地运用“水体运动”的思维逻辑模型，以求教学实践始终如一。

4. 完成学习活动设计，指向学习目标

有了学习任务，有了考核任务就有了学习目标，再设计学习活动就一定要把目标定在学习上。

本节课结合学习目标、学习内容（教材 64~78 页）和考核任务，以“黄河之水天上来，奔流到海不复回—提供信息发现问题—产生认知冲突—巩固深化拓展应用—全课总结内化反思”五个教学环节为主要内容，组织了“地球上主要水体类型是什么—地球上水体是怎样相互转化的—教材案例分析—完成教材活动（实际应用）”四个教学活动进行落实。为了使“教学考核一贯性”如何在课堂教学实施中体现得一览无余，一一对应列出“学习目标—考核任务—学习活动”，并对有关内容进行了表格设计和填写，对三者是否相符、操作性强不强、可测性强不强进行了检查。通过对应式备课与以学习目标为核心、以评价任务为前提的一致性实施，采用“学习环节—学习目标—评价任务—学习活动—设计意图”的对应式框架，实现从学习目标出发，优先设计评价任务，设计有效的教学活动，从而完成本节课目标的双向式见证。

综上所述，落实“教—学—评”必须以标准为依据，以“学习目标—评估任务—教学活动—教学成果”为基本路径，以“表格化”配套、“对应式”框架备课为基本方略。“教学评价一致性”的探索，给我们带来更多的收获和改变，建设一个有效的课堂和高效的课堂，一定会从偶尔的无心插柳，走向日常的高度自觉的必然，同时也能让求学者的学习，施教者的教学，真正地发生，走向深入，走向真正的课堂，高效的课堂。这才是真正意义上的教学，真正意义上的使求学者学有所获。

参考文献

[1] 吴玉凡．小学语文课堂教学中教—学—评一致性研究 [D]. 重庆：重庆师范大学 ,2020.

[2] 郭华．课程标准的研制与应用 [J]. 开放学习研究 ,2022,27（2）:1−6,16.

[3] 杨进玲 . 高中历史单元教学设计策略研究 [D]. 杭州 : 杭州师范大学 ,2020.
[4] 程永胜，宁利民 . 浅谈高中物理导学案制作的原则 [J]. 教育 ,2022（1）12-14.
[5] 郭力平 , 何婷 , 吕雪 , 等 . 物联网技术和儿童学习与发展 [J]. 学前教育研究 ,2020（01）:11-19.
[6] 韩丹 . 新课程背景下初中地理教学新方法应用现状调查分析 [D]. 重庆 : 重庆师范大学 ,2014.
[7] 宋广治 . 地理施教者课堂教学中提问技能培养方法研究 [D]. 南京 : 南京师范大学 ,2010.
[8] 顾明远 . 地理教学教程 // 第五章地理教学过程 [EB/OL]. 2022 -4-15].htp3://www.doc 88.com/P-5436297894813.html
[9] 温长生 . 课程改革与地理施教者的角色创新 [J]. 世界地理研究 ,2003（3）12-13.
[10] 刘旭芳 . 读写整合教学在高中英语课堂教学中的运用研究 [C]. 面向 21 世纪的中小学施教者继续教育高峰论坛（2018）,2018-05-18.
[11] 吕润美 . 新课程地理学习过程性评价研究 [D]. 上海 : 华东师范大学 ,2007.
[12] 陈静 . 新世纪下高职英语教学面临的问题与解决对策 [J]. 佳木斯职业学院学报 ,2020,36（5）:199-200.
[13] 李汉文 . 加强地理教学培养学生核心素养探讨 [J]. 成才之路 ,2020（7）:120-121.
[14] 肖丽 , 李亦秋 . 基于地理概念体系的单元教学设计——以“水的运动”为例 [J]. 中学地理教学参考 ,2022（10）
[15] 管华诗 . 探索大自然 [M]. 济南 : 山东科学技术出版社 ,2004:87-90.
[16] 吕建林 .“学历案”评价任务的设计与实施 [J]. 江苏教育 ,2017（3）:65-67.

高中地理教学好课及新课标环境下课堂评价标准探究

一、地理学科好课评价标准探索

笔者经常参加不同部门组织的优质课竞赛，几十年如一日，所教班级学情层次各异，成绩也很突出。那么真正称得上优质课的标准是什么呢？这好像变成现阶段地理学科施教者们最为关注的教学问题。当然对于这一问题的理解，对于地理学科施教者来说堪称智者见智、各抒己见。

视角一：呈现在学习地理的模式上的自主学习的程度、合作学习的效能和研究地理问题的深度

1. 自主学习地理的程度问题

什么是自主学习呢？从字面上很好理解，但学习者在日常实践操作就非常艰难，这考验学习者的意志力和热爱学习的品质。自主学习是指施教者因势利导学习者，学习者对学习达成目标进行自我确认，选择合适的学习要领，对学习过程进行自我监督，对学习结果进行自我评判，具有主动性、能动性和创新性的一种新颖的学习模式。那么学习者自主学习地理知识的深浅究竟如何呢？实事求是来说，要关注地理课堂中学习者个人学习的能动性、主动性以及学习时间的把控和创新度的大小，把重点放在学习者的地理学习目标、学习地理的方式、学习过程以及由学习者个人选择学习效果的高低等方面，是学习者个人自主学习的关键点；能动性，是学习者对地理学科的学习态度是积极、主动、良好，还是消极、被动的。时间就是关注自学地理有没有空余时间的学习者，把自学地理的时间安排多少；创新度，就是要看学习者在这堂课上有没有创新，有没有创新性学习，有没有多少执行力。一般来说，地理学科自主学习的课堂，学习者是最容易迸发出创新的火花的，但并不是每节地理学科自学课学习者都能有创造性和创新性。

2. 合作学习地理的效能问题

学习者相互协作学习是指在规划同样的学习目的前提下，采取的模式是小组或团队协作而进行的学习活动。采用组内异质、组间同质的划组规则，通过系统地把握地理学科教学动态要素，互帮互助，激发学习者，或者看地理学科的地理问题选题是否科学，建立互动式学习小组的基本范式。分组能否合理划分？是否存在抵赖作用有没有预测生成的地理知识？所谓地理主题选题科学，就是选择主题契合达到地理主题应有的重要性、地理主题具有的可探究性、地理问题具备的开放性、生活化的地理问题这四个标准。一个合适的小组不能有太多人员，以 3 名到 5 名最为恰当，人太多学习者难以互动、施教者难以控制，因此组内每人都应分工明确、目标明确。互动聚焦关注小组内每个成员的积极努力，这是小组问题探究成功所必需的和无可替代的，小组成员对协同努力成果都有自己的特殊贡献。只要有一个组员不成功，小组绝无可能成功，小组也就没有获得成果的可能。小组成员之间、不同组之间的互动，聚焦的是成员之间的面对面的讨论、协助、撑持；没有超前预想设计的地理课是授课施教者敷衍塞责的地理课，预设假如无法生成，这样的地理课就是无效能、无精彩境域的课。地理课将预设生成落实到教学过程中，新预设诞生在生成中，这样有利于培养求学者独立思考和解决问题能力，使地理课堂更加活跃和富有成效。

3. 探究学习地理的深度问题

从学科实质上来讲，课堂中进行探索性的学习是一种能发现地理问题的学习，其具有地理问题的时序性、求学者的广泛参与性、广阔知识的实践性和知识问题的开放性。它要求在地理学科教学进程中，把地理问题当作载体，着力创建一类科学探究的真情实景。地理课堂经常开展探究学习的深度到底怎样呢？这首要审视学习者在课堂中到底是否存在问题意识与提出问题的能力；是否提出了问题链，问题的数量是否足够能支撑课堂的时间，问题的质量是否足够高能保证探究的有效性。一节地理课堂中，学习者能够提出的地理问题应该是越多越好，这样的状况就能说明施教者善于引导启发；面对学习者提问，地理施教者解答不上学习者提出的地理问题应是越多越好，这样的地理课堂情景充分说明学习者的探究有深度，施教者有风度、有温度、有素养。

视角二：体现在地理学科价值探求上，体现“一个核心，两个基础点”

1. 地理施教者要明确“一个核心”，就是以学习者的生涯成长为中心

“以学习者的个人生涯成长为中心”，要求地理学科施教者在地理教学中要时刻质问自己：“课堂中地理施教者传习给求学者的地理知识和地理技能到底有用吗？这样的知识和技能什么时候才能有用？传授这样的学习方法与学习技能有利于学习者的生涯发展吗？作为一个新时期的地理学科施教者要明晰学习者需要怎样的情感态度和价值观？”地理施教者向学习者传播地理知识，向学习者传授学习方法，对学习者关键能力的培养，对其价值取向的培养，都应该是服务于学习者事业成长的宗旨。

2. 坚决按照标准落实“两个基本点”

（1）依标施教。高中地理学科施教者“依标施教”就是要依据普通高中地理课程标准开展地理学科课堂的教学活动。为什么必须要“依标施教”呢？由于“地理学科教材编写、教学、评价、命制试题以国家课程标准为依据”，唯一能组织编写多套教材的课程标准是地理学科施教者在日常教学中所依据的，仅仅是普通高中唯一的地理课程标准，根本不可能是“多套教材”。另外，在现阶段的普通高中地理学科学业水平测试命题中，命题施教者依据的也不可能是哪一个出版社编辑出版的那一套地理教科书。因此，评价一节课要牢牢把控地理课程标准，主要关注这节课是否符合地理课程标准的最基本要求和精神实质，而不应关注评课施教者是否把教材“吃透、讲通、学透”。评课施教者应该关注的是“唯一标准”是否“吃透、学透、把控好”，关注求学者是否将本节知识“听懂、学会、会用”。

（2）要坚决体现在人文性、概括性、开放性、行动力上。这里所谓的人文性，实质就是要坚持以人为本的观念，即要求以生活化、个性化（选择性）、丰富多彩的教学

模式和突出地方特色的高中一节地理课教学设计内容。要求这一节地理课内容本体应该体现概括性，这种归纳综合可以是多要素的，可以是关联知识的综合，也可以是施教达成目标的综合，也可以是审视地理问题视角的综合等，诸如此类。这里所说的开放，是要求施教者要有开放的教学理念，而不是仅仅把某一种观点或理论牢牢地禁锢在自己的大脑里，是要集思广益，取之为己所用；教学宗旨是开放的，目的不局限于教学内容的达成度，而是从整体求学者的综合素养的提高，人文精神的培养等方面着手，从整体求学者的综合素养的提高；开放的课堂教学本质，改变了学科教学的单调性，呈现出社会学科的融合历程是开放的，一节课结束后，要激活求学者对关联内容或问题孕育出持续学习的强烈愿望，在归纳总结、凝练、升华的基础上，激发求学者热情，在课后积极主动地收集资料，学会提炼信息，学会解决现实问题。

视角三：地理学习情境上体现在关联阅读与问答互动，互判自评与讨论自主

1. 地理教材内容上的关联阅读

“联系”即相互关联即综合，或相互取得通联关系。“阅读”是一种获取信息理解地理概念、培养地理思维能力的活动。将非智力因素影响到个体，从地理学科教材内容的书面材料中，日常在地理学科施教者的因势利导下，从关联课本内容的资料中搜寻、提炼、整理、加工信息获得结果，且干预他的非智力因素的活动，指的就是关联阅读。一节地理课能否是优质课，就是要看受教者在阅读教材内容资料的过程中，能否稳稳抓住预估目标不放，且对关联地理知识展开迁移、开展纵横间的联系，使地理知识相互贯通，以求期待努力提高自己地理学科的关键能力、概括能力、综合素养。

2. 师生、生生之间主动问答

学习者个体能够在学习的过程中自主、积极地提出地理问题和能够回答地理问题就是“主动问答”的表现。记得有学者说过：“开展学科教学的最终目标是培育受教者能有这样的关键能力，即提出正确问题且能精确回答问题，作为地理学科施教者应在任何时候积极地鼓励学习者提出问题”，这是因为学习者“提出一个相对科学合理的地理学科问题常常比解决一个地理学科问题来得更重要”。例如笔者课堂上就有学习者提出了这样的问题：宁夏干旱的气候特征主要由什么因素造成的？当学习者主动地回答解决了这一问题后又有学习者提出了这样的问题：宁夏的干旱气候与宁夏的风沙活动有什么关联呢？

3. 师生、生生之间自主讨论

讨论，是对某一课题商榷并交换意见或就这一问题互相间展开辩论的活动。那么自主讨论的前提应该是在授课施教者的因势利导下，受教求学者自主地选取地理问题，并就选择的课题在生生之间、师生之间尽情交换意见或展开讨论，以求达到完全解决这一

问题的目的，或是在辩论过程中衍生新问题的群体活动。例如，笔者的课堂上布置了学习者选择如下的问题进行自主讨论。学习者所选问题：有人建议现阶段继续扩大宁夏盐池县养羊业的规模，提高盐池滩羊的知名度。你是否同意？请说明理由。对于这样的带有乡土气息的问题，学习者们在课堂中讨论热烈。最后学习者们分成两组，两组观点对立的小组同学各自达成了一致的结论。甲组 4 人的结论是：同意。生态环境好转，牧草丰美，饲草料增加；市场需求量较大的盐池滩羊品质较好；提供工作岗位，提高收入；带动相关产业发展，如农畜产品加工、区域经济提升等。乙组 5 人的结论：不同意。我区盐池县地处生态环境脆弱、生态承载力有限的西北农牧交错带；超载放牧导致草场退化，生态环境压力增大；增加风沙等天灾，减少农业生产等等。地理课堂上通过这样的讨论，对于培育求学者的口头语言表述能力、辩证思维能力，以及成员之间的默契互助意识、相互协作能力，都具有重要的现实意义。

4. 学习者自评，师生互评

学习者自我对学习效能以及自己在学习进程中的表现的评价便是自评，就是以学习者个体本身作为评价主体而进行的评判，这样的评价目标是要让学习者全面了解自我。互判即本小组成员之间或者与小组之外的他组成员之间的互相评判，这种评判是学习者们互相助力的评价，它的核心就是聚焦互相学习与彼此提高。心理教育家罗杰斯认为，学习者的自主独立性和逻辑创造性将相互促进，当他们把自我反驳和自我判断视为主要参照，把别人的判断置于次要地位。也有大量的研究表明，初中学段的学习者成长的一个突出的特质就是评价能力，就是他们十分关心、关注其他同龄人对自己的看法与评价。

视角四：体现在施教者作用上——扣人心弦，精导妙引，终局无穷

1. 地理课堂开篇要扣人心弦

“引”的本义是拉。地理学科课堂始篇中的“引”指的是“引出课题”或“因势利导”。“入”本义为进、由外到内，就是让学习者居于某种状况或境界。地理学科教学措施方法是“引”，目标是“入”，这样能够反映施教者的主导和学习者的主体协调和统一。引人入胜就指在一节地理学科授课的起始阶段，学科施教者依据本课时的教学目标来创设真实的情境从而激发学习者的兴趣，让学习者对某一地理问题处置时便处于沉静学习状态或达到最高境界、全神贯注投入的教学行为。如白居易《萧员外寄新蜀茶》一诗，笔者在讲授《交通布局及其影响》一课时介绍：“蜀茶寄到但惊新，渭水煎来始觉珍。满瓯似乳可持玩，况是春深酒渴人。”以此诗句“蜀茶寄到但惊新”设问，唐代蜀茶是通过什么样的物流方式到达长安的？茶冲泡后为什么说“满瓯似乳”，茶冲泡时怎么会似乳呢？引入这样的问题场景大大激发了学习者的好奇心，也激发了他们的探究欲，笔

者认为不失为引人入胜的开篇。

2. 地理课堂施教者要精导妙引

对于地理学科课堂，地理施教者应该低垂身架、俯身弯腰地指导学习者。所谓的“精导”就是精心指导。地理施教者要“妙引”，即巧妙地引领地理学科问题的处理。精导妙引就是经常性地在一节地理课的实施过程中，授课施教者要运用多样的有效措施、方式，对学习者在教学过程中的浏览、问答、商榷、评判、读写等一系列学习活动，给予精妙引领、悉心指导的教学行为。这样达成的目标就是掀起课堂中学习的氛围热潮，充分调度学习者的学习踊跃性与自主性，助推地理学科课堂教学目标的终极实现。因此，一节地理课能否算上优质课，可否是优秀的，要看整个的教学过程是否有一个师生和谐的氛围，是否高频次地出现教学高潮。

3. 地理课堂要尾声无穷

尾声无穷指的是一节地理课的终局阶段，地理施教者在引领学习者对这节课的内容展开总结、凝练的同时，激励学习者产生持续学习课堂中的关联知识内容或处置地理问题的强烈欲望，并促使学习者在课后能够积极主动搜集信息、提炼信息来解决地理问题的一种教学行为。如果说地理课堂教学开篇的学问是把学习者引入教学的氛围中，渴望得到最好的教学效果，那么最终的施教艺术则是把地理学科的教学小课堂带入人生生涯的大课堂，从课堂的点衍射到社会的面，将最好的效能以散射的形式呈现出来，从而将地理学科的教学小课堂引入教学的最佳效果。所以，一堂优秀的地理课，既要有令人心驰神往、扣人心弦的开头，又要有让人回味不尽的结尾。例如笔者在讲授《交通运输布局及其影响》这节课结尾时，又提出了探究问题，思考唐代的渭水能直接煎煮蜀茶吗？白居易使用了什么样的煎煮方式让蜀茶似乳？运用艺术化的方式和夸张的手法，在施教者的因势利导下，激起教学的高潮，就能有效调动求学者学习的热情和主动性，从而使课堂气氛生动起来，促进地理课堂教学目标的达成。概括来说，施教者掀起的氛围热潮，要有热烈的激励成效、鲜明的愉悦功能、超强的助学功效和耳濡目染的审美功效。因此，在一节地理课的施教中，施教者要实施的就是如何驾驭课堂、耐心指导、巧妙指引，着力掀起教学热潮。无论是施教者还是受教者，他们中任何一个人都是优点和缺点兼而有之，且不同的人与生俱来就具有非凡的个体特质。一节地理课是否成功，就要看地理施教者能否在教学过程中酌盈剂虚，依照自己已有的经验将优势充分地、酣畅淋漓地施展出来。

二、地理新学科标准下大单元学时教学评价

“地理学科大单元教学设计”的目的就是为了实现全面高质量的育人，鉴于地理学科核心素养，掌握学科标准、剖析学科标准、驾驭学科教材、聚合学科资料等。地理学

科施教者在明确了地理学科教学的大主题或大概念，在研判读懂学情的底细上来确定大单元目标。地理学科施教者要陈述书写学习者学业质量评价，地理课堂要创设真实情境且通过大任务在课堂开展大活动。地理学科施教者在课堂中要长于因势利导学习者思维迁移，以便获得最优的结果反馈。地理学科施教者根据需求对作业分层分类设计，这样就形成了一个结构化的具有多种课型的统筹规划和科学设计，这样的地理学科大单元教学设计就具有了体例性、联系性、递增化、科学化特质，通过“地理学科大单元教学设计”将最小地理课程单位塑造成一个美丽动人的故事。那么新课标下地理学科大单元课时教学该如何合理地评价呢？笔者在借鉴已有的地理教学经验的情况下，从以下几个方面来叙述大单元教学的课时评价。

（一）科学合理地进行大单元规划

高中地理课程所涉及的知识具有碎片化、复杂化的特点，这就对学习者的关键能力提出了很高的要求，如综合思维能力、理解地理问题能力、灵活的知识迁移能力等，所以要对这种高融合度、高要求大单元进行规划来破解。科学合理地进行大单元规划时首先就是要剖析教材，直接使用地理学科教材单元主题。地理学科施教者在归纳剖析学科单元内容、新课标的基础上，将地理学科大单元核心要素紧密地与施教班级的学习情境深入结合，确定的主题既能吸引和激发学习者对地理单元的兴趣，同时也能让学习者明确学习的方向、目标。设计大单元教学结构图，这样的图要能体现分解单元大概念。施教者要合理地确定单元大任务，大情境的结构化设计，整个的大单元规划要能体现将课标、教材的运用贯穿始终，地理课施教者还要遵从结合教学目标和教学成果逆向设计、迁移知识运用的思想。在进行大单元规划时要设计科学合理的评价标准且赋予一定的分值。如笔者在施教《地理选择性必修 1》第 4 章第 1 节“陆地水体的相互作用”时，因其与《地理选择性必修 1》第 3 章“地球上的水”第 1 节“水的循环”的衔接，“水的循环”知识又和“海水的性质”联系起来，从而为水在陆海之间的运动架起了一座桥梁。笔者将这些知识融会贯通，紧紧围绕“地球上的水”这一主题，通过循环运动明确地球上水的类型，带领学习者深入探究地球上水的运动和循环过程所带来的意义。同时，引导学习者学习如何对各种陆地水体的相互关系进行解释，并最终对整体教学内容进行完善的水循环示意图进行解释和绘制。具体如表 1 所示：

表 1　大单元课时评价标准

大单元课时设计指标	大单元课时评价标准	赋分值	得分
单元规划	①直接使用教材单元主题如《地理选择性必修 1》第四章“水的运动”第一节“陆地水体的相互作用”确定主题为“陆地水体的相互作用”。赋分 3 分 ②综合分析单元内容地球上的水，以及课程标准对地球上的水的要求基础上，将单元的核心要素与施教班级的学情结合与联系，设置的主题能够激发和强力吸引学习者对本单元的兴趣，也让学习者明确本单元的学习目标、方向。赋分 5 分 ③绘制第四章“水的运动”单元教学结构图来体现单元大概念分解，进行第四章“水的运动”的大概念、大情景的教学结构化设计，体现将此自始至终的应用，遵从目标结合、结论逆向设计、知识迁移运用。赋分 2 分	10	

（二）明晰单元整体教学目标

施教者对于大单元教学目标的确认，要自始至终地紧紧围绕课程标准的要求，认真仔细地研读教材内容，充分理解教材编辑的编写意图，预估地理教学课堂上要达成怎样的效果，这是有效的教学设计必须面对的棘手课题。笔者以《地理选择性必修 1》第四章《水的运动》第一节《陆地水体的相互作用》为案例，整合水体运动的知识内容合理确定预设目标：①列出陆上各种水体的重要类型。②探索大洋洋流在全球范围内的分布规律。③考察洋流对地理环境和人文活动的影响程度。④探讨世界水热平衡所带来的海－气竞争效应。⑤充分理解全球水热平衡是一个动态平衡，充分学会应用发展眼光看待问题，树立科学的环境观和资源观。最后对世界气候和人类活动所受到的厄尔尼诺现象和拉尼娜现象的作用，结合具体案例进行探讨。由学习者画图解释陆地水体的相互关系，立足生活视角落实教学目标，激发学习者学习地理知识的主观能动性和唤醒他们的求知欲望和意念。学习目标的评价设计如表 2。

表 2　大单元课时评价标准

大单元课时设计指标	大单元课时评价标准	赋分值	得分
学习目标	①能基于地理课程规范准确剖析教材内容、合理拆分单元目标和分析学情撰写课时目标 ②对于目标的陈说要具体、可以观察、可实际勘测；完整、准确地描述学习主要对象、可观察行动、表现前提、呈现程度四个要素 ③除了知能目标，要能体现地理学科核心素养的落实，学习目标的指向要能持久理解、迁移应用和思维成果的诞生	15	

（三）努力实现学习目标的达成

学习目标的达成是难度较大的活动，怎么检验学习目标的达成呢？学习者要通过哪些活动提供自己预估的学习目标已经达成的证据呢？一般情况下可以以阶段性的小测验、阶段性的考试，施教者向求学者提出问题，对地理事物的观察、观测，日常的作业，独立撰写的日志等都可以作为证据提供。学习目标应该怎样来评价呢？这就涉及评价什么的问题等。首先要确定评价对象，规划评价的任务、成果、行为等。到底怎么评价才是最合理的呢？一是要合理规划考核办法和策略，可采用纸笔测验、交流考核、表现考核等多种考核方式；从评议程度、评议水平、评议质量等方面思考评议标准，力求科学、合理、准确；谁将在最后作出评估？自评，他评，组评，师评都是可以的。理顺上面几个关键要素，才能做好学习目标的评价，才能获得客观准确的评价结论，才能助力、激励学习者的学习。达成评价的设计如表 3。

表 3　大单元课时评价标准

大单元课时设计指标	大单元课时评价标准	赋分值	得分
达成评价	①通过哪些真实的表现性任务可以说明且能实证学习者目标达成 ②如通过微考、考试、问答题、检查、作业、日记等都是可以表达的，通过这些证据来确认自己达到了预估目标 ③施教者能基于课程标准及学业质量标准编撰达成指标，从“实现目标的方式”到“实现目标的证据”等方面，能够通晓评估证据和细化标尺 ④达成评价的设计要包含如下若干个关键因素：评价什么（评价对象包括任务、成果、行为等）；怎么评（评价方式与方法包括纸笔检测、交流评价、表现评价及其他评价方式）；评价标准由程度、水平、质量等组成；谁来评可以是自评、他评、组评、师评等	15	

（四）设计引人入胜的问题情境

地理学科施教者在开展教学大单元设计时，必须认真思考将大单元的核心目标转化为最基本的地理学科问题，通盘考虑设计能激励和诱发学习者研读的学习情境。所创设的教学设计必须紧密地联系地理学科，能真实科学地反映地理学科的本质。地理学科问题、教学的情景要与现实世界相关联，并且具有开放性。设计的地理学科问题的最终答案应该是开放性的，所得到的答案应该会引发新思维，能反映更高阶的思维，从思维的方式上能反映专家的思维。这些地理问题可以在学习过程中被反复讨论、不断提及，这些问题和情景能引起学习者的好奇心，又有很强的牵引力来牢牢吸引学习者参与到大单元的学习当中，这些设计与学习者先前获取的学习经验和理解的概念有强烈的冲突，并能最终体现逻辑思维的高层次进阶。问题情景的设计如表 4。

表 4　大单元课时评价标准

大单元课时设计指标	大单元课时评价标准	赋分值	得分
问题情景	①必须能将地理学科核心目标转换为基本的地理问题和课堂学习情境及大单元任务，问题和情境设计要与地理学科联系密切，确实能反映地理学科实质 ②情景和真实世界相关联反映真实情景的有效性，地理学科问题的答案是开放性的，并且答案能引起新的思维且反映高阶的思维方式，问题可以被反复辩论，在学习过程中能不断被提及，能激发学习者的好奇心，助力学习者积极主动参与到地理学科学习中来，能够与学习者已有的经验和熟知概念有激烈冲突，且能体现进阶的高阶思维	10	

（五）科学的任务活动设计

从设计步骤上来讲，地理学科的大单元教学设计，学前准备（也就是以前所说的课前预习）为学习过程做好铺垫是最能体现大多数学科施教者共识的，如果学前准备充分，就可为教学的顺利开展打下基础。任务活动如果能将基本的地理学科问题和单元大任务精细分解，能将大单元内的学习活动路径、流程体现出显著的进阶学习且在进阶的过程中有地理学科知识的迁移与应用，在学习知识进阶的过程中能凸显对知识的理解与反思，最后促成对知识的理解。大单元教学设计的学习者学习过程要体现过程性评价，除了常规的学习者对地理学科问题的口头讲答、纸上解答外，还能有新的取得答案的形式，这些形式应该是多样的，如学习过程中的探究讨论、实验演示、角色表演、作品展示等。这些方式的形成基于探究讨论、实验演示、角色表演、作品展示等评价，这些评价方式就是过程性评价，它能助力促进学习者大单元学习目标的最终实现。大单元的教学设计要求所开展的教学流程要体现科学性、清晰性，教学过程将能显露要点内容的时间部署妥当，学习者的学习目标要和施教者的预设教学活动高度吻合，在教学实施过程中被求学者吸纳。地理学科施教者采用的教学策略要和学习目标的认知类型高度匹配，最终的教学活动必然要服务于全体学习者的求学心理发展历程。任务活动的设计评价如表 5。

表 5　大单元课时评价标准

大单元课时设计指标	大单元课时评价标准	赋分值	得分
任务活动	①为学习过程作了良好的铺陈的学前准备（预习）的设计 ②要能将基础地理问题与大单元大任务细致分解，学习者学习活动的流程应体现明显的学习进阶，有知识的迁移和应用以及对知识的理解和批判 ③学习过程有明显的过程性评价，除了常规的评价外，还能有一种新颖的形式，像基于角色表演、实验演示、基于讨论探究、基于作品展示等评价；过程性评价能助推求学者学习目标的达成 ④学习目标与教学活动匹配，实施的教学策略要和学习目标认知类型高度匹配，教学活动一定要服务于学习者学习的心理发生过程；开展的教学流程体现清晰性、科学性，大单元教学内容重点突出，教学过程时间安排合理得当	10	

（六）科学命制试题当堂检测

以往的地理学科课堂检测的试题选择和命制往往过于草率，使得目标检测的设计与学习目标未能很好地一一对应，未能体现教学情景或是检测试题题景和知识路径的迁移。而大单元教学的课堂检测一定要做到目标检测与学习目标紧密地一一对应，实现情景与路径的有效迁移。地理学科的大单元教学当堂检测的目标检测设计一定要将问题设计得具有很高的效度和信度，要有一定的难度和试题的区分度，这样的检测对任何层次的学习者都是科学的合理的，这样的设计就是有效度的且不会伤害学习者学习地理知识的欲念。课堂检测的设计评价如表 6。

表 6　大单元课时评价标准

大单元课时设计指标	大单元课时评价标准	赋分值	得分
当堂检测	①大单元目标检测设计要能够与学习目标匹配对应，且能呈现情境和路径的迁移 ②大单元目标检查设计要具有比较高的效度、信任度、难易度、区分度	10	

（七）适度、科学实施课后作业设计

地理学科施教者开展学科大单元的教学设计，尤其是课后或课堂作业设计。首先要严格遵从地理学科课程标准的有关规定，要严格服从单元作业的阶段性规划，作业的规划设计和学习目标相一致，同时要与态度、能力、知识等方面的目标相匹配。大单元的作业一定要科学规范地设计，要完全匹配学段学习者的认知特质。设计的作业从类型上来说要多样化且能充分引发学习者自主完成作业的兴致。设计的作业能让学习者在合理的时间内完成，使他们不会觉得完成地理学科作业耗时且效率低下，从而失去学习地理的兴趣。作业还必须做到难度匹配学情，结构层次建构合理有效。课后作业设计评价如表 7。

表 7　大单元课时评价标准

大单元课时设计指标	大单元课时评价标准	赋分值	得分
作业设计	①作业设计应符合《学科课程标准》的规定，应服从与学习目标一致的单元作业计划；知识目标、能力目标和态度目标都要综合考虑 ②作业设计要科学，合乎学习者认知特质；作业模式要呈现多种类型，激发学习者爱写作业的兴趣 ③作业操作时难易适中、时间安排合理、结构要好	30	

总之，通过以上的分析设计可以为地理学科施教者的授课起到一定的借鉴意义，最终使大单元的教学评价设计做到科学、合理、有效，最终形成合理的、科学的整体性的评价表，如表 8。

表 8　大单元课时评价标准

评价序号	大单元课时设计指标	地理学科大单元课时评价标准	赋分	得分
1	单元规划	①直接使用教材单元主题如《地理选择性必修 1》第四章“水的运动”第一节“陆地水体的相互作用”确定主题为“陆地水体的相互作用”。赋分 3 分 ②综合分析单元内容地球上的水，以及课程标准对地球上的要求基础上，将单元的核心要素与施教班级的学情结合与联系，设置的主题能够激发和强力吸引学习者对本单元的兴趣，也让学习者明确本单元的学习目标、方向。赋分 5 分 ③绘制第四章“水的运动”单元教学结构图来体现单元大概念分解，进行第四章“水的运动”的大概念、大情景的教学结构化设计，体现将此自始至终的应用，遵从目标结合、结论逆向设计、知识迁移运用。赋分 2 分	10	
2	学习目标	①能基于地理课程标准剖析教材内容、合理拆分单元目标、评判学情并撰写课时目标 ②对目标的陈述要真，要会观察，要会量体裁衣；把学习的主体、观察的行为、表现的前提、达成的程度这四个要素刻画得完整而准确 ③除了知能目标，要能体现地理学科核心素养的落实，学习目标的指向要能持久理解、迁移应用和思维成果的诞生	15	
3	达成评价	①通过哪些现实的表现性任务可以说明且能证明学习者目标实现 ②例如，通过微测验、水平考试、问答题、实物观察、课后作业、课堂随笔等能正确表述，学习者通过这些证据证明自己已达成了预期的目的 ③施教者能基于课程标准及学业质量标准撰写实现指标，从“达成目标的策略”到“达成目标的证据”等方面，能够明确评估证据和细化标尺 ④达成评价的设计应包含以下几个关键因素：评价（评价对象包括任务、结果、行为等）；什么是评价的主要内容；如何评阅（评阅方式和办法包括纸笔测验、交流评阅、表情分评阅等多种评阅方式）；考核标准有哪些组成（程度，层次，质量等）；又有哪些人来评价呢？可以是自评、组评、师评等	15	
4	问题情景设计	①必须能将地理学科的核心目标转化为与地理学科联系紧密、能够有效呈现地理学科本质的基本地理问题和课堂学习情境和大单元任务。②情景和真实世界相关联反映真实情景的有效性，地理学科问题的答案是开放性的，并且答案能引起新的思维且反映高阶的思维方式，问题可以被反复辩论，在学习过程中能不断被提及，能激发学习者的好奇心，助力学习者积极主动参与到地理学科学习中来，能够与学习者已有的经验和熟知概念有激烈冲突，且能体现进阶的高阶思维	10	
5	任务活动设计	①为学习过程作了良好的铺陈的学前准备（预习）的设计 ②要能将基础地理问题与大单元大任务细致分解，学习者学习活动的流程应体现明显的学习进阶，有知识的迁移和应用以及对知识的理解和批判 ③学习过程中有明显的过程性考核，可以有一种新颖的形式，如以人物表现为主的考核，以实验示范为主的考核，以讨论探究为主的考核，以作品展示为主的考核，此外还有常规考核；流程性测评可以促进学习者学习目标的达成 ④学习目标与教学活动匹配，实施的教学策略要和学习目标认知类型高度匹配，教学活动一定要服务于学习者学习的心理发生过程；开展的教学流程体现清晰性、科学性，大单元教学内容重点突出，教学过程时间安排合理得当	30	

续表

评价序号	大单元课时设计指标	地理学科大单元课时评价标准	赋分	得分
6	目标检测	①大单元目标检测设计要能够与学习目标匹配对应，且能呈现情境和路径的迁移 ②设计大单元教学目标检测要有效果，要有信任度，要有一定的难度，要有一定的区分度	10	
7	作业设计	①作业设计要符合学科课程标准的规定，要服从单元作业规划，要与学习目标一致；要统筹知识、能力、态度等层面的目标 ②符合学习者认知特点的作业设计要科学；作业模式应体现多种类型，以激发学习者对作业的爱好。 ③作业要做到难易适中、恰当用时、合理结构	10	

三、好课的标准该具有“四有”和“五品”

地理学科的好课应该具备什么样的特质呢？一般来说大部分学科施教者在评课时普遍认为应具备“四有”和“五品”特质。

1. 对地理好课“四有”特质的认识，“四有”即教学过程中的有学、有问、有光、有谦

（1）施教过程中“有学”。无论是地理大单元还是课时教学设计都要依赖厚重的地理学科背景，都要遴选恰当的地理学科知识，展现地理知识的内在时空逻辑结构，驾驭地理学科的基本知识脉络，甄选的教学内容方位严格遵从地理学科核心素养，这就是所说的“有学”。

（2）施教过程中“有问”。“有问”就是在地理学科的教学实施过程中，施教者精心创制地理问题情境，使施教者与学习者之间围绕地理学科问题频繁地双向互动，在双向互动的过程中激发学习者的深度思考，使他们的学科思维能力到更高的层级，达成有效的思维训练目的。

（3）施教过程中“有光”。“有光”就是指地理学科施教者在施教中不能将关注点聚焦在某个孩子身上，而是将关注点发散到课堂的每个角落，这好比是物理学中的“散光”。对学习者来说，无论哪个学段，都会表现出自己的特点，抓住学段学习者的特点，以他们为主体；施教过程，用“散光”关注每一个学习者；施教过程或阶段评价中，地理施教者都会发现，一些学习者对学科基础知识的理解有缺憾，这些学习者往往被冠以“学困生”的名号，而这类学习者往往受困于学习而自卑，对于这类学习者，施教者要“追光”，在帮助他们查找原因的同时，用“追光”去帮助每一位学困生，激励他们奋发向上。无论是哪一个学科的施教者在教学的生涯中都会发现某些学习者在学业水平、个性特长方面表现突出，他们往往也成为施教者过度聚焦的对象，笔者认为这是用“聚光”聚焦学业水平、个性特长突出的优秀生，但是不敢苟同的是过度的“聚光”关注有时会适得

其反。同时，地理学科施教者与学习者在教学过程中之间的互动交流不可或缺的就是和谐的情感交流，施教者要能透过学习者表情收到学习者茅塞顿开、积极反馈的“回光”。

（4）施教过程中“有谦”。某些地理学科施教者在施教过程中总是以强势的身份出现，总想把自己置于课堂空间的“C位”，不懂得俯下身段与学习者平等，不懂得“谦让”。“有谦”就是指施教者在施教中要学会“谦让”，充分笃信受教者，尽可能把“C位”让给学习者，做一个旅游过程中的好“导游”和放牧业中有品的“牧羊人”。

2. 对地理课程好课“五品”的再领悟

笔者在几十年教学生涯过程中参加了无数次的优质课、精品课、汇报课等各类地理学科的比赛，收获了好评和批评，有成功的欣喜也有败北的沮丧。但通过几十年的积淀，笔者对好课的认识也随着年龄的增长发生了些许的变化。笔者认为所谓的好课抑或是精品课还应具备五种品质，即课堂过程流畅、施课学习有激情、育人端直、教学有创新、学教有获得，谓之“五品”。

（1）课堂过程“流畅”。“流畅”即课堂进程如水般畅通便捷，生机盎然。这就要求在课前设计环节上，施教者要做好充分细致的准备，在准备好每节课的同时，对各种教学过程中可能出现的情况都要有预判，只有这样，才不会出现施教过程中难以控制的局面，从而使课堂流畅度下降影响到有效的教学效果。如水般畅通，生机盎然的课堂能最大限度地激发学习者的学习情绪，使他们更能沉浸在课堂教学氛围中，最终提升他们的学习动能。

（2）施课学习有“激情”。“激情”是指地理施教者在施教的全过程和学习者在学习的氛围中双方沟通表现出的情绪特质，即施教者在地理课堂施教中要情绪热忱而充满激情。同时通过混合式的教学方法，随着教学过程的层层推进、教学方式转变、教学结构调整，能充分调动学习者积极性，激发他们全程参与学习的激情。学习者的学习情绪越高，课堂学习参与度越高，学习效率就会越来越高，收获也会越来越多。

（3）全过程育人“端直”。新时代的地理教学首先应该充分体现的就是地理学科的育人价值，立德树人是新时代育人的首要目标，地理学科施教者肩负的时代使命就是育人。这里所说的“端直”即在地理学科课堂教学中初心不移地坚持立德树人，重视地理学科课程的育人功能、育人价值。

（4）教学有“创新”。革故鼎新，创造新事物的行为或过程，就是“创新”的循名责实。那么地理学科施教者首先就要有革除流弊的勇气和勇于创新的坚毅，还要有善于推进课堂教学方式变革，革除过往地理学科教学模式的弊端，创新构建课堂结构，生成具有地理学科特质的教学模型，让学科课堂在不竭地创新中形成高效优质。

（5）学教有“获得”。“力耕数芸，得如寇盗之至。”这里的收获是指成熟作物的获得。那么地理学科施教者在地理学科课堂教学中犹如大地的博大胸怀承载万物、获取果实一样，有实实在在的效果，地理课堂教学的有效性最终要落实到让每一个孩子在课堂中都有精彩呈现，要“带给后进生阳光的温暖，给中等生捎去暖心的激励，给个性特长、学业水平优秀的学习者呈送挑战”，让每一个求学者都有收获感和成就感。施教者也会收获课堂成功的喜悦。

总之，如果说“四有”侧重于地理学科课堂的实施过程中的体现，那么“五品”则聚焦于教学的成效，两者共同构成了“好课”的基本内涵。最终的问题是如何在施教实践中呈现这样的好课呢？笔者认为，首先要转变的是施教者的教学观念，观念的变化会为地理学科施教者带来更宽阔的施教天地。那么地理学科施教者日常的教学行为、教学时效受什么因素影响呢？那就是难以转变的教学观念。地理学科施教者要在教育“三新”改革的大潮中勇立潮头迅速转变教学观念，迅速推进教学结构的改进，教学模式的创新。要以“四有”和“五品”理念指导、规范自己的教学。其次要借助信息技术帮助施教者精准收集学情，如“宁教云”中的学情分析栏目，通过学情的精准分析提高课堂效率。信息技术是助推课堂教学的最有效载体之一，地理学科施教者无论是线下还是线上都可以通过信息技术来优化自己的课堂。如笔者在教授《地理选择性必修 1》中“地貌的观察”就全程借助“图新地球”这样的 GIS 平台，为学习者呈现了虚拟现实下各类地貌的观察方法和地貌的特征。在新冠疫情肆虐的今天，通过利用钉钉、腾讯会议、“宁教云”等客户端开展线上教学，可以更好地支持学习者的课堂学习，营造构建良好的教育教学新生态。再次作业的设计实施要有区分度、层次性与科学性，地理学科施教者要将设计的作业优化。作业是课堂传习效能呈现的“最后一公里”。所以，学校要充分重视和发挥地理学科教研组的团队协同作用，制定差异化、弹性化、科学化、特色化作业标准。最后地理学科教学要改进施教评价。地理学科的施教评价必须体现两个特点：一是评价主体要多元化。地理学科教研员、地理学科施教者、学校的教学管理人员、地理教研组长等要对地理学科教学工作的实施开展全面的质量监控和把控。二是要重视习得性与反思性两个评价。从学习者层面出发让学习者开展自我评价，在评价的过程中加入受教者对学科施教者的评价。此外，地理学科施教者要积极主动地开展个人的反思性评价，这样的评价同样的重要。只有把评价活动置于施教者与学习者相互尊重、平等合作的和谐氛围中进行，才能使教学评价过程呈现出激励的效果，具有延续性、进程性、层次性和全局性。

参考文献

[1] 王艳平 . 茶文化视域下大学生传统文化教育研究 [J]. 福建茶叶 ,2018,40（12）:172-173 .

[2] 司马疯疯 . 野孩子的天使糖 [J]. 中学生：青春悦读 ,2010（7）:14-16.

[3] 姚亚楠 . 深度学习视角下初中英语导学案设计分析 [D]. 石家庄 : 河北师范大学 ,2021.

[4] [1] 赵建房 . 新课程背景下高中数学“学案导学”教学模式研究 [D]. 新乡 : 河南师范大学 ,2012.

[5] 吴琳 . 小学语文家庭作业完成现状及改进策略——基于昭化区农村小学的调查研究 [D]. 成都 : 四川师范大学 ,2019.

[6] 徐冬青 . 持之以恒减负不获全胜绝不收手 [N]. 中国教育报 ,2019-03-13（2）.

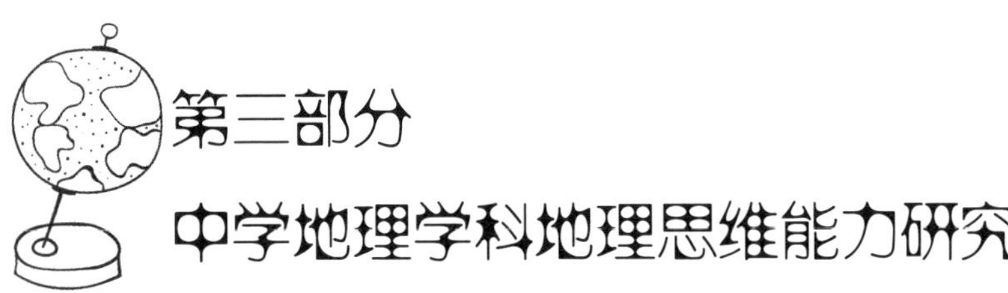

高中地理直觉思维的培养

日常生活中，当我们去完成某些工作，有时可能完全仰仗那点感觉去完成，轻车熟路地就把这些事情征服，而当我们一旦按下暂停键，对这些问题去思考、推敲、磋商时，就无法将这些事情做到符合自己的思想要求，甚至会出现做这些事情居然会手忙脚乱、力不从心了。这样的事可能每个人都会遇到，这到底是为什么呢？这就是直觉思维吗？直觉思维就是将一个事物的结果先迅速呈现在大脑中而不呈现完成事物的过程的思维方式，它的运行机制我们是无法意识到的，但是有激烈而直接地凸显结论的动机。人类基本的思维模式包括直觉思维与逻辑思维，地理思维的重要内容之一就是直觉思维。对求学者地理素养的提高可通过直觉思维的训练，这对培育求学者的地理思维能力有着极其关键的意义。而笔者在以往的高中地理施教中有所发现，求学者的直觉思维并没有引起绝大多数的施教者的正视。更有甚者，有些施教者会无视这种直觉思维，可能会果断地予以否定。那么，求学者的直觉思维能力将被削弱、被遏制，求学者的创造能力也逐渐被抹杀了，他们学习地理的兴趣也被抹杀了。

一、直觉思维的含义

直觉思维是指在没有经过明确的推理过程和分析的情况下，凭借个人的感觉、直觉来进行思考和作出决策的一种思维方式。可能不依赖于逻辑推理或证据支持，它基于个人的感觉经验和直觉。直觉思维强调个人的直觉能力和内在的洞察力，认为能够提供有关问题或情况的深刻理解和正确答案。其常常用于面对复杂的问题、不完整的信息或危急的决策情境中，尽管有时被认为是主观的和不可靠的，但它也可以是一种有价值的工具，可以帮助求学者迅速作出决定或发现地理问题的解决方法。

二、高中生地理直觉思维水准现状

地理直觉思维能力与求学者的成就关联性较强。人们发现，越是有直觉思维能力的施教学科，求学者越能取得好成绩。目前，高中学段求学者的地理直觉思维能力已大致定型，总体上处于中等偏下水平。表现为后发制人，特点是良莠不齐。良好的直觉力、关联性的直觉力发达一些，而思维性的直觉力比较低一些。这说明，当前在一定程度上高中地理教育表现得还不够关注求学者的地理猜想能力，思维的简洁性、对称性等并没有表现出应有的学科特点来，而在与其他学科的对比上也相对比较接近。这进一步表明，求学者受应试教育的影响之大，将注意力完全聚焦到题目解决是否成功上，对寻找最优解法考虑得很少。总的来说，女生的直觉思维能力比男生高。具体表现在女生在美的直觉和关联直觉两个方面都比男生高，这说明女生的知识群体和联想能力比男生要高一些。直觉型在男女之间差别并不明显，可能是相对的。我们现在的地理教学主要是围绕高考来进行的，在地理素养、地理能力和求学者的全方位的智力的培养上是不够的。所以笔者有这样的建议，今后我们的地理教学要以培养求学者的地理素养为重点，以造就他们的地理能力为焦点，以培养他们的智力为重点，以成就求学者的生涯发展为最终目标。

三、地理直觉思维在高中阶段培养的意义

“地理直觉不是先知先觉，是能够后天培养的，现实中每个人的地理直觉也是一种逐渐地螺旋上升的认知结构。”所以，求学者在拥有绝佳直觉思维的同时，必然会在新旧地理知识之间创造出某种最终能有效制止遗漏的架构体系，从而淡化求学者刻板记忆的关联纽带。

1. 培养能促使求学者产生优秀思维品质的地理直觉思维

优化空间感知和方向感、地理信息处理、地理判断和预测能力的思维，可以使求学者对知识的实质有深刻的理解，对前提与结论之间的内在关联能快速的区分，瞬时发生的直觉思维更是如此。因此，培养求学者的地理直觉思维，能够使求学者的思维能力得到优化。

2. 地理直觉思维的培养有助于求学者创新精神培育

有人做过调查，当下高中学段的求学者尤其是文科生，学习模式还是以照本宣科、死记硬背、刻板而不知变通者居多。大部分的学习目的是高考取得更好的成绩，很少把注意力放在培养自己的创新精神和发展事业的潜能上。有的施教者以为，在如今的高考体制下，培养求学者的创新精神与课堂教学范式是泾渭分明的。

四、直觉型思维对培养高中生的创造性思维有一定的帮助

美国心理学家曾说过，研习、研修的最佳动机，是对研修资料的兴致。而地理施教模式从头到尾都是提供求学者们觉得新奇的实际资源，那么如何在日常的地理施教中做到所提供的资源是有趣味的呢？求学者觉得新奇，而爱不释手。直觉的判别是一种便捷的识别、直觉的表达、综合的判断，人们对现实环境存在的实体、征象、过程、语言和文字符号等互相关系的判断要通过大脑。在求学者的深造过程中或研究人员的日常工作中，也经常表现出这种直觉的判断和识别。在求学者深造的过程中，表达的是最直接的明确和体会，比如某个规律、命题、话题等。往往有这样的情景，当施教者还没有将论断解释清楚，或者题目的问题刚刚表达出来，求学者就已经明白了，也已经能够理解了。由于直观地判定了论断、成果或答案，就表现出来了。创造性思维与直觉思维是密切地交织在一起的，创造性思维的过程中，先利用直觉思维提出假定，再利用逻辑思维执行检查、展开论证。直觉思维应具备的革命性、独创性，恰好是创造性思维系统所必须具备的。一些心理学家都觉得直觉思维是潜意识的行动，是创造性思维热情大方的体现。它是发明创造的开路先遣团，也是在发明创造的过程中，有很大的思维空间而在困惑之后瞬间取得的成果。据说，有物理学家跨入浴缸的一刹那，惊奇地发现从浴缸溢出的水和他身体进入浴缸水体的部分体积一样大，物理学家由此悟出了著名的密度法则。当生物学家达尔文观察到植物幼苗顶端在日出后朝太阳照射的方位曲折，长时间观测这一现象，便猜测幼苗顶端必然含有某种物质，在阳光的照射下跑到逆光一侧，后来经微观科学证实，这种物质就是植物生长素。在人的学习过程当中，直觉思维偶尔会表现为提出奇异的题目，或者表示为奇特的联想，而有时又表现为应急性回复，另外有的表现为处置一个课题时精心规划出形形色色、别致精细的范式和方案等。当这些直觉想象接连不断喷薄而出时，培养求学者的创造性思维就必须要用心地对待，绝对不能怠慢。求学者研习的年纪，正是发展的年纪，有极强的感受性，有极强的记忆力，也有异常活跃的想象力，有可能在发现和处置问题的时候，骤然涌出新的想法和思绪，要及时捕获到这些创造性思维的火焰，擅长对直觉思维的培育，这是很有可能的。

五、直觉思维能力在高中地理施教中的训练策略

1. 创设博弈情境，提升学习趣味性

依据地理学科的内涵特点与喜好新的、喜好动的、好胜心强、好奇心强的求学者的思维特质，多设置一些嬉戏性的学习情境，将学到的新知识、新技能赋予嬉戏角色，以

唤醒求学者对新知识的强烈要求和探索的能力。因为求学者的头脑在角色嬉戏中往往处于高度愉悦的境域中，思维速度快速敏捷，精力集中度非常高，必然会受时间制约而迅速处置问题，在此过程中迸发出思维定式和丰富的想象，激活求学者的“潜知”，如此这般，直觉思维的效果也就凸显出来。地理知识应用是培育求学者本领的重要环节。对一些跨学科、跨范畴的有实际意义的情境题目，在原有基础上增添改编和适当的分类，加强对基础的理解，使求学者在提出问题、阐释问题与处理问题的能力不断进步。在处理真实问题时，要做到章节次序与综合兼顾。

2. 地理的美是激发直觉思维的诱因

地理的美区别于其他的美，是一种旷达的、开放的、豪放的美。比如，同窗中有相当一部分人是艺术方面的高手，而对于地理方面的兴趣是少之又少。具体原因有两种：一是外显的美是艺术性的美，艺术的美在人的感受中易受到感染，在认知理解上要比地理容易得多。虽然大自然的风光中的美也有一些表现在风光景色的外观上，如巍峨的山脉、对称的河床、奇妙的景象等等。但从整体视角来观察，自然风光中的美有时会深藏于自然幽深的基础格局之中，而对求学者来说，这类理性美恰恰是较难被影响、认识、理解的，这种空间的美同样也是地理区别于其他学科的一大主要特征。二是中学地理教材中的自然地理部分就十分强调逻辑演绎，过分重视逻辑系统，忽略了自然风光美感和顺其自然的直觉感受；风景美是大自然通过演化、塑造而产生的产物。地理学科所讲的一切美，就是自然美，以及在此基础上衍生出艺术美、科学美。虽然地理美客观反映自然美，但在感受上还需要考虑主观因素和个体差异。求学者把自然风光和思维逻辑连接起来，过分聚焦自然风景的演变性却忽略了风景存在的自然之美，在继续深造的过程中感到索然无味，少了一份趣味。世间万事万物相互关联，地理学知识的各部分之间、各要素之间、各组成之间的彼此接洽，使地理学之美呈现出统一性。只有当求学者了解气象、地貌、植被、土壤、水文等因素相互影响，彼此统一演化，最终塑造了大自然的美。当我们掌握了关于生态、经济、社会系统的规律后，再对自然界的各种美进行总结，让求学者体会到了地理的殊途同归之妙。

六、高中阶段培养地理直觉型思维的策略

求学者的地理直觉思维能力的培养，必须改变以往一些束缚求学者地理直觉思维发展的施教方式，在平时的施教工作中，给求学者创造有利的地理直觉思维发展空间，使求学者的地理直觉思维能力获得最大的提高。

1. 提倡整体性观念

整体性这一重要的地理思想，在全部地理学科的各个维度都有所呈现。特别是对中学地理的地理课题都起到了举足轻重的影响。如果对条件和结论只进行片面局部的考虑，就会产生畏首畏尾的心理，不愿意做下去。但如果求学者对条件和结论进行全面的通盘考虑，产生直觉，就会发现，题目中所说的“地图信息”不过是障眼法而已，其实这道题就是求学者比较熟悉的。由此可知，“全局、整体”思维在这种目标问题中起到领会题目的关键性感受作用，所以施教者在教学中要引导求学者从整体上观察地理事象，从整体上思考地理问题，这样就能推动求学者产生直觉思维。

2. 重视地理猜想的作用

地理猜想是科学假说在地理上的体现，依据地理学科上的知识和明确的事实，对宇宙世界的未知量以及相互关系所展开的演绎推理。直觉思维的一种首要模式，是发现、创造科学的一种主要方式。正如牛顿所言：“没有大胆的猜想，就不会有伟大的发现。”很多主要地理结论的发现，都是从“猜想”着手，最后试图证实的。可见，推动地理学科发展的巨大动能，非地理猜想莫属。所以，要聚焦地理推断在高中地理施教中的应用，对求学者的地理猜想能力要有意识地进行训练。其次，要充分发挥教材中对求学者地理猜想教学内容进行良好训练的重要作用。例如“地球的运动”一章就是适合培养求学者地理猜想能力的章节。地理施教者也不能局限于让求学者去做笔记，而是要训练他们的思维。例如计算太阳高度角的方法，像位置差异法等，应从这一点扩展到对求学者地理猜想能力的培养上来。新课标下的教材，对高中地理施教者来讲，应该怎样利用教材，怎样指导求学者开动脑筋，激起求学者的猜想愿望，鼓励求学者舍弃过程经由逻辑推理查验论证，最终得出准确的结论，这是需要有诸多常识性内容作为背景的，这些内容可以培育求学者的地理预想、猜想、推测能力的关键。

3. 培养求学者在解题教学中的思维简洁性

因为高考这种特殊的情况，老师、家长和求学者更多的是把注意力放在是否解出题目、解出的题目结果对不对，很少对简明扼要的解题方法、简单易学的问题想清楚。这有悖于简练的地理之美，也有悖于使用简洁的方式来呈现地理信息。地理施教者在施教工作中首先要倡导地理问题一题多解，聚焦问题解决后的归纳总结，再者指导求学者对众多的处理方式开展优劣的对照评判，培育求学者的意识和本领，最后在众多的方式中选出最简明的。

4. 培养求学者的学习能力，而不单单是将知识传授给求学者

这个提法好像是老生常谈了，而且每一位地理施教者好像每天把精力都投入到这个工作当中去了。但实际上，90% 以上的求学者不能把所学的地理知识、地理思想方法灵活地运用到新情境中去，仅仅停留在地理知识层面而没有转化为自己的一些地理思想方法应用上。当施教者指出某道题用对称的方法解题时，没有这样的提示，90% 的同学都能解出来，而 10% 的求学者却不会。可以看出，地理施教者平时的教学工作，对求学者转化知识为能力的帮助，还没有真正落到实处。地理施教者要把地理知识、地理方法放在不同的情境中，在教学工作中针对不同的情境对求学者进行训练，使求学者对地理知识能够很快地识别出来，从而使求学者的知识变成能力。在学习中，直觉是一种很有价值的因素，它是思维中的一种洞察力，对于成千上万个模糊的概念，有这种能力的人都能很快地捕捉并阐明出来。因此，求学者也无法离开研习过程中的直觉思考，比如有的时候会表达出“陌生”的质疑。有时会骤然“感觉、领悟”出这个道理，有时也会别具匠心地“应激”回答，有时大脑里会闪现奇特的景致等，所有这些都是体现直觉思维的活跃。施教者应抓住这些“闪光点”进一步挖掘启发。

5. 基础知识孕育直觉思维

直觉思维不是毫无根据地凭空想象，一定要具备地理学科的基础知识，对地理学科的研讨方法有所认识。所谓基础结构的学科，就是所谓的基础概念、基础原理、基础方法，还有各要素之间的逻辑演绎的联系、推论框架等。只要掌握了一定深度、广度的地理基础知识和彼此联系后，就能驱使思维活动具备丰富的科学内涵，就可能从寰宇纷繁芜杂的地理现象中，直接地、迅速地了解地理事物的本质和联系，避免凭空臆测、胡搅蛮缠、天马行空。

6. 勇敢设想，果敢猜想

思考总是要从问题入手，求学者们要在学习中对各种问题进行猜想，明白哪些问题值得揣测，哪些问题不值得揣测，在施教者的引领下应该如何去揣测，勇敢地打破思维禁锢。

7. 激发启迪精神，培育自信

发明创造起源于对事物的睿智探索，这种探索起源于直觉力的思考，而直觉力的思考建构于对科学的自信。所以，让求学者打破科学发明仰之弥高的神秘感，充分发挥出自己的创造意识，将探索精神弘扬，跃跃欲试地对事物睿智探索。

8. 注重创意

直觉思维并不是循规蹈矩、故步自封就能获得的，直觉思维是建构在对研讨对象全局的把控的基础上，不拘泥于对细小环节的推敲，而是对关键问题气度豪迈的一种思考。所以，创新思维使人的认知架构无穷延伸外延，这对直觉思维来讲，就是更有裨益的。

参考文献

[1] 任洁．高中生数学直觉思维培养策略 [J]. 太原城市职业技术学院学报 ,2011（5）:148-149.

[2] 刘合林．论在数学教学中直觉思维的培养 [D]. 武汉：华中师范大学 ,2012.

[3] 陶陶．主体创意写作思维运动层次的诗学特征论析 [J]. 湖北第二师范学院学报 ,2017,34（7）:1-10.

[4] 李佳楣．商务英语写作课程教学模式初探 [J]. 太原城市职业技术学院学报 ,2011（5）:149-150.

地理学习过程研究培养求学者迁移能力

从 18 世纪中叶开始，众多研究者都在竭尽全力，对迁移理论开展了成体系的诠释和研究。教育界一直保持着对迁移理论的研讨。施教者晒出观点、晒出道理、晒出范式，然后求学者死记硬背地理知识，求学者简单反复复制模仿，这样的现象在我国中学地理施教中是普遍存在。地理教育要以求学者的成长为核心，施教者在培养能力、开发智力的同时，既要传授给求学者知识，又要传授给求学者学习能力和应用技能。在中学地理施教中尤为重要的就是培育求学者的迁移知识本领。学科与学科之间的关系是什么呢？不同学科之间总有一部分是彼此融会相通，原有知识体系对新的学习的影响就形成了知识迁移。知识迁移能力反映了求学者对各种信息的处理能力，新旧知识的联系能力，地理知识的应用能力，处理实际问题的能力等，也就是知识温习过程中的知识迁移能力，这些能力对求学者各个层面的解释、归纳、综合、对比等技能产生了直接的影响。简单地说，迁移技能是应用大脑中已学和已有的知识、技能、立场、情感、价值、观念等，开展对新境域情境与新知识的探究历程，是联系和链接基础知识构建新的系统的能力，是迁移技能的具体表现。迁移能力可以助推求学者在解决实际问题的环节上，对知识的探究和运用达到事半功倍的效果。儒学圣人孔子所倡导的触类旁通，就是迁徙知识的开端，就是迁移知识的原型。随着不断深化的新课程，教学更重视培育求学者科学素养，在施教中技能迁移成为科学素养系统的主要组成部分。作为一门文理兼收、具备综合和地域两种特征的学科，高中地理学科对求学者思维水平和思维能力的提高都有独特的锻炼优势，有利于培养求学者的迁移知识技能，有利于地理思维的提升。其次，引导求学者综合地理素养全面提升，运用所学地理知识处理实际问题。在温习地理知识中培育求学者知识迁移本领，既能使温习效果明显，又能助推求学者对知识的进一步的研修，可见，培育求学者知识迁移本领对高中地理施教的关键意义。

一、高中地理教学中培养求学者迁移能力的意义

对迁移研修而言，进修、学习理论是非常重要的。从近阶段的课标高考试卷中的某些试题来看，对于考查求学者关键能力这一维度，试题命制者是尤为聚焦的。求学者在学习过程中，面对高考试卷，如果不能做到知识的有效迁移，就很难做到平心静气、静心思考。因此，在日常的教育施教过程中，加强迁移理论的学习，踊跃创设情境对求学者展开迁移能力的培育，具有深刻而长远的意义。

1. 有助于系统化知识结构的生成

施教者一方面是知识的传授者，也是知识的转化者和迁移者。施教者应在新课程标准的要求下，本着由表及里、循序渐进、知下学而自然上达的施教原则，综合分析求学者认知成长生涯的需求和地理学科特质，使求学者形成完整、系统、科学的知识体系。施教者在现实的施教过程中，要在建构融洽、和谐的课堂情境氛围，助力求学者驾驭地理学科学习规律的基础上，积极与求学者沟通交流，助推他们对喜闻乐见的地理知识爱学、愿学、乐学，学有所成，使之形成合理化、范例化、体例化的地理知识结构。

2. 有利于避免思维定式

应试教育对求学者的思维成长有所限制和束缚，许多施教者为了帮助求学者应对高考，将地理知识点记忆、地理考点教学作为重点，对求学者的逻辑判断能力和自主探究能力的培养置之不理。笔者曾经在课堂施教中提出如此的疑问：澳洲东北部也有热带雨林气候分布，这是什么原因造成的热带雨林气候在南回归线附近分布呢？绝大多数求学者能快速给出的答案：澳大利亚纬度低，受到赤道低气压带的影响。这恰恰表明了一个现象，求学者在固有的思维程式中已经形成了对热带雨林气候的形成原因的思维定式，而其他因素对其形成的影响，像海陆位置、地形、洋流、人类活动等，对于这种要素之间的相互作用却很少迁移思考和探索，导致对知识的表达能力、迁移能力、发散性能力、归纳能力较差，这正是思维定式的显现。

3. 对提升施教效果有益

中国有“授人以鱼不如授人以渔”的古训。这充分说明对知识的获取方式远远大于知识本身。在施教过程中，要能把施教者行之有效的教法，变成求学者行之有效的学法。施教者所能运用的教法是多元的、开放的，即使是针对同一个知识点，面对差异性的求学者，是能够运用不同的施教方法的。例如，在讲解人类活动中选择工业区位与农业区位的影响因素有哪些时，让求学者明确工业区位主要受社会经济要素的影响作为切入点，而农业区位的选择受天然与社会经济两种因素的影响来全局考虑，是掌控这部分知识的重点。施教者面对地理学科知识较差的求学者，让他们首先掌握知识要点，减少不必要的心理阻塞障碍，增强对地理学科学习的信心，可以采用公式化的方式进行教学；面对地理学科学习成绩较好的求学者，从给出的图像、案例出发，让求学者进行分析、归纳、总结，施教者应该给他们充分思考的时间。将迁移本领教学与分层施教相结合，可以使求学者对地理知识学习效果获得很大的提升。

4. 适应求学者学习生涯的需要

适应求学者今后发展事业的需要是地理知识迁移能力，它建构在完全的地理知识结构的基础上。不仅局限于对施教地理知识的掌控，更侧重于向求学者展示地理学习过程和学习方法，目标是使求学者运用所掌握的知识技术、思考方法和处理实际问题的策略，在今后的学习生涯中加以处理。培育学识迁移本领，夯实求学者不断成长的根底。

5. 激励求学者主动发展

在迁移和施教的过程中，施教者应充分运用迁移的规律和理念，使求学者亲自参与，亲身经历整个知识构成的过程，加深对基础知识的深层清晰的认识。在培养求学者迁移能力过程中，施教者有意识地拓展地理科普知识、关注时势热点、讲授学术最新成果等，潜移默化地影响求学者，培养求学者扎实的人文素养，并自发地将这类技能运用到今后的研究、探索和创新实践中，从而获得知识的迁移能力。

6. 教会求学者学习

学习知识要不遗余力。生活在这个知识爆炸、新知识激增的时代，只有彻底掌握获取科学知识的本领，才能顺应未来不断变化的社会。当求学者具备了知识迁移技能（调查、观测、遐想、对照、推理、分析），离开校园走向社会，他们也能够将这些技能迁移到今后的研修、生活、学习、科学探索、野外调查等实践中去，对随时出现的新问题、新情况，都能够很好地进行处置。对迁移技能的完全掌握，能够在未来的生活中，面对层层迭出、变化莫测的新问题，有从容应对的能力。

二、高中阶段探究地理教学迁移能力教学对策

建构主义认为学习迁移是在新的条件下开始构建认知结构的。通常有探究的地方会发生迁移，因为不存在相互间没有联系的孤立探究。要把渗透迁移思想、培育迁移品格、构建迁移前提、掌控迁移终极目标、养成迁移风格等高度融合于高中地理施教者的施教中，通过自主获取新知识、新技能，深化对高中地理探索的坚定信念和兴趣，提升探索和学习高中地理的效能。

1. 优化求学者的知识体系

优化求学者知识体系可以从以下几个方面进行：明确学习目标、建立知识结构、多元化学习、深入理解和实践、持续学习和反思、培养学习能力。求学者可以建立一个更加完善和系统的知识体系，并更好地应对学习和应用的挑战。通过优化求学者的知识体系，求学者应该持续的学习和专业发展，因为地理学科是一个不断发展和更新的学科，求学者应该具备持续不断跟进更新的研究成果和学术动态，并进行专业发展和知识更新。

2. 提供丰富的地理学习资源，供求学者参考

明晰新知识的根底在于有丰厚的地理背景知识。地理课本上的内容，不过是提供给求学者一些常见的地理现象和环境，以及一些简略的思考和解释地理事物的方法，这显然只是地理学中的沧海一粟，施教者应多供给求学者一些探究地理的资料，以供求学者参考。可为求学者进行操作和资源收集提供一些内容丰富的地理网站，如中学地理学习网、中青网天文地理、地理博览、地理爱好者等，也可将《中国国家地理》《中原地理》《国家人文地理》等杂志推荐给求学者。每节课开课前，由一位求学者用几分钟的时间“值日”，或与本节教学内容相配合，或联系生活中的实际情况，朗读或讲述自己从报刊、电视上搜集来的一小段地理资料，这样既能避免读书人的惰性，又能培养读书人自动联系人生的觉悟。例如在施教“农业的区位因素”时，让求学者朗读《中国地理杂志》中关于干热河谷农业发展的文章，以便加深他们对本节内容的理解。

3. 温故知新

对新知识的研修应基于已有的知识积累，以适应的模式来建构新知识的结构。地理学习要指导求学者充分复习已学过的知识，为未来的研修供给助力。最初，“施教者组织资料”出现在探究新知之前，以接纳已知的旧知识，在观点上为新的研究提供着陆点，让探究变得更有用。所谓“组织者”，是认知心理学家提出的一种研究策略，先于探究使命为自己展现的指导性材料。比如，在学习“城市与乡村”时，先将城市中人们日常生活的一段材料，将城市中人们上班休息时，从居住小区到办公地点，早上去买东西等生活场景，呈现给求学者。这样，求学者们就可以从自己的生活经验中总结出，城市有

不同的地域空间，比如住宅、商业、工业等。然后再过渡到学习新的内容，这样的话，就会比较自然，也比较轻松。其次，在学习新内容时，与新知识相关的内容在已学过的知识中进行实时联系和温习。例如，对“全球气候变化”进行分析时，应在此基础上，适时回顾以往“大气受热条件”，推出完整“大气环流”等基本原理。最后，给求学者充裕的讨论时间，互动讨论不仅可以让求学者在课堂上参与到教学过程中，更重要的是，求学者在相互交流的过程中，可以充分发掘自己已有的知识，在资源中借助于他人的思考，发现新的方法、新的知识。

4. 加强“图文结合”展开施教

在地理施教中，培养求学者构建空间分布、空间结构、空间联系、空间特征等地理事物和现象的空间概念，增强其空间形象思维的地理技能，这些都离不开地图的支持，因为地理图是最后归纳、综合、抽象的结果，是用图形来展示地理图的空间关系。此外，借助地图来展示、学习，很多抽象的地理概念、地理事件等难以清晰的内容也会变得更加简单。

三、建构良好的心理认知结构

David Pawl Ausubel 的认知结构迁移理论指出，求学者的认知结构，即求学者脑海中已有的知识结构，这才是迁移所能发生的主要环节；其认知结构是不是具备杰出的构造特征，将直接影响安稳的迁移。地理知识的获得产生在施教前、施教中、施教反思、施教使命完成后的各个环节，所以，施教者应整体把握施教的各个环节，以助力求学者构建完整的地理认知结构。

1. 了解求学者原有的学习程度

求学者原有的学识水平对此刻的研修有非常关键的影响，只有求学者对过去的学识水平有了精确的判定，施教者才能真正掌控新的学习任务的切入点，才能使新的知识与求学者过往的知识建立起联络，而不是凭施教者的自我感觉，想当然地开展施教计划和新内容的讲解，更不是凭借施教者对求学者原有的学识水准判定。施教者可以以如下几种过程展开判定：①施教者先对将要学习的内容展开概述，然后对已把握的相关知识，让求学者用口述的方法或用书写的方式，对行将学习的内容进行归纳、综合，然后对已掌握的相关知识展开链接。②与求学者们进行交谈，从求学者们的回答中体会获取知识的程度。③让求学者自由发挥，以本身擅长的方式，表达对过去所学知识水准判断。

2. 制定有迁移要求的学习目标

在制定学习目标时，施教者应清楚地表明，求学者应能通过对本节内容的学习，描述某种现象或解决某一实际问题。学习地理，绝不是死记硬背地记着某个地理名称，知晓某个地理征象、现象，而是要对现实生活中呈现的现象、问题以及其发生的缘由或规律，应用地理学科的思维展开辨析。如在研修内容目标中要求“利用所学工业区位选择和布局的原理，分析家乡工业布局是否符合地理原理，合理布局的区位条件是什么”等。长期教学实践证明，求学者对地理知识的学习和利用是有巨大差异的，这个层面是不存在迁移要求的。

四、关注达成的“理解”目标

学习迁移的要义，就要在新旧知识之间，搜寻两种学习情景中的共性元素，分析和概括对其有本质联系的内容。对已学习过的地理知识本质，求学者如果没有真正理解内涵，只是死记硬背，那么就不可能总结、归纳出新知识的本质特性、概念原理，也就不可能促成新旧知识之间的形成联系。求学者只有在学习理解的基础上，才能真正掌握所学地理知识，如此形式地理认知结构观点才会井井有条、概括性强、辨析清楚，即所建构的地理认知结构具备可利用的优秀性、可判别性、稳固性、明确性，然后才能在新的专题研修中灵活应用、迁移应用。只有这样地理认知结构才会有较强的呈现，在新的专题研修中培养求学者达成“理解知识”的终极目标。

1. 把“最近发展区”作为重要的知识迁移平台

求学者的认知发展有两个层次，根据“最近发展区”理论：一是已经有了层次；二是求学者发展到什么程度，都有可能。而近期的发展区域，正处于二者之间。施教者经过有效地开展地理施教进程，充实掌握求学者在施教进程当中已有的知识发展水准，并将逻辑联系建立在新旧知识之间，进而完成知识迁徙进程，展开公平的知识结构建构，进而达到施教目标，增进求学者地理学科综合本领的进步。施教者在施教进程当中可以有效地开展地理讲授、知识迁移、地理知识结构的妥当构建。求学者在施教进程当中可以充实知识、发挥已有的本领，使求学者的知识获得积累、升华、凝华。

2. 通过先行组织者完成与转化认知结构的历程

认知结构迁移理论是闻名世界的教育心理学家奥斯贝尔提出的。先行组织者是指求学者在接触学习材料之前，如果搭建的桥梁能够顺利地起到迁移的作用，那么求学者就能够认识到地理学习的意义，之前求学者接触到的引导材料可以起到新旧知识之间的桥梁和沟通纽带作用。在现实的地理施教中，第一组织者可以是学校或教育机构，他们共同努力，为求学者提供优质的地理教育，以支持地理教学进行。

3. 在情境问题链中培养求学者的迁移能力

从近几年的高考地理试题来看，考查的重点是在不同空间尺度的特定区域内实施与地理有关的问题，即考察求学者辨析和处置地理区域问题的能力。所以，地理施教者应着眼于在现实施教中建立有用的思维情境，以层层递进的模式指导求学者探讨和思考，激起求学者的学习乐趣和热情，使求学者的学习思维在迁移过程当中获得表达和探讨的机遇，并在无形中构成逻辑思维能力，这便是地理施教者在实践施教展开过程当中应注重的课题。国家近年来对求学者学科素养的培育日渐重视，地理施教者必须潜心研究和判断学情，以求学者主体为原则，掌握求学者的近期发展区域，使求学者在研修历程中在现实组织者和真实境域问题链的导引下顺利地展开知识迁移，从而将求学者的综合地理素养在潜移默化中提高，这也就是求学者学科素养的培养和成长发展。

4. 渗透迁移思路，建构知识系统

高中地理复习时，除了碎片化、零散化、不成体系外，求学者已具备了一定的知识基础。这就要求施教者把这些碎片的、零散的、不成体系的知识，在组织求学者复习时合理地提炼、凝练出来，形成体系加以利用。如此的过程，即是知识系统建构的过程。一旦知识迁移的思想在求学者的头脑中得到了巩固，那么施教者就可以一劳永逸，不管是施教者还是求学者，都可以获得一辈子的益处。如专题温习“地球的运动”时，在事前为求学者们准备了地球自转运动、地球公转运动、计算地方时、晨昏线与地球自转、位置偏移的运动物体、日夜更替、正午太阳高度角计算等众多“涉及高考的核心地理规律与原理”，让求学者们划分小组协作完成，小组同窗优势互补，在课堂上完成一次有体系、有层次、有结构的温习。然后在课后时间，让求学者自主梳理其他规律与原理，将自己创设的“最佳的建构作品”共享到校园内部网络上，使施教者与求学者们彼此评价，彼此进步，末了由施教者精细地筹划与总结，归纳出施教者和求学者们协作的成绩结晶。因为这份材料饱含着每位求学者的血汗，所以读起来自然是细致入微、融会贯通。施教者在高三地理复习、回顾的过程中，指导求学者学习知识未必要面面俱到，关键就是努力运用迁移的思路，把建构知识脉络的方式提交给求学者，助力求学者在碎片、零散的知识内容之间铺设一条贯通、疏通的“天路”，让求学者去构建知识脉络，从而呼唤、催醒求学者钩织网络知识，应用迁移的思维来构建知识系统。

5. 培养迁移素质，抓住迁移方向

迁移素质包括遐想、求异、推论、辨析等思维素质。培养求学者的迁移素质，对求学者未来的学习、工作、生活都会有比较持久的正面作用。特别是联想、求异、推论等思维品质，在高中地理复习过程中，一方面能使求学者改变学习方法，改变学习态度，另一方面也能使课堂结构得到改进，课堂教学效率得到提高。大家都知道，地图素有“地理之魂”的佳誉，是施教者和求学者常规的施教、温习过程当中的得力助手，不画蛇添足，方为上策。由于日常的学习，求学者在地图上依然将知识点编辑了批注，回顾知识的时候，只要展开地图，知识点就会跃然呈现在脑海中，即使是面前遇到没有批注的地图，求学者也能从地理位置链接联想到气候类型，从气候类型联想过渡到气候特征，从气候特征与工农业生产联结，由此可见从地理位置联结到气候类型，纸质地图或是网络地图等本质上是求学者思维迁移的前提和媒介，这种遐想、联想、求异、推论、求同等迁移要素，将求学者的追忆、评判、归纳、综合等研修效能大大地提升，从而使求学者学以致用，举一反三，触类旁通。因此，施教者应对教学程序进行合理安排，踊跃构建有益的施教情境，把控迁移的正确方向，推动研修朝着正向的方向迁移。

6. 关注社会热点，引发迁移的趣味

以考核求学者获得信息和处置信息的本领为主，具备明确时代性特征的社会焦点问题在这几年的高考试卷中不断涌现。所有这些都是命题资源与命题选项的前因后果关系，因此在地理知识的研修历程中，对于日常生活、生产中的某一件事，科学技术中的某一件事，施教者要注意迁移理论知识。例如，在施教选修课“自然灾害”中，可以介绍资料：印尼苏门答腊岛于北京时间 2020 年 8 月 25 日 19 时 36 分发生 6.2 级地震，造成大量的人员伤亡和庞大的财产损失。施教者指导求学者对地震发生的原因、造成灾害损失的缘由、预报防御灾害的关键措施以及对受灾人员的心理安抚等方面开展深入的剖析和探究。经历如此的迁移，就能够收到豁然开朗的想象、学以致用的效果，就能使求学者意识到地理学科和现实生活的紧密联系，对他们探究地理学科的兴致有非常大的助推辅助作用。

五、施教者创设情境、增强迁移意识和能力

1. 施教者要提高迁移的意识和能力

如果要培养求学者的迁移意识，地理施教者首先要有迁移的意识和能力，作为地理施教者本身，只有这样，才能对求学者的迁移起到导引作用。地理施教者在领会地理学科成长的学术前沿成果的同时，还应领悟、了解前辈施教者的施教理念，科学有效的讲授方法和厚重的人文情怀，另外还应有体系地把握地理学科的基础知识。为此，地理施教者应多浏览地理科普类、教育施教理论类、人文哲学类、心理健康类等高度关注的时事热门、实时联系的地理施教现实的书刊。

2. 创设类似于应用情境的学习情境

使求学者从生活中找到地理知识的应用场景，并能应用所学的地理知识与自身的发展彼此促进，这是地理施教实现“培育社会百姓的地理素养”的终极目标。构建主义迁移观着重将研修与现实情境相融合、相统一、相协调，通过知识在情境中的应用，既能达成求学者深刻明晰学习知识的目标，又使研修和差异性的问题情境相适宜，从而将知识深切地迁移到现实生活中去。这说明越是与生活实际接近的学习情境，对于平日生活中偶遇到的些许地理问题，求学者就越轻易将教材上的知识照搬到现实生活中去处置。每一个地理施教者都要引领求学者将地理知识和实际应用融合起来，培育求学者的迁移心理意识。

（1）将乡土资源饱和地引用到创建知识情境中。从求学者的生存环境中寻找知识的源泉，创造出一种学习的境域。由于求学者对知识情境的熟知感非常偏爱，因此将“求学者听课”转化为“求学者讨论”，积极构建知识体系，这对激发他们在课堂上的参与热情是超预期的、有益的。同时也培育了求学者对现实生活的敏锐程度，促使地理知识迁移到现实生活中去，这对求学者来说是非常有益的。

（2）模拟游戏创设情境。模拟是一个微缩或极简化的真实活动情境或过程。求学者在模拟情境中，以角色者的观察视角，饰演有差异的角色，对问题开展探讨、探索、研究，然后在以后遇到类似情境时，有效地迁移当前的学习内容。这就好比求学者饰演生态学者、工程技术专家、地理专家、经济学家、环保公益家等角色，探讨我国华北地区春季严重缺水问题，不妨模仿一个研讨会来会商如何对缺水问题提出合理化建议或意见。研讨会可以借用现代传媒技术创建栩栩如生的研修情境。但应注意的是，创设学情要有的放矢、收缩自如，有利于求学者的独立探究，有利于施教者起导向作用，有利于求学者对知识的独立探究和获取。

3. 加强各学科间的联系。地理学科是综合性很强的一门学科，学科跨度大，是自然科学与社会科学融会的学科，与其他学科的联系非常紧密。在研修地理学科时，相关联的其他学科基础知识能够助力求学者顺利地领悟和掌握地理知识，如辨析云贵高原上广泛分布的石灰岩溶蚀而形成的喀斯特地貌时应用的化学知识，学习大气环流时物理学科知识的借用和助力，对地理空间思维能力的熏陶感染有着巨大的帮助，而这种帮助也来自数学学科中立体几何的助推。施教者可以通过这样的方式，如互相听课、评课或小组互助、协作备课等，或与其他学科的施教者开展围桌交流、围桌探讨，形成最终的、可共享的教学设计。施教者应及时地了解各学科的教学进程，搜寻出其他学科资源中与地理知识有关联的、有融合的内容，并及时加以总结、归纳、整理。同时，求学者对这部分内容的掌握，要向其他学科的施教者有所了解，做到胸有成竹。

六、调整求学者的心理状态

1. 激发地理学习动机

学习动机是在求学者主动参与学习的过程中产生的内在动力和愿望，直到完成学习行动为止，为了使求学者有抉择地展开研修活动而激起求学者研修行为的动机。所谓研修地理的动能就是一种求学者表现的心理状态，启动并维持求学者的地理学习行为。求学者的研修活动，无论从研修动机的指向，还是强弱程度，都有一定的影响。在地理学科的研修中，研修动能最佳地助推了地理探索行动的产生与保持，施教者要培养求学者的研修动机梯度，做到学以致用，乐学活学。

（1）培养求学者对地理学科的探究兴趣，激发求学者研修的动力。求学者一旦对地理学科产生了积极的学习乐趣，那么，对地理学科的自主学习就必然会产生一种强烈研习的自觉性和积极性的动力。以“有趣”作为培育本身的学习乐趣的起源，寻觅地理方面本身感兴趣的知识，培育本身的学习乐趣要从“有趣”着手。地理知识自身的趣味性就非常强，像各类的神奇自然现象，诸如海市蜃楼等。施教者对知识自身的兴致点要合理地取舍，对求学者的学习要有的放矢地进行培养。创设设问情境，引发求学者思考问题，此为设问之思。探索的好奇心由此而来，知觉的好奇产生兴趣，而后催醒、唤醒思绪、梳理思绪从解决问题起始。求学者在问题情境中求得学问，思考力也就具备了。求学者在问题情境中学习，思维就会处于一种认识上的主动性和求知欲激增的状态，从而培养学习中的情趣。展开课外活动，激发研修乐趣。尽力展开能激活求学者研修兴趣的野外实践行动。组织求学者到气象站参观，到地质公园参观，到地质博物馆参观，动手制作地理模型等活动，将知识寓于丰富多彩的活动之中，融知识性、趣味性于一体，使求学者融会贯通，通今博古，学以致用，为发挥主观能动性，探究新知识，解答新问题夯实基础。如此，课堂里外相互联系的施教活动，做到学与用的融合，并予以应用，知中有行，行中学知，能激活求学者的兴致，一边研修一边踊跃行动实践。这些对求学者的独立思考能力和创造性思维的培养都是有很大好处。建立轻松愉悦的氛围课堂，要富有创造性的思维。求学者这个主体，施教者在施教中应该得到尊重。其次，创建平等的、无拘无束的施教氛围，营建挥洒自如的思维空间，以利于求学者正向成才。感情上的历练，学习上的热情就被充分调动起来。

（2）地理学科学习需求催生体现地理学科价值。通过求学者对地理学科是否有学习兴趣的考察剖析表明：高中学段求学者对所研修的课程的兴趣程度的差异、兴趣程度的高低，与其对课程价值的认识程度呈正相关关系。所以，唯有让求学者对地理知识的现实价值有所认识，让求学者意识到地理知识的效能性，才能让求学者领悟学习地理知识是有必要的。而当一个求学者把地理为知识视为自身的必备知识时，学习起来也是非常有动力的。为此，地理施教者要重视增强对地理知识的应用情境的深化意识，这样求学者才能勤学苦学，才能学以致用，在处置地理问题过程中也能够深入地熟知地理学科在实际研究课题中的有效价值。

（3）创造求学者能获取收获感的前提。收获感指的是个人在富有挑战性的活动中，在赢得功效的同时，可以达成预期的目标，并能取得较大的建树。求学者能够在研修中克服重重困难，经受各式各样的研习挑战，从而赢得成功，“研修快乐”是这个氛围中的最关键的因素。如果求学者多次遭遇到难度过大的地理知识或各类测验、考试的成绩不理想或不过关，就会导致一些求学者失去对地理的学习兴趣。所以施教者要针对求学者的现实，采取某些措施，尽可能地减少或避免求学者对求学获得性的无助感，以防打击他们的求学积极性。针对求学者的实际学习能力，在求学者遇到困难时，及时给予帮助和鼓励，让求学者在学习中体会成功经验的同时，也能从成功的研修中起步，为求学者供给难易度相宜的研习任务和获得成绩的终极目标。

2. 形成平和的临考情绪

面临测验，要让求学者认识到，测验的目标是为了考查本身近期的学习成果，从这一点上，求学者们应当认识到：在学习的过程当中觉察到本身存在的一些问题，做到觉察到问题就立即改正，不断提升，在研修历程当中不断提高自身的学习标准。跟自己比赛吧！不断向自己发起挑战，弱化自己与其他求学者的角逐意识。对自己的学习状况和能力了然于胸，对照自我，在原有基础上再努力，让求学者不站在光影里也成为研修的强者。

3. 合理评估学习成效

如果求学者能对自己的学习成果作出正确、恰当的评价，“则成也萧何，败也萧何。”所以，在学习之余，可以通过坚持不懈的奋斗和坚持坚毅的信念，做到学以致用。施教者首先应引导求学者分析失败的原因，如不合适的学习方法或情绪化的学习态度或学习状态不佳等，这是求学者要注意的。让求学者们意识到，由于自身原因而导致的失败，只要吸取教训，就会被扭转过来。纠正一下，下一次一定会成功，尽量避免求学者把失败的原因归结为时运不济、流年不利，审题偏差、考题太难等这样或那样的问题，因为这样的理由会让求学者在没有动力的情况下失去学习的信心。其次，将总结查核与构成性查核相融合，对求学者的研修功效开展核查。结论性评价重点测查求学者掌握某一学科知识、技能和能力水平的高低，在学完某门课程后，求学者对该门课程的教学目标所达到的程度。结论性评价可以将求知反馈的信息提供给施教者和求学者，以供参考。但因为它只评价学问的结果，所以很容易让求学者只把学问看得很重，从而漠视了学习的过程，不重视学习过程中的认知加工，在求学中获取暂时的功效和短期利益的现象。形成性评价则偏重衡量研修过程，让求学者在学习中通过不断的反馈而有所领悟。对自己犯过的错误以及可能遇到困难的学习方法，能及时进行改正或完善。两种模式相结合，就能达到扬长避短、互为补充的目的，才能客观地评估学习成效。

总之，知识的迁移本领的培育不是一时半刻之功，是由表及里、按部就班的进程，也不是一蹴而就之功。最终我们相信：只要我们广大的基础高中地理施教者坚守一个信念，始终让知识迁移规律伴随在执教者的地理施教中，求学者的迁移本领必然会有巨大的提升。

参考文献

申雪．高中生地理学习迁移能力现状分析与培养策略研究——以河南安阳第一高级中学为例 [D]. 武汉：华中师范大学 ,2011.

研究与发展性评价地理思维能力

一、 地理思维能力研究的目的

统筹人地和谐发展，地理科学使命重大。社会发展对地理教育、地理学提出了科学认识人类周围的境况、协调人地关系和可持续发展的具体要求，把人的素质教育重点放在地理施教中并加以表现，使地理课成为一门在高中阶段使求学者获取更多知识，将来适应现代社会发展的学科。地理学科隐藏在学科内的教育目标是将视角聚焦到思维教育，培育和培养求学者的地理思维能力，这是强化地理教学革故鼎新的重要内容。21 世纪是创新教育的世纪，需要培育具有循名责实、独立思考、见解独到、勇于创新和具备实践技能的人才，这是素质教育的首要任务。地理施教者要保持高度热情施教，开发求学者的地理思维能力，进行创造性思维的开拓和演练，才能改变传统的求学者思维定式。

二、 开展地理思维能力研究的理论依据

地理教学不仅要传授知识，更重要的是开发求学者的聪明才智，培养求学者的思维能力，这是地理教学最重要的，也是地理教学最关键的目标。地理施教培育的能力包括地理思维能力、地理实践能力、地理察看能力等，这些能力都是通过地理施教培育出来

的。这些能力的提升，皆源于思维。施教行动的中心环节是人的智力，培养能力重在抓住思维本质。求学者通过学习思考，不仅能够提高地理学科的学习效率，拓宽知识视野，而且能够使求学者终身学习和解决问题的技能得到增强，如综合思维、系统思维、空间思维等也会得到加强。地理知识是地理思维的产物，如对地域间联系和差别的熟悉，经由过程的思维对比，可以加强对地域特点的理解。通过剖析和归纳，领悟组成地理环境的自然和人文的各要素以及其相互联系与制约的关系，并通过剖析与归纳，使这些要素彼此联系、彼此制约。辨识地理事物的实质特征，透过抽象和综合，对地理环境特征展开判断与领悟，亦可以透过地图思维等方式。不管是“知识—技能”，还是“识记常识—知识理解—运用知识—思维创新”等不同层次划分的学习目的，它们中的任何一个环节的实施都脱离不了思维的助推。因此，全面完成教学任务，教学目标的达成，思维是重要的依托，也是必须具备的条件。

三、地理思维能力研究的内容

地理思维能力的研究内容主要包括以下几个方面。①空间思维能力：研究求学者在地理学习中的空间认知和空间思维能力，包括观察和理解地理空间特征，地图阅读和地理空间数据分析等。②系统思维能力：研究求学者在地理学习中对地理系统和地理过程的整体性和动态性的理解和思考能力，包括分析和理解地理系统的各组成要素之间的相互作用和相互关系。③综合思维能力：研究求学者将不同的地理知识和方法进行整合、比较和对照，形成全面的地理认知和思考能力，包括综合分析人文地理和自然地理能力。④地理问题思维能力：研究求学者在地理研修中提出问题、分析问题和解决问题的能力，包括利用地理知识和方法解决实际问题的能力，培养求学者的独立思考和创新思维。总之，研究地理思维能力有助于深入理解求学者地理学习过程中的认知和思维特点，为地理教育的改革和教学实践提供指导和理论依据。

四、发展地理思维能力策略与效果

发展求学者的地理思维能力，是培育求学者剖析、对比、构想、概括等思维方法，应用所学知识，领悟地理事物的彼此关系，意识到人与地之间的关系，提高处理地理问题的技能。在使用普通的思维方式处理地理思维问题时，须要具备相关的专门地理知识阅历作为基础，将它们融会贯通，这样才能将地理思维活动导向求学者。

1. 精心设计兴趣点，培养求学者主动思考问题的能力

乐趣利于思维拓展，思维是从发问起源的。施教者想方设法提问，可以激起认知活力，

使求学者产生深厚的兴致和乐趣。以地理事象的展开，逐渐发掘、推敲获取理性认识，将求学者置于“观察者、创造者、探索者”的地位。比如，与其问“台地是如何演化成平顶山的？”不如考查求学者地球表面地貌的演化知识。与其问“山东寿光时令蔬菜依靠的是什么区位前提？”不如改问一句“山东寿光冬季蔬菜种植利用的条件是什么？”因为前者只要求机械记忆，后者则要求求学者思考。虽然在同一地域种植蔬菜，但在区位选择上，寿光是利用了当地的气候、地形、土壤、水分等条件，但冬季蔬菜要考虑到人的影响力，就要考虑到人如何利用冬季的优势发展蔬菜种植，因此，在地理位置选择上，在寿光要考虑到人为因素。这样，求学者在运用具体问题具体分析的原则问题上，不仅掌握了农业区位的选择，而且懂得了掌握分寸。施教者可一边展示我国的土地资源分布图、人口分布图、地形分布图、河流水系图等，一边引导求学者们研究土地资源，并将这些图层进行叠加。最后出示我国土地资源总量和世界人均占有土地资源位次柱状图，由此启发求学者看一看、想一想、议一议，并将我国土地资源的现实状况和促进完善的政策策略归结起来。具体分析如下：我国土地资源的总量和世界人均占有土地资源的位次柱状图隐含的地理信息。再次出示世界人均耕地面积与世界主要国家人均数据对比分布表，随后设问，假设你在政府部门分管农业工作，在耕地现状和林业现状方面有什么更进一步的规划？我们国家人均耕地很少，林地很少，我们应该做些什么呢？没有巨量的后备耕地资源，怎样牢牢将饭碗端在手里？粮食怎么增产？从而使同学们身临其境，引领着自己的思考不断深入。

2. 培养求学者思维的科学性，综合辨析能力

培养求学者思维的科学性和综合辨析能力需要学习者在学习过程中培养好奇心和求知欲望，积极主动寻找和探索知识，注重创新和思考。只有在说明的基础上才有综合的归纳，才能把辨析的成果上升为事物的全局观点，通过对过程的概括认识到事物的本真，这就是所谓的“综合”，即施教者要举例说明综合、比较、推理等逻辑推理法，要点是明确解题思路，引导求学者思考，例如列出北美天气、气候实例的讲授与实施，根据课本资源和地图资源提出：北回归线和北极圈分别穿越北美的哪些区域？五大温度带中北美主要位于哪一带？主要分布有哪些气候类别？北纬 40° ~60° 的地域位于何种大气环流带上？流经大陆西岸的洋流是如何的？对沿岸陆地气候的影响又是如何的？这一地区是受何种天气系统影响的？北美洲的温带海洋气候区为什么地域不像西欧那么辽阔？说起美国城市 Juno 的纬度，冬季 Juno 城市的气温比我们黑龙江省的漠河还要寒冷呢。这是为什么呢？分析日本核电产业布局，有以下几个问题可以思考：为何火电站布局不集

中于日本濑户内海沿岸？核电产业为什么在濑户内海沿岸率先建设？建核电厂到底有怎样的过人之处？在濑户内海沿岸兴建核电厂，其区域状况如何？通过以上问题的分析，同学们的思路得以联想和拓宽，体会到日本核电产业在濑户内海和太平洋沿岸的率先布局，是一件充满智慧的事情。

3. 运用地图培养深厚的思考能力，培养求学者的创新能力

在具有要素差异的地图上可以彰显出地理环境的全局性和地区差异性。地图是一种信息载体，非常有利于思维训练。因此，施教者应对地图进行全面的引用，引导求学者对地理事物的空间分布进行充分的了解，在思维上展开对彼此关系的辨析，并进行深入的训练。为求学者在创建专题地图时打开思维空间，从这个视角行动，触类旁通，开拓思维的创造性，逐渐培养求学者的空间观念和思维技能。例如，对照同一纬度的差异区域，施教者指点迷津，向求学者阐述、浏览、阅读各种专题地图，并展开以下思考：赤道、南回归线、南纬 40° 纬线横越非洲、南美、澳洲大陆的位置，它们分别处于怎样的大气环流带上？特殊纬线横越非洲、南美、澳洲大陆的位置？经线经过非洲、南美、澳洲大陆的位置，各自处于什么样的热量带？沿岸流经的洋流对陆地天气的影响又是如何的呢？海陆位置、地形、洋流等要素对天气和气候的影响到底有多大？各大洲主要集中在哪些气候类型上？地带状分布表示的是什么，非地带状分布表示的又是什么？最终得出非洲、南美、澳洲的气候主要特征。施教者连续用专题气候图提出假设：安第斯山脉对南美的气候会产生如何的影响？若是安第斯山脉走向扭转为东西向，南美的沙漠面积和气候该如何变化？如果澳大利亚大分水岭不是在现在的位置而是向西移动又会带来怎样的结论？为什么非洲东部的赤道两岸都是热带草原气候呢？而且我们很清楚，热带雨林气候一般是分布在赤道的两侧。如果马达加斯加岛南移到南纬 30°~50° 是因为地壳运动的原因，那么该岛的气候又将如何变化？求学者能从如此多的具体事例中影响到思想上的启迪，从而激发了求学者创造性的思维。

4. 创设激发对知识的渴望的情境，培养求学者发散的思辨能力

发散思维是指从同一资源的源泉去根究具有差异猜想的思维过程和方式。从差异的层面猜想、思考，铸新淘旧，产生很多不同的新创意。批判性思维是指能够静心沉着地思考问题，对事物展开有主见的叙述和评价，对权威的观点不迷信，坚持自己的想法。换句话说，就是要培养创造性人才应有的个性心理素质，如能动性，怀疑性，原创性、自信心、洞察力、想象力等。建构引发求学者好奇求知、积极思考的情境，指导求学者解惑答疑，施教中聚焦培育求学者的散发性、批判性思维。如施教中国地形特征对天气、气候、河道水文的影响设问：如果把中国地形颠倒成西低东高的地势，地形对天气、气

候、河道水文有什么影响呢？研究南极大陆时，当求学者在地图上确认南极蕴藏着丰富的煤炭资源时，施教者问南极这样的地理环境，怎么会蕴藏着如此巨大的煤炭资源？借鉴工业生产布局设疑：我国海南省有石碌铁矿且铁矿资源储量丰富、品位高，但钢铁产业为何一直停滞不前呢？继续追问：中央出台政策建立海南经济特区，伴随生产力的发展，能够转变海南哪些经济发展弊端？是不是未来可以在海南建一个大规模的钢铁厂？从而使求学者对工业布局因素的复杂性有了更好的认知，对工业布局的基础知识也有了一定的掌握。如果黄赤交角从现在的 23° 26′ 变成 3° 26′ ，对太阳直射点的运动有什么影响？那么，我们就把地球运动、大气环流、洋流等知识传授给大家，大家可以怀疑一下：怎么变呢？若是黄赤交角比此刻的规模更大，会对地球五带规模产生什么影响呢？如果黄赤交角为0° ，全球昼夜长短又该如何变化呢？会对大气环流带产生什么影响呢？气压带、风带的分布又有怎样的不同呢？大气环流和洋流又该如何分布呢？假定地球自东向西自转呢？这些链条式问题的创设，对培养求学者的思考力起到了不可忽视的作用。

五、对地理思维行动的认识与体会

第一，求学者的认知活动是在施教者的引领下由不知到知的演变过程，由知之甚少演变为博学多才。求学者的认知能力假定没有施教者的引导作用，是绝不能顺遂发展的。施教与学习的关系，不是俯仰之间就能完成的，要依赖施教者日常存有意识的持续培养，通过传道者的教诲，让求学者学会学习，增强求学者的思辨能力。施教者要全面调度求学者研修的自主性，拓展求学者的思维，使之博古通今、融会贯通地掌握知识，增强剖析问题、处理问题的能力，针对求学者的学习心理，探索科学的、合理的、针对性的教学方法。第二，施教就是一个过程性的实施，持续性地应对处理各类问题。培养求学者的地理思维能力，要求施教者能长于联系课本和求学者的实际，提出启迪性的问题，创设问题要有层次，难易度要恰当，要幽默风趣，既要善于思考问题，又要善于营造氛围。要引导求学者该如何去思考，引导求学者驾驭剖析、归纳、对比、概括、判别、推论等思维方法。要善于融合教材和求学者的现实状况，通过求学者的独立思考、协作讨论、彼此补充、概括总结、归纳推理等。因此，在启迪求学者思考的过程中，要沉着而有分寸，给予求学者充足的思考时间，要有聚焦点，忌讳巨量习题练习。施教者在求学者遇到困难时，要持续地启发、引领，激励求学者深思、冥想、不耻下问。要等上一个问题的结果探究清楚了，求学者们都明白了，才能跨越到其他问题的探索上。第三，在知识之间总有这样那样的联系，或是纵向的，或是横向的，或是多向的，或者是多维度的，施教者要善于发现和引领求学者展开思维线索的构建。将众多的地理概念或地理事象给予精巧的联结，便于获取新的认识等，最大可能地应用思维技能、遐想和想象，还可以采取展示、辩论、竞赛、演讲、自修、推理等方式，对求学者的地理思维技能展开重复的训练，循序渐进地发展。第四，把科学的思维方式渗透在教学过程中，能够有效地激发求学者的思维动能活力，使求学者从千篇一律的感知知识转化为勤于推敲的思考，而不是被动地做知识的接受者，成为发现和创造知识的人。通过自觉自愿、积极进取的思考行动，求学者在理解、清晰、掌握地理知识的同时，增强了辨析问题和处理问题的技巧，从而构建起达成科学的人地观和可持续发展的理念。地理技能的增强和创造意识的提升，是求学者多样性的地理思维品质持续提高、持续发展的过程。因此，在施教中要将求学者置为主体，聚焦新世纪迎接挑战的地理思维技能的磨炼。

六、开展地理思维能力研究的案例

最近几年，高考越来越多地考查求学者的综合能力，这也是高考命题的基础。试题质量的评价标准又是什么呢？其实，以“关键能力及其考查”为基础的探究，从来没有停滞过，最基本的标准应该是“命题有没有对能力的检测”。那么能看成“能力”的到底是什么呢？心理学经过长期的探究，最终确认了“能力”是使人顺利地达到某种活动所必需的目的的本性心理特征。能力的条件是踏实地掌握专业知识和专业技能，能力是彼此转化、彼此促进、同一演化的成果，也是把握知识和技能的成果。能被广泛运用和迁移的那些知识和技能，才能变成能力。如上定义言简意赅，往往会让地理施教者觉得不太容易想明白，当能力与地理学科的知识及其研究过程联系在一起时，人们惯常的思维会认为，跟考核能力相违背的是“考核死记硬背的知识”。这么说来，人脑的记忆能力不也可以算作本事吗？世人常以“过目成诵”，对一些聪慧过人、具有超常研究能力的人进行描绘和赞美，说明人的大脑记忆不仅具有关键的、基础的研究能力，还可以作为指示性的标准，对个体的研究能力的差异进行甄别。在语文课进行“诗文大会”比赛时，在同一时间段内，选手成绩之间的差异，其实反映的是人的大脑记忆能力的差异，前提是人的大脑对诗文的记忆速度这种比赛，查核的确实是“过目成诵、死记硬背”能力，但是它确实有用地划分了求学者的大脑记忆能力的凹凸和好坏。所以，与此雷同的“查核过目成诵”，因其达到并达成了预设的查核目标，即通过背记词汇量来激励、鼓励、刺激求学者获得所想的成果，以成果来区分求学者记忆水平的差异，了解求学者对所学词汇量的熟读程度，因而也就能被确认为有效甚至最佳的考核。所以命题考试要探究的不是纯粹的考查能力怎么样的问题，因为应该是社会需要哪种能力的人才，就应该考查哪种能力，就是考查的性质、考查的目标、考查的规模、考查的需求，确定了人才目标之后，考查的是哪种能力，考查的是这种能力能不能选拔到社会需要的人才。查核试题的命制者在这样的条件下，可以更清晰、有维度地认识和剖解学科能力，有助于强化探究、判别和评价学科能力的价值。

1. 地理学科能力及其思维品质

（1）分析地理学科能力要素

有研究认为，人的潜力是巨大的，包括不同的类型，比如想法、思维、行动、言语。其思维本领一应俱全，包括思维组合能力、思维组合速度、言语步履相同能力、事物理解能力、事变判断力、题目阐述能力、归纳综合能力、大脑影像能力、洞察能力、想象力等；行动能力有行动仿照力、行动敏捷性、行动耐久力、行动速度、行动正视性和行动领悟力等；语言能力包括语言的表达速度、语言的应用灵活度以及相互联系的能力，在其中起主导作用的是思维，但是行动和语言能够激活思维的不断发展。依照如此的能力来区分地理学科的能力，大抵可以分为三个内容：地理思维能力、野外实践能力和地理表达能力。其中地理学科能力是比较显著的。地理思维能力从另一个层面能够阐释为学习者对地理事项的认识、通晓、剖析、判别、概括、评判、评议等各方面的能力，这些都是在掌握和了解地理学科过程中逐步形成的。野外地理实际动手能力是行动和动手能力，包括地理信息的调查、收集、解释、辨析、点评、疏通等方面的工作；运用专题图，运用 GPS，GIS，RS 等信息化手段，运用各种地理图表展开描摹、解读，叙述得熟练程度；应用地理专业术语进行地理问题的解释、判断、考证和验证。地理表达能力的突出，就是能够有更高梯度的地理思维能力。特别明显的是，地理学科能力的考查，在高考这种全国联合的、大范围的、时间一致的、传统纸笔形式的考查条件的限制下，只能着眼于考查考生对地理问题的认识程度，对地理思想表达能力以及地理思维能力的考查。

（2）养成地理学科思维品质

地理学探究的基础思维特质都深刻地影响着地理学探究的领域、实质、征象、特点、探究方式、研究手段等。地理学聚焦于地表学的知识，探究的内容包括了确定地理学探究由内涵到手段的实质特点——融合概括地表空间的不同区域的自然和社会人文状况以及彼此的关系。每个地域的空间位置是不同的，各样的地理事物和现象之间的彼此关系也是有差异的，因而就形成了每个地区和每种地理事物的差异性特点，主要是因为每个地理事物都置于或发生在特定的地理环境中。地理学探究的地区性特征及其区别与其所处的地域空间之间的彼此关系的探索，是地理学探索的地区性特质的综合显现。地理所探索的物质和事项并不是固定的，而是随时间轴的发展而持续变化的，持续地更新过往已有的地理事项记载。伴随人类对宇宙环境认识的持续深入，以及新技术和新手段持续研究、发明、进步、应用，人们对过往已有结果的持续发展甚至将其结论颠覆，并推出了新的观点、新的论断。摸索和把握地理事物成长转变的特色和法则，预期和猜测将来地理事物转变成长的进程和结论，反思过去构成的结论，并不断产生新的成果，是地理探索动态的表现。而对于地理空间的立体思维范式，则是跟随研修的持续深入，持续强化，在求学者初次了解地图知识、初学地图知识、初识地球运动时，就已经初具雏形并有所成长发展的。地理地图（包括平面空间、三维立体、横纵剖面、数据图表、景观图片）由于仅仅使用语言文字无法对地理概念进行完整、恰当地描述，因此作为地理探索与描述的载体信息和主要工具。在地理学探索历程中，地图是最具有独立描绘作用的，也就是独立辨析、判别的一种描绘方式，它与文字的作用是同等重要的。这样的多重表达模式，揭示了地理学科探究的形制特点，使得地理学科与其他学科呈现了显著的不同。地理科学探索的特征，确定了地理思维的基础素质，如概括、地区、空间、关系、判读、猜想、预设等对新结果的探索和追寻。它们也发展成地理学科高等级核查地理思维能力的主导内涵，构建了探索和掌控地理学科的科学思想基础。

2. 分析地理思维能力的价值

思维能力和其他表现的能力相同，也有巨细、上下的差别。如果蕴藏思维任务量比例较大的能力，就能获取较大的能量，所能达到的能力梯次就越高，于是也就具备了更高的价值。认知过程的一种特异情势，常常可分为如下几个阶段：①对新资料感悟，达成地理表象，是求学者研究和驾驭地理知识的心路历程；②对新资料融合，增进构成地理观点；③以看法为根基，对地理法则有深入的了解；④牢固新知识和发展新技术；⑤辨析、申明、记述、描述地理课题，应用地理知识与地理技术。对于这一认识过程的心理特征，可以大致划分出不同的研究能力梯次，如回顾、融会、运用、分析等，从地理观念、基本地理技能对地理道理和规律的掌握，以及高梯次能力对低梯次的包容能力。很明显，无论是思维劳动量还是每一次的能量增值，都存在差别。

如按地理思维任务量的高低来确认地理思维能力在地理研修的认识过程中的价值，从小到大依次如下，①思维回忆力：指对地理焦点事物的称呼、结构等进行回顾；重点地理资料回顾；记着主要的事项，以涉及地理等。虽然回想能力价值梯次位置较低，但它的确是研修所有内涵的根本。②通晓力：指对含有寓意的地理词汇了如指掌；对地理基础的规律、道理了如指掌；明白各个地理事物的空间组成和联结关系（包括自然地理的组成要素、人文地理的组成要素，乃至包罗各个维度的彼此接洽，如人类的行动和周围事物的关系）；把地理图表的各种内涵搞清楚等等。③概括辨析能力：指对地理事物（包括自然地理构成的各种因素，人文地理构成的各种因素，甚至包括人类活动与环境相互联系的各个层面）的空间建构及其相互关系及其演变、转化过程的描摹、归纳、阐述、剖析、结论等方面的能力。④归纳综合应用本领：指能应用所学的地理及与之相联系的学科知识和看法，能应用地理事物资料，能推导或申明地理法则和地理观点的内涵；能运用对比、概括、论说或验证地理问题等辨析方法，对地理事物和现象进行判断和推演，不妨运用专业的地理话语和地理工具。当然，还有较高梯次的能力，比如革新、探索等。

3. 评价价值取向的地理思维能力

高考地理试题命制从来都是对地理思维品质进行探求，试题命制理念已经鲜明地表明了这种价值观：重视对地理思维品格的判断，重视对地理独特特质的探求方法的判断，重视对地理思维能力的高梯次、高价值的判断。下面试举几个案例来讲明一下。

（1）评价地理学的思维品质

例题一：文综地理 2020 课标 II 卷。37. 阅读图文并茂的材料，把下面的要求做完。（24 分）

有研究表明，金沙江流域蕴藏着大量的金矿，这些金矿大多呈带状分布，并与破裂的空间分布相吻合。金沙江得名于河中有大量的沙金（金在河床的泥沙里）。如图 1 所示。

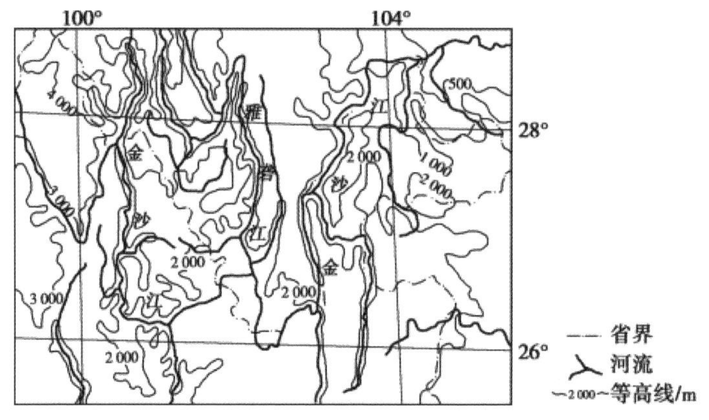

图 1　云南金沙江河段

①图示区域断裂发育的原因，从板块运动的角度进行说明。

②简述图示区域河流多沿断层分布的原因。

③对图示区域金矿石暴露较多的原因进行说明。

④说明金矿石出露后在金沙江中转化为沙金，其地质作用过程是怎样的？

例题解析：

题目以某一特定区域为情景，考查求学者获取信息的能力，提炼信息的能力，并从地图和对应的文字材料中进行解读；应用地图对空间布局能力、空间构建能力、地理事物的空间联结能力等进行阐述。

①从题干中可知，需从“板块运动的角度”回答问题。结合图中的经纬度和金沙江、

雅砻江等信息，可以确定该区域位于印度洋板块与亚欧板块交界（消亡边界）附近，因此可以从该区域处于板块交界处开始进行断裂发育，再结合受力情况进行进一步的分析。

②题干设问明确“河流多沿断层带分布”，调动所学知识和生活常识，从断层带上分析，为什么会形成断层带，可知河流是在谷地低洼处汇集水流而成。联系所学地质构造知识可以知道，岩石在岩层断裂的地方是破碎的，很容易被冲刷掉，河流也很容易形成。

③由材料“金沙江流域金矿较多，多呈带状分布，且与破裂的空间分布一致”，结合图可知，该区域位于金沙江地区。调动所学，可知此地属山高谷深的横断山区。一方面，由于谷地落差大、流水冲刷作用强等原因，使金矿石出露概率增大，有许多岩层出露；而图中河道较多，河谷中都可能有金矿石袒露，所以该地区有较大空间规模的金矿石袒露。解题关键材料中说明金矿和河流中沙金的不同，金矿呈带状分布且与断裂的空间分布一致，故出露的主要原因是流水侵蚀。

④首先明确题干要求“出露的金矿石在金沙江中转变为沙金的地质作用过程”，设问中心词为“地质作用过程”，条件限定词为“出露的金矿石在金沙江中转变为沙金”，这个转变过程包括两个方面的区别，一方面是金矿石（较大）在金沙江中转变为沙金（较小），另一方面是出露的金矿石在金沙江中转变为沙金（较小）。由材料可知，沙金是河床沉积物中的金，所以在答此题时，首先要答出比较大的金矿石经过外力风化、侵蚀等作用，破碎后进入金沙江，再经过金沙江流水搬运、磨蚀等作用，使矿石进一步破碎，最后在江水流速减小的情况下，江水挟带的金沉积在金沙江河谷中，形成了沙金，再经过风化、冲刷等作用，使金矿石进一步破碎，最后沉积。方法技巧：地质作用过程应回答完整，如本题应分三个步骤：即风化、侵蚀→搬运→堆积，且因试题要求“说明”，所以三个步骤都应简单分析原因，这样的试题需求考生充实获得知识并明白了道理。

（2）评价高价值的地理思维能力

高考试题精选和展示了大量课本之外的材料和素材，对演绎历史和客观现状的自然和人类社会进步进行了丰富的反映，并引领参试者在实际行动中应用了人文社科的理念。地理学科反映人文、自然地理学探索更新的内容与成就、各种各样地理现象、中国的区域发展策略等。把已有的常识辨析和处理题目的机遇提供给考生利用，指导培养考生对地理学科钻研的志向，保留人类保存和发展过程中碰到的、必须专心处理的题目，保留当前社会经济前进过程中，地理学科不断探索所发生的、所能发生的结果。例如我国中西部资源合理开发和利用的问题、频发的自然灾害问题、生态环境问题、绿色农业发展问题等。地理试题命制注重阐述人类活动与环境变化之间的相互联系，呈现出地理学科探求对象的高度概括性和探求手段的高度概括性。如此的试题命制使其赋予了显著的时代烙印和时代特色，反映社会科学探索持续进步变化的特征。对求学者来说，对自身的地理科学价值理念和地理思维能力提出了更高的要求。

例题二：2020课标III卷文综地理。37.看图文并茂的材料，把下面的要求做完。活动的沙地，牢固的沙地，在毛乌素沙地中并存，既有湖泊，也有河道，另有池沼。以上景观在天然、人文等身份影响下，是可以变化的景观。1995—2013年，流动沙地趋向固定性，湖沼面积下降。一般情况下，沉积的风沙越多，活动的风沙就越旺盛。某科考队对毛乌素沙地东南地区1万年来湖沼淤积转变环境及风沙沉积环境进行了查询探索，成果如图8所示。图9表示1995—2013年毛乌素沙地温度、降水转变。

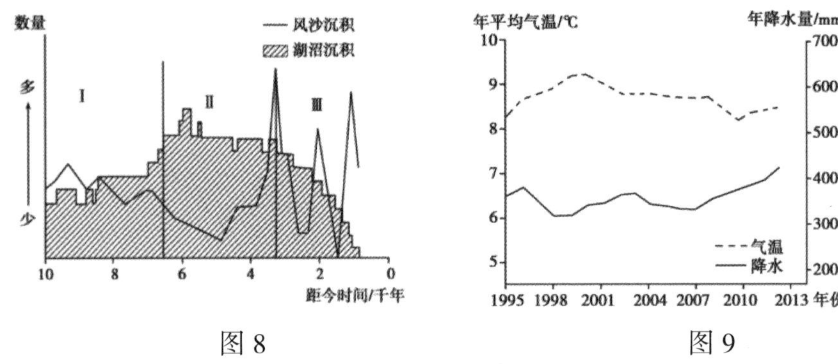

图8　　图9

①简述图8分别说明湖沼面积变化特征和风沙活动在I、II、III阶段的变化特征，归纳湖沼面积与风沙活动的关系。

②说明1995—2013年毛乌素沙地有固定流动沙地倾向的自然原因。

③毛乌素沙地1995—2013年湖沼面积减少，试图对此作出合理解释。

④近段时间以来，部分群众认为“毛乌素沙地就要消失了”，毛乌素沙地的绿化面积逐渐增加。你赞同这种说法吗？表明自己的态度，说出自己的原因。

例题解析：

①首先要清楚，风沙沉积越多，其活性就越强；淤积的湖沼数目愈多，面积愈大。再分析图8中湖沼沉积和风沙沉积三个阶段的数量变化：湖沼沉积一期数量是呈上升趋势的，这说明湖沼面积出现了扩张的趋势；风沙沉积量呈递减趋向，预示着风沙活跃度削弱。湖沼淤积二期数量保持高位状态，显示已达最大面积；先减后增的风沙沉积量预示着先弱后强的风沙动能。湖沼淤积数量在三期出现了较快的回落，这表明湖沼面积出现了急剧下降；风沙沉积量全局上升，但起伏变动，表现在猛烈活动中，风沙活动有所增强。归纳起来，湖沼面积越大，风沙侵蚀就越弱；相反，湖沼面积越小，风沙活动就

越强，湖沼面积和风沙活动就会出现此消彼长的现象。因此，湖沼和风沙活动会出现此消彼长的现象。

②弄清标题问题要求解答的天然缘由——活动的沙地趋于牢固。根据图 9 中毛乌素沙地气温、降水的变化可知，1995—2013 年该地气温变化不大，年降水量总体呈上升趋势，说明气候逐渐湿润，有利于植被生长，植被可以减弱风沙活动，因此流动沙地趋于固定。

③在天然和人文元素的影响下，毛乌素沙地中的各类景观是可以改造的。结合上题可知，毛乌素沙地在 1995—2013 年，年降水量总体呈上升趋势，气候逐渐湿润，但同期湖沼面积有所减少，表明由人类活动导致的湖沼面积的减少。由此推论，1995—2013 年，毛乌素沙地的人类活动增强，生活和生产用水量增加，使得在年降水量增加的情况下，由于蒸发和庄稼蒸腾作用，湖沼面积减少，从而导致地表水分减少。

④本题属于开放性论证问题，首先要有明确的观点，其次是从自然和人类活动两个方面论述观点。如赞同“毛乌素沙地即将消失”的观点，从降水增多、气候湿润、植被增多、技术进步等有利于减弱风沙活动、生态治理与保护等人类活动方面，都可以说明自然条件的改善。如反对“毛乌素沙地即将消失”的观点，可说明历史上自然条件的改善并未使沙地消失，同时人类活动如绿化、发展农业会导致蒸腾量加大，气候更加干旱，风沙活动增强。如何提高学生的地理思维能力“要想学好文科必先攻克地理这一堡垒”，这是很多刚进入高三的文科生都会有的共识，甚至会在一些施教者中达成这样的共识，很多求学者会联合推荐人教出版社的《地理必修 1》和区域地理分析这两个部分，在高一学段的《地理必修 1》和区域地理分析这部分内容之间到底有什么样的障碍呢？为什么众多求学者研修有巨大障碍且成绩不理想呢？经历多年的高三学段的地理施教，粗浅地认为求学者缺失优良的地理思维能力是真正酿成如此现象的症结的体现。

思维是靠言语来实现的，是大脑中对客观事物归纳的一种间接反映——认知的高档次第。地理思维是指将辨析综合、抽象归纳、推论猜想等基础思维形式与地理学科的内涵逻辑彼此交融。地理学科是思维的产物，是智慧的凝固源，但求学者所学的地理学科往往是以结果、规则、法则、结论等方式呈现的，言简意赅地论证说明，常常是知识的定格化，因此必须经历充足的、重复的斟酌才能通晓和掌握地理知识。如通过辨析和概括，了解构成自然和人文地理环境的要素及其相互联结和限制（如变化的全球气候）的关联性；通过对照思维，辨识地域间的联结和区别，对地域地理特征有进一步的认识（如东北松嫩平原与长江流域长三角地区的对比）；通过概括归纳的方式了解地理事物的基本特征（如地球公转的地理意义）等。确实以为地理施教中的能力是对地理事变的认知，地理现象及其法则的认知。归纳地说，包括观测能力、重视能力、辨析能力，现实利用能力等多个维度，包括在此中的焦点便是思维能力。“在施教中要重视依据地理学科的特征，对求学者的地理思维能力展开培植”，这是地理课程标准中所要求的。培养求学者的地理思维能力，在施教过程中，一方面要探索高效的施教策略进行演练，在运用求学者两个维度的思维方式（具象的形象思维和抽象的逻辑思维）特征增强施教实效的同时，多层次地助推求学者思维素养的全面和谐提升。鉴于求学者在地理思维上的弱点，尤其是高三学段的求学者，如果无优良的地理思维就事事无法正确处理，由于求学者面临的是高考，而许多的考试题目都是陌生的、全新的。施教者根本性的作用，是使求学者育成正确的地理思维。地理施教中必须要增强启迪启发，从求学者的认识能力出发，循规蹈矩地从有益于求学者思考的视角，调动求学者大脑中所有能够使用的知识。比如在观察地貌、辨析地貌的演化过程中，求学者往往会有一些破碎的认知，理解全球地貌的形成，比如理解存在大陆漂移说这样的共识理论，但是支持理论的具体依据究竟是什么就不是很清楚了，施教者必须深入挖掘，在这个施教的关键时刻，合理提出科学的问题，大陆如何能够漂移？这几个问题到底该怎样处理呢？求学者会辨析出存在若干个问题，漂移大陆是横向漂移呢？还是纵向漂移呢？漂移大陆无论是纵向还是横向的，那么动力是从何而来的？为什么朝一个方向漂移了较长的时间？大陆厚度大、重量难以估量，怎么会漂移呢？求学者就会产生系列的假想，最终它们为处理这一链式问题，归纳相对成熟的板块，也可以比较清晰地领悟到生长的界线和消亡的界线之间的差别。求学者要开展精确、准确、正确的地理思维，如缺失相当的学识累积，步入高三学段温习就变得异常艰难，因此在高三地理施教中，对如此的施教内容要有合理的、充分的思考，甚至要动用整个施教群体协作的力量去探讨、去思考，进而贯彻落实教学，对某些含有发散思维和逆向思维的内容要重点聚焦。比如，分析为什么古老的阿巴拉契亚山脉比较低矮平缓，解答这个问题，只是将外力和内力的作用融合在一个较高的地理位置上。如果遇到某些关联的学科，为了让求学者的地理思维构建得相对全面，向一些相关学科的施教者虚心请教是非常有必要的。例如，辨析 GPS 系统的卫星数量，就是要思考来定位一个物体在物理上需要与相关知识相匹配的几颗卫星，从而使求学者能够全面认识。同时，地理施教者为了使地理知识结构完整，因为教材编者常常依照相应的地理思维进行拓展。地理知识的获取过程，本质上就是首先要将地理上的某些现象认知明白，再将其演化的原因展开辨析，最后进行验证和普及且汇总的过程。因此，对于某些地理事象和日常中的地理知识，在地理施教中必须不能忽略，对于求学者已具备的地理学识，也一定不能轻视、忽略。如辨析时间问题，在高三学段的地理教学实施中，由于求学者对计算时间已经有了一些较完备的思考路径和概念，因此就没必要投入太多精力在这个地方，也没有必要让求学者去联系更多的难题，关键是让求学者去思考时间的含义，比如在教授地方时间的时候，尝试让求学者去辨析它的源头、缺憾以及补救措施，最后达成一个完备的思维脉络，这就是地方时间—区域时间—国际日期变更线，这样就能够使求学者在计算时间的过程中有所获得。再如，在剖析为什么黄淮海平原如此大的区域却分布着大面积的农业低产田，可以让求学者结合现实生活状况，首先剖析种植业粮食产量低产的主要缘由？与地理位置相干的缘由？与地域规律相符合的缘由？土地生产力低下的构成的启示又是什么？应该采纳怎样的科学办法办理？从这一视角上来说，可利用求学者来剖析地理上的一系列缘由。地理思维能力的培养是好还是差，是地理研修的胜负关键。地理课教学在实施中，融合求学者已有的地理水准和生活现实，既能降低许多地理命题的困难度，使求学者触类旁通，又能规避众多求学者对地理学科研修的认知盲区，使求学者达成对地理学科的科学思考。对高三学段的求学者来说，能够克服对地理学科的畏惧情绪，对学会、学好地理学科的求学者增加信心、能量，最终对全部的高三学段的地理学科温习思维能力的提升起到关键的作用，有巨大的益处。

参考文献

[1] 方洪江 . 培养学生地理思维能力的研究 [J]. 学园 ,2009（12）,14-15.

[4] 潘平平 . 高中地理教学地图教学出现的问题及对策——以人教版高中地理必修三为例 [D]. 武汉：华中师范大学 ,2015.

[7] 张亚南 . 高考地理学科思维能力价值评价 [J]. 课程·教材·教法 ,2010,30(4):84-88.

[9] 钮之意 . 基于地理思想方法的中学地理教学逻辑研究 [D]. 海口：海南师范大学 ,2021.

[10] 郑健 . 图解高中自然地理过程类试题 [J]. 中学地理教学参考，2022(14):79-81,2.

[13] 孙晓慧；基于高考题分析的地理过程教学策略 [D]. 武汉：华中师范大学；2021

[14] 杨涛 . 高中地理综合题模拟试题 [J]. 中学政史地（高中文综）,2021（10）:72-87.

[15] 孙婉娣 . 基于 SOLO 分类理论的高考地理试题研究——以 2017 年至 2020 年新课标卷为例 [D]. 上海：上海师范大学 ,2021.

[18] 焦庆华 . 谈高中地理教学中如何提高学生的思维能力 [J]. 新课程改革与实践 ,2010.（34-36）.

新课标背景下高中地理发展性评价

发展性评价始于20世纪80年代中期英国的发展性施教者评价，是相对于过往的赏罚性评价的一种新的评价体系，是指评价者与被评价者两个对立的对象，利用定性的评价技术和措施，在不加赏罚的情况下，以所划定的教育指标和发展价值为根底，对评价者的综合素养和绩效任务进行价值判别，制定出一个既让评价者认同，又让被评价者认同的发展目标，共同担负起达成的责任，从而促成评价者时时认清自己，实现全面发展指标的过程。发展性评价观念在欧美等发达国家获得大量应用，在新世纪初期快速传入中国，已经变成为我国新学科改革中的重要组成内容，它也已成为我国教育评价改革的重要理论根据。“以往的学科评价需要改变，改变以往过分强调鉴别、选拔的功能，阐扬评价促进求学者进步、提升施教者队伍、改进教学实践的功能，是学科新目标之一”，这是2001年我国颁布的《基础教育学科改革纲要（试行）》（以下简称《纲要》）明确提出的。很多教育专家对学科发展性评价最新的观念、最基本的规律、最有特色的特征、最科学的方法等开展了深刻的探讨，随着中国最新一次的学科改革的推进，开展学科发展性评价的研究者越来越多，研究成果也越来越丰富。如某教授深入研究后指出：发展性学科评价中的“发展性”，排除了指标效率性内在的拔高特征外，更关键的是指评价后对人的成长和发展起到了助推作用。“发展性”（成长性）对人的成长起到助推作用，这里首先是指求学者的发展，同时也包含了施教者的发展，通过学科评价对人的成长起到的促进作用。发展性学科评价对于求学者的发展，既指助推求学者知识、技能的拔高，又指助推求学者情绪、意识、品德、价值观的持续成长。对于施教者的发展，不仅体现在助推施教者专业水平的提高上，更关键的是通过学科检查，助力施教者生活水准的提高，扩大施教者的生涯意识。发展性学科评价理所当然地应当成为我们建构发展性学科评价系统的价值根据，因为它助推了作为“人”的求学者和施教者的共同进步，展现了我国当前学科改革的内涵价值探索。众多教育专家的探索成果，为探究工作的展开确立了发展性评价的理论根据。即使这样，当前我国对发展性评价理论在地理学科层面的使用探索还少有涉及，这就充分说明地理学科的发展性评价还有广博的空间需要研究者邀游畅想，值得深入探索。

一、我国高中地理发展性评价现状

（一）地理传统学科考核制约地理教育发展

传统的地理学科评价只是一种导向目标的评价，它的评价主要关注知识掌握、空间思维、研究方法和综合能力。评价者作为主体，被评价者作为客体。最常用的方法是以定量评价为主，将地理学科的目的或施教结论与预设的学科目标进行对照的过程，为了获得学科规划或施教效果能否“达到要求”的数据。这样的评价具有客观理性、易行简洁、操控性佳等特征，在实施中处于核心位置，这种评价最大的弊端在于评价的客体化和简单化，忽略了人在职业生涯历程中的价值，忽视了人的行为具有主体性的问题，忽视了创造性的问题，忽视了不可预见性的问题。地理教学评价在传统学科评价思想的支配下，重结果轻过程，过分强调甄别和选拔的功能，忽视了定性评价的作用，出现了评价主体单一化、评价内容简单化的现象，如明晰问题，评价功效的辨别问题，评价本领的量化问题。如对施教者的考核，常常表现为给出量化的施教水准层次，而对求学者的考核，则常常微缩到对功课的检测，对考试成果的检测。所以，对师生素养的发展起到了遏制作用。如此考核，对地理学科的成长进步形成不利的影响。

（二）新学科改革中地理学科评价改革的关键作用

在日常情况下，学科实施的最终目的都归结于学科评价，而学科评价也是学科实施的重要参照物。学科评价在学科改革中起指导和质量监控的重要作用，是学科改革成败的关键。因此，学科评价是学科改革中最重要的手段，因为新学科评价体系的疏漏甚至缺失，使得新学科的施教行为缺乏参照尺度，没有指向方针，新学科只能按照原来的轨迹应用新教材进行施教，而新学科的施教行为在学科改革中起着引导和质量监控的作用。因此，在 2019 年银川市新学科实施状况的调查中，有关“是否采用了对求学者的学业水平的过程性评价方式开展评价”，施教者当中 70% 认定是没有开展的，这说明学科评价体系滞后于教学体系，成为了限制改革的瓶颈。

（三）国内现行高中地理学科评价改革在实用性上有所欠缺

目前，在各级各类技能传承的培训中，以及新学科继续教育的资源中，已经有非常多的专家关注新学科评价，且在思路、对策、制度等层面进行了通识性的理论阐释，也有专家为此印发了相关新学科评价研究的论著，但这类研究大多停留在理论层面，大多只是专家学者自己的想法，操作性差，直接为学科服务的评价方案还不够完备，还需要在学科创新实践中努力探索，探索新学科评价的思路、方法和制度。在高中地理新学科研修的活动中，一线施教者最迫切的需求是什么呢？符合新学科理念的地理课到底该怎样去施教呢？到底该怎么评定求学者的成绩呢？到底应该如何评定地理必修和选择性必修模块的学分？到底该怎么命制新学科的试卷？等等。针对以上问题，施教者普遍认为，地理学科施教改革最关键的项目就是建构有效的、具有推广使用价值的新型高中地理学科评价系统。

二、课程改革背景下高中地理课程评价的变化

这几年普通高中课程改革开始在全国推行，教育改革的成果随后在全国范围内得到推广。从改革方针看，新课程执行的首要任务和基本要求是评价机制鼎新，这是课程改革实行过程当中极为重要的一环。联系当前教育改革的形势，就怎样搞好地理课程的评改开展了理论和实践的探索。

（一）评价内容的改革

21世纪全球范围内各方面的竞争越来越激烈，高中学段的求学者要应对未来的挑战，必须具备哪些知识和技能，才能适应社会的形势和需求。现在社会上需要的人才，应该具备哪些知识技能，这和高中的培养内容相比，差距还是比较大的。调查表明，专业知识与技能、创新与创造力、综合能力与跨学科知识、团队合作与沟通能力、社会责任感与领导力，是求学者终身发展的最重要的基本素质，已成为社会对人才要求的共同特征。所以高中教育如果还是像以前一样，只强调学科知识的传授，不注重培养求学者的综合能力，不注重培养求学者的社会适应能力，那对于国家来说，培养出对国家有用的人才，这是一件很艰难的事情。这一紧迫形势要求高中阶段教育必须对教育目标进行重新调整，并在新的普通高中课程方案中明确提出。高中教学改革的详细方针转变如下。

（1）甄别终身研修必须具备的根本内涵，以求顺应时代发展的需求，增强与社会发展的关联，与科技进步的联系。求学者的持续学习、自主学习、快速适应、跨学科学习能力和社会责任不断提升，强化个体的知识和技能以适应社会和环境的变化。这是课改变革的目的。

（2）构建基础性、多元性、梯级性、逻辑性、综合性的课程结构，关注地理学科知识的多样化、全局性、自然性的发展，以适合社会变化的需求。

（3）创建有益于求学者自立学习、协作交流、辨析问题、处理问题的技能的课程实施情景，有益于建立、确立新的研修范式。

（4）建构与新课程相配套、适宜的评价体系和机制，完备校园内部的评价，摸索建构课程实践质量检查调节、控制、调理的机理，实践综合评价范式。

（5）为学校创新性地实施国家课程，深厉浅揭、因时因地实践发展校本课程，为求学者有效选课提供保证，给予学校合适的、充裕的课程自决权。

（6）科学调整教育目标，中学地理教育的考核内涵意味着有所转变。将新课程需求用新的地理课程标准作为基底，以最新的课程目标划定为终极目标，创立评价内涵。《教育部关于积极推进中小学评价考试制度改革的通知》明确提出，通过“发展基础与学科学习目标融合两个维度”，开展求学者素养与技能的归纳评价。其中，最基本的成长目标主要包括：公民道德的内涵、公民素质的内涵、研究技能的内涵、疏通合作技能的内涵、健康与运动的内涵、成就的内涵、审美的内涵等内容。并且把地理学科的研修目标及高中学段求学者应达成的目标，在地理学科课程标准中都逐一罗列出来，并研发出合理的、科学的查核办法。

（二）评价方式的变革

纸笔考试（即量化估分的方法）已经无法对求学者的水平进行全面客观的评价，可以有效地实现课改目标，弥补了量化估分方法的性能局限，所以教育评价的内涵涉及求学者进步的诸多方面，包括认知、情绪、立场、价值观、行动、技能、问题等多个方面，对求学者的能力、本领等提出要求。

1. 定性评价的主要方法

定性评价是一种对人才进行全面、综合的评价方法，它强调对人才的特点和质量进行评估，不仅仅局限于定量指标的衡量。定性评价的方法是五花八门的，主要有生涯记录袋评定法、苏格拉底教学法、分组协作学习与社会实践法、口头与书面报告等，生涯记录袋评定法是有意识地收集各种作品及其证据，这些作品与证据能体现有关求学者的表现，且根据教育教学的目标对求学者开展评价。通过适宜的说明、阐释、讲解，经历求学者的反思与提高，求学者在研修和进步中的勤奋和发展被体现出来，激发求学者踔厉奋发，再现灿烂。苏格拉底教学法将求学者介入课堂行为的表现和课堂咨询与讨论夸大为评估求学者学术成果的一个组成部分，使求学者学会对问题进行正确的思考，使求学者的真知灼见成为咨询、讨论和探究的最根本需求的关键证据。定性评定方法具有变通多样性，我们要在实践教学的过程中参照出现的不同情况采用差异性的方法。对于学科知识与技能等领域的考查，可以在增加生涯记录袋、苏格拉底教学法的基底上，增添量化评价法。对于人际交往技能的考核，能够采取实践操作、展示演示、设计作品与结果展示等考核方式，通过口头汇报、书面汇报、分组协作学习、社会实践等多种方式，对求学者开展技能考核，以求得对求学者进行精确的、合理的、真实的考核。作为一种主要的评价方式，定性评定法的特色和长处主要体现在以下多个方面。

2. 定性评价的主要特征

（1）课程评价主体的多元化。传统的课程评价轻视了求学者的感受，自上而下的评价主体分别是教育管理部门对学校的评价、上级人力资源部门对领导的评价、学校对施教者的评价、施教者对求学者的评价等，而求学者对评价主体是排斥的，评价对象就演化成为陈旧见解、千篇一律。定性评定法相对传统的评价，能反映求学者在研修和发展历程当中的关键内容，聚集普遍的、全面的研修证据，将求学者的进步和转变多视角地展示给施教者、家长和自己，把求学者放在课程评价的首要位置，让他们有深入介入评价、展现自我的机遇，从而遏制评价的专断性和偏颇性。如在生涯记录袋评价中，求学者自主决议选择何种作品装入记录袋中，这样就有了评价和反思本身作品的机遇，并对本身的研修质量实时给出判定，强力地调动了求学者的踊跃性和自主性。此外，定性评定法还鼓励求学者、家长、社区成员、社会评价机构等参与到评价中来，对求学者、家长、社区成员、社会评价机构等通过定性评定法对其进行评价。通过定性评定法对其进行评价，具有鼓励性和参与性。这种多元主体的评价，培养了求学者的自我评价能力，帮助求学者成为终身的学习者，同时也为求学者提供了彼此学习和交流的机会。他能使求学者对自己的优势和不足有更清晰的认识，对学习和发展状况能从不同角度获取信息，从而对自己有更全面的了解。

（2）体现求学者的发展过程。传统教育评价是静态成果的呈现需求，是教育评价的闭幕性的一种做法。以形成性评价为主，以求学者生涯历程的发展变化为重点，辅助终结性评价。施教者对求学者的成长性、可塑造性以及动态发展的教育现象过程，能够通过考察、记载、阐释、判别、辨析等方法展开描述、叙述。

（3）关注求学者个性表现，对求学者发展进行综合评价。对求学者的感情、立场、爱好、创新本领、协作能力、互助技能、实践技能、动手能力等各方面的发展，从不同侧面都能获得生动真实的呈现。让成功体验学习，心态健康地保持延续，精确达到著名教育家瓦·阿·苏霍姆林斯基表达的什么是教育的技巧，什么是教育的艺术，它们就在于施教者要长于求学者的眼前，甚至在求学者中最庸碌、智力发展最贫乏的人面前，把自己的灵魂和精神发展的领域向他们开放，并使他们在这个领域中向展现自我的阶梯发展，揭示大写的“我”的存在，这就是施教者要长于每一个求学者的面前，甚至在所有的求学者面前展示自己的教学技能和教学艺术，“我”就是施教者。因为定性评定法有量性评定法所没有的优点和特征，因此在教育评价中应大力倡导和鼓励，但我们也不必全盘抛弃量性评定法。任何新事物既要清除过往事物中的颓废因素，又要保存过往事物中的乐观积极因素。那么，我们在教育教学实施过程当中，两者可以宽严相济，并根据随时出现的各类状况创造性地利用。同时，各级教育教学部门要具体负责，建立与新课程相配套的评价机制。总之新课程应该如何开展评价？需要怎样的评价呢？对于这个问题的回答应该是保持高度开放，不断发展的态度的，这将会在未来的教育实践中逐渐地趋于完善。

三、发展性评价

对求学者开展发展性评价就是施教者对求学者的品德思想、学业成果、心理素质、健康素质、态度情感等的发展历程和发展状况开展价值判别的行动。采取的评价目标是：一方面是辨析是非、谬误、正确、获得、缺失，另一方面是可以鞭策、勉励、激发求学者，使之力争上游、发愤图强。对求学者学习评价应坚持的育人理念是以求学者为本的，求学者学习的自觉性和踊跃性被充分调动，聚焦求学者学习过程和学习状态，最终实现新课程的要求。聚焦建构求学者知识能力，助力求学者开展有意义的学习。但当前高中阶段对求学者的评价还有非常大的误区：第一个误区是形式单一的评价。国内对高中学段的求学者的评价，是规行矩步地通过传统的纸笔测试来开展，较大比重地聚焦量化的结论。第二个误区是评价形式过于单一，不能综合地、客观地评价求学者的技能，导致一些非高考科目具备禀赋的或具备个性化能力的求学者不能获得肯定，使得求学者的创新能力、想象能力等无法获取评价。第三个误区是单一的评价内容。长期在应试教育的影响下，主要将基础学科知识作为求学者的评价内容，也就是教材里的知识，而对于求学者的其他方面的表现，如求学者研修的兴致、情感立场、观念价值、创新能力、行动能力、实践探索能力、语言口头表达能力等，这在任何级别的地理试卷中也没有太多的反映。功利性超强的评价，最终导致了单一的评价内容。

（一）单一的评价主体

现阶段，对求学者评价标准和体系的构建主要是由学校来规划和制定的。学校规划和制定的这种评价体系，是一种由上向下的、单向的评价。如此，对求学者评价的“生杀予夺”之权在施教者手里。求学者在学习活动中所持有的道德、伦理和价值观念的正确与否，就全部交由施教者来判别，求学者话语权最终被剥夺。

（二）单一的评价内容，造成了评价的片面性

缺少其他评价者的参与（如缺少求学者的父母、社会、其他求学者、求学者自己的参与），最终带来的评价结果不够客观，不够科学，不够准确，最终使评价的意义大打折扣。此外，评价过于聚焦甄别与筛选，导致获得鼓励、体验成功的仅有寥寥无几的求学者，而求学者成了失败者的却是大多数，丧失学习的兴趣、踊跃性和自信心，甚至可能对少数求学者造成心理反常、人格歪曲。《国家中长期教育改革和发展规划纲要（2010—2020年）》提出：“根据培养目标和人才理念，建立科学、多样的评价标准”。由于以往的对求学者的评价方式表现出诸多的弊端，已无法应对教育改革的需求，因此根据教育教学达成的最终目标，促进求学者全面发展的必然要求就是要针对求学者进行发展性评价。所谓发展性评价，是指在求学者素养发展的基础上，依靠正确、科学的教育价值理念，实施合理的评价方式和评价艺术，充分尊重事实，展开价值判别，帮助求学者逐步认识、逐步完备、逐步发展自己的过程。求学者发展性评价“不在乎证明什么，而在乎改变了什么”是它的主要目的，就是不用甄别区分等级，“赏罚分明”为最终目标，以“人” 的生涯发展为起始点和最终归宿，求学者的个性和需要获得尊重，推进求学者的发展和进步。现将“求学者评价方案”作为高中地理选修课程旅游地理教学过程中的案例，开展新课程背景下求学者在高中地理课程中的发展性评价，以案例为核心，深入实施求学者的发展性评价，实现评价范式的多元化，现将该评价方案设计如下。

（三）多元的评价方案

1. 评价地理思辨能力

地理思辨能力主要是指在地理课堂上体现出来的协作讨论的能力，逻辑性的答疑解惑能力，多视角的见解能力，开放性的创造能力（包括问题论点、资源、新颖的立意、陈述逻辑）。在施教旅游地理的过程中，施教者要尽可能地创设一些能展现求学者地理思辨能力的机会。例如：2018年6月有网友发帖称，在希腊帕特农神庙石柱上，一名中

国游客用中文刻上“×××到此一游”的事件；2019年7月23日法国巴黎一名游客在闭馆期间试图攀爬埃菲尔铁塔不慎摔成重伤的事件；2020年五一小长假期间，全国各地游客在国内旅游景点的不雅行为，可以组织求学者进行主题讨论，并将讨论主题确定为“怎样的旅游才能算文明旅游”，最后让求学者形成自己的观点。再如，针对“部分景区在特殊时间段不收费”和“黄金周期间宁夏镇北堡等景区门票价格提高”等举措，可以组织求学者以辩论赛的形式展开辩论：选择正方的观点为“创造经济效益应提高门票价格”，反方的观点为“创造更高经济效益景区可采取免票措施”。通过这样的主题讨论和辩论场面，确实可以给求学者提供一个巨大的展示自我的舞台，而且这个舞台参与的人数多，既可以考察、锻炼求学者的思辨能力、逻辑能力、敏捷的思维水平，也可以在求学者的诸多方面提高他们的口才、气质、风度等。在讨论、辩论的过程中施教者应时刻注意观察、记录不同求学者的行动表现，并对辩论场所展开适度的调控，对求学者的活动进行适度的引领。

2. 评价角色扮演能力

银川市与南方城市相比经济相对落后旅游资源较少，旅游导游活动也相对较少，但对于有过旅游经历的求学者而言，应该对导游活动已有一定的认识和体验，对求学者来说平时更多的是以游客的身份来体验的，体验导游活动还是相对陌生的。如果让求学者角色转换，来模拟旅游从业者——导游，角色的扮演一定能激发求学者的学习激情，这对求学者来说充满着挑战，从而促使求学者主动学习旅游知识，具备导游的一技之长。可以选择校园作为导游活动的旅游景点，如果条件允许，可以让求学者走出教室，到镇北堡影视城、西夏王陵、贺兰山岩画、平罗沙湖等附近旅游景点进行导游体验活动。可以从写作景点导游词、景点具体景观解说、语言表达能力、导游个人形象、游客评价满意度等维度来评价求学者的模拟导游角色扮演能力。

3. 旅游产业调查能力评价

银川市西夏区拥有较为发达的旅游产业和丰富的旅游资源，也具有较高的开发程度，可供探究的空间较大。首先，我们可以将求学者按籍贯分组，考察旅游资源的分布情况、旅游资源开发程度，考察旅游业中所产生的经济效益。就拿镇北堡来说，西夏区的求学者可以调研的内容很丰富，如镇北堡位于银川市西北部，闻名遐迩的西部影视城就坐落于此，303国道穿镇而过，使其成为贺兰山沿山葡萄酒庄的最集中分布区。历朝历代，镇北堡成为最主要的军事防卫之地，是银川市的陆上门户。镇区内耕地阡陌交通、林网密布，是个典型的塞上江南美地。镇北堡中的漫葡小镇被誉为塞上江南品酒胜地之一。它的西南有贺兰山主峰“敖包疙瘩”，还有“笔架山”等诸峰，与夏季山麓翠绿的葡萄园、葡萄酒庄相映成趣，构成千姿百态的迷人景观。也可以调研镇北堡古镇与军事防卫之间的关系，或者调研镇北堡葡萄酒节。而金凤区月牙湖乡的求学者可以调研的内容也比较丰富。如月牙湖乡地处银川市东部，东临黄河，有滨河大道穿境而过，交通便利，是黄河边最重要的村镇之一；月牙湖周边地区拥有悠久的历史文化和独特的自然风光，辖域内有黄沙古渡景区、水洞沟藏兵洞景区、滨河水上乐园景区等。求学者可以任选一个景点进行调研，也可以全面统计。“求学者调查报告”不求包罗万象、高屋建瓴，应予积极鼓励，前提是求学者有真情实感的经历。根据求学者调研的参与度、准确性的报告应给予一定的正面的评价等。

4. 旅游特色工艺品

手工制作的工艺品更让求学者们乐此不疲。在旅游地理教学上可以给他们创造更好的机会，鼓励求学者结合自己家乡的旅游业的特点开展小制作，内容可以是丰富多彩的、琳琅满目的。如以月牙湖乡为例：由于黄河边盛产柳编原料河柳和沙柳，也有非遗的柳编传承人，可向民间柳编艺人讨教，设计制作以沙柳、河柳为原料的具有柳编特色的旅游纪念品，同样名声在外的还有黄河水产制品、柳编系列产品、剪纸作品等，这些产品都可以做土特产品的包装（盒装、袋装）设计。可参照现有旅游宣传画，自行设计个性化旅游宣传画，用于黄沙古渡漂流或滑沙，有条件的还可制作成宣传 PPT 课件、个性宣传片、拍摄微视频等。通过求学者亲自动手制作，在锻炼求学者动手动脑能力的同时，也能让求学者更直接、直观地体验和体会旅游这件事。求学者在制作过程中，一般要查阅一些资料，这样一来就培养了求学者收集信息的能力，增加了课本中一些没有的知识。不要只看重求学者作品是否精美，而要看立意，主要看是否有创意。评价人可以是地理施教者本人，也可以请校内的音乐老师、美术老师、技术老师参与评价。或者让求学者自己组织评价，把评判的权力完全交给求学者也是一种好办法。

5. 设计旅游出行方案

在求学者平常随父母的出游体验中，可能更多的是由旅行社设计旅游线路、开展旅游活动的安排，这样的出游可以省时省力，缺点也是显而易见的，就是费用较高，旅游的舒适性不能完全让人满意、旅游的自由度也不够充分。所以，部分个人或家庭开始自行组织旅游活动，这就涉及旅游出行方案的设计问题。而旅行出行计划的设计非常复杂，包括了精心准备的旅行物品、选择合理的交通运输工具、住宿和饮食问题的解决、旅行过程的安全保护、出行过程的天气状况考虑、各类开支的准备和节省开支的详细的规划，以及旅行路线的规划，设计旅游线路、规划旅游目的地和熟悉了解旅游资源等，诸如此类。求学者可以在教学过程中组成几个虚拟旅行团，尝试进行旅行计划的设计体验。具体操作可以采取两种方式，一种是选择共同的目的地和共同的闲暇时间，如出发地为银川，目的地为固原六盘山红色纪念馆，时间是 7 月暑假的任一周内的三天两夜，各小组自行设计出行方案，评判哪个组的旅游出行方案是最好的。另一种是旅游出行方案的规划设计，可以由各团队自行选择旅游目的地，利用闲暇时间进行。最终的评价标准可创设为：行程准备充分程度，行程规划合理程度，行程安全程度，行程合理程度，出行费用经济程度，旅游产品数量，旅游产品质量，出行舒适度（主要针对衣、食、住、行等）等方面的内容。

6. 旅游小论文撰写

旅游小游记、小论文、小心得等就讲究一个“小”字。施教者事先作出对求学者的相关指导。施教导学方向和求学者所能达到的理想目标：能够有机地融合论据、有确定来源的论点、有条有理的逻辑分析能力，最终在较多材料中、综合分析整理出清晰的观点。要有多元化的方向，可以探讨旅游资源的成因（同时可以推动地理学科的研究），或者给旅游资源设计开发方案，也可以探讨一些旅游现象，比如文明旅游，探索旅游资源和旅游背景的保护关系的开发，这些都是我们在做旅游资源研究的时候需要注意的。小论文、小游记、小感想等的评价是开放的，脉络清楚，获得大家都认可的方案就可以了，评价标准放宽，不必像专业论文那样作很严的要求，也不必要求面面俱到。对求学者多样化的评价避免了用单一的纸笔测验评价范式所带来的弊端，求学者表现出对旅游地理学习兴趣的增强，激活了求学者自主探究、主动思考、主动创新的积极性，使求学者的综合素质得到最大程度的提高，达到了新课程理念所提出的发展目标。最后可以使用量化方案来实现终结性评价。但量化方案要注意合理设计、全面统计、要有科学准确的统计方法，能体现求学者的综合素养，能对求学者起到鞭策作用，助推求学者更好地发展。可以使用以下各单项评价结果进行综合考量，设计量表 1。

表 1 “旅游地理”发展型求学者评估量化一览表

测评项目	测评分值	测评档次			测评成绩占比 /%	小组评价	自评	施教者评价
		优	良	合格				
地理思辨力					10			
角色扮演					20			
社会调查					10			
特色小制作					10			
出行方案设计					10			
撰写小论文					10			
期中笔试成绩					10			
期末笔试成绩					20			

在以上表格中，最明显的特点是量化考核区别于传统的评价方案，极大地缩小了笔试成绩所占的比重。根据上述类似的权重关系，就可以使施教者和求学者真正开始把注意力集中在获取创造能力、创新能力、探索能力、协作能力、动手能力、实施能力、实践能力等综合素质，尤其是各种技能的获取。但也要注意到，不必过于凸显量化表的最终数值的作用，量化考核表也仅仅是一个参考量表。否则，对考分稍低的求学者会有影响，会挫伤求学者的积极性。另外在这个量化方案中也会体现出过程性考查和终结性考查相结合。对求学者的评价，既要聚焦他的学习成果，又要聚焦他的成长进步过程，还要创设一个科学评价求学者的研修过程。多元化的评价体系，每时每刻、全局性地关注求学者的知识与技能、方法与过程、情绪与立场等各个维度，把评价的聚焦点放在求学者为达成目标要做的努力过程中，围绕求学者在整个研究过程中的表现和立场的变化，及时回应求学者的研究状况，引导求学者的学习方向和发展方向朝着适合自己的职业发

展方向前进，这是求学者们最应该准备的。在课堂内外施教中，施教者对施教活动中求学者反馈的各类的信息开展实时、精准、科学、客观、公平、公正的评估，使求学者科学、准确地预估自己的研修效果和技能发展，找准奋斗方向。另外，评价要见有针对性，强化时效性，如此求学者才能够对疏漏展开实时的反思，才能持续地开展探讨和思考，从而推进课堂教学质量的持续深化、提高。

参考文献

[1] 王金华.新课程理念下如何解决英语词汇的教学问题[J].中外交流,2018(2):13-14.

[2] 张明星.科学课程与教学论网络课程的开发[D].重庆:重庆师范大学,2008.

[3] 王善平.发展性高中地理学习评价探析[J].江西教育,2019(6):20-21.

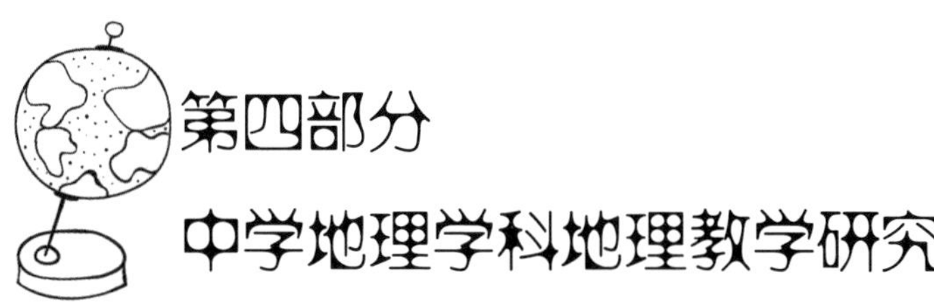

帮助求学者在结构化施教地理学科中的思维进步

在“双减”背景下，“负担减轻、质量不减，负担要减、质量提升”已经成为所有学段教育工作者的基本共识。那么减负工作的主战场、主阵地应该在哪里才能在教学实践中做到有效的教学实践呢？笔者认为减负工作主要的战场是在课堂上。某些高中地理施教者通过长期实践发现，如果忽视地理学科的育人价值和求学者地理学科思维品质的发展，对日常高中地理教学的现实价值选择，仍然停留在传授地理基础知识，而忽视地理学科的教育价值时，结构化教学效果就会大打折扣。结构化施教有益于增强高阶思维能力的培养，如会思考、能反思、敢质疑，有效提升为新时期高中地理课堂施教质量，提高求学者的思维质量，赋能增效。简单地说，学习结构就是学习事物是怎样相互联系的。高中地理学科结构化教学是依据地理知识形成的自然和人文规律以及高中求学者认知的发展规律，地理学科各要素之间的相互联系，使其逐渐转变为普通高中求学者认知结构的教学方法。结构化的高中地理教学要从整体的视角出发，把握地理学科基本知识点之间的内涵，并体现在地理学科课程教学中的各要素之间的联系，如行为关系、教学方法、学习方法等，从而助力求学者准确把握高中地理基本知识点的内涵本质，求学者能积极主动地确立地理认知，生成系统的知识结构。高中地理学科结构化教学是指地理学科施教者站在系统的高度，以整体联系为核心，依据其内在的逻辑关系、逻辑次序，对地理基础知识进行统一整合，形成知识和思维结构的过程，是高中求学者对地理学科知识构成和学习地理的思维方法进行全面的体验和理解，从而为其建立起比较完善的地理认知结构和思维结构，培养求学者的结构化思维，提高地理学科施教者的教学能力，发展地理学科的核心素养，从而为高中求学者建构起比较完善的地理认知结构。比如，笔者在讲授《高中地理必修 2》中“中国的可持续发展”一节内容时，就采用了思维结构模式的逻辑推演方法来讲授我国走可持续发展道路的必然性问题，做到了既简便易行，又有利于求学者学习的有效方法。我们国家必然要选择的一条路就是为什么要走可持续发展的道路。笔者通过以下的结构来帮助求学者解决问题。

庞大的人口压力

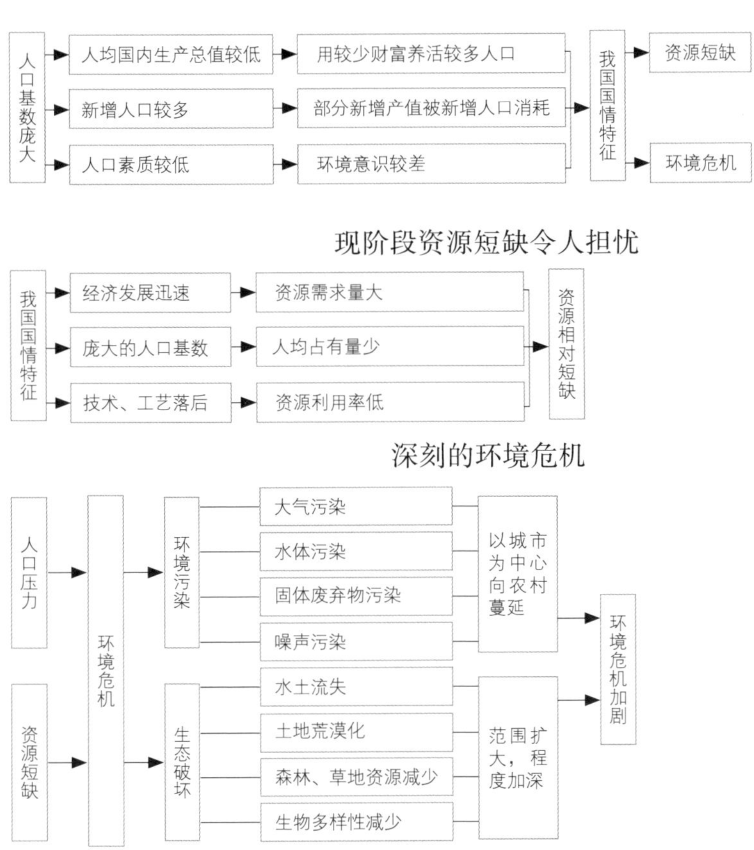

对于求学者来说，这样的结构化教学来得更加直接、更加简单，有利于求学者的认知。那么，对于地理结构化教学，普通高中地理学科施教者应该怎样开展呢？下面笔者谈谈自己的看法。

一、打通知识的前后联系与因果关系，拓展思维纵深

从地理教学的操作层面讲，学科施教者首先要确定自己的教学内容，特别是基于地理课程的大单元教学设计，更需要熟悉整个地理学科各学段教材的编排体系，梳理出教材各个单元知识之间的横向联系与各学段之间的地理教材内容的纵向联系。在开展地理学科教学之前，学科施教者首先要做的是要深入探究自己所教授的学段求学者已有的地理基础知识，以及地理基础知识掌握的程度，然后以此为基础思考决定怎样的教学步骤、怎样去教，并科学地设计教育过程，选定科学的、合理的教学方法。各学段求学者需要了解的地理基础知识，不是单一的、割裂的存在，前后不同学段都有紧密的关系，地理学科施教者只有理顺了这种关系，才能更好地掌握在这一认识发展中每个阶段的地理学科教学目标。听完一节教研示范课“地貌的观察”后，笔者不由得陷入思索，即怎样进行结构化教学来培养求学者的观察能力、思维能力、地理计算能力呢？这是一节新授课，通常的教学做法是地理学科施教者按照常规的教学方法，会先让求学者通过小组合作回忆本单元学习了哪些关于地貌的知识，有哪些知识需要提醒求学者格外注意。在讨论交流环节，学科施教者会让求学者说出学过的地理知识点，再由施教者点拨补充地貌知识点，最后由学科施教者提供相关的问题，让求学者进行实践锻炼。这就是一般上这类地理课的教学模式，但是深思熟虑之后觉得，对于培养求学者的逻辑思维能力和地理学科的学习能力，这样一堂新的教学又能起到什么样的帮助呢？但地理学科施教者的做法还是给了笔者很好的示范，地理学科施教者并没有匆匆结束教学，而是提出一系列的地理问题，组织了如何观察地貌和现阶段学习过的主要地貌有哪些，它们形成原因是什么，把以前学过的知识整理复习一遍。地理施教者在课堂上把以下的问题向求学者提出，使它们形成了一个问题链条：您认为这堂课哪些知识点衔接比较紧密？它们之间又有怎样的联系？本节课中哪些知识点容易混淆，是需要我们注意与区分的？这种问题链式方法是运用系统的思维方式来组织地理课堂教学的，这样可以助力求学者形成整体的地理知识结构。以地理学科知识为载体，按照求学者知识学习的基本规律，使求学者能够身临其境地将地理学科的教学内容从深刻性、灵活性、批判性、全面性等方面进行充分结构化的过程，从而达到激活和激发求学者思维的内在动力，培养求学者综合思维能力和逻辑思维能力，达到提升核心素养的目的。

二、强化横向联系地理知识，拓宽求学者的思维广度

首先，地理施教者搞清楚，地理学科知识横向联系的掌握重点在什么地方。其实地理学科知识的横向联系就是在于通过地理知识点的迁移，使求学者综合运用地理科学的思想方法，将地理知识用一条链条紧密地串联起来，使零散的、碎片化的地理学科知识建构成一种有机联系的整体认知系统，从而达到有效助力高中求学者掌握地理学科知识的科学的学习方法。只有充分挖掘地理基础知识之间的横向联系，才能帮助求学者从这个角度出发，举一反三，帮助他们掌握思维的主动权。所以课堂教学要按照求学者在课堂上的思维轨道科学地进行，这样才能对求学者的地理学科思维进行有效的启迪，对高中求学者的地理逻辑思维进行训练，增强高中求学者的地理学科关键能力。纵观地理教材，其内容既有自然地理的教学内容，又有人文社会科学的教学内容，兼有文理学科的特点，知识体系已涉及各学科的知识，如政治、语文、数学、物理、化学、生物、历史、音乐、美术、体育、计算机等，地理教学的开展要深入挖掘各学科知识与地理学科知识之间的横向联系，从地理学科知识的横向上到底是如何联系的，笔者将其梳理如下：

1. 在地理教学中应用的语文知识

（1）在学习“地球的宇宙环境”中天体和天体系统时可以利用“宇宙里有什么”这篇课文作为授课的情景引入。

（2）引入语文《两小儿辩日》课文，让求学者思考文章内容哪些讲了气温的变化，以及太阳高度角是影响热量的主要因素是什么内容表达出来的。

（3）课文《向沙漠进军》描述了人类土地资源的合理利用及其保护之间的关系，如何体现了“人对地”的影响。

（4）课文《石油的用途》描述了石油和天然气形成、作为资源的特点以及对生产生活的影响。

（5）“春风不度玉门关”是一句描写边塞凉州（今甘肃省武威市）雄浑壮美、凄凉孤寂的诗，出自唐代王之涣的《凉州词》。戍边将士怀乡情是王之涣的诗表达的情怀。虽然竭力渲染屯兵不还乡的怨气，但丝毫看不出半点颓丧、郁郁寡欢的样子。“春风不度玉门关”表明，非季风区的玉门关深居内陆，不受海洋季风影响，降水量稀少，山清水秀、气候干燥，是处于温带大陆性气候区的玉门。唐代诗人李白“朝辞白帝彩云间，千里江陵一日还，两岸猿声啼不住，轻舟已过万重山。”描写长江三峡地势险峻，河床落差大，水流湍急，行船穿行于巫峡、瞿塘峡、西陵峡时飞驰而过的景象。“人间四月芳菲尽，山寺桃花始盛开”，人间四月天，山寺桃花始盛开，诗中描写表现出地理环境的差异性，也说明四月的平原地区已到暮春，而四月的山上正好是春天，说明垂直方向上植物生长受到气温变化的影响。“早披裘午披纱，持灶食西瓜”，在海陆位置的影响下，深居内陆的西北地区的大陆性气候特点，气温日变化较大的状况，都在文字叙述中得到了生动形象的体现。“黄河之水天上来”，既写黄河水补给的种类，又写老百姓在黄河下游筑堤拦水，使河面景观地面比河床高出近十多米。伟大领袖的诗句写道：“北国风光，千里冰封，万里雪飘”——把我国北方冬季的自然风光描绘得栩栩如生。“草长莺飞二月天，拂堤杨柳醉春烟”，这一句写春天里的大自然，写出了乡村特有的明媚迷人的春景，使读者在感受万物复苏、欣欣向荣、春意盎然的气息的同时，更早地感受到了南方春天的到来。“敕勒川，阴山下。天似穹庐，笼盖原野”，敕勒川，阴山下，说的就是敕勒川的地理位置，敕勒人活动的场所——阴山脚下的大平川（大平川）。“川”，是两座山之间的一块平地，也就是我们通常所说的“一马平川”，泛指平原。“阴山”即大青山，位于今甘肃北部，内蒙古自治区境内。此诗仿佛让人看到了辽阔的大草原——内蒙古草原。“会当凌绝顶，一览众山小”，热情歌颂泰山高大伟岸的气势和地质构造上属于块状山地的神奇秀丽风光，通过描绘泰山雄浑壮美的气象，流露出对祖国山河的挚爱之情。“八月湖水平，涵虚混太清。气蒸云梦泽，波撼岳阳城”，先点明时令，时值“仲秋”，湖水在堤岸上快速上涨，可见当年秋汛汹涌，只见湖水涨溢，已漫出湖岸，造成湖水水位和湖岸岸线一样高的景象，诗中描写的是洞庭湖山水，烟波浩渺，云雾缭绕，碧波荡漾”“坐地日行八万里，巡天遥看一千河”，指赤道周长 $c=2\pi r=2\times3.14\times6371=40\ 000$ 千米 =80 000 里，即赤道周长 4 万千米。

2. 在地理教学中应用的数学知识

（1）时区计算。由于地球自西向东自转，所以在当计算地时的依据为“地球自转，东早西晚，1 度 4 分，东加西减，斤斤计较，分秒必算”。计算方法：地球自转，东加西减。

（2）日界线的划分。由于地球的自转，一般地球上有两个日期，一天中的零点和二十四点的界线，称为自然日中线我们在换算时间的时候都会涉及日期的变化。

（3）本初子午线。即 0° 经线或格林尼治子午线，是一条由英国格林尼治天文台穿过的连接南北极的弧形。本初子午线东西两面，确定为东经度、西经度，它和 180° 经线组成一个经线圈。本线不分东西半球，而是划分东西向的经度，划分东西向的时区界线。

（4）图中比例尺计算。图幅变化用缩放的比例尺计算。如表 1。

表 1　为比例尺计算，图幅变化用缩放的比例尺计算内容

比例尺变化	变化后的比例尺	变化后的图幅
将原来比例尺放大到 n 倍	为原来比例尺的 n 倍	放大后的图幅为原来的 n^2 倍
将原来比例尺放大 n 倍	为原来比例尺的（n+1）倍	放大后的图幅为原来的 $(n+1)^2$ 倍
将原有比例缩小至 $\frac{1}{n}$ 倍	为原来比例尺的 $\frac{1}{n}$ 倍	缩小后的图幅为原来的 $\left(\frac{1}{n}\right)^2$ 倍
将原来比例尺缩小 $1/n$ 倍（$n>1$）	为原来比例尺的 $\left(1-\frac{1}{n}\right)$ 倍	缩小后的图幅为原来的 $\left(1-\frac{1}{n}\right)^2$ 倍

（5）太阳高度角计算公式。H=90− 两点纬度差。两点纬度差的计算遵循“同减异加”原则，即如果两点同在北半球（南方），则两点纬度“大数减小数”；若两点分属南北半球之别，则两点之纬数相加。如图 1。

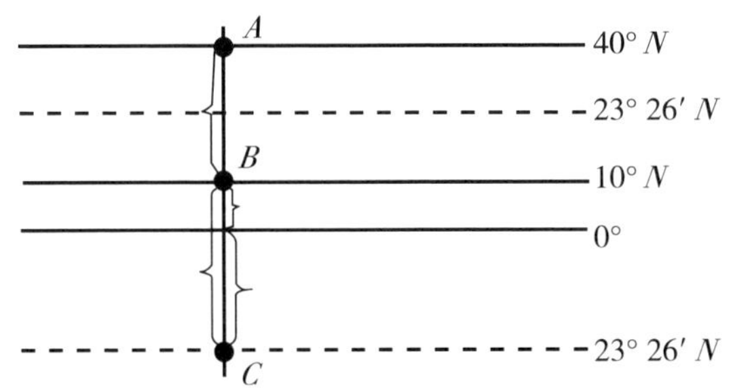

图 1　太阳高度角计算方法示意图

计算 A 点（40°　N）的正午太阳高度：H=90° −AB 纬度差 =90° −（40° −10°）=60° ，这是当太阳直射到 B 点（10°　N）时，计算的结果。如果计算 C 点（23° 26 ' S）的正午太阳高度：应该是 H=90° −BC 纬度差 =90° −（10° +23° 26　'）=56°　34　'。

（6）地球运动。地球的自转和公转。在地球自转过程中，角速度与线速相映成趣。公转中平均转角速度的问题，线速度与通过面积相等的问题在相同的时间内发生。

3. 在地理教学中应用的物理知识

（1）太阳及其所处的八大行星的特征（共面性）。行星绕日轨道大致为一个平面，其中与其他行星的轨道面夹角较小的地球绕日轨道面称为黄道。八大行星的运动特征（近圆性）：这颗行星的轨道形状大致为围绕太阳公转的圆形。

（2）太阳能量（物质和能量的核聚变）的来源。太阳的能量来自核聚变，四个氢原子聚变为一种含 7‰ 质量损失的氦气原子，是核聚变效率最高的原子。聚变比起化学物质燃烧的能量，其产生的能量要高出几千万倍之多。

（3）太阳辐射波长。主要为 0.15~400 微米，其中辐射波长最大的平均为 0.5 微米；辐射波长以 3~120 微米的地面和大气为主，其中辐射波长最大的平均为 10 微米。习惯上把前一种称为短波辐射，后一种称为长波辐射。

（4）大气成分、层次分明。干空气中的化学成分是指不含水汽的大气成分。其中氮气约占空气干燥量比的 78%，比例最大。氧气紧随其后，约占空气干燥量的 21%。剩下的 1% 是由惰性气体、水蒸气、二氧化碳、甲烷等各种其他气体混合而成。在干洁空气中除了惰性气体，其他气体的浓度和停留时间呈正相关的关系。

（5）海、陆、空热量差异较大。海水的热容比陆地大，所以夏季陆地比海洋的升温幅度要高得多，这就造成了海面温度比陆地低，近地面气压值比陆地高，风从海面吹向陆地，在较大的水平气压梯度作用下，造成了夏季海洋季风现象的发生。由于大陆的比热容远小于海洋，所以大陆热量损失的速度远快于海洋。这样就造成了秋冬季节陆地温度低于海洋，近地面的大气压值也超出海洋，风从大陆吹向海域，在水平压梯度力作用下形成冬季陆地季风，因此地理学科的学习就要了解物理学的热容概念。物理学中把物体吸收、存储热量的能称之为热容，而地理学科中海陆热力差异就是造成东亚季风气候的主要原因。例如：我国位于亚欧大陆东部，面对世界上最大的太平洋，向西背靠亚欧大陆，这是世界上最大的大陆，从而形成了太平洋与亚欧大陆强烈的海陆热力差异，所以气候季风性特征在我国东部是显著的。

（6）饱和空气的水汽含量。即使在夏季雨季降雨前，大气中水汽（气象学中把空气中的水蒸气和漂浮的液态水珠统称为水汽）是非常多的，这时空气湿度很大，当时的相对湿度也仅仅有 90% 多，远没呈现出饱和状态，所以一般近地面靠地表水蒸发、土壤蒸发、植物蒸腾等导致空气中水汽饱和的状况基本上不存在。那么为什么有时候空气中的水汽会饱和呢？这往往与水汽凝结的条件有关。如果空气温度下降或气流上升，空气能容纳水汽的能力降低，这时空气中的水汽就可能达到饱和状态，使多余的水汽凝结在一起，这时水汽就会发生冷凝现象。如果水汽凝结发生在热的潮湿空气环境中恰逢气流上升，湿热空气上升到高空的过程中就会形成降水；如果在近地面发生水汽凝结（例如近地面晚上气温骤降），那么水汽就会凝结成露。因此（在气温骤降或气流上升）的状况下空气中的水汽会饱和。

（7）能量的转换和传递。例如植物光合作用的过程就是能量的转换和传递的过程。

（8）太阳能的利用。例如我国太阳能资源丰富，在居民生活中应用太阳能采暖也发展迅速，生活中的减碳、节能效果非常明显。据研究在居民住房建筑能耗构成中，约 75% 的能源消耗在建筑采暖，供应热水。如此将建筑降低能耗技术与太阳能收集转化利用相结合，可以显著减少能源消耗，提高资源的利用效率，产生规模经济效益。同时也可以减少能量消耗所产生的环境污染，产生环境效益，这是节能途径中非常有效的建筑节能。

（9）关于洋流密度在海水运动中的形成。这一点要用物理上最小的体积和最大密度的知识理解，即 40℃的温度下的水体积最小。

（10）地震知识的理解。地理科学把地震波分为纵波和横波，这是物理学上抽象出来的事物震荡的方向与波的传播方向是一致的，波在一条直线上。横波是质点振动的波，物理上垂直于波的传播方向。如果按照物理学的要求把人看成是地面上的一个质点，那么先到的纵波到了地面给人的感觉就是颠上颠下，后到的横波到了地面给人的感觉就是左晃右晃。

4. 在地理教学中应用的化学知识

（1）矿物类（同素异形类，石墨类，金刚石类）。矿物一般由内部质点（原子、离子）有序排列的自然界产出的均匀固体。矿物的化学成分是一定的，是可以用化学式呈现出来的。所谓自然产出，指的是地质作用形成的地球矿物。

（2）煤、石油、天然气的利用。煤的形成是地质历史时期古生物在被微生物分解之前腐败被埋在地层下，逐渐转化成泥炭，然后逐渐转化为褐煤，然后转化为次烟煤，之后转化为烟煤，无烟煤是最后的转化。煤的生成是生物的碳氢化合物在地壳运动过程中，即煤炭是沉积岩中的植物化石，在压力和一定温度条件下作用于空气所产生的碳化矿物。例如我国四川的若尔盖湿地中蕴藏的泥炭资源就非常丰富。

（3）生物燃料方面的情况。沼气是动物和植物有机质在厌氧条件下，经微生物分解、发酵而产生的可燃气体，称为沼气。由于这种气体最早发现于沼泽，人类称其为沼气。现代人们把它们封闭在沼气池中，利用各种有机物原料，如人畜粪便、秸秆、污水等，利用各种厌氧条件使之发酵，分解转化出多种生物发酵微生物，使之在密闭的厌氧环境中产生沼气。沼气是一种可燃性混合气体，既可燃烧，又可广泛应用。

（4）大气污染形成的酸雨。酸雨科学的名称是酸性沉降，是指在雨雪雾雹等大气中，降水 pH 低于 5.6 的沉降。分为“湿沉降”和“干沉降”两大类，湿沉降包括受重力作用降落到地面的所有气体状污染物或固体粒状污染物，如雨雪雾或冰雹等水的相变形态。干沉降是指在空气干燥无雨的天气中，由于重力作用，固体颗粒灰尘所带的一些酸性物质从空中降下来。

（5）海水的含盐量（化学学科中溶液的溶解度大小，溶质是什么？海水的浓度是什么？）。海水盐度通常以世界大洋平均盐度为 35‰的海水中盐类物质的质量分数来表示每千克海水中所含盐类物质的克数，即海水中所有溶解物的固体与海水重量的比值。这里面有哪些化学溶质的问题呢？浓度问题，溶解度问题呢？

（6）应用化学学科复分解反应原理。分布广泛的石灰岩经溶蚀作用造成溶洞、钟乳石、石笋、石柱等的形成。$CaCO_3+CO_2+H_2O \rightarrow Ca(HCO_3)_2$，石灰岩（$CaCO_3$）溶于暖湿环境后形成可溶于水的重碳酸盐（$Ca(HCO_3)_2$），$Ca(HCO_3)_2$ 溶于水的形成溶液随水地表水流失，经较长时间逐渐形成岩溶地貌，如喀斯特地貌等。由于环境压力下降或环境温度升高，$CaCO_3$ 溶洞中的石笋、钟乳石、石柱等由于重力作用沉积而形成，$Ca(HCO_3)_2$ 因环境压力下降或环境温度升高，使 CO_2 散失。如我国的云贵高原就有广泛的可溶性石灰岩分布。

5. 在地理教学中的应用生物知识

（1）自然界中流通的水（植物蒸腾效应）。蒸腾作用是植物水分以气体状态从有生命的植物体表面（主要是叶面）逸散到大气中的过程，它不同于物理上的蒸发过程，它是一种复杂的生理过程，不仅受其周围环境条件变化的影响，而且植物自身也会调节和控制水分的散失，因此植物体暴露在大气中的所有表面上。植物体在空气中的散失过程中，在植物幼苗时期，也可以在大气环境中蒸腾水分。因此，是植物水循环的主要环节之一，植物在生长过程中也会发生这种现象。

（2）生物化石形成。化石是指古生物遗存和生活遗迹甚至是古生物成因的残余有机分子，保存在地质历史时期陆地沉积盆地或海洋浅海环境的沉积岩层中，例如求学者熟知的恐龙化石、三叶虫化石等，依照这些化石人们可以讲古论今。

（3）地壳演化史方面的问题。从远古形成至今，地球的运动每时每刻都伴随着地壳的运动，地壳的运动造成了地壳结构的不断变化，地壳的运动有哪些反应？人们可以直接感受到地壳的运动是什么呢？即地震。人是不容易觉察到的，而且地壳运动比较普遍，时间长了，行动慢了，那么人类又如何能够做到呢？答案是人类必须借助现代化的观测仪器长期观测才能发觉。比如科学家通过长期的大地水准测量和收集数据发现，直到今天，巍峨的喜马拉雅山脉还在不断上升，每年上升的速度在 0.33 ~ 1.27 厘米，而且这个高度还在不断增长。

（4）生物在地理环境形成过程中发挥的效应。地理环境的产物是生物，生物对地理环境的形成、演变和发展起着至关重要的作用，主要表现在以下几个方面：①生物使自然界化学成分在地理空间上发生迁移。自然界中的化学元素发生运动、迁移、循环或更替等现象，由自然界植物、动物和微生物的共同作用，其结果包括：A. 通过光合作用，绿色植物将无机物合成有机物质，实现能量转化。B. 植物在食物链中的产出，把食物带给动物，带给微生物。C. 动物和植物不断地消耗有机物，通过自身的呼吸作用，使有机物的一部分转化为无机物，并在无机环境中散生出来。D. 通过各种微生物的分解作用，把动植物的有机残体或废物中的各种化学元素以无机物的形式输入环境中。②有生物生命活动参与的大气、水圈、岩石圈的转化。A. 生物效应使大气层的构成变得复杂起来。原始大气的主要成分是 CO_2，甲烷，氢气，氨，但氮和氧不是。地球演化过程中生物生命活动的深入参与，造成大气中氮氧含量大量增加，但演化过程中逐渐演变为当今空气中化学成分的构成状况，其中二氧化碳含量显著上升，因此生物生命活动在地球演化过程中的深入参与，使得大气中氮氧含量大量增加。一般认为，由于绿植的光合作用，不断产生氧气的富集；氮的来源有两部分，一部分是各种氮化物因细菌分解而释放出来的，另一部分是从存在于原始大气中的氨，氨中分离出来的。二氧化碳存在于原始大气中，它的一部分通过光合作用参与了有机物的合成，更多的二氧化碳却被海水和海洋中的藻类等各类生物通过吸收、溶解、沉积消耗了。B. 地球上的地表水和地下水的化学成分也是生物所限制的。这主要表现在有机体利用其根系在代谢过程中对水中存在的一些化学元素和化合物进行吸收，然后生物也会将另外一些化学元素和化合物释放出来。C. 生物加速裸露岩石的风化，通过生物分化作用促进土壤的生成和发育。

（5）生态系统和生态均衡状况。生态系统平衡是有时间性的，是指在一定时间内，包括稳定的结构定式、稳定的功能和稳定的能量输入输出等生态系统中的各个组成要素，如生物与环境之间、生物与生物之间经过相互作用而最终达到的相互协调、稳定的状态，其平衡不是静止的平衡，而是动态的平衡。

（6）自然保护区条件。自然保护区是指对其所在的陆地、陆地水域或海域，划定一定区域，对其实施依法特殊保护和管理的保护对象。重点保护具有代表性的自然生态系统，如自然集中分布的珍贵、濒危野生动植物物种以及具有特殊意义的自然遗迹等。自然保护的分类实际上是根据建立自然保护区的目的、要求和区域本身所具备的条件差异，划分出多种类型的自然保护区，是以建立自然保护区为目的和要求的，是以区域本身所具备的条件差异为依据的。按主要保护对象分为生态系统类型保育区、生物物种保育区、自然遗迹保育区三大类；按照保护区的性质可分为四类：一类是自然科考保护区，一类是资源管理区，一类是国家公园（即风景名胜区），另一类是管理区；按照保护区的性质划分，分为保护区内的资源管理区、国家公园（即风景名胜区）。

（7）世界各地渔场的形成（鱼类资源的生活习性）。鱼类主要分为两大类，一类是海洋水域的鱼类，另一类是陆地水域的鱼类，这类渔场的形成主要是海洋水域的鱼类。由于鱼的种类不同，不同的鱼在生理特性、产卵时间、生活特性、觅食的食物种类、采食规律、栖息环境、水层等方面都有不同的差异，鱼的特点也是千差万别。大陆架海域为海洋鱼类聚集的海域，寒暖流交汇，寒流上升海域对鱼类有益。例如我国的渤海渔场就为大陆架海域。

（8）植物对环境的指示作用。由于植物是自然环境的一面镜子，植物对周围生存环境的依赖性很强。如生长在我国长江流域的芒箕，对土壤环境有很强的指示作用，如酸性红壤；骆驼刺，生长在西北，预示着少雨，环境干燥；碱蓬生长在碱性土壤环境中最为有利；芦苇，生长在湖沼中的湿生植物，能茁壮成长，对水湿环境有指示作用。例如贺兰山山坡上的灌木长成的旗形树冠，就与迎风坡的风力有密切关系。

6. 在地理教学中应用的历史知识

（1）地震（地震仪的发明与观测）。阳嘉元年即公元 132 年，时任太史令的张衡发明了世界上最早的地动仪，又称候风地动仪。史籍《后汉书 · 张衡列传》记载：以精铜铸成，圆径八尺，合盖隆起，形似酒樽，饰以篆文山龟鸟兽之形。中有都柱，傍行八道，施关发机。史料记载，地动仪中有都柱，临八路而行，安以闭关之机，安有开关的机关，作为地震时启动之用。

（2）三次科技革命。18 世纪末，由于蒸汽机的发明和使用，第一次科技革命发生了。19 世纪末，人类发现了电力，开始在生产和生活中使用电力，这引起了第二次科技革命。第二次世界大战后，引发了第三次科技革命，特别是最近几十年来，计算机、能源、新材料、信息技术、空间技术、生物技术等一批又一批新兴技术纷纷涌现出来。第三次技术革命具有新的、重要的特点，无论在深度、规模和影响上都远远超过前两次，这是一次超越人类想象的重要革命。

（3）国际人口迁移。定义上为国际人口迁移，是跨国界或特定区域的人口迁移。如果从其迁移动机来分析，可以概括为由于政治原因导致的国际人口迁移和由于经济原因导致的人口国际迁移。由于国内动荡不安，这种动荡由国内战争、政治变革以及国内的宗教派别之间或社会团体之间的矛盾纷争而引发的，这为政治原因引起的迁移。这种人口迁移往往是被动的，也称为被迫迁移。经济迁移往往是由于经济贫困导致的。这类迁移一般由个人的意愿来决定是否迁移，迁移的目的主要是为了获取更好的经济收入、医疗条件和教育条件来改善经济地位。

（4）城市的形成与发展。以城市的出现为主要标志，随着社会进步与发展，人类逐渐走向成熟，走向文明。“有市”与“有城”形成的先后次序如何？城市的起源从根本上说，有两种类型，因“有市”而“有城”和因“有城”而“有市”，先“有城”而“有市”是城市的形成先有城再有市顺序，而先“有市”而“有城”是城市的形成先有市再有城的顺序。城市是在市场的基础上成长起来的，这种类别的城市常见于战略要地和边疆城市，因“先有城”而后“有市”，如直辖市天津起源于天津卫。因“先有市”而“有城”，则是因墟市的发展而形成的城市，即先发展市场后发展城市，这类城市相当常见，是人类经济达到相当阶段的产物，也就是先发展市场后发展城市，这类城市从本质上讲，是由于城市的发展，即人类经济成长到相当阶段后发展起来的城市，商品的交换中心和集散中心。

（5）世界四大文明古国。从地图上不难发现，古代文明古国的兴盛之地都位于亚热带和暖温带的大河流域，即北回归线和北纬 35° 之间。亚热带、暖温带一方面为人类和农作物的生活和生存提供了极佳的气候条件，另一方面，尼罗河、黄河、恒河、底格里斯河和幼发拉底河都为农业发展提供了充足的水源和肥沃的冲积土壤，再加上河流有利于水上交通运输，从而促进了农业经济的繁荣。因此，在经济发展中，尼罗河、黄河、恒河、底格里斯河、幼发拉底河影响了农业的发展。尼罗河，黄河，恒河，这三条河流对人类文明的塑造产生非常大的影响。

7. 在地理教学中应用的人口教育

（1）人口增长。人口增长率的计算是由人口自然增长和一定时期内的机械增长所导致的人口增长的比率，这是有时间限制的（通常是 1 年以内）。人口迁移到底会不会因为多种因素的综合导致人口总量规模的变化呢？回答这个问题，就要考虑一定的地域条件。比如，对于宁夏回族自治区来说，如果不考虑跨省迁移，那么这个迁移不会引起宁夏人口总量的变化，所以这个时候人口的增长速度和人口的自然增长速度是相等的，尽管宁夏的银川市和固原市、石嘴山市之间，永宁县和海原县之间有频繁的人口迁移。其计算公式为：人口增长率 =（年末人口数量 – 年初人口数量）/ 人口总量 ×1000‰。从一个国家或者一个地区来看，人口的增长里面包含着人口自然增长，也包含着人口的迁移的增长。从全球范围来看，人口增长只包含人口的自然增长，这种情况下的人口增长速度是指人口的净增长率。

（2）人口分布特征。在一定时期内，一定的人口空间中存在的形态和状态，叫作人口分布。它包含了不同地区人口总量的分布情况（如城市人口、特定人口过程、组成），以及某些特定人口的分布情况（如迁移、性别等），包括自然、社会、经济和政治在内的多种因素影响着人口空间的传播。在人口分布中，纬度位置、海拔高度、大海距离等自然环境条件也扮演着重要角色。20 世纪以来，跟随着全球范围内加快的工业化与城市化进程，对人口空间分布影响的社会、经济、政治等因子愈来愈大。

（3）人口国际迁移形势。人口跨国界迁移活动称为国际人口迁移，在一定时间内（通常是一年）改变居住地。国际迁移在人类历史上不断发生，其中最大的一次是旧大陆向新大陆迁移的高潮，这是自 15 世纪地理大发现以来的一次大迁徙。国际现代迁移的主要方向有：①欧洲以继续向新大陆迁移；②贩卖的非洲黑人被强迫迁移到美洲进行买卖运动；③在东亚和南亚地区的中国人、日本人、印度人，他们移居东南亚、美洲、大洋洲等地。国际迁移在第二次世界大战后发生了变化，并呈现出新的特点：迁移到新大陆的人口数量众多，数百年来这种迁移一直在持续；外国劳动者越来越多地从发展中国家转移到发达国家；地区性的政治冲突导致国际难民不断出现，而且爆发的频率很高。

（4）城市化建设和城市化进程。人口向城镇集聚的过程，城市范围不断扩大，从农村向城镇过渡。如表 2 所示，推动城镇化的动力。

表 2　城镇化驱动力

驱动力	含　义	因　素
推力（乡村）	使人群离开乡村的因素	人口过快，对土地压力更大；社会服务所得低，劳动力供给大于需求；自然灾害产生的灾难等。
拉力（城市）	吸引人群来到城市的因素	就业机会多；社会福利保障程度高；文化设施完备；交通便利，等等。

以城市人口增加为城市化标志，扩大了城镇土地使用规模，总人口中城镇人口比例提高。其中，常住城镇人口占所在地区总人口的百分比是反映社会经济发展水平的。城镇化的意义在于变化过程带来聚落形态的变革，带来了很大的变化，比如生产方式，生活方式，价值理念，等等。城市化是地区社会经济发展的必然结果，是社会进步的一种表现。

（5）统筹人类发展与环境的关系。①控制人口数量，重点是人口素质的提高。受制于环境承载力的，还有人类自身的生产，受制于经济发展水平。现阶段世界人口过快增长的问题是人口与环境的主要矛盾。压力过大的环境承载量，使生态系统面临的风险越来越高，这就造成了恶性循环，造成了失衡的局面。那么怎样来解决这一矛盾呢？经历了困苦的发展历程，我们发现解决这一矛盾的唯一正确方法主要靠不断发展生产力来达到解决的目的。人口素质的高低对人类如何合理利用自然，如何对自然进行合理科学的改造，对保护环境有强烈的环保意识，并能付诸实际行动，是生产力中最活跃因素的人，具有积极的作用。②积极主动，努力搞好土地整治。③参与国际合作，保护全球环境。保护地球人类共同赖以生存的陆地、大气、海洋、生物圈等环境，对如何开展人口、资源、环境的研究是一个全球性的问题，这通常不是一个地区或一个国家所能完成的，只有积极地开展国际的协调协作才能最终完成。

（6）我国的人口政策。我国政府指导和调节人口发展所采用的诸多规定和措施。现阶段的政策主要有婚姻政策、单独两孩政策、全面放开可以生育两个孩子的决定、夫妻一方为独生子女的家庭可以生育两个孩子、双独两孩政策、人口流动政策等。具体而言，我国现阶段的生育政策主要是中央政府根据全国人民的整体利益和中华民族的整体利益来制定的，我国现阶段的生育政策统筹56个民族的传承生活习俗和全国人民的愿望等自然实际，以人口变化与开发环境资源相协调、人口数量变化与社会经济协调发展相一致为基础，修订后的人口政策与我国国情高度吻合。中国人口政策归纳来说就是“量之控制、质之提高”。

8. 在地理教学中应用的政治知识

（1）如何科学地看待地球上自然资源的前景。对于高中阶段的求学者来说，这个问题的回答除了努力学习科学文化知识外，还要努力培养他们的环保素质和发展观念，使他们深刻理解人地协调观和我国走可持续发展道路的必然性，深刻领会“绿水青山就是金山银山”的内涵。

（2）世界的粮食生产与粮食问题。随着农业科技的不断发展，现代化的良种技术、灌溉技术、耕作技术的应用导致全球粮食增长速度高于人口增长速度，使全球人均粮食呈增长趋势。但就空间分布而言，粮食生产的全球区域分布却呈现严重不均的状态。发达国家富得流油，人口仅占全球人口的1/4，生产的粮食却占全球的1/2。发展中国家人口占世界3/4，人均产粮很少，粮食严重短缺，人均消费很低，他们生产粮食的能力却是非常低下的。人口过多、经济滞后的发展中国家，由于人口增长过快，不仅粮食短缺问题日益严重，甚至出现了买不到粮食的情况，致使大量长期囤积在粮库的少数发达国家"陈化粮"腐烂变质、浪费严重，在粮食"过剩"的情况下，苦于卖不动粮食。

（3）"能源危机"问题。指影响经济发展的原因是能源生产供应紧张或消费价格上涨，如煤炭、石油、天然气等。例如现阶段受乌克兰危机的影响，因制裁俄罗斯遭反噬的欧洲国家陷入能源危机，导致工农业生产成本高涨、生活成本加重、物价飙升，经济面临严峻的挑战，风险系数不断提高，常常涉及天然气、石油、电力或是其他自然资源的匮乏。能源危机通常会造成某些国家、某些地区乃至整个世界范围内的经济衰退。着眼于消费者的看法，能源产品价格上涨用于小型汽车的普及或其他交通工具，使消费者信心严重下降，开支负担也明显加重。受供需矛盾影响的市场经济下的动力能源价格，在供或需的转换历程中都可能激发能源价格的突然变化。过去的"荷兰病"就是典型的范例。

（4）可持续发展。这是一个相对的概念。求学者怎样理解发端于过往的发展的不可持续性的根底上的可持续发展。人类为什么会提出可持续发展思想？怎样才能真正认识和理解可持续发展思想？什么是可持续发展呢？ 传统的发展观虽促进了人类的发展，但也使得人类生存的家园——地球发生了灾难性的变化，乃至人类对自己赖以生存的地球变得模糊起来。地球原来是什么样？它遭受了怎样的侵凌和摧残？这些侵凌和摧残又是如何反噬人类的？这些问题都是当代求学者需要探究的内容。

（5）《中华人民共和国土地法》《中华人民共和国森林法》《中华人民共和国水法》等法律制度。走可持续道路，践行"绿水青山就是金山银山"的发展理念。有法必依、违法必究，求学者应增强法律意识，以合格的公民身份遵纪守法、学法懂法。

（6）遵守有关国际公约问题。国与国的交往应当切实遵守国际公约，履行国家的职责和义务，维护世界的和平稳定。

总之，只有深入挖掘知识间的横向联系，把碎片化的知识汇聚成有利于求学者综合、系统感知的完整知识体系，从而演化出思维品质，形成系统性的知识体系。

三、内在的结构关联在知识点体系内部是存在的

在知识点体系内部存在着内在的结构性关联。在日常的地理学科教学实践中，施教者充分利用地理知识点体系内在的结构性关联，在层次上、深度上向学习者呈现地理知识内在的联系，着力对求学者的结构化思维进行培养，帮助求学者们体验地理知识背后所蕴含的地理科学思想，进而改良、优化地理认知结构，育成思维品质。通过构建地理学科知识的内在联系，帮助求学者提升地理学科素养。施教者作为地理知识与关键能力的共同搭建者，要从本质上提高高中地理课程的整体品质。

比如，笔者正在讲解的高考试题有这样几种：发源于大兴安岭的霍林河，在山前半干旱区平原和局部半湿润区，带来了流水和泥沙。受上游水库修建和灌溉的影响，山前平原河段已断流多年。山前平原上的洼地在断流过程中不断增加。下面的题目照此做完。

1.（2019 课标Ⅱ，11，4 分）伴随着洼地增多增大，周边地区可能出现（　　）

A. 水土流失　　B. 沼泽化　　C. 土地沙化　　D. 盐碱化

施教者在进行试题教学时，特别强调求学者在解题时要将实际问题转化为地理教育问题，将地理问题转化为地理方法，而形成策略也是培养求学者动手能力和创新能力的一种发展地理综合思维的主要方法。在地理教学“从条件入手分析思考”的过程中，首先让求学者读懂文本的题意，然后潜心思考“因上游修建水利灌溉工程的影响，山麓平原河段断流多年”这一问题，让求学者对这一已知条件有所了解，并由此走上由条件到问题推理过程的起点。然后引导求学者自主解决“断流期间，山前平原洼地增多”的问题，尽管已知条件的联系是固定的，但解决问题的方法不是唯一的。最后指导求学者总结解题的基本步骤，交流解题心得，得出大致的解题步骤，把握思考的条件—地理要素关系的分析—解题方法的选择—解题过程的回顾。在教学解决地理问题时，施教者首先让求学者回顾解决地理问题的四个步骤，诱导求学者按照结构化思维分析地理问题和解决地理问题，培养求学者自主、自觉利用四个步骤来解决地理问题的意识和习惯。当求学者重复使用这样的结构化模型解决问题的过程，在学习后期他们也不会轻易失去记忆，而求学者在对地理知识点的整理串联、对解决问题方法的回忆总结的过程中，就会逐步提高结构化思维水准，向更高阶思维迈进。在当前“双减”的背景下，结构化地理教学的具体价值主要体现在以下三个方面。

1. 回归地理学科本质

地理学科结构化教学要求地理施教者深入细致地解读学科教材，挖掘地理教学的精华，系统科学地梳理地理基础知识之间的内涵，本着联系、系统、结构的思路，探索符合高中求学者身心健康发展的教学结构。在地理学科教学中，施教者还需要创造性地使用地理学科的教材，将地理学科的单元教学内容有效地融合在一起，有些地理学科的单元与前后的教学内容之间存在着相互延伸的关联，学科施教者可以将教材的脉络重新整理，使之在教学前焕然一新。这有利于求学者对地理学科知识的系统化、脉络化的掌握，使地理教学课堂回归本真。

2. 助力求学者走向深度学习

地理教育工作者通过掌握地理知识的框架体系，结构化设计地理教学流程，育成整体性的知识结构，从地理学科知识结构化中抓住学科核心的知识点，运用学科核心的知识点来解决地理问题，将地理问题的过程、方法内化为求学者的结构化思维，有效落实地理核心素养。地理学科的结构化教学可以帮助求学者通过地理学科知识的产生、发展过程，全面了解地理知识之间的内在联系，体会和掌握地理学科知识和解决地理问题的方法结构，了解地理基础知识和地理关键技能，施教者也可以在此过程中汇聚起丰富的地理教学活动经验和地理思想。激发求学者深入学习地理学科的兴趣，从而夯实求学者事业可持续发展的柱石。当地理学科的结构化教学成为教学的常态时，它必然能够推动施教者和求学者激烈的思维方式转变，推动求学者的地理学科核心素养的发展，使求学者的思维朝向自主构建的结构化方向发展，推动求学者逻辑思维的提高和地理学科学习能力的提高，推动求学者增强地理核心素养，寻找地理人文价值。一些地理学科的施教者对地理学科教学价值的选择基本停留在地理学科基础知识的传授上，往往忽视了地理学科的育人价值，也忽视了高中求学者的思维品质向高进阶的拓展。地理学科的结构化教学很好地利用了地理学科的空间性、时间性、实践性、抽象性、逻辑性和系统化等特点，使地理学科的教学价值在地理学科宗旨上以提高求学者的地理科学思维能力为重点，加强对地理学科的理解能力，提高求学者的思维能力，强化求学者的思维能力，加强求学者的理解能力，提高求学者的理解能力。地理学科结构化教学以地理知识结构为基础，帮助知识传播转向以人为本的教学，有效培养高中求学者的地理学科结构化思维和地理学科系统化思维，从而促进地理学科优质思维水平的提高。

地理学科是一门注重信息提炼、思维训练与提升的学科。现阶段在“双减”政策导引下，高中学校开展地理结构化教学，做到真正意义上的地理施教者“因思维而教”，高中求学者“因能力而学”。在地理学科日常的教学实践中，以结构化的地理视角导引、助推施教者掌握地理学科经验展开的结构，洞察地理学科知识的过程结构，清晰地理学科知识的方法结构，最终以凸显地理学科结构化教学的育人价值，有效助力求学者认知结构的完善和发展。

参考文献

[1] 陈雪霞 .“起承转合”——“图形的测量”结构化学习四部曲 [J]. 考试周刊 ,2021.

（A5）:40–42.
[2] 史菁艺 . 高中生地理能力培养研究 [D]. 沈阳 : 辽宁师范大学 ,2014.
[3] 刘佩 . 农村中小学语文教育的几个问题 [J]. 语文学刊 ,2011（18）:116–117.
[4] 刘茂祥 . 课程的高选择性是走班学习的生命线 [J]. 教学月刊（中学版下）,2006（6）:27–28.
[5] 童斌 . 三峡古栈道重庆段景观保护性设计研究 [D]. 重庆 : 重庆交通大学 ,2022.
[6] 郭蕾 . 中国古诗词与中学地理教学融合策略研究 [D]. 济南 : 山东师范大学 ,2022.
[7] 张慧 , 张莹 . 山 : 一个古典意象的诗学批评——以《小仓百人一首》为中心 [J]. 北方文学 ,2019（26）:56–59.
[8] 胡翠云 . 高中地理教学中培养求学者读图能力的调查研究——以秦安县 S 中学为例 [D]. 兰州 : 西北师范大学 ,2015.
[9] 张小宁 . 巧以试题渗透考点，细化地球运动难点 [J]. 地理教育 ,2016（2）:31–33.
[10] 郑义 . 数值三维云建模与渲染技术的研究 [D]. 南京 : 南京信息工程大学 ,2019.
[11] 杨福利 . 微藻对鲟鱼养殖污水的净化效果及其产沼气工艺初步试验研究 [D]. 大连 : 大连海洋大学 ,2014.
[12] 陈礼培 . 提高油棕大树移植成活及抗寒性的措施研究 [D]. 长沙 : 湖南农业大学 ,2005.
[13] 齐俊林 , 宋艳芝 . 模拟原始大气环境教具的设计 [J]. 中国教育技术装备 ,2004.
[14] 田有 , 刘财 , 李洪丽 , 等 . 论专业课教学模式改革在本科人才培养中发挥的作用 [J]. 科技资讯 ,2020,18（22）:157–159.
[15] 解慧娟 . 马克思主义科技观发展演进研究 [D]. 兰州 : 兰州大学 ,2019.
[16] 魏世富 . 初中地理素质教育之我见 [J]. 软件（教育现代化）（电子版）,2018:77–78.
[17] 孙苗苗 . 河北省高校大学生生态文明观培育研究 [D]. 长春 : 东北林业大学 ,2021.
[18] 王斌 .CSI 国际化工能源采购策略研究 [D]. 南京 : 南京大学 ,2009.
[19] 张新雨 . 基于 ArcGIS 与 CA——Markov 模型的东营市滨海湿地景观格局优化研究 [D]. 济南 : 山东大学 ,2022.
[20] 孙晓慧 . 基于高考题分析的地理过程教学策略 [D]. 武汉 : 华中师范大学 ,2021.
[21] 冯春艳 . 高中地理模拟试题 [J]. 中学政史地（高中文综）,2023（4）:79–96.
[22] 杨慧莹 . 高中地理实践教学的功能与可行性策略分析 [D]. 杭州 : 浙江师范大学 ,2021.

深入探讨高中地理课程校本教研工作效率不高的原因及应对措施

校本教研，本质是带动学校教学成长的“内生动力”之源，是帮助地理施教者专业养成的“应力场”，是有效落实“三新”教育改革的重要基石，是以某一学校为单位、学校教研室为龙头、学科教研组为依托的教育教研活动。但是某些学校校内校本教研还是状况频出，问题层出不穷，导致学校内部学科开展的教研效率低下、效果不佳。

一、校本教研效率低下的原因分析

学校内部的教研探索活动对于增强学科施教者专业素养，着力提高教学质量，助推教学教育革新有着无可替代的作用。但是实际的情况是某些学校所开展的校本教研活动常常只注重形式、应付学校检查、耗时费力，存在许多误区。探究其根本原因，主要问题如下。

1. 地理学科施教者教研存在思想认识不足问题

地理学科教研组内部有些施教者对校本教研可以帮助自己提高专业技能，对学科施教者专业发展的功用提升存在着认识不到位。高中地理学科施教者只是把视角聚焦在高考成绩上，只是觉得学生高考成绩好，必然会水涨船高，施教者的专业水平高，学校的教育教学质量自然也就高。所以，高中地理学科施教者专业水平不足与学生的获得感、幸福感有着密切关系，也与学科施教者的思想认识不足密不可分。校本教研的价值导向混沌，按学校要求指令开展、应付学校检查和旁观跟随其他学科，这样的跟风型教研在某些学校还有市场，还有投机取巧的空间。在某些地理学科施教者眼里，所谓的教研就是执行上级的行政命令，有命令就煞有介事地应付一下，无主题变奏、耗磨时间、广域漫谈，就是为了完成学校安排的“工作”。某些施教者将教研活动看成“包袱”，缺乏踊跃的、主动的、历久的、创造的、深入的参与，不是“积极要求参与教研”，而是“你安排我加入”“强制参与”。校本教研活动的开展，如果选取的教研内容并不是以施教者专业发展需求为主导，如果缺乏学科施教者的积极主动参与，就是形式主义的表面文章，缺失功能且毫无成效可言，甚至逐渐演化成学科施教者的新包袱。

2. 地理学科施教者教学、管理负担过重

无论什么规模的学校，地理学科总被认为无足轻重、可有可无，地理学科施教者人手有限。多数地理施教者要兼任多个班的地理教学，甚至承担班主任的管理工作。状况佳的要包班教学，或者地理施教者一个人要跨学段给多个班开展教学，还要从事班主任

的工作，平均周课时数甚至超过十八节。施教者的工作每日除了课前开展教学设计、上课、课后批改作业、撰写跨学段教案、处理所带班级复杂的琐事，还要抽出时间接家长电话、外出到学生家庭探访，填写年初、年终考核表格，制订学期工作计划，撰写年终总结等。还得应付各级各类部门检查，筹备各项活动等。每日根本上就是“两眼睁开始，熄灯才终结”，整日忙忙碌碌，大多人感觉身心俱疲，困乏其身，怎能将心思放在专业学科理论的学习上、教学的设计上、教学的反思上，无意愿、无心思、无探究，如此谈论教学改革与创新就是缘木求鱼。这样的校本教研，让人有种“如堕烟海”的错觉。

3. 缺乏教研讨论主题

以学科施教者在教学传授过程中遇到的现实问题为对象进行探究，是校本教研的落脚点，旨在解决学科教学中遇到的教学共性和个性问题。而学科教学问题探索是学校开展教学教研的源头，解决课程教学问题是校本教研的终极目标。可以肯定的是，校本教研可以作为核心目标，不管是不是所有的教学问题。但是，地理学科的校本教研问题一定要具有广泛性、代表性、示范性。笔者认为，每个学期学校的校本教研最好先要确定研讨课题，让每位施教者都有明确的研讨目标，预先收集有关资源，研讨交流内容要言之有物。若每学期校本教研都能聚焦一个主题开展探索研究，开展有针对性的研讨，规避盲目性，施教者就能踊跃参与，群体探究，这样就好处理好课程教学中广泛出现的问题。只有抓住了问题的要害，处理好了常规性的问题，那么接地气的研究才是校本教研。但是，有的学校开展校本教研往往缺乏实质性的问题与研讨专题，从而造成教研效率低下。

4. 缺乏参与主体

校本教研以施教者为主体，假设没有施教者的主动参与，真正意义上的校本教研是不可能存在的。当然，主体参与并不拒绝学习理论，也提倡向名师或骨干施教者请教。有些学校的校本教研，因为有行政命令，施教者们在任何情况下都要硬着头皮参加。有的学校只指定几名骨干施教者进行宣讲，其他施教者根本无法融入，没有机会发言、讨论，只能旁听，以便节省教研时间。如此一来，就会影响到施教者们参与教学研究的积极性。校本教研能否取得一定的成效，关键在于施教者是否积极参与教研活动。首先，要调动施教者的教研积极性，带着问题和任务，让每个施教者都参与到探索研讨中来，杜绝旁观者清。其次，施教者要深入课堂，认真听他人授课，记录听课情况，准备听课讲评。最后，充分信任施教者，让每位施教者各抒己见，把每位施教者的积极性、主动性调动到参与教研活动中去。

5. 缺失教研室专业引领

“有主料、无辅料、无配菜，土豆丝炒土豆片，炒出来的还是土豆”，这是目前不少学校开展的校本教研中经常出现的低级重复现象。缺少上级教研部门的指导和引领，仍有不少学校的教研因有一定的老施教者阅历，有一定的权威性，造成了形式单一、范式固定的教研内容。经常开展的活动就是集中备课、视频观摩，或者开展听评课活动等，这些流于形式的校本教研都需要在解决这一问题的症结上进一步深入探讨、迎难而上。而校本教研一旦缺失了专业方面的引领，那么教研的效率偏低就不言而喻了。

6. 缺乏有效的激励机制

学校开展校本教研的目的是什么？这是个不言自明的问题。对于学校决策者来讲，就是要助推学科施教者的专业培育、专业成长，但众多学校决策者对什么才是真正意义上的施教者专业成长，施教者专业成长具体表现在哪里，存在着一些认识上的误区。有的决策者认为施教者应该踊跃参加上级举办的各级业务比赛且在比赛中获奖就算成长（如参加各级组织的优质课比赛），或者所教班级学生的高考、中考成绩高就是专业成长，或者能发表几篇教育教学论文以及能承担课题实验研究就能算专业成长。其实在学校施教者这个生态群落中常常表现出这样一种景象，某些施教者比赛获奖多、论文发表多、课题研究多，但是常常与其所教授班级学生的学科成绩不成正比。如此这般，依照专业素质评比取得良好成绩的施教者却无法获得学校、学生、家长的肯定、赏识。这都说明在学校的教学管理中存在着施教者的专业养成如何客观、科学评价的问题，如何确认校本教研活动效能的问题，这将导致学校决策者在校本教研评估中产生疑惑，学校精心策划出台的制度时常脱离现实，更难激活施教者参与探索教学问题的积极性、主动性。最终造成某些施教者对校本教研意愿不高，存在投机应付心理，教研低效、无主题变奏也在意料之中。

二、着力开展校本教研的策略

针对现阶段开展校本教研活动存在的诸多问题，为解决这些问题应该采取以下几种措施，敦促施教者主动踊跃参与教研活动，以此来助力施教者专业素养养成。

1. 积极营造教研氛围，激活施教者参与意愿

营造良好的教研气氛，可以陶冶人、感染人、鞭策人和激励人。无论是学校、教研组还是学科施教者都应积极主动地营造和谐的教研氛围，作为激活学科施教者主动参加校本教研的一项重要工作。

（1）构建最佳的舆论氛围。要鼓励每一位学科施教者都积极参加校本教研，让学科施教者明晰学科教学研究与施教者个人专业养成的紧密关系，只有这样，学科施教者们参加校本教研的内生驱动力才会被激发出来，就会乐意主动参加。

（2）营造科学实践氛围。上级教研部门、学校决策者、教研组等都要积极引导学科施教者在教学中探索研究，在研究过程中开展学科专业学习，把探索课题研究与日常

课堂教学实践紧密结合起来，营造“学科问题是探索研究的课题，课堂教学就是开展研究的场所”的认识。在教学中开展课题研究与研究过程中提高教学的高度融合，需要学校经常开展内容丰富、形式多样的教研活动。这样的目的是指引学科施教者加强科研意识，将学科教学和探索研究高度融合，助推学科施教者专业成长、学科关键能力提升。

（3）构建科学制度氛围。抓好章程建立、制度订立，塑造最佳的学科施教者参与机制，这就是巩固校本教研的制度保障，夯实基础的效能。校本教研的系列规章制度应由学校制定并完善，这样才能保证和促进校本教研工作顺利进行。

2. 解除传教者的羁绊，促进传教者热情参与

学科施教者每日都在辛劳忙碌，只有有限时间和有限精力去参加校本教研。对此，学校应该做的是排除那些无意义的检查，腾出时间让学科施教者能开展学习与探索研究。将施教者从大量虚化、形式的事情及海量冗长复杂的事务性任务中解脱出来，走上科研之路，为学校培养科研型学科施教者。只有学校甩掉施教者不必要的包袱，才能助推施教者积极主动地参与校本教研。

3. 提供带领施教者主动参与的科研平台

校本教研必须统筹考虑学科施教者内心的感受和内在的学习需求，突出学科施教者在教研工作中的主体地位，能够热爱学科施教者这个个体，推进充满生机与活力的校本教研，使学科施教者真正以饱满的精神状态投入到教研中去，做到学有所研、学有所得、学有所乐，使学科施教者真正做到研有所获。在教学过程中研究，在研究过程中生活，将日常教学、问题研究、社会生活高度融合，密不可分、合体发展。因此，必须引领学科施教者建构科研意识，引导学科施教者主动参与，一定让学科施教者明确教学水平的提升离不开学习与研究。

（1）积极参与听课，开展评课活动。相同学段、相同学科施教者一个月开展一节学科教研组内的互听课，通过比较发现施教者自身的专业不足，共同提高专业素养。

（2）“小教研”要精心呵护。如果学科施教者自发开展教研活动，施教者在教学中偶遇的现实问题或教学疑惑，在空闲时间“围桌谈学”“围桌议教”“围桌议研”的气氛中进行讨论，这是个人的自觉行为。针对出现的问题，同学段、不同学段的学科施教者一起谈领悟、讲困惑、议方法、找措施、想策略，从而在一言一语、争论辨析中开展互动式的探究研讨。这种小教研往往具有很强的针对性和浓厚的氛围，学科施教者乐于参与，自己摸索、研讨，学校必须给予启发和精心的照顾，才能保证小教研的正常进行。

（3）让“集体备课”成为常态。在学科施教者个人勤于教学设计、准备教学、撰写教案的根底上，采用同学段、同学科、异学段的施教者开展群体备课，让全体的学科

施教者都行动起来，要事先安排好主体发言人，选择适当探索研讨课题，让主体做课人在教研会上说课，其他施教者开展议课，教学中共性的、个性的问题都能拿来探索研讨、争议疑惑。激励学科施教者踊跃发言，讲出观点，善于表达自己的意见，把“教学的研”与“课堂的教”密切融合起来，真正实现“在小组会议中论课”的高阶价值。

4. 专业辅导提升，对施教者的专业成长起到促进作用

让教育教学专家对一线学科施教者进行教学研究提供必要的辅助和指导，就是这里提到的专业指导。这里所指的专家，既包括各级教研员、市级名师工作室施教者、区级名师工作室施教者，也包括各层次的骨干施教者和学科带头人，其中县级除外。首先，要充分利用学校自身资源优势，要给予骨干施教者、学科带头人施展专业引领作用充裕的空间，可采取灵活多变的方式给一线施教者予以引领，如结对帮扶、围桌恳谈、专题讲座等模式，让这些村生土长的“实践专家”言传身教、精心点拨，这样的引领对一线学科施教者来说更具有针对性、更方便领会、更便于剖析、更容易应用于学科教学实践。其次，学校要积极争取上级学科教研员的帮助和支持，对学科一线的施教者进行辅导，为学科施教者搭建成长平台，从“众人推车”到“启动引擎”。与此同时学校必须为学科施教者的学习提供资料，激励学科施教者多读专业书，多读学科研究的好书。要聚焦专业理论学习、自愿接受指导、吸纳理论精华，竭力提升学科教学理论修养，这是从“传习匠人”通向“育人大家”的必由之路。

参考文献

[1] 田世宏 . 浅论实践教学在“纲要”和“概论”教学中的意义 [J]. 牡丹江大学学报，2017,26（12）:169-171.

[2] 汤嫣妮 . 新课程背景下小学校本教研机制问题研究——以成都市泡桐树小学为例 [D]. 重庆 : 重庆师范大学 ,2011.

[3] 陈留明 . 农村中小学校本教研师资之困的表现及解困策略 [J]. 师道教研 ,2019,（11）:45-47.

[4] 江湖瑛 . 初中语文高级施教者专业发展策略研究 [D]. 杭州 : 杭州师范大学 ,2017.

推动高中地理学科数字化技术与施教者的良性融合

有学者提出，由数字化技术与人文研究融合而出现的“数字人文”犹如巨石投湖，不但触动了人文地理世界的一池春水，泛起的巨浪、涟漪，波及人文社会诸多领域，派生出大量数字文化产品，同时也改变了人类知识生产、获取资源和开展评价的方式和规则。从地理学科教育层面来讲，人文地理课程的教与学也不可避免地被波及。数字技术不断应用于地理人文课程的教与学，开创了人文地理课程施教者新的施教者平台，拓展了施教者空间，也带来了施教形式和考核方式的变化。

一、数字化技术，给地理课程施教者诸多便利

现阶段，先进的数字技术提供给地理学科施教者诸多的便利，像教育部数字精品课程资源网、ARCGIS、图新地球、极课、宁教云等教育平台等。数字技术为地理学科施教者带来的益处，其主要体现在五个方面：一是施教者平台提供了海量的多学科课程，使求学者有了更多选择学习资源的空间。二是提供了大量的学科名师课程，使求学者能够纳天下名师皆为我师。三是激发求学者好奇心和热情的互动方式更加新颖。四是提供了更加自由的学习方式，使求学者在学习中能随时随地穿越于虚拟空间与现实世界。五是提供了方便的管理和考核方式，使施教者能够及时地了解求学者的考勤情况、学习任务完成情况以及测验或考试结果。

二、数字技术在地理课程施教中的应用及问题

先进的数字化技术在教育“三新”改革的当口，给高中地理施教者带来了不少便利，但数字化技术在地理课程的施教中的应用，也要面对一些新的挑战。例如，数字存储的数量也因为高速发展的数字技术而发生了惊人的改变。一些在线施教平台存储的海量课程，在提供丰富内容的同时，数量上出现了课程的重复，质量上良莠不齐。在线课程尤其是录制课程，在形式上相对比较刻板，很难吸引求学者的注意力，也很难达到课程的预期效果。在学情评估上，在线课程更多的是量化的非开放性评价，不易全面反映求学者的真实思考和实际水平。

三、数字技术与地理课程施教者如何更好地融合

在地理课程施教中应用数字技术存在着利与弊，这就让我们深思二者之间如何更好地融合。数字技术与地理学科课程施教的深度融合，不能局限于要促进数字技术与地理

学科课程内容在本真性层面的融通与相互支撑，达成数字技术与地理学科施教的初步融合，还应考虑如何在地理课程施教中应用数字技术。其实施教与技术的利用应该是相辅相成的，是一个逻辑结构上的关系。如《人类简史》中尤瓦尔赫拉利所述，智人在培育、驯化小麦的同时，也建构、驯化了智人。在地理学科施教中科学应用数字技术，也不可避免地塑造着未来人类社会的集体性格。而且，数字技术不同于小麦的生长过程、小麦的籽粒，也不同于静止的或运动的自行车、汽车，任由我们去支配；相反，数字技术即便不经我们启动，仍然会运行，甚至会影响我们每个人的行为方式。所以，对于数字时代背景下出现的各种网络施教，如网络直播课、录像课回看、微课等，我们有必要认真反思。在施教实践中，技术、施教者和求学者是交织在一起的，技术一方面不是单纯为了装饰课程本身，而将课程施教简单地叠加在一起；另一方面，也不能让技术给求学者套上枷锁，使求学者的创造性受到压制。

四、只有考虑到融合的维度，才能够真正让数字技术辅助课程施教

在数字技术融入施教变革的过程中，我们需要从源头思考数字技术与课程施教如何良性互动，从而更好地融合两者的特色与优势。正如中国数字人文机构联盟委员会副秘书长所提出的“数字人文施教的目的，不仅在于教会求学者如何使用软件，更重要的是要讲清楚数字工具以及数字人文研究背后的原理和本质”，从而实现数字技术与人文课程施教的有机融合，促进数字技术与人文地理课程施教的良性互动，实现数字人文教育与地理学科施教构建新的施教模式，推动地理学科施教向更高层次发展，为求学者服务更加全面，促进求学者综合素养的提高。

高中地理学科是一门综合性学科，涉及面广，包括自然科学、社会科学、人文科学等，求学者在传统的课堂施教中，虽然通过死记硬背强化了理论知识，但实际运用能力较差，许多求学者对地理学科的学习兴趣不高，影响了施教效果。但由于施教方法单一，施教手段滞后，在传统课堂施教中，许多求学者对地理知识在头脑中很难形成系统的体系。随着新课改的普及和实施，高中地理施教者积极投入到施教改革工作中，开始尝试新的施教方法，特别是加强信息技术手段的运用，发挥自己独特的优势，培养求学者自主探究的能力和创新能力，为求学者创造一个丰富、有趣、实用的学习环境，同时也为求学者提供了一个丰富知识、拓宽视野的机会。所以把信息技术手段融合到高中地理施教中，这是非常必要的。

五、有机融合高中地理施教信息技术手段

近年来，在地理学科的施教中有机地融入地理信息技术手段，不但促进了地理施教与施教者思想的巨大转变，也使施教方法和手段更加多样化。在施教中发挥作用的信息手段和地理学科施教的有机融合也越来越明显。高中地理是一门融自然学科、社会学科、人文学科于一体，内容包罗万象，逻辑性强，综合性强的学科。在以往的地理学科的课堂施教者中，许多求学者对地理学科的学习兴趣不高，由于实施单一的施教方式和方法，采取滞后的施教措施，虽然地理理论知识被求学者死记硬背强化，但实际运用知识的能力较差。因此，在思维上求学者很难形成逻辑系统的地理知识体系，影响了求学者学习地理知识的效能。高中地理学科作为一门综合性学科，在学科施教实践中实施的施教方法，特别是加强了信息技术手段的运用，为求学者创造了一种具有丰富的自主探究能力和创新能力的求学实践。因此，地理学科在施教实践中，作为一门综合学科，如果不融合信息技术，那么在教学实践中难以有效运用地理学科的理论知识。

（一）以课堂施教的形式，丰富教材内容

地理教材是施教资料的重要资源和工具，而高中地理施教内容是围绕课本展开的，但不能仅仅把教材的工具性利用好，而是要进一步挖掘和发掘内容丰富的地理教材。通过数字技术手段，使施教资源得到开发和扩充，不但能够更加丰富课堂施教的范式，还能增长求学者的见识，有利于求学者更好地体验地理学科的魅力，从而使地理施教的工具性更好地发挥出来。很多介绍信息技术的内容，比如数字时代的产物——GIS 地理信息系统，精确定位的现代工具——GPS，人眼的延伸——遥感等，求学者在日常生活中接触到这些数字时代的知识是非常少的，甚至是没有接触过的。如果想要让求学者真正了解这些数字技术并学会运用，仅仅依靠施教者的言语传习是达不到预期效果的，所以我们要把这些施教内容和数字技术实际运用到课堂教学中，让求学者深切体验到数字技术手段在地理学习中使用的积极意义，使求学者在日常学习中能够更好地运用数字技术，达到提高地理学习能力的目的。通过这些知识，使求学者在日常学习中能够更有利于地理学科的学习，从而取得更好的成绩。如促进求学者个性化发展的 GIS 软件，如“图新地球”等，让求学者在平时的学习和生活中，通过网络上的案例，或主动使用数字技术，加深对数字技术的印象，让求学者在课余时间上网查找地理资料，从而促进求学者的个性化发展。了解未来发展中与数字技术有关的资料和信息，提升求学者创新创造的能力。

（二）在地理学科的教学中发挥 IT 技术的作用

地理学科与数字技术融合的施教模式更有利于求学者系统地掌握知识，因为高中地理课程内容具有综合性的特点。施教者在完成一段时间的课程学习后，可针对某一地理问题进行专题施教设计，将信息技术手段运用到施教中，使专题施教的效率得到提高。施教者在主题施教过程中有意识地培养求学者，从而使求学者对研究的主题产生兴趣，进而培养求学者自主学习的能力，以保证主题施教的有效性。如在课堂教学中以“乡村与城镇”为主题，要求求学者围绕“城镇化”内容自主进行网络学习资源的收集和整理，培养求学者在自学过程中运用地理信息技术解决实际问题的能力，并在学习地理中深刻体会到信息技术手段的重要性，这样的手段使求学者的读书兴趣、学习效率提高。再如，在“地球运动”主题施教中，施教者通过直观的演示搭配讲解，将南北回归线上太阳直射点运动的变化过程运用多媒体设备展示出来，让求学者更通俗易懂。

（三）以信息化手段促进教学与实践相结合

在高中地理施教中，无论是理论知识的讲授，还是实践内容的讲授，都离不开利用信息化手段在课堂讲授过程中的讲解与练习两个环节，切实提高施教质量。把传统的施教方法和信息化手段结合起来，首先，通过施教者的讲解和示范，让求学者对地理知识形成初步的认知；其次，信息技术手段由求学者自己来操作，以达到讲练结合的目的，提高信息技术的应用能力。此外，以信息化手段促进地理课堂教学的讲练结合，调动求学者的学习积极性，引导求学者加强对所学内容的关注，需要施教者灵活运用，把求学者带入积极向上、寓教于乐的学习氛围中，更有利于保证教学效果。通过信息化手段，引导求学者加强对所学内容的关注，使求学者能够灵活运用，达到促进其成长的目的。求学者应积极引入信息技术手段，加强对知识点的理解和运用。在求学者积极思考的过程中，既加强了对遥感技术的认识，又形成了创造性思维，培养了创造性能力，施教者可以围绕“大自然的水循环”这一问题，向求学者介绍遥感技术，带领求学者共同分析如何应用遥感技术对自然界水循环进行观察和认识。

（四）建设网站，拓宽课后学习方式

网络时代，各校利用课余时间下载相关学习资料，开展自学活动，引进各种数字技术平台，帮助求学者完成课后学习任务，除了日常的学习信息外，还可以根据求学者的实际需求开展学习。因此，施教者要拓展地理施教资源，应积极与学校沟通，通过课上教与课后辅导相结合的方法，在网站中开设地理学习专题板块，求学者可以通过查阅施教者的施教资料和施教者的视频。对求学者进行专题辅导，帮助求学者处理地理学习中碰到的各种困难。求学者要是觉得课上的施教内容跟不上，课下自己复习赶进度，求学者不再被全程监督学习过程，变被动学习为主动学习，激发求学者课后自主学习的积极性，求学者也可以通过多种途径进行自主学习，如查阅施教者的施教资料、施教者的录像回放等。此外，在学习网站中设置交流区，支持求学者与求学者、施教者与求学者之间的交流与沟通，同学们可以通过这个平台提出问题或者分享学习心得。通过这种互动式的学习方式，让每个同学都成为学习的主人，更简单地突破学习的重点和难点，课下可以弥补课上学习中的不足。通过这种互动式的学习方式，让每个求学者丰富了学习手段，降低了学习的难度，同时也让求学者的视野得到了拓展。通过这种互动式的学习方式，让每一位求学者都得到了快乐，获得了获得感。由此可见，利用数字技术可以更直观地展示深奥抽象的问题，降低学习难度，激励求学者学习兴致，使数字技术手段与高中地理施教有机融合，能提高高中地理施教效率，这是一项具有较强针对性的工作。作为高中地理施教者，要促进数字化技术手段更好地为高中地理施教者服务，提高课堂施教效率，创新教育理念，提高自身业务素质，通过合理运用信息技术手段，丰富地理课堂的施教内容和方式。

六、板书与多媒体在地理学科课堂中的应用问题

黑板上手写板书自 19 世纪 60 年代进入课堂以来，以其内容简约、形象直观、简明易记等特点，始终深受施教者和学习者热爱。然而，伴随着现代多媒体施教设施（如电子白板）逐渐走上课堂施教的舞台，在地理课堂上施教者书写传统手写板书退出了历史的舞台。但现实是传统手写板书想要重新回归地理课堂，似乎已经走进了死胡同。与此同时，在地理学科的施教形式上传统与创新的争议也始终困扰着地理人，地理人倾心关注的现代教育信息化潮流的当下，传统手写板书到底会如何立足，将确立于施教空间的何处，到底又会迸发怎样的现实意义呢？

（一）地理施教者“板书”的应用问题

手写板书本质上是施教者所具备的一项基本施教技能，是地理课堂施教资源的高度凝练和紧缩。其不只可以凸显地理施教者的施教精神，也是地理施教者施教水平高低的重要呈现。某些地理施教者能信手在黑板上将线状或面状的地理事物绘制得栩栩如生，绘制的中国地图或世界地图更是和印刷图一样，甚至写出一手可谓艺术珍品的秀丽板书体。这在印证地理施教者本身有着超出地理课堂施教授课能力的同时，也使地理课堂施教成效如锦上添花。例如，某高中地理施教者在黑板上用“地理图谱语言”画粉笔画，在一些施教者的粉笔下，把过去单调难学的地理自然基础知识、各种等值线、各种示意图等地理要素，化作灵动流畅的线条或图画，营造了地理课堂的气氛，也让地理课堂充满了朝气。在传授“区域地理”内容中的“中国区域地理”时，某地理施教者本来预设要用 PPT 的方式来进行中国图的展示，但在现实课堂其思维灵动转换，考虑到学习者们对常规的 PPT 展示非常熟悉且感觉每节地理课 PPT 千篇一律毫无新意，能不能通过其他形式把学习者的视角聚焦过来。于是该施教者便在黑板上一笔绘出多彩的中国地图，立即聚焦了求学者的视野，引起求学者的围观。最近这些年，PPT 电子课件等多媒体施教模式深刻影响着地理学科施教者，教室里的设施也换成电子白板或纳米黑板，使传统黑板上手写板书的地位大幅降低，甚至有些地理施教者根本就不屑写板书。但不可否认，

优异的书写板书能对求学者起到耳濡目染的示范引领效用。作为精练、浓缩的教案，手写板书宛如翻开的一页厚重的书页，好似开启一扇久闭的窗户，使求学者豁然开朗，采用以点带面、以管窥天的方式展示地理课堂施教的重要结构内容。同时，通过手写板书，也可探求和辨析施教者在课堂施教中对施教内容的把控，考查地理施教者课前施教设计等的准备情况，了解同学段中开展地理学科的施教在授课内容与施教进程中与听课者的差异。

（二）传统板书在信息化教育的氛围下该如何立足

伴随着信息化的高速发展，被地理施教者广泛应用的多媒体课件，与日益萎缩的传统板书相比，越来越给课堂上的求学者以“微不足道”的幻觉记忆，多媒体课件在地理课堂上已成为不可分割的施教内容。那么，传统的书写板书在信息化背景下的课堂施教中是否依然意义出众呢？多媒体展示板书与传统黑板板书两者之间的关系，师生该如何去平衡与对待呢？而 PPT 等电子课件的利用已成为现代教育使用的技术，它有无可替代的优势。从其内涵内容、呈现形式上讲，由于其图文展现生动逼真、声像配合，在相当大的程度上丰富了课堂教授内容，可以让求学者对所学知识的结构、难点、要点有更直观的感悟，而且便利远程施教，资源库中的优质教育资源可以让求学者更多地分享；也能使地理施教者在课堂上的讲解量大幅减少，施教任务达成得更丰富。另外，便于存储，便于临摹，更有利于求学者在课后对当堂所学知识进一步理解吸收。但地理施教过程中也凸显出 PPT 等多媒体的一些缺点和问题。如有的地理施教者在施教中十分依赖 PPT，缺了它无法上课，省略了学科思维推导的关键环节，使求学者对地理知识点的理解出现偏颇、准确性欠缺。还有个别施教者，储存的一套已经沿袭多年的课件在教材变化的情况下都不更新，施教过程难免会出现走过场的情况。有教育专家就曾呼吁施教者，不能过度依赖 PPT，应更注重求学者核心地理素养和逻辑归纳总结能力的培育，各级各类学校应重新审视求学者书写笔记的重要意义，重新审视施教者黑板上或电子白板上手写板书的重要性。多媒体呈现与传统板书书写在一些教育专家眼中，并非二选一的必选题，而是将二者糅合在一起，在综合运用的课堂上尽可能让求学者参与其中。施教者在施教的时候，首先要根据施教资源的需求来适度抉择，一些资料性的东西或者是比较复杂的图表、图像、音频、视频等，用 PPT 电子课件在课堂上呈现会更有效，而用手写板书或电子白板书写来呈现一些简单的概念、复杂的逻辑推理过程，就相对更直观。整体视角来看，多媒体施教和板书施教模式虽各有利弊，但两者并没有完全对立的问题，并不是非此即彼的二选一。施教中多媒体的优势是毋庸置疑的，调控求学者学习的趣味性和直观性优势是不言而喻的。然而，传统板书教学模式的示范性、规范性、连续性和可推动性，与多媒体相比显得乏善可陈。需要关注的是，施教方式的选择不能拘泥于某一特定的模式，不管是多媒体还是板书的模式，终究都是为求学者的知识获得提供服务的。

（三）常用 PPT 的地理施教，板书或成课堂关键“加分项”

一直以来，国家都很重视施教者的板书功底。采用面试、笔试、试讲等方式考查教育施教者的基本素养和关键能力，这是早在 2008 年教育部《关于首次认定教师资格若干问题的意见》的通知中就明确确定的。其中的试讲环节将重点考查申请人应用普通话提问、书写板书和讲授的技巧，以达成施教目标，完成求学者的学习目标。组织实施课程，掌控课程内容，使用施教语言和施教资源等方面的关键能力。2013 年，教育部印发了《中小学书法教育指导纲要》，强调各学科施教者要在板书书写、作业布置、作业批改、日常书写等方面起模范带头作用，当好求学者的表率，书写规范，书写认真。此外，各省市师范类高校在培育师范生的同时，也要有紧迫感，抓紧培养该校的授课力量。如“两笔字”（粉笔字、硬笔字）曾经作为宁夏各学科从事教学的施教者施教基本功比赛的重要考查项目，学校每学年都举办教职工粉笔板书、硬笔书法比赛。再者结合现阶段中国的施教者资格报考趋势分析，尽管申报人数受国家“双减”政策的影响呈现波动趋势，但报考人数逐年递增，所以，从差异性竞争的视角分析，如果参考施教者有优秀的板书书写和规划的基本功，在考取施教者资格时就是良好的“增分项”，尽管它不可能成为独一无二的“敲门砖”。另外，有些求学者说，如果能遇到专心致志、精细严谨书写板书的施教者，求学者对学科内容的理解上就相对比较简便。就是因为板书的书写能给求学者空出较多的书写笔记、凝神思考的空余时间，而求学者在这一过程中，紧随施教者的施教思路，相对凝练信息、分析问题、理解问题、解决问题就更容易，课堂中获得的知识，自然也就留下更深入骨髓的印记。综上所述，板书能够为施教者的业务素养提升助力，在教育信息化的大背景、大趋势、大潮流下必定有它存在的必然性。从总体上看，学科施教者科学利用 PPT、互联网施教资源等新型施教技术和教具是现代社会进步发展的必然结果，是新时代科技进步的产物。回归施教本源，一味地完全放弃电子课件回归传统板书这种观点是不可取的，应该紧跟时代的潮流，在拥抱创新中作出科学的取舍。正如前文所说，学科施教中传统板书书写与新型多媒体恐怕有交集和冲突的交织，但两者并不全是矛盾，也是对立统一的，它们的存在有时代的烙印，也都存在于为各学段求学者提供最佳服务当中。

七、如何上好学校地理施教网课？

自 2019 年至 2022 年疫情放开的这段日子里，多地新冠疫情反反复复，一些地方的中小学不断重启线上施教。与线下施教相比，线下传统课堂的时间地点被打破，从钉钉、腾讯会议、宁教云等网课平台选择到麦克风调试，从地理学科备课到课堂师生互动，从施教者课程设计到家校共育等都发生了颠覆性的变化。从线下到线上，对地理施教者而言，意味着面临诸多严酷的挑战，那么地理施教者该如何上好一堂网络地理课呢？笔者系统整理了几个开展线上施教的方法，与众多地理施教者们共享。

（一）快速进入上课状态及课中、课后应注意的问题

1. 开展培训，解决环境氛围问题

开展线上地理施教和平时的教室最大的不同就是环境氛围差异性巨大。求学者在家里学习，可能的干扰因素实在是太多了。因此，建构良好的氛围环境，是准备好线上上课的第一要务。首先，在线上课程开始前，就应该及时地给求学者们做一个线上培训，让他们首先解决学习的大环境。比如说，求学者找一个在家里相对不受干扰的地方，在一个标准的时间段内，从几点到几点是用来线上学习的，着重提醒父母及家人不要随意走动，不要随便地冲到学习空间。其次，努力营造小环境，这里包括所有家人和求学者。地理施教者要建议求学者父母，在求学者线上学习时所使用的桌子，桌面一定要清理干净。因为求学者上网课时缺乏监督，而且毕竟是个未成年人，他的注意力不会长时间地保持高度集中。如果他的桌子上堆着其他物品，如心爱的玩具，零食、水果等还没有完全准备好开展地理课学习所用的东西。因此必须要让全家人们都知道，一天中从几点到几点的这个时间段是孩子用来上网课的，要遵守严格的课堂时间表。小环境氛围是桌面相对干净，只放和地理课有关联的内容。这种专心致志的措施，其实在平时做功课的时候，对求学者来说也是行之有效的。

2. 进行线上课的设备和网络检查

首先检查家庭网络信号通畅度好不好，即便是最好的技术平台，也有可能因为网络的运行出现不可预知的问题，如网络不畅，画面卡顿，声音卡顿等现象。因此线上课的时段内，将电脑上暂时不用的程序软件都退出，将电脑的内存清空变得充满活力，能够胜任各种各样的信息流处理。其次是要检查家庭网络接入设备数量，尽可能少地接入其他设备，创造一个接入较少的环境。在上网课这个时间段内如果家用宽带的网速有限的话，家里人最好不要将移动设备接入宽带，也不要利用宽带网络看视频。

3. 授课施教者要注意镜头形象

施教者的仪表形态无论是线上还是线下，对于课堂中的求学者们来说都十分重要。施教者永远要给求学者展示最优秀的形象，这是当代施教者必须具备的一种修养，呈现在镜头前的施教者的着装形象从心理学的角度来讲是会影响求学者们的注意力。那么在着装得体的情况下，施教者该采取什么措施让自己在镜头前看起来干净、整洁？先聊聊

衣着的问题。建议施教者穿纯色的衣服，纯色的衣服呈现在镜头前会衬托出健康的肤色。选择衣服的时候，不选择细条纹或者细格的衣服，如果施教者将细条纹或细格子衣服穿在身上，呈现在同学们眼前的就是施教者的身上有不断运动或晃动的线条，这特别容易带走求学者的关注点导致走神。对于女性施教者来说，画个淡妆就可以了，这样呈现在镜头前是优雅、健康、悦目的施教者就可以了。现在众多的线上直播平台，其实在软件系统里都增加了美颜效果，施教者大可不必刻意化浓妆。如果是男性施教者，衣服着装得体，打开平台美颜功能，但不要把美颜值设置为最高，否则呈现在镜头前的你可能和你想象的差之千里。

4. 营造课堂仪式感，把施教者目标前置到课前、课中、课后

（1）营造课堂仪式感，活跃气氛。疫情在家期间，线上课“起立”“坐下”等仪式感忽略了，那么施教者该怎样来营造课堂仪式感呢？首先，施教者应倡导求学者开启摄像头、正常穿校服、保持学习桌面整洁、上课期间紧盯设备屏幕，不随意活动，以此来营造课堂氛围。其次，可以在课前 1 分钟静思冥想、一起在施教者的指导下做简单的上肢活动体操、找擅长朗读的同学带着课本内容朗读等一些简单的事情，让求学者在施教者的指导下，开始本节的串讲。最后，创造“师生在一起”的体验。通过开启摄像头、让求学者们分享施教主题、施教问题解答互动等方式，努力营造师生一体的学习氛围，增加互动交流。

（2）前置施教目标，有的放矢。施教目标是落实课堂施教成效的核心。在线下的地理授课中，施教者一般会安排多个施教环节，且通过这些环节来紧紧锁定目标，最终完成。自制力较强的求学者能在施教者的指导下将知识学会，甚至学到位。由于网课学习常常因为使用设备问题、网络信号问题、求学者注意力问题、施教节奏把控问题、求学者把控听课节奏问题（比如没听清楚、没听懂、没跟上节奏等等）等原因造成线上学习不连贯，思路不顺畅或者施教者提出的问题求学者逻辑次序没弄明白，所以有时甚至求学者并不明晰今天要学什么知识、到底学到什么程度。线上施教很难在最佳时间接收到反馈信息，许多情况下，施教者只能按照自己预设的节奏开展施教，造成部分求学者目标没能达成。线上授课，施教者不妨在授课的起始环节向全班呈现本节课的施教目标（抑或求学者的学习目标），给求学者明确的学习内容和达成的结果且训练这样的意识，以便于施教者开展学习效果的评价。比如说这节课是下午 4 点开始，提前 3 分钟或 5 分钟，施教者就可以登录上线了。施教者在上线之前应做一张 PPT，把本节课的预习内容、学习内容、达成的目标、网络条件、作业完成时间、作业提交时间等注意事项发给求学

者们。在这张 PPT 上，通常还要设置一个重要内容，就是要告诉求学者们今天课上除了教材外还要准备使用的工具，例如地图册、彩色笔、习题练习册等，这就等于告诉求学者们提前准备学习用具，做好这些前置预习工作能让求学者提前收心，以最佳的心理准备迎接本节线上课。

（3）课中凝聚求学者注意力，促进施教质量的提高。线上授课时，施教者要想应付自如、游刃有余，需要始终心里装着求学者，时刻关注屏幕中求学者的动态，关注每个求学者在地理知识基础、生活社会经验、个体认知规律、个性差异、在线听课状态、知识接受程度、学科知识掌握情况、课堂学习实效等。

①抓住注意力的变化规律，课程设计更加科学。人的注意力稳定性是因人而异的，在网络上，对某个屏幕中的事物注意力要比在线下课堂里关注时间更短。施教者在线下课堂会把 40 分钟的常规课分成若干个段落，通常是讲练结合。在线上课堂，施教者更需要带领求学者不断转换节奏吸引求学者注意力的方式，比如 4 分钟、6 分钟听施教者主讲，接下来安排求学者解决地理问题，比如在讲“地貌观察”中提出这样的问题：你现在看到的“图新地球”上呈现给你的地貌是这个样子的，那么未来它会是怎样的呢？施教者尽可能地切断每一个注意力单元，助力求学者的专注度提高。线上课最重要的是互动参与。所谓的参与，就是能够紧跟授课施教者做一些活动。比如准备进行线上课的时候，在本节课起始段施教者就可以说：“大家一起先来做一个简单的预习训练。”

②营造主动思考、与求学者主动互动的氛围。地理问题提出、互动讨论、互动交流等环节会积极调动求学者思维的主动性和对事物的专注度。况且比起施教者的规范化的讲授，求学者们更喜欢听他们之间五花八门的对问题的解答。所以，施教者会发现，求学者只要看到某个同学被指名回答问题，他们的兴趣要比在课堂上任何时候都高，注意力要集中得多！诚然，课堂互动会影响课堂施教进度，但施教者应寻求在施教进度和课堂互动中的平衡。如果线上网课平台支持连麦的话，授课者就可以通过视频连线回答某一求学者在线上的提问，这也是目前线上课最佳的师生互动方式了。在连麦时，施教者必须注意以下几个问题：施教者必须先在全班提出地理问题，等待这一问题被提出来后，再指定某个求学者开始连麦。因为一旦进入连麦状态后，呈现出的求学者的说话声音，其他在线的求学者听起来不怎么清晰，这是受限于线上网络平台的技术所造成的。所以施教者一定要在一开始的时候就把要问的问题讲明白，然后再开始指定求学者作答。亦可以让求学者主动举手回答问题。如此就会使整个课堂的氛围更加和谐，施教过程更加流畅。

③有效监督，保证求学者的信息及时反馈。其实线上施教者最大的不同，就是施教者和求学者们不在同一个现实空间里。求学者可以打开摄像头，连接话筒，让他在施教者和同学的监督下，能有更多的自律表现，也能随时与施教者沟通，让课堂做到“施教者和求学者互相监督，听课信息及时反馈”。提出一个地理问题，施教者可以指定某个求学者来回答，这是最直接的互动方式。线上互动有以下四种情况。

起始线上确认：线上课一开始就可以向同学们提问，能看到老师了吗？老师的说话声能否可以清晰地听到？问题链的呈现，施教者踏实，求学者也觉得踏实，施教者也放心了，同时施教者要检查所有求学者是否都进入课堂，这不但检查了求学者的到课情况，还检查了网络的通达度。这就是所谓的线上确认。

课中检查进度：比如说施教者希望求学者们能够把教材某个段落自己阅读一遍，但不同求学者的阅读速度是不一样的，你可以告诉同学们，教材段落读完的请在互动区输入 A。这样施教者就可以在互动区里检查，到底有多少同学完成了教材阅读。

学会师生共情：施教者要不断地跟求学者们互动，不能仅用提问的方式，有时需要一种共情模式。比如说在讲授“自然灾害”这节课时，在施教者这个年龄段曾经经历过多次地震，每次的体感都是不一样的，你经历过地震吗？万一经历过地震，先感觉上下颠簸一下，还是先感觉左右摇晃一下，那怎么办？如果最近有人说地震可能发生，你是否会深信不疑？会的同学请在互动区输入符号 A，这个就是共情模式。

及时做选择题：如在学习“河流对地貌的塑造”一课时，在网络上为求学者提供了如下的选择题。位于青藏高原的格尔木河发源于昆仑山，注入达布逊盐湖，该湖周围一定范围内没有植被生长。研究发现格尔木河流域近年来降水增加，地下水位上升，各地貌区植被发生了不同的变化。图 1 是植被分布与格尔木河流域地形地貌的关系，按此完成以下问题。

依据图文结合相关知识，格尔木河流域（　）

A. 植被属于针叶阔叶混交林　　B. 植被覆盖率高且分布均匀

C. 沿江植被呈条带状分布　　D. 湖积平原北部植被茂密

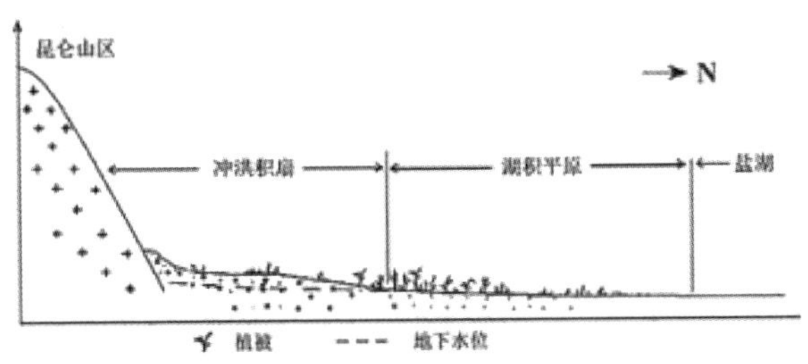

图 1　植被分布与格尔木河流域地形地貌的关系图

这是一道选择题，认为是第一个选项的输入 A，是第二个选项的输入 B，是第三个选项的输入 C，是第四个选项的输入 D。这样你就知道，同学们在做选择题的时候，基本都是在哪个答案上有所偏向。对比正确答案施教者也知道求学者们选错的原因了，施教者分析解释起来也会事半功倍的。

（4）课后用评价激励来助力。在以往的走马观花式的课堂上，授课者总是习惯于关注现实中的求学者，“把脉问诊”于面对面的情境中求学者的真实状态，以求学者是否真的“学以致用”对课堂效果进行评价。而在线上上课时，这种虚拟的“学以致用”总是让施教者放心不下，于是利用问卷有针对性地对求学者的学习效果进行真实而具体的了解，同时还可以用随堂检测等其他多种形式进行学情调查。课后施教者都会留作业助力求学者课后巩固，课后作业批改也耗费了施教者大量的心血，如何让线上的课后作业反馈更有效，要注意以下两点：第一，及时设定作业时间、提交时间，作业时间控制在 30 分钟以内。施教者要及时向求学者反馈作业信息，尤其是在求学者提交作业后要及时批改，趁着求学者对作业有记忆的时候把反馈给予求学者，他们更容易将好的体验与作业连接起来，才会激发他们下次完成作业的动力。第二，注重细节。高中学段的求学者对施教者的表扬已经不在于“你真好”“你真棒”，而是更关注“好在哪里”“不好在哪里”，所以，对高中学段求学者的表扬要说明细节，× × 同学回答问题逻辑性强，× × 同学完成作业认真，× × 同学错误问题订正得仔细等，这样可以起到以点带面、树立榜样的作用。同时，施教者还要指出求学者们的共同问题，指导他们及时更正。

表 1《高中地理必修 1》第五章第一节“自然环境的完整性”在线课堂施教者设计方案

<table>
<tr><td colspan="6">一、学习目标与任务</td></tr>
<tr><td rowspan="3">1. 学习目标描述</td><td>知识与技能目标</td><td colspan="4">把实例结合起来，使求学者对整体地理环境的内涵有一个认识
学习解释地理环境中产生新功能的各种元素之间的相互影响。可以从地理环境的全局来分析一些自然现象</td></tr>
<tr><td>情感态度与价值观</td><td colspan="4">学会应用“普遍联系地球上的事物”这一观点，对问题进行分析</td></tr>
<tr><td>过程与方法目标</td><td colspan="4">求学者阅读教材、自学、分组讨论。施教者利用课件、语言表达发挥施教者的引导作用，利用启发式、阶梯式递进引导求学者学习、讨论、思考得出地理问题结论，发挥求学者主体作用</td></tr>
<tr><td rowspan="2">2. 学习内容与学习任务说明</td><td>（1）学习任务</td><td colspan="4">要点：平衡作用
难点：地理环境要素之间物质和能量相互交换、相互作用的平衡效应</td></tr>
<tr><td>（2）学习要求</td><td colspan="4">对自然环境与人类活动的关系，以及对自然规律尊重的重要性，能够运用自然环境的全局性知识进行阐述</td></tr>
<tr><td rowspan="3">二、求学者特征分析</td><td>（1）学习特点</td><td colspan="4">学习对象是对地理学科有非常浓厚兴趣的高一求学者，对地理信息技术等地理工具的运用有很大的兴趣，但基础信息技术平台的操作使用能力良莠不齐，对关键能力在学习领域的运用能力较弱</td></tr>
<tr><td>（2）学习习惯</td><td colspan="4">高一求学者地理学科基础知识面窄，习惯地理授课施教者的讲授被动学习，而缺乏积极主动学习和独立提炼信息、分析问题、解决问题的能力</td></tr>
<tr><td>（3）学习交往</td><td colspan="4">高一求学者在新的学习环境中开展学习，课堂上的群体意识差，互动学习缺乏激情，参与性不高。主要体现为个别化学习</td></tr>
<tr><td rowspan="7">三、学习环境的选择和学习资源的设计</td><td colspan="5">1. 学习环境选择（√）</td></tr>
<tr><td>（1）钉钉网络直播教室（√）</td><td>（2）局域网</td><td>（3）城域网</td><td></td><td></td></tr>
<tr><td>（4）校园千兆宽带网</td><td>（5）互联网 internet</td><td>（6）博客（Blog）（√）</td><td></td><td></td></tr>
<tr><td colspan="3">2. 学习资源类型（√）</td><td></td><td></td></tr>
<tr><td>（1）线上课课件（√）</td><td>（2）地理工具</td><td>（3）专题学习网站</td><td></td><td></td></tr>
<tr><td>（4）多媒体资源</td><td>（5）案例分析（√）</td><td>（6）试题资源（√）</td><td></td><td></td></tr>
<tr><td>（7）线上课程（√）</td><td>（8）其他</td><td></td><td></td><td></td></tr>
</table>

续表

	3. 学习资源内容简要说明		
	网络资源可分成三部分：①创设真实情境；②求学者角色扮演；③真实案例分析（黄土高原地貌的形成）		
四、学习情境创设	学习情境类型（√）		
	（1）真实的情景	（2）问题性情景（√）	
	（3）虚拟的情景（√）	（4）其他	
学习情境设计			
问题是情景	地理环境和人类活动的关联性究竟有多大？		
五、学习活动的组织			

1. 求学者自主学习设计，将有关内容填写完整打（√）

类型	相应内容	利用的资源	求学者活动	施教者活动
（1）锚链式（√）	引导求学者关注地理环境各要素之间的相互关系，重视地理环境各要素之间相互作用所形成的新功能，注重发挥各要素之间在地理环境中的相互影响作用	地理资源网站上有关的学习资源	获取材料，对学习材料进行加工、分析和整理，找出地理问题并加以解决	提出问题链：学习资源获取路径的指导；地理问题的分析指导，问题解决指导
（2）支架式				
（3）随机交易式				
（4）其他				

2. 协同设计学习（打√），相关内容要填满。

类型	相应内容	利用资源	分组情况	求学者活动	施教者活动
（1）竞争					
（2）伙伴（√）	地理环境中5个自然要素相互联系的分析	地理必修1教材；网络媒体资源	全班60人以每10人为单位分成6个小组	通过小组讨论并发表论述	总结点评问题并反馈学习问题
（3）协同（√）	黄土高原地貌的整体性分析	地理必修1教材；网络媒体资源	10人一组，全班同学一起讨论	小组合作讨论地理问题，并加以论述	归纳概括整理得出结论
（4）辩论					
（5）角色扮演（√）	地理环境中5个自然要素相互联系的分析	地理必修1教材；网络媒体资源	10人一组，全班同学一起讨论	小组合作讨论地理问题，并加以论述	总结点评求学者作品并及时反馈求学者问题
（6）其他					

续表

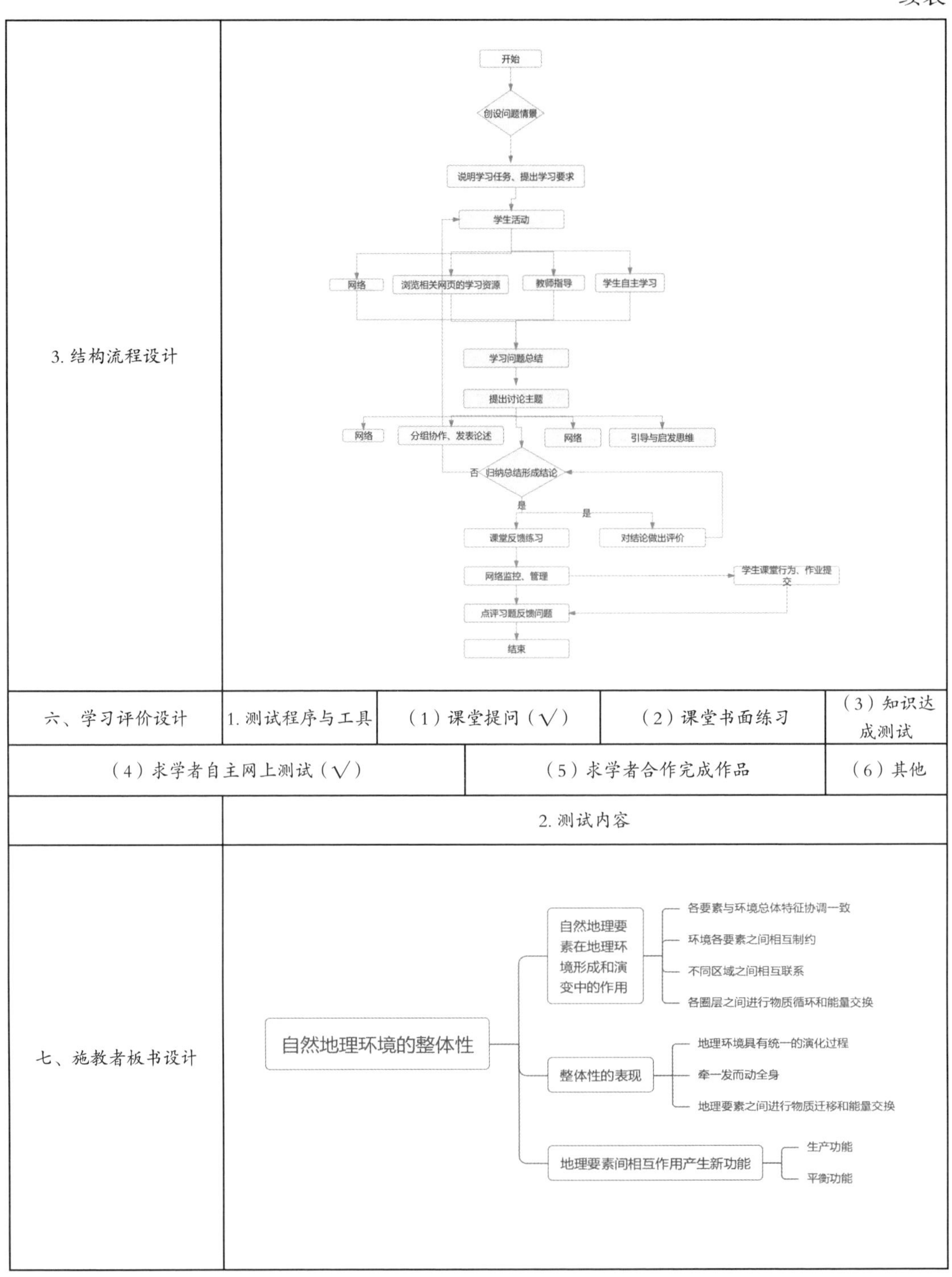

<table>
<tr><td>3. 结构流程设计</td><td colspan="4"></td></tr>
<tr><td>六、学习评价设计</td><td>1. 测试程序与工具</td><td>（1）课堂提问（√）</td><td>（2）课堂书面练习</td><td>（3）知识达成测试</td></tr>
<tr><td colspan="3">（4）求学者自主网上测试（√）</td><td>（5）求学者合作完成作品</td><td>（6）其他</td></tr>
<tr><td></td><td colspan="4">2. 测试内容</td></tr>
<tr><td>七、施教者板书设计</td><td colspan="4"></td></tr>
</table>

表 1 主要用于在线课程的设计，其前提是施教者在平台上已经储存了大量的素材内容，包括课程目标、施教单元等，直到在线课程开始。授课内容、授课活动、授课流程等，已在网上提前发布。

表 2　授课过程评价

班级	高一（3）	学科	地理必修 1	课题	地理环境整体性	施教者	×××	日期	2022 年 10 月
评价项目	评价要点							分值	得分
求学者的学习与发展	1. 求学者们对学习有着浓厚的兴趣，并在班级学习中积极参与 2. 勇于发现地理问题的求学者，探究地理问题 3. 求学者想象力丰富，学习过程中具有较强的创新意识 4. 乐于合作，把独立思考有机地融入小组的协作与交流中去 5. 善于倾听，自觉主动地透过各种途径获得信息							50 分	
施教者的指导与参与	1. 施教者在活动中积极投入，发挥合笔者、引导者和组织者的作用，突出对求学者的学习方法指导 2. 关注求学者内在的心理环境的建构 3. 为帮助求学者学习营造和谐的学习氛围 4. 施教者包容热情，善于激发求学者的学习热情、求学观和求学积极性							25 分	
求学者学习效果	1. 求学者的学习关键能力的发展通过学习活动可以有效地掌握地理学科的知识 2. 学习在求学者的实践与反思中提升 3. 保持和激发学习积极性，使求学者人格得到进一步完善							15 分	
个性与特色	施教者在某些方面能够凸显特色							10 分	
综合评价	评价人：							评价结果	

这种模式使设计和授课相分离。从理论来说，经过精心设计的地理课程，换个施教者去上课，也同样可以体现出它的施教价值。同样是地理必修 1 这门课程，是可以在相同学期由不同地理施教者施教，或者在不同学期由同一个地理施教者来施教，而施教的基本内容和施教者活动差异不大，施教质量也不会有较大差异。表 2 施教者可以自测，当成问题清单来使用，也可让其他施教者来“同伴互评”，搜寻施教设计者或者施教的盲点。

（二）在线施教的重点建议

1. 授课施教者所在学校应设立线上课“救援中心”

学校要以高中年级地理学科组建团队，成立线上课期间技术保障小组，确定好高中学段领衔人和地理学科的领衔人。当施教者有求助需求时，应第一时间远程控制，协助施教者解决直播中出现的技术故障，如果学校信息技术力量相对薄弱，可以借助社会网络公司力量或优势学校协助解决。

2. 构建网络学习小组

施教者引导求学者构建网络互动小组，分小组轮流遴选人员承担线上课质量提醒员，线上课出现掉线、缺声等故障时，提醒员可连麦提醒施教者，若施教者疏忽，可迅速用手机直接告知施教者。遴选的提醒员在施教者候课时段可连麦向施教者汇报本组入课及准备情况，这样既省时又高效；也可检查小组成员课程预习状况，组织成员讨论教材中的问题，可回答组员疑问；同时提醒员课内要监控、提醒本组求学者听课状态。

3. 求学者合理选择适合的听课设备

因线上课有时会出现屏幕弹窗，也会呈现多个界面，会遮盖授课课件中的文字，要建议家长为求学者准备好设备，线上课时尽量使用的设备依次是数字电视、笔记本电脑、台式电脑、带键盘的平板等，尽量不使用屏幕较小的手机。

4. 施教者科学选择直播方式

地理学科有自身的学科特点，可根据学科进行直播设计。首先布置或抠图设置较温馨美观的屏幕背景；直播时一定采取施教者露脸形式，让求学者能看施教者。因为施教者的眼神、表情、手势能增强课堂氛围和互动效果；需要呈现地理问题的解决逻辑过程的可选择能书写的设备，在屏幕上以板书形式直接书写思维导图；如与求学者连麦互动可选择全屏形式等。

5. 施教者要严格控制候课时间

施教者候课时间不能太长。如果时间过长，正式授课时可能会错过求学者学习的最佳时期，导致求学者学习专注力降低，学习时效性下降。

6. 强化课堂仪式感

施教者可以利用希沃白板设置动画、视频、歌曲等形式作为上下课铃声，增强网课仪式感。有条件的学校可由单位制作统一的线上课背景和上课、下课铃声。

7. 养成良好网课规矩

只要求学者进了班，设备摄像头一定要开启；连麦互动时，话筒应及时开合；要求求学者上课时不出声，不把无关学习的内容留在课堂上；课后作业照相要清楚，及时上传；用过的器材上课前要充满电，千万不要一边上课一边充电；上课时要端正坐姿等。最后特别提醒求学者直播结束关闭设备，尤其要在关闭摄像头后退出直播。

八、充分运用信息技术，做好求学者综合素质的考核

凭借现代互联网信息化超级数据精确分析手段，提升教育评价的科学性、专业性和客观性，助力求学者全面发展。教育部办公厅下发了《关于开展信息技术支持求学者综合素质评价试点工作的通知》（以下简称《通知》），从今年起正式启动实施“信息技术支持求学者综合素质评价试点工作”，对求学者综合素质实行评价。在刚刚召开的党的二十大报告中，突出加快优质教育体系建设，完善学校管理和教育评价体系，明确了实施教育、科技、人才一体化的部署，赋予教育以新的战略地位和历史使命。综合素质评价是实施“五育并举”的重要抓手，是观察、记录、分析求学者综合发展状况，深入推进素质教育，促进求学者全面发展的一项重要制度、方法和技术。在过去的教育发展过程中教育的评价问题一直是大家关注的焦点，教育评价在探索和实践中取得斐然成绩，也在实践过程中发现亟待突破的问题，主要表现在以下两个方面。

（一）探索与实践结合，取得显著成就

经过多年的摸索和实际运用，我国求学者综合评价。在理论层面，建立了比较完整、科学、反映时代发展诉求的评价理论模型和指标体系，无论是按照思想品德、学业水平、身心健康、艺术素养、社会实践等五个方面的求学者综合素质体系，还是以自主发展、社会参与、文化底蕴为根底的我国求学者发展核心素养。在实际操作层面，构建了全面的数据采集、组织和评估业务体系，以省、市、县、学校不同主体为单位。

（二）实践过程中发现亟待突破问题

经过十多年的实践，我国求学者综合素质评价体系建设在取得较大成绩的同时，也出现了一些问题，亟须突破。第一，综合性、全面性在理论上还不够充分。当前的综合素质评价，迫切需要建立比较科学的综合评价理论模型和指标体系，对难以体现学习者在受教育过程中形成的价值观念、必备品格和关键能力，从“德、智、体、美、劳”五个方面进行评价。二是在资料收集阶段，经常存在资料客观质疑、过程资料难存留、各类资料难通、资料权责不清等问题，评价技术和方法上缺乏客观性和科学性。在资料分析阶段，经常会出现资料和指标难以映射的问题。

为进一步突破评价理论和评价技术的瓶颈，建立更科学、更可信、更智能的综合评价解决方案，教育部与科技部协调部署探索科教融合解决教育难题的新范式，共同探索利用信息技术完善求学者综合发展评价理论与模型，研究开发求学者综合发展智能评价工具和综合评价的新机制，挖掘中国求学者综合发展规律。具体表现如下。

1. 构建双向驱动的理论与技术新模式

要构建求学者综合素质评价的新模式，需要理论和技术双向驱动。新模式整体上坚持理论科学性和技术可行性的有机统一，以教育评价改革的需求为导向。它的落脚点是科学开发和创新应用相关技术，针对评估数据的收集、计算、建模和应用的各个阶段。具体地说，在数据收集阶段，求学者全过程活动信息的实时获取是借助技术的感知能力，在各种信息系统中将已存在的相关数据进行汇聚，从而形成求学者发展的数据库。在数据计算阶段，理论模型、指标体系与求学者发展的相关数据相关联，借助于技术的连接能力，提炼出关键的求学者发展特征。“求学者综合素质评价各指标数据表征模型”是求学者综合素质评价各指标数据表征模型的构建，是求学者综合素质评价各指标的综合模型，是基于数据建模阶段的理论知识和特征计算的总体评价结果，保证评价结果的科学性、准确性和可用性。在成果运用阶段，将测评结果运用到教育实践活动中，系统、准确地输出求学者综合素质测评结果，从可视化、智能化、适应性等多个方面入手，真正使测评结果起到诊断性、激励性、导向性、预见性的效果。这四个阶段对综合素质评价在信息化支撑下形成了反馈和迭代的闭环循环。在这个过程中，全面性、发展性、公平性、安全性这四个特点始终要贯彻到总体评价体系中去。从综合性来看，体现在评价理论模型的全面性，即综合评价既要涵盖“德、智、体、美、劳”等各方面的要素，又要包括批判性思维、协作性、意志品质等求学者能力发展的基础性和必要性的成分，将这些因素全面有机地融合在一起。既要把关键能力和必备品格纳入综合评价体系中，又要体现在综合评价理论模型的全面性理论体系的全面性也必须得到保证。同时也表现为数据采集的全面性，即在大规模、长周期、多场域、多维度、跨学段场景的求学者综合发展相关数据中，综合运用各种新兴的智能技术，在大数据思维范式下进行全方位、自然化、动态化的采集。

2. 有针对性地指导求学者的发展

（1）从发展性上讲，综合素质评价一方面需要有针对性地引导求学者的发展，这是综合素质评价的一个重要方面。要对求学者综合发展的过程和特点进行深入挖掘，综合评价结果和未来发展的建议要提供给求学者个体。另一方面，相关评价信息的关联挖掘与分析，可以实现对不同求学者个体综合发展起点的认识，而持续不断的数据收集、处理与分析，不妨在一定的时间领域内，协助求学者个体火速、准确地洞察综合发展的整体变化及其各指标维度，支撑求学者评价增值。

（2）从公平性上讲，要让所有的利益相关方，如采集的数据类型、数据的储存方式等，对整个评价过程的相关信息有一个直观、清晰的了解，这样才能保证数据采集和分析过程的透明性。在求学者整体活动信息采集设计上，还应充分考虑地域、城乡、民族等客观因素和经济发展水平，避免以偏概全，因地制宜地构建综合素质评价的适应性解决方案，注重求学者综合素质评价能力的提高。

（3）从安全上讲，对求学者的数据安全和个人隐私保护，在数据收集和共享过程中，要求比较高。在综合评估中，需要采用数据加密、签名、隐私处理等方式组合，确保数据在传输、存储和应用过程中的安全性，以应对不同应用系统或平台的海量数据汇聚与融合。区块链技术可用于求学者资料收集中，确保资料完整，验证真实，抗删改，恢复资料的能力，确保资料安全共享。

总的来看，运用信息化手段助力评价改革，是办好新成长阶段人民群众满意教育的重要任务。这一过程并非朝夕之功，需要理论与技术的双向驱动，需要不断地摸索与提升。未来，数字技术与传统教育的融合必然能够为加快建设教育强国、科技强国、智能制造、人才强国、人才强军增添动力和活力，实现以政策为支撑、以理论为支撑、以技术为支撑、以方法为支撑的数字化转型。

参考文献

[1] 沈兰兰 . 地理新教师专业成长的基本路径 [J]. 地理教育，2019（10）:49-50.

[2] 郭美娟 . 论信息技术在高中地理课程教学当中的运用 [J]. 新教育时代电子杂志（教师版），2020（5）:80.

[3] 王搠 . 信息技术与高中地理课堂施教者融合研究 [J]. 文渊（高中版）,2019（7）:54-55.

[4] 时英春 . 探析高中地理信息技术教育的培养目标 [J]. 中国信息技术教育 ,2014（16）:118.

[5] 郭玲玲，袁满，富宇 , 等 . 基于 WebCT 的《计算机网络与通信》网络课程开发 [J]. 高校实验室工作研究 ,2009（1）:55-59.

[6] 胡志坚 . 中国教师教育体制改革中的三重困境及应对策略 [J]. 哈尔滨学院学报 ,2004（08）:91-95.

[7] 吴京蔓 . 多媒体方法辅助小学书法施教者初探——以沈阳市 Q 小学为个案 [D]. 沈阳 : 沈阳师范大学 ,2015.

[8] 邓颜如 . 传统茶文化元素在室内设计中的应用探索 [J]. 数码设计（下）,2018（02）:67.

[9] 杨旭海，谭舒丹，寇金梅 . 基于在线教师的研究生课堂教学改革与反思 [J]. 黑龙江教育（理论与实践），2021（6）:66-67.

[10] 吴丽丽 . 中职生数学学习兴趣调查研究 [D]. 锦州 : 渤海大学 ,2019.

[11] 钮之意 . 基于地理思想方法的中学地理施教者逻辑研究 [D]. 海口 : 海南师范大学 ,2021.

[12] 强晨 ."人口与人种" 第一课时教学构想（人教版）[J]. 地理教育 ,2017（10）:21-23.

[13] 张信化 . 浅谈数学教师教学中的数学活动 [J]. 数学学习与研究（教研版）,2011（1）:23-24.

[14] 彭波，王伟清，张进良，等 . 人工智能视域下教育评价改革何以可能 [J]. 当代教育论坛，2021（6）:1-15.

[15] 朱颖 . 评价环境中的教育考试机构专业化之路 ——2021 教育评价国际研讨会综述 [J]. 教育测量与评价 ,2022（2）:87-93.

[16] 王静 . 求学者综合素质评价体系的校本化建构研究 [D]. 曲阜 : 曲阜师范大学 ,2017.

[17] 郑勤华，陈丽，郭利明，等 . 理论与技术双向驱动的学生综合素养评价新范式 [J]. 中国电化教育 ,2022（4）:56-63.

[18] 王怀波，柴唤友，郭利明，等 . 智能技术赋能求学者综合素养评价：框架设计与实施路径 [J]. 中国电化教育，2022（8）:16-23.

[19] 郑勤华 . 双向驱动的学生综合评价新范式 [N]. 中国教育报 ,2022-07-13（4）.

学生小组合作学习、评价、创新实验问题研究

一、群策群力的小组合作学习问题研究

顺应教育新时代，提倡研究性学习、自主性学习、协作性学习的“以学生为主体”的新课程教学理念。其中，众多地理学科教师普遍使用的是按照教学目标、任务清单安排学生的一种学习方式，那就是合作学习。常规情况下的范式是地理教师将所教班级的学生分成若干小组展开学习，地理教师对小组合作的学习环节在课堂教学行动中进行了精心的规划，地理教师首先设计出地理问题，问题要具有一定的思维难度、逻辑次序，并在教学活动中提出，然后指导不同的学习小组成员进行合作。在教学活动中，地理教师要群策群力，共同完成学习任务，充分发挥集体的智慧和积极的效能。在教学活动中，地理教师首先要设计出具有一定思维难度、逻辑次序的地理问题并提出问题，然后指导不同的学习小组成员进行合作，充分发挥集体智慧和积极效能。群策群力的学习才能在教学活动中发挥集体的智慧和积极的作用，才能在学生个体学习的动力和能力上有较高的效率，才能在完成预先设定的教学任务和最终达到教学目标上有明显的提高。组团式

协同学习，扭转了地理教师在课堂上对信息源的全部掌握，把学生置于被迫接收信息源的情况下，从而激活了学生学习的主动性和个体的创造性，培养了学生积极向上的精神，培养了学生相互配合、相互交流的自主学习能力，形成了地理教师在教学过程中主动释放信息、学生主动接收信息源的局面。

（一）高中地理课堂上呈现的小组协同学习过程中出现的问题

地理学科教师在日常教学活动中具体操作小组合作学习却往往流于形式，以至于小组合作学习浮于课堂表面，蜻蜓点水般地发挥不出合作学习应有的能效，这样的问题主要表现在以下几个方面。

1. 划分小组成员不均衡、领头人缺失问题

地理教师在设计教学环节的过程中未能按照“组内异质，组间同质”的分组原则将小组成员进行搭配，在日常课堂教学中，协作组的划分一般是根据空间座位的前后紧密性，随意自然地分成四至五人的小组。一般情况下，地理教师划分的协作组的小组成员是依照班主任安排的学生座位次序来划分的，往往是根据学生的身高次序、性别进行搭配，这样的分组划分展开小组活动，操作起来简单容易，但突出的问题是，小组成员之间的搭配严重不合理，不利于合理优化组合层次差异的学生，优势互补，相互促进，不利于学生之间的相互协调。划分的小组缺少有组织能力和学习特点的领导，小组的集体优势很难发挥出来。

2. 小组内的学生呈现出表达不公平的问题

小组合作学习通常表现出的就是为优秀学生提供了展示自己才能的舞台且给予了更有力的保障，对于那些平常学习地理有困难的学生，由于他们逻辑思维较慢、口语表达能力缺乏等问题常常游移于小组探究之外，成为一个局外人、旁观者。群策群力的学习成效因为表达不公的问题而大打折扣。

3. 地理课集体协同学习有时会出现问题流于形式的情况

地理学科教师根据预先制定的教学目标，经常要求在计划内按教学任务需求，在有限的时间内完成教学任务。往往鉴于课堂时间有限、授课任务重、班级学生人数多，讨论往往不能深入展开，不足以为学生供给足够的时间深入展开合作交流，使学生的探讨流于形式而缺位，往往草草收场。

4. 地理课群策群力在学习上欠缺技巧，不善于听别人说话

地理学科教师在教学过程中开展小组合作学习时，笔者常常发现学生的表现是在地理问题的讨论中常有你讲你的，我讲我的，相互之间对对方的表达完全置若罔闻，谁也听不进去谁的。小组中的学生也不清楚用怎样的方式与他人交流，采取怎样的措施才能与其他人进行有效的合作，因此在相互交流的过程中缺乏必要的合作技巧。

5. 地理学科课堂小组合作形式单一问题

小组合作形式单一，仅仅局限于前后座位的 4 个人组成的小组，而地理问题探究合作小组、融合学科合作探究小组等新颖的合作形式在实际地理教学过程中应用比较少。地理学科教师在教学设计中也缺乏有意识地设计新颖的小组合作形式来开展教学，这样的教学设计从教学的开端就为教学目标的达成度不高而埋下隐患。

6. 组内评价不到位的问题

地理学科课堂教师组织的小组合作学习活动在活动评价方面仅仅侧重组间评价，而缺失了组内评价。小组合作学习一旦缺失了组内评价，就不足以优质地调度日常对地理问题掌握、理解有较大困难学生的学习主动性、积极性。

（二）针对小组协同学习中出现的问题的应对策略

笔者通过多年的教学实践经验总结，如果不及时地开展教学反思，不及时地探寻开展小组合作学习的最佳方案，新课标的教学理念的深入贯彻就无从谈起。因此，地理学科教师在教学过程中怎样才能抑制以上呈现的问题，采取怎样的方式才能加强小组合作学习的实际效能呢？我觉得解决问题可以采取以下几个对策。

1. 甄选优秀组长，担负“领头雁”的作用

地理学科教师甄选一个优秀的学生作为小组长，这是提高小组合作水平的根底和关键，小组长的甄选是课堂中开展小组合作学习的开始。

2. 精准合理配搭，分工细致、明确

地理学科教师遵从组间同质，组内异质的原则搭建合作学习小组，合理优化组合不同层次的学生，尽最大可能使小组间配置层次均衡。将合作学习的任务在小组内合理分配，将学生进行分工，使每个小组成员清晰自己的分配任务，各司其职、组内协调合作。

3. 组员友好协作，要学会倾听

地理学科教师在组织学生开展小组合作学习的活动中一定要循循善诱，使学生学会相互欣赏、相互尊重。学会静下心来聆听其他同学的表达，学会吸取他们的长处，这样才能弥补自己的不足。

4. 充分欣赏他人，要学会质疑

小组成员在静心听同学表达的同时，学会赏识他人，当在活动过程中遇到不同的观点时，应该有勇气、大胆质疑，通过辨析解决质疑的问题。

5. 学习活动形式多样，内容丰富

地理学科教师在教学活动中要积极主动地尝试开展多样化的小组合作学习活动，精心、灵活搭配组建合作学习小组，主动搜集符合新课程要求与教学内容关联紧密的资源

以期来丰富小组合作学习的内容。

6. 教师评价要实时到位，主动让权

地理学科教师在评价所组织开展的课堂小组合作学习时，要做到“及时、准确、激励”三者并举，首先地理学科教师的评价要及时，教师的主动信任和激励有助于学生合作学习的积极性和主动性的提高，教师的评价一定要恰当、准确地使用肯定的语言，评价一定要准确、到位。其次是向学生交还互动评价的“中位数”或“C 位”，将评价主动权交接给学生，让他们牢牢掌握自己的课堂互动主动权。采取个人自评、他评、小组互评等多种形式，教师仅仅是指导组织他们开展评议工作。综上所述，地理学科教师在课堂教学过程中组织学生进行小组合作学习，一定要转变观念，积极投身“三新”教学变革中，按照新课标的教学理念找问题、想策略，踏踏实实地设计教学活动。小组合作学习要精准、合理地开展，主要提升学生的学科核心素养与学科关键枢纽能力，要在“三新”教学变革中发现问题、思考策略。

二、高中地理学科教师“三个维度”评价学生

对于学校教育质量的评价，国家在制度层面是有严格要求的，文件严格要求学校在“品德发展、学业成长、身心发育、审美修养、劳动和社会实践”五个方面对学生进行全素养、会动手、爱国家、全方位的考核。这个评价要求意味着教育评价改革进阶到了更高层次和更高水平，教育评价改革的方向已从以往的“知识评价”指向了“素养评价”。每个学生个体成长环境有差异，个性特质有差异，地理学科分数数值有高低差异，以往仅仅利用学科分数对学生成长管理进行评价的方式早已过时，现今的时代早已凸显出多元化、信息化的时代特质，这就要求教育工作者站得更高，利用更广阔的空间维度和更敏锐精准的视角，以激励、赏识和平等、积极的心态看待每一位学生，最终保证每一位学生在充满阳光、健康、自信的环境中成长。那么高中地理老师对学生的评价应该怎样做到科学、适度呢？又有哪些维度来评估学生的控制力？面对这样的问题，高中地理学科教师更应该深入地挖掘育人的目标价值，更主动地拓展育人的渠道载体，更大胆地探索教与学的创新方式，本着“风物长宜放眼量”，将学生个人成长的微观分析、学生个人融入班集体的横向对比及将其置于社会层面的宏观定位，这三个维度作为学生评价的维度。把握好以上三个维度，是地理学科教学真正地回归教育本真、本质，充分体现学科育人价值的根本途径。

（一）严格把控对比尺度，做好个性与共性的对比

像“你是我教过的最差的学生”“没有对比就没有伤害”这样的话，在学生的求学生涯中，对那些学困生的心灵不知“轰击”了多少回。过去的地理老师总是以测验、月考、

终考等考试的成绩来评价学生，这已经形成了古板的印象和程序化的思维，如果每次测评考试后，地理老师脱口而出一句否定评价的话，对老师来说，话说到嘴边一点都不费劲，对学生的伤害可就大了。这样的评价显然不具有很强的说服力，因为教师片面地以成绩和排名来评价学生，而忽视了学生的个体性和差异性。

地理学科教师将空间坐标定为所教授的每位学生的个体本身，将视角关注在学生心态的积极变化上和学习进步的幅度上，主动地激励学生通过自身的持续努力改变自身不足、弥补短板，发挥自己的优势。地理老师应该帮助学生正确客观地凝视自己，不断修正自己成长过程中的问题，取人之长，不断改进提高，更明确地规划自己的人生目标。对学生的增值评价和激励评价是以人为本的评价，这种评价会助力学生进步，提升学生的获得感和幸福感。德智体美劳的综合、多维度评定，以德为先，着重强调德行，德行是每个个体的立身之本，也是每个个体的处世之道。而自评则是高阶思维的进阶过程，提升学生的自我教育，完善自我，修复自我。诚然，学生智力水平的差异，绝不仅仅体现在学习成绩的差异上，而是把学生的核心素养，即必备的品格、地理学科的关键能力等作为重点，与学生的职业发展、社会发展需求相适应，突出了学生的自我评价和认知取向。

（二）过程性评价需要处理好教师授课、学生学习等环节

把视角更多地聚焦于过程评价，这是高中地理课堂教学的核心部分，也是教学管理的主要体现形式。考查学生学业成绩的净增值情况，教师应当关注和评价学生的成长性和成绩的持续性。在地理学科课堂上施教者可通过地理问题提问、课堂小测试等方式关注学生在某个地理知识环节上存在的问题，辅助引导学生突破学习中的重点和要点的禁锢，通过对比学生前后的变化，作为判断学生学习技能是否达标的依据。在“双减”的情况下，要严格遵守学生这一阶段的地理学业标准和职业成长规律，更科学、更合理、更灵活地监测学生的课堂表现状态。围绕学生在知识、能力、技能等方面的素养水平，通过地理课程的学习，将地理学科教学评价环节贯穿于日常教育教学的全过程，起到良性的欣赏评价功能。那么，教学评价要实现什么样的目的呢？这是地理学科教师必须清楚的问题。通过激励和引导学生主动发展技能、丰富职业经历、锻炼意志心性、完善品格修养，促进学生全面发展和提升个人综合素养，是教学评价工作的本质目的。教育评价绝不是对学生的筛选和甄别，而是要加强过程评价，对学生成长成才的复杂性、规律性进行深入考察，应该起到的是提醒、激励和鼓动的作用。因此，地理学科教师要突出学生职业成长变化的动态性，引导学生对照检查评价指标，逐条逐项反思，全面了解自身发展状况，找到自己继续发展的阶梯方向，提出自我纠偏、自我完善的具体策略路径，

从而摒弃把评价结果“形式化”“程序化”“档案化”的做法，引导学生客观地看待评价结果，努力沿着自我完善的路径前进。

（三）家、校、社齐抓共管，发挥机制育人

地理学科的育人价值，在于教育和培养与国家和社会建设发展需求相适应、与时代条件相适应的人才。明确指向，全面服务社会，才是教育的终极目标。学校主动对接各类社会教育端口，形成多措并举、统筹兼顾、多方协同的育人机制，最终构建学校、家庭、社会三方教育协同的良性教育生态，为家庭营造良好的社会氛围，为各级各类学校营造良好的育人共同体，为各级各类社会教育口营造良好的教育生态。能多样性地提供各类服务资源和具有复杂的功能性是社会教育的最大优势，学校要善于因势利导，善于利用社会教育资源，使之成为学校教育的一种有效的延续，一种很好的补充。

学校要创造条件，依靠参加社会公益、学科研学、志愿服务进社区等区域文化、社科、各民族风情民俗等资源，让学生踊跃参加各类社会活动。使学生在参与活动的过程中，熟悉所在区域的自然人文景观、独特物产等地理资源、风俗习惯等地域特色文化，学会灵活运用所学地理知识处理地理实际问题，学会人际交往、协作配合，循序渐进地厘清一定的社会规则和法律道德规范，增强学生热情服务他人的意愿和社会责任意识，从而使学生在参与活动的过程中学到使其走出校园，主动体验各种职业角色，在社会实践中得到锻炼，并在一定的社会实践中体验各行各业劳动的价值，如农业生产劳动、工厂产品加工过程、商贸、服务业等。一个和谐的社会，对于青少年而言，评价学生既要有包容接纳之心，又要有正面引导和帮助之责，本着健康、文明、积极、良性的原则，给予学生的评价要客观、公平、公正。教育的成效最终是要拿出来检验的，那么检验教育成效的舞台和试金石就是社会，最后体现价值的学生综合素养也是在社会上。

有人说，现在教育的功利化和“内卷”化严重，那么怎样才能破解呢？加强对学生的过程性考核，注重增值性考核，完善综合考核，才是唯一的办法。教育以多元评价的方式帮助学生全面发展，使诊断、指导、修正、提高、激励、进步的教育功能在教育中得到有效发挥。加强学生综合素质生涯档案的建设和使用，客观反映学生德智体美劳全面发展的整体水平和变化，以更加立体、系统、直观的大数据，准确、科学地分析、评价和指导学生的成长发展。

三、做好地理学科创新实验，提高学生综合素质

紧跟教育教学“二新”改革的步伐，对学生综合素质成长正视的学校越来越多。在这样的背景下，开展创新实验成为一种新的教学模式，可以为学生提供更加开放、自主和探究的学习环境，使学生在提高综合素质的同时，发挥创新思维和创造能力。让学习者自主选择课题展开钻研，采取以尝试探讨的方式为主。鼓励学生勇于表达自己的思想，从而培养学习者的创新思维能力。鼓励学生勇于表达自己的思想，以培养学生的创新思维能力。利用现代技术手段：如VR、AR技术、3D打印技术等，为激发学生学习积极性提供更具体的、有经验的学习方法。多学科有机融合，交叉实验，使学生的学科视野更加开阔，综合素质得到了提高，学生的学科视野更加开阔，学生的综合素质越来越强。将实验与社会实践相结合，让学习者更好地了解社会问题，并通过实验探究解决问题的方法，增强学生的社会责任感。开展创新实验，可以帮助他们在意识、能力、精神等层面有所探索，使学生的综合素质得到提高。在实际操作中，教师需要注意引导学生独立思考、独立发展，充分发挥其主导作用和主体性，让学生在实验中体会到探索的快乐，体会到成果的快乐。

（一）地理创新实验结合实际探索

地理学科创新实验的成功离不开实践与探索的结合，而这种方法可以帮助学习者从实践中掌握知识，结合自己的经验和思考，提高学习者的探究能力，使他们对地理知识有更好的把握。下面是一些在地理学科创新实验中，探索与实践相结合的具体方法。

（1）实验与场地考察相结合：在不同场地（比如农村、城市、海滩等地）进行考察，并结合实验进行研究，让学习者从实践中获得知识。

（2）学科融会尝试：在尝试中将地理学科与其他学科（生物、化学、物理等）相融会，经由过程学科融会从而激活学习者的探讨愿望和乐趣。

（3）数字化技术与实验相结合：使用数字化技术（例如GIS、遥感技术等）为基础，让学习者进行虚拟实验，提高学习者的探究意识。

（4）研修者自主探讨：让研修者自主选择尝试内容，自主设置实验方案，增强研修者的研修乐趣，同时也能为研修者提供更好的研修氛围。

（二）地理创新实验实践过程中发现亟待突破的问题

在地理创新实验实践过程中，可能会出现一些亟待突破的问题，例如：

（1）实验装备不足：地理实验需要较多的实验装备，但有些学校的实验室设备较为简陋，无法满足实验的需要。不断加大教育科技投入，还需要加强学校的装备条件。

（2）学习者实验能力较低：由于不同学习者的实验能力和成熟度存在差异，一些学习者可能难以掌握实验技能或者难以完成实验探究活动。要提高学习者的实验能力、实践动手能力，需要通过不断优化教育教学制度。

（3）实验活动缺乏实际意义：有时实验活动可能缺乏实际意义，学习者学习效果不够明显。要求有针对性地设计实验活动，在学习者的实际需求中发挥学习者的实际意义。

（4）理论与实验结合不紧密：实验活动有时难以与教学理论紧密结合，实践效果受到影响。需要加强实验与理论结合，创新实验设计，拓展实验规律、法则与现实语境的联系。

（三）构建地理创新实验双向驱动的理论与技术新模式

地理创新实验应用的理论和技术新模式，以双向驱动为核心，可以通过以下方式实现：

（1）双向驱动的教育与行业。将地理创新实验中使用的新技术和理论带入到与教育相关的行业中，开展教学与研究的一体化实践，实现理论与实践相结合、教育与相关行业互相促进。

（2）在地理创新实验中引入大数据技术，从而将实验结果与相关数据进行结合，形成更加科学的数据分析体系。这样就可以验证实验结果的真实性，可靠性，反复性，增加了它的科学性，增加了它的价值。

（3）智能技术引入如人工智能、机器学习等地理创新实验课程设计、监控实验过程、分析数据、呈现结果等。这样，在提高实验效率和效果的同时，培养学生的运算思维能力。

（4）构造分布式地理实验创新，经由过程网络连接实现分布式探索和协同实验尝试。这种模式可以打破实验时空限制，实现不同地区、不同学校和不同领域的学习者共同参与地理创新的实践。

通过以上的双向驱动的方法，可以提高地理创新实验的质量和效益，进而推动教育、学术、产业和社会的可持续发展。

（四）地理创新实验要针对性地指导学生发展

地理创新实验要有针对性地指导学生的发展，需要教师因材施教，根据学习者的实际情况和需求提供相应的指导和支持，帮助学习者全面系统地掌握地理学科的知识和实际操作能力，这样才能促进学习者的整体发展。

1. 发展性

地理学科创新实验是为了帮助学生发展创新思维和解决问题的能力，提高地理学科创新思维和解决问题能力，学生的技能和综合素质得到提高。在实践中，指导学习者从发展的角度去开展地理创新实验，需要考虑以下几个方面：

（1）明确教学目标。地理创新实验需要明确教学目标，要使学习者明确实验内容的意义与作用。例如，学习如何利用科技手段探究生态环境的变化，能够提高学习者的地理素养和科技实践能力。

（2）学生的主体性发展。地理学科的创新实验需要关注学习者的主体性，需要关注学习者的学习能力的发展，学习者应该能够从实践中发现和解决问题，担负起自己的学习责任，发挥主体性思考和合作能力，增强学习者的自主性和主导性。

（3） 多种教学方式的使用。在地理创新实验中，根据实验要求特点，利用各种教育手段，如实地考察、虚拟游学、数字方案、团队协作等，以适当地增强实验的探究性和研究性，不但能够加强实践能力的培养，还能够拓宽学习者的专业视野和创新思路。

（4）实验成果转化。地理创新实验要求学习者能够自主解决实际问题，并通过实验成果输出、产品制造与落地等形式，将学习成果转化为实际应用能力，切实促进学习者理解和掌握地理学科知识。

2. 公平性

确保地理创新实验有针对性地指导学习者发展，也要从公平性的角度出发，学习者在实验中享有平等的机会和资源。具体措施如下。

（1）实验标准与操作流程统一规范。在地理创新实验中，应该确定统一的实验标准和标准的操作流程，减少人为因素的影响，确保每个学习者在实验的条件和数据收集过程中拥有相同的机会和资源，不会受到任何差别对待。

（2）着力培育学习者的自学和自主实践本领。为了保证学习者拥有平等的机会和资源，老师应该着力于培养学习者的自学和自主实践能力，让学习者在实验前有足够的准备和规划，能够独立地检索和阅读相关参考资料，从而自主选择最适合自己的方法和实验方案。

（3）指导学习者客观地自我评价和相互评价。地理创新实验中，学习者应该能够自我评价和互相评价，让学习者知道自己的实验方案是否合理、实践过程是否规范，帮助学习者发现不足并加以改善。同时，该进程也可以缩小学习者之间的差距，增添公平性。

3. 安全性

在开展地理创新实验时，学习者的安全性是非常重要的，需要注重安全教育和安全防范。如下是几点具备指导意义的办法。

（1）制定安全责任人制度。在开展地理创新实验时，学校设立专人负责实验安全事宜，确认责任制度建立，明确每个人工作权限、职责和权利，并保证在实验过程中负责落实安全保障。

（2）加强实验室管理。学校制定配备管理规定，对实验室定期安全检查，保证实验场所设备的正常运作和安全使用。教师应当切实遵循实验室操作规范，指点学习者规范、准确、安全地操作实验装备。

（3）重视预防和应急处理。在地理创新实验中，注重事前预防和事中应急处理工作，并向学习者普及安全常识。学校政策和学习者指南应涵盖学习者在实验期间的求救机制、紧急情况处理等。

（4） 制订应急预案。学校应当制定切实可行的应急预案，把学习者安全作为重点内容，预先处理好可能出现的危险情况，并建立相应的演习机制，当实验中的安全问题出现时，高效进行应急处置。

（5） 鼓励学习者勇敢探索。以上所提到的实验安全措施并不是为了限制学习者的研究，而是要安排好安全措施，将好的创新和探索机会留给学习者。因此，学校应当鼓励学习者大胆尝试和探索，坚信学习者能够在安全的环境下取得令人满意的成就。

4. 具体采取的措施

（1）设立科学的实验方针，保障实验的实际意义。地理创新实验设立可以实现的实验目标，既能对学习者的学习和实践能力产生促进作用，又能贴合社会和市场需求，确保实验的实际意义和针对性。

（2）针对实验内容和类别开展研究，提供专业指导和资源支持。地理创新实验内容和类别的要求不同，需要提供相应的指导和资源支持，让学习者从多个角度全面了解实验，提高实验规划和实践水平。

（3）勉励学习者勇敢摸索，培育创新意识和本领。地理创新实验注重对学习者思维和探究的考查，既能独立思考问题，又能解决问题，增强学习者创新能力，帮助其提高创新意识。

（4）增强交流与沟通，构建有利的互动平台。地理创新实验需要建立良好的沟通和交流机制，让学习者之间、学习者和教师之间有效联结起来，建立和谐沟通与交流的机制，可以帮助学习者相互借鉴和学习，形成集体智慧。

总之，重要的是要提高学生的综合素质，搞好地理学科的创新试验。在实践中应注意：地理学科的创新实验要有创新性，要在教学目标、实验内容、实验方法、实验手段等方面进行创新性设计，使学习者在实践中既掌握地理学科的知识和技能，又具有一定的探究性和研究性。地理创新实验需要学习者充分动手，培养实践能力，通过各种实践活动，让学习者增强对地理环境和现实问题的感知、理解。地理创新实验注重实践，以影响实际的问题为背景，加强对知识联系和理论框架的解释、探究和运用，使学习者在实践中更好地发挥对地理学科核心知识的认识和运用。地理创新实验不仅仅是为了学习者更好地掌握地理学科知识，更是为了使他们的综合素质得到提高，如思维创新、动手实践、科技应用、社会责任感等。地理学科创新实验的不断推进，对学习者的提高至关重要，无论从科学素养上，还是从实际操作能力上，都是如此。因此，教育人员和学习者应该共同努力，不断开展创新实验，探索的教育教学方法要适合实际需求，符合学习者的实际认知，并促进学习者在实验中逐步提高综合素质水平，为未来的科学研究和社会发展作出贡献。

四、教学——就是倾听学生说话

地理学科教学本来应该就是将无限想象的学科空间和无限探究的机会提供给学生，地理学科的学习不应该被各类考试的“成绩单”所禁锢，它本来是充满无限的空间遐想和奥秘的学科，不应该成为学生眼中“单板刻薄”“惹人厌烦”的角色。但是现实的情况是，有很多高中生因为地理学科的特质让学习变得困难重重，因此失去学习地理的兴趣，很早就开始厌烦学习地理了。认为自己“学不会”且“学不好”地理，这一比例随着学段的升高而增加，到高一结束时，约有 30% 的学生感觉学不会地理，难以理解地理学科的知识，甚至有学生觉得学地理会让高中学习生涯灰飞烟灭，体会不到学习给自己活带来的快乐，影响到人生规划，从而影响高中阶段的学习。到了高三文理分科后的文科学生觉得学习地理更加困难，一些学生只好靠死记硬背、题海机械训练收获分数，完成高中学业，地理学科也变得更加使人厌恶。

（一）直面复杂的教育改革

正是由于部分学生对地理学科的学习存在抵触情绪，在足够表现地理学科的育人价值层面，地理学科的知识学习存在一定的难度。正因如此，教育教学改革不断深化，其中以减轻学生课业负担为第一要义；使地理学科的教学手段更加丰富；使地理学科与学生的距离拉近；学习要与生活实际深入联系；充分利用地理学科野外实用性强的特点，增加趣味性等，这些都是地理学科的特点。地理学科教师认为解决这样的问题就是要靠课堂，对一个个地理问题进行分析讲解，助力学生提高地理学科成绩。许多地理教师善意地认为直截了当、言简意赅地告诉学生怎么做就能达到更有效的结果，或者地理教师课前精心设计，努力减少学生地理课学习过程中遇到的学习困扰，地理教师亲自为学生扫清学习障碍，这样的做法普遍认为不但节省时间而且有较高的授课效率。面对如此窘境，地理学科教师应从思想上加以重视，直面纷繁复杂的教育教学改革，让学生喜欢地理、热爱地理学科，探索出一条有利于综合素养和地理学科关键能力全面提升的路子。快乐和获得感都可以在学地理的过程中体会到。

（二）教学实践行动简单化

以《地理选择性必修 1》中的“地貌的观察”为例，一般情况下地理教师要面对以下两个实施的教学方案，大部分地理教师会采用方案 1。

方案 1：

（1）地理教师在课堂中让学生列举自己清楚的几种地貌类型，说说它们的地貌形状，找找它们共同的形成原因，再分析其形成的原因，究竟是内因，还是外因。

（2）教师提供几组不同的地貌图片，让学生找出哪一类的形成原因是相同的并将其归类，进而总结观察地貌的方法。

方案 2：

（1）教师让学生利用“图新地球”GIS 平台，在软件中搜索长白山主峰，并读取长白山的地理位置。

（2）将搜索到的地理事物在软件中进行地形夸张，夸张数值设置范围为 0~10，并将地形旋转为立体。面对操作后的地形以立体形式出现在屏幕，询问学生你发现了什么？

对于这两个方案，大多数地理教师选择第一个方案，是因为有的老师认为方案 2 中学生操作地理信息软件可能比较困难，另外“你发现了什么？”这是个不好控制的开放问题，会花费较多的时间，学生能够表达的不一定就是这节课他们要学习的重点，或者有些教师认为没有必要让学生思考这个问题，这个问题也无须探究，直截了当地告诉他们即可。其实，笔者并不是反对指向“事实”“结论”的地理教学，有的时候教师直截了当地述说一些概念、规则是必要的。但是，很多教学实践证明，“事实”“结论”并没有那么重要，或者不必要占用更多时间，重要的是学生们如何发现，在什么条件下发现这个事实，如何对待这个事实，如何解释这个事实呢，由于将问题焦点聚焦在“什么”，扣除掉“为什么”，那么地理学科就降格成为一个空壳子。地理学科不应该在告诉学生真相里，而是在地理规律、地理事物的说明、探究、论证当中。

我们来看看学生们在学习“地貌的观察”中的说明与发现：

教师：打开“图新地球”GIS 平台怎么能搜到长白山？

学生 1：输入长白山的地理位置，如长白山的经度、纬度位置。

教师追问：你怎么能知道它的地理位置呢？我发现长白山经地形夸张旋转后以三维立体形式出现。

学生 2：输入区域地名搜索。比如吉林——长白山——天池。

教师：如果搜索到了进行地形夸张，你发现了什么呢？

学生 3：我发现长白山经地形夸张旋转后以三维立体形式出现。

学生 4：我发现长白山在屏幕上呈现出的形状像圆锥形。

学生 5：我发现山顶上有个湖泊。

学生6：我发现山顶湖泊四周的湖岸岸线呈现锯齿状形态。

教师：思考用软件中的什么工具可以证明这个山体是锥形的？这是什么原因造成的？山体顶端的湖泊又是怎样形成的？湖泊中的水从哪里来？又到哪里去了？难道不会溢出去吗？

学生7：我发现山体上有一个大的缝隙和一条河流相连。

学生8：可以使用软件中的工具栏目测量就可以得知长白山是锥形的，是火山。

教师：所有的呈锥形的山都是火山吗？

学生9：因火山爆发而形成的山顶湖泊——火山口湖。

学生10：你说得有道理吗？你是怎么知道的？

学生11：湖泊中的水来自远古时期的冰川消融和大气降水。

学生12：湖中的水通过蒸发、河流流失了。

教师：为什么湖泊一直有水存在？湖泊不干吗？

学生13：输入和输出的水平衡了。

教师：长白山上原来是什么样子的？未来能呈现什么样子呢？地貌的观察方法是什么呢？

学生14：看，在不同的位置看。

……

这节课从开始到结束，地理教师并没有给出什么结论，而是让学生们用这节课上的发现，试着举例搜寻某种地貌并观察，探究能不能找到观察地貌的好方法。

地理教学，讲的是课上的地理，听的是学生的倾诉……

地理学科到底是什么呢？地理学科是提供给人们无限遐想和喜欢的一种思考，是对现实和谐与审美的追求与创造，是提出建构自己喜爱的问题，并找到令自己得意而又满意的解释。就像学生们对于火山地貌的观察、解释，发现、设想、解释、质疑此起彼落，相映成趣，在他们的脑海里都是关于这个地貌的前世、今生、未来的想象与安排。如果这么美好的过程被教师的直接说明、直接解释所取代，将是多么遗憾的一件事情。

没有关于地理学科的深度思考和遐想，就不会真正有人喜欢地理学科，如果不体验猜想与发现，不体验提出问题与尝试，不体验挫败，就不会产生灵感，不寻找说明和解释，那就不是真正参与了地理的学习。其实，地理课堂的教学根本上只需要听学生们说说话！在课堂上说地理。

参考文献

[1] 沈蔡虹．初中地理课堂合作学习的效能研究——以厦门市蔡塘学校为例,[D]. 武汉：华中师范大学,2021.

[2] 付进州．职业学校数学情感教育缺失原因及转化措施 [J]. 教育界,2013(9):29–30.

[3] 杨忠孝．求索书院制教育改革之道 [N]. 中国教育报,2018–05–28(6).

[4] 高闰青．“以人为本”：评判教育优劣得失的重要尺度 [J]. 天津市教科院学报,2010(3):82–84.

[5] 张俊珍．基于追踪视角的学生发展性评价的实践逻辑 [J]. 教育理论与实践,2022,42(10):29–33.

[6] 彭波，王伟清，张进良，等．人工智能视域下教育评价改革何以可能 [J]. 当代教育论坛,2021(6):1–15.

[7] 朱颖．评价环境中的教育考试机构专业化之路 ——2021 教育评价国际研讨会综述 [J]. 教育测量与评价,2022(2):87–93.

[8] 代会弟．复杂理论视角下小学低年级识字教学策略研究——以永吉县北大湖镇中心学校为例 [D]. 沈阳：辽宁师范大学,2019.

[9] 郑勤华，陈丽，郭利明，等。理论与技术双向驱动的学生综合素养评价新范式 [J]. 中国电化教育,2022(4):56–63.

[10] 王怀波，柴唤友，郭利明，等．智能技术赋能学生综合素养评价：框架设计与实施路径 [J]. 中国电化教育, 2022(8):16–23.

[11] 郑勤华．双向驱动的学生综合评价新范式 [N]. 中国教育报,2022–07–13(4).

[12] 张昌恒．初高中化学实验现状调研与建议 [J]. 化学教与学,2018(5):76–78.

[13] 齐幼菊，卢方，厉毅．开放教育实践教学体系研究——以远程实验为主体的实践教学应用探析 [J]. 远程教育杂志,2014,32(6):56–64.

[14] 祝爱武．基于学习需求的成人高等教育课程开发过程观 [J]. 成人教育,2006(7):32–34.

体现地理学科核心素养基础作业的设计

把不同学段的求学者培养成会学习、会健康生活、有担当、能实践、能创新、有人文、有科学精神的社会主义核心价值观接班人，是地理施教者肩负的使命。为了实现这一目标，贯彻落实“双减”精神，全面提升教育施教质量，各省区相继出台“双减”文件，文件明确要求：系统设计符合求学者年龄特点和学习规律的基础性作业，体现素质教育导向，涵盖德、智、体、美、劳全面育人。这是普通地理施教者在吃透课程标准和施教内容的前提下，领会“双减”精神，精心设计学科基础作业，将地理学科核心素养在基础作业中深度融合，这也是全面提升教育施教质量的首要任务。对基础作业的设计，需精挑细选，精心设计，使作业既能集中求学者的视野，引导求学者自主学习的兴趣，又能促进求学者对地理核心知识的理解和掌握，培养求学者学习地理知识的能力，对求学者的健康成长起到很好的促进作用。因此，地理学科基础性作业设计要本着“量少”而“质精”的原则，设计科学性强、时控性高、质量精细的作业。

一、设计凸显核心概念的地理作业

作业设计是促进求学者达成学习目标，促进地理核心素养向高阶发展的活动，是大单元施教整体设计的主要构成部分。《高中地理课程标准（2020 年版）》提出了以地理学科核心素养及其表现水平为主要维度的学业质量标准，并明确了其具体表现：问题情景、知识与技能、思维方式、实践活动、价值理念、综合地理时空、综合地理要素等方面的内容，体现了地理学科核心素养的具体表现。因此，作业设计要注意分寸，应引起高度重视。比如下面这几篇作业，侧重考查的是求学者思维逻辑综合能力的发挥。

案例 1：下面这张图是本章知识结构的内容，依据此知识结构进行了关于人类与地理环境协调发展作业的设计。

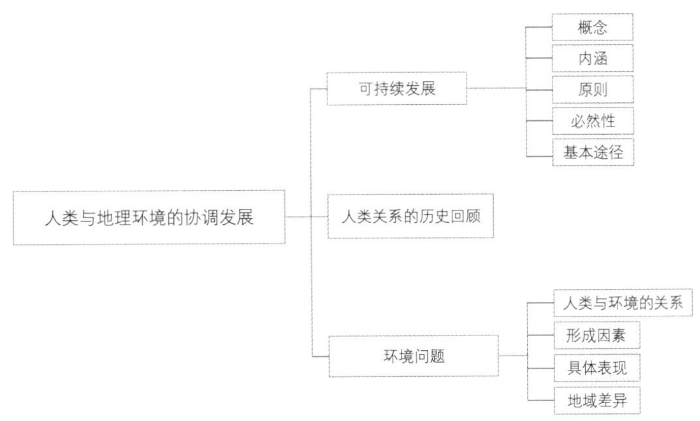

图 1　章节知识结构的内容图

案例试题 1：（高一年级）

地窝子是用土坯或砖石垒成高约半米的矮墙，下面挖了一个深约两米的坑，面积有几十平方米，是沙漠化地区较为简陋的栖身之所。用木料、草叶将顶部覆盖后，再铺上一层碎土，最后将草泥糊上厚厚一层就可以了。

图 2 是西北地区的一个地窝子景观。据此完成下面两题。

图 2　西北地区的一个地窝子景观图

8.（2021 浙江绍兴选考测试）西北地窝子的门，多朝南而建，其主要目的是（　　）

A. 通风　　B. 采光　　C. 防洪涝　　D. 防风沙

答案：D　我国西北地区气候干燥，降水少，冬春季节盛行偏北风，风沙天气较多，为了防风沙，我国西北地区地窝子的门多朝南修建，故 D 项正确。

9.（2021 浙江绍兴选考测试）地窝子内部一般　（　　）

A. 冬冷夏热　　B. 阴暗潮湿

C. 冬暖夏凉　　D. 明亮干燥

答案：C　地窝子主体部分位于干燥地区的地下，根据材料可知，房顶比较厚实，保温作用比较强，受外界气温变化、冷热空气影响较小，冬暖夏凉，故 C 项正确。

地理学科综合思维的考查体现在作业的设计上，包含了在真实情境下的地理时空综合、要素综合，体现了求学者关键能力获取的思维模式，为求学者提升素养发展打下坚实基础。另外，作业的设计还要重点聚焦求学者的现实生活，以真实情境为背景激励求学者发现地理问题、探索地理问题、解决真实地理问题。

二、设计凸显重要的学习过程的作业

地理施教者在设计作业时，既要注意学习目标的达成，又要注意学习成果的运用和巩固，因为培养求学者的核心素养需要经历学习过程才能实现。因此，在学习过程这一重要环节上，一定要注意时空逻辑次序。例如下面的作业就是对课堂小组互动讨论的再现，也再次巩固了求学者对于自然地理要素之间关系的理解。

案例试题 2：你是如何思考的（高二年级）

（2019 河北省级示范性高中 4 月联考）阅读图文资料，做好以下各项要求。

问题背景：青海裸鲤，又名“湟鱼”，是以藻类、甲壳类、水生昆虫和小型鱼类为主要摄食对象的国家二级保护动物。裸鲤的鳞片（保护鱼体，减少疾病，防止淡水流失）是在 13 万年前出现的，后来由于地壳运动逐渐退化，青海湖从一个外流湖演化成内流湖，直到现在全身都没有鳞片。青海裸鲤生长速度异常缓慢，大约每十年才会长出 0.5 千克的体重，因为它的生存环境特殊。青海裸鲤是在繁殖季节对水温、水质要求严格，在自然状态下繁殖成活率较低的洄游繁殖性鱼类。资料显示，青海裸鲤在 1961 年曾达到 19.9 万吨，而到 2002 年裸鲤的数量仅为 2592 吨。从 2015 年起，青海省共耗资 3672 万元，在青海裸鲤洄游的沙柳河、泉吉河、哈尔盖河 3 条必经之地，撤销拦河坝，对两梯 15—20 厘米高差的 7 条梯级洄游通道进行维修（改造），并在梯级间修筑凹槽。到 2016 年底，青海裸鲤达到 7080 万吨，比 2002 年保护初期的 2592 吨增长了近 27 倍。图 3 是青海湖水系图，图 4 是青海裸鲤洄游通道设计图。

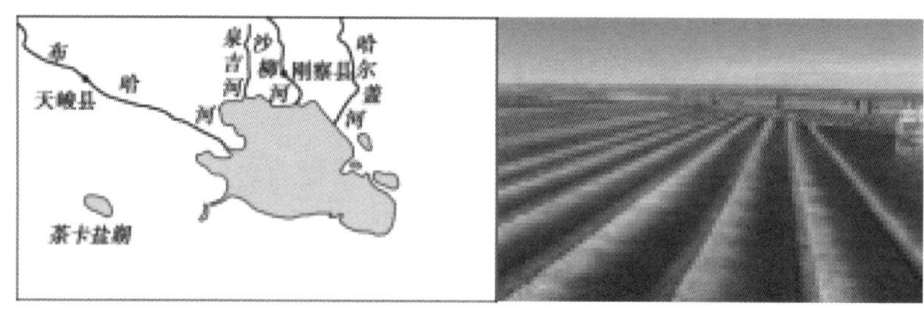

图 3 青海湖水系图　　图 4 青海裸鲤洄游通道设计图

问题设计：分析青海裸鲤逐渐从有鳞片退化为无鳞片的缘由。

课堂上不同小组组员之间经过讨论达成了共识，小组代表也向全班同学表达了问题的结果，那么你同意哪个小组的分析呢？地理学科施教者可以依据课堂学习活动的展开情况，通过作业的形式自然而然地将课堂内学习的基础知识延伸到课外。比如，课堂中讨论过的重要学习过程，时常有某些求学者仅仅随着施教的展开经历过了，但并没有将所学的知识内化，出现这种情况时，地理施教者完全可以将其没能内化的知识布置成作业，可以更换一种方式呈现求学者的学习过程且将其设置为基础性的作业，也可以依照求学者个体表现状况设置为具有个性的作业或具备较强弹性的作业。此外，由于课堂时间的限制，在课堂中某些求学者没有时间或没有机会交流自己的想法，地理施教者可以将求学者在施教过程中提出的自己感兴趣的地理问题的探究、课堂学习过程中导致的新发现问题、课堂中没有听懂的知识、没有理解的解决问题的方法都能适时地设置为个性化作业或弹性作业。倡导地理施教者设置合理的“地理长作业”，以延长求学者考虑和动手实践的时序，求学者也能在自己的学习历程中逐渐完善自己的作品。例如上面案例中再设计“解决地理问题的思维导图”就是分析解决问题的长作业，这样的作业能助力求学者逐渐完善自己的成果，同时也体现了学科的融合。

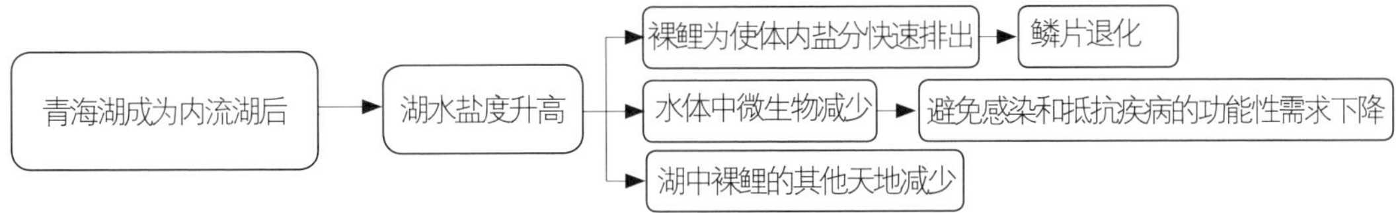

三、设计的作业充分体现学习者的学习特点

高中学段的求学者，他们的年龄特征和学习特点是影响作业设置的重要因素，施教者要从各学段求学者的学习经验、学习困难度、求学者好奇的问题等去掌握求学者的学情，并照此设计、布置作业。比如，理解分数意义要从关系、测量、运算等不同维度进行，而求学者往往会忽视某个维度而造成理解困难。下面的这些作业，对求学者学习地理问题的不同维度的巩固是有帮助的。

案例试题 3：全面理解人地协调观的意义（高一年级）

（2020 课标Ⅲ、37、24 分）下面材料图文并茂，请阅读材料，完成下列要求。流动的沙地，固定的沙地，在毛乌素沙地中并存，既有湖泊，也有河流，还有沼泽。以上景观在自然、人文等因素作用下，是可以改造的景观。1995—2013 年，流动沙地趋于固定，湖沼面积呈递减趋势。一般情况下，沉积的风沙越多，活动的风沙就会越旺盛，风沙沉积的时间越长。某科考队调查了毛乌素沙地东南地区湖沼淤积变化及近 10 000 年来的风沙沉积状况，结果见图 6。图 5 为 1955—2013 年毛乌素沙地温度、降水变化。

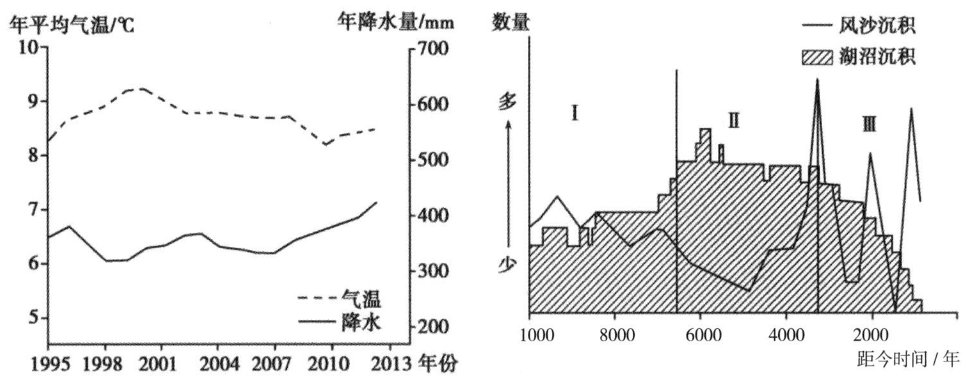

图 5　1955—2013 年毛乌素沙地温度、降水变化　图 6　毛乌素沙地风沙沉积状况

质疑：近段时间以来，有市民认为，毛乌素沙地绿化面积逐渐增多，毛乌素沙地要消失了。你赞同这种说法吗？表明自己的态度，说出自己的原因。这个问题属于开放性论证问题，首先求学者要有明确的观点，其次是通过自然和人类活动两个维度来论述观点。例如赞同“毛乌素沙地即将消失”的论述，自然条件的逐步改善可以将视角聚焦在降水增加、气候湿润和植被增多等维度，人类社会的技术进步，人类选择走可持续发展道路开展生态治理与保护等有利于减弱风沙活动。假如你不赞同“毛乌素沙地即将消失”的表述观点，可说明地质历史上自然条件的改善并未使沙地消失。同时人类活动（如绿化荒山、丘陵、荒漠、发展农业等）会导致蒸发、植物蒸腾量加大，气候表现得更加干旱，风沙活动的频度也会增强。

四、设计作业，“弱化形式，以本质为主”

设计地理作业要“弱化范式，体现本质”，不要“对地理名词、地理术语等在形式上和细节处理上集锦铺设，这样会导致形式和冗长复杂的倾向，稀释了本质”。比如下面这个作业：举一个生态脆弱区的例子。对这类地区的环境、发展等方面的问题进行说明，同时也对综合治理的措施进行说明。解决这个问题，首先求学者要知道什么是生态脆弱区。你列举的生态脆弱区分布在哪里？“该类地区存在的环境与发展问题的认识”的重点是对生态脆弱区自然要素之间关系等的理解，利用整体性的原则去判断。往往求学者将解决问题的措施作为问题的聚焦点。这个作业会导致施教者和求学者局限于“解决这个问题的措施”中哪个对的讨论，弱化了本质，一定要避免布置这样的作业。实际上生态环境问题解决的根本措施是理解区域地理环境要素之间怎样相互作用形成了生态脆弱的特征，如何恢复生态的根本措施是恢复区域生态，因此，首先要改变人的意识，改变或停止不合理的人类活动，其次才是通过恢复各类水域和植被等来增强植被在环境中的平衡和调节功能。

总而言之，地理施教者设计作业必须聚焦求学者学习目标的达成，特别是教材关键内容、核心素养等的达成，必须依据求学者的实际学情科学合理布置，不要仅仅局限于非根本的“零散的学科知识点”，要切实规避大量的、机械的、不合理的反复演练。

参考文献

[1] 夏庆飞 .“双减”背景下初中历史问题式教学初探 [J]. 教育 ,2022（8）:22-23.

[2] 于蓉 . 高中地理学业质量标准实施路径探索 [J]. 地理教学，2021（20）:4-8.

[3] 孙晓慧 . 基于高考题分析的地理过程教学策略 [D]. 武汉 : 华中师范大学 ,2021.

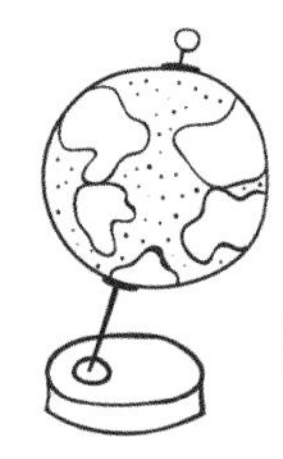

第五部分 中学地理学科地理教学问题案例

核心素养背景下的地理社会研学调查活动的开展与评价

——以调查银川市贺兰山东麓葡萄种植、葡萄酒产销情况为例

落实《普通高中地理课程标准(2017年版)》地理学科课程目标,提升高中生综合素养。依据学科标准策划研学调查活动,有助于培养学习者的地理实践素养。地理学科教学中培养学生创新素养的实践经验,是探索在“学校+社会”环境下培养学生地理实践素养的有效方法和途径。组织学习者参加地理社会研学,是对其学习态度、对地理事物或现象的好奇心、行动力、思考力的培养。学生直接从“研学”中学习、分析地理事物或现象,能使其更好地理解知识、人地协调关系,加强其区域认知水平、社会实践能力和社会责任感,最终成长为具有地理核心素养的合格公民。地理实践力的培养,主要在于地理校本课程开发与地理研学的高度融合,结合实际开发“行走”中的地理课程,使学生懂得“纸上得来终觉浅,绝知此事要躬行”这一朴素的道理。

一、地理研学活动主题的确立

依据《地理课程标准(2017年版)》的要求,选取与教学内容紧密联系的社会热点问题,身边熟悉的、生活化的、对家庭生活有影响、符合学生认知水平,具有科学探索价值的地理事物和现象等作为研学活动主题。贺兰山东麓有着独特的葡萄栽植生态条件,目前已形成葡萄栽植集中连片、酒庄集聚发展的态势。在此开展研学实践活动,条件得天独厚。在学习人教版必修二第三章“农业区位选择”章节内容时,可结合实际,合理安排一次社会研学调查活动。研学地点选择采取就近原则,时间安排在春季最为适宜。因为春季日平均气温在10℃以上时,正是葡萄抽芽、长叶,藤蔓伸展、吐穗、怒放结实的季候,栽植户要将冬季防寒埋土撤除,加强春季田间管理。而如何加强春季田间科学管理,提高葡萄品质和秋季产量,是栽植户、酿造企业最为关心的问题,也是最终决定葡萄酒品质的关键。贺兰山东麓适宜葡萄生长的独特生态条件具体表现在以下方面。

1. 独特的气候特征

依据图 2 指导学生学习气候类型的判读，分析气候对农业生产活动的影响。

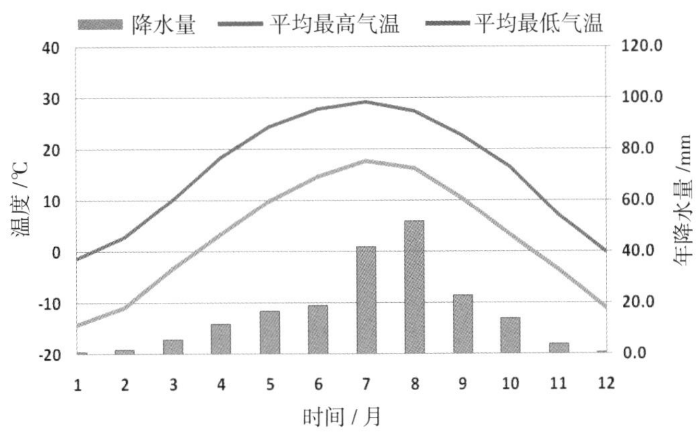

图 1　银川 30 年期每月平均气温和降水

贺兰山东麓地处北半球中温带，具有夏季高温、冬季寒冷，四季分明，昼夜、年温差大，降水稀少，蒸发旺盛的北温带大陆性干旱气候特点。银川年平均气温 8.5℃左右，年平均日照时数 2 800 小时到 3 000 小时，据统计，为我国太阳辐射和日照时数最多的地区之一。较大的昼夜温差，充足的日照，能使葡萄糖分累积高。10℃及以上有效积温高、无霜期较短，秋末春初葡萄易受低温冻害。冬春季低温冻害、多大风沙尘天气等对葡萄生长影响较大。冬季寒冷，目前采用晚秋堆土掩埋、双膜覆盖法，确保葡萄安全越冬。

2. 合适的地貌、土壤条件

南北走向的贺兰山东麓，地貌类型为山前洪积扇（冲积扇）平原（见图 3），为砂砾质土壤，质地疏松，且不同地块砂砾含量差异明显，多样性的土壤类型非常适宜不同品种酿酒葡萄的栽植。权威测土发现，该地土壤环境重金属化学成分环境值远低于全国葡萄产区土壤环境值，达到国家绿色食品认证对土壤环境之要求，为栽植优质酿酒葡萄和酿制高品质葡萄酒、开发葡萄籽系列产品夯实了基础。

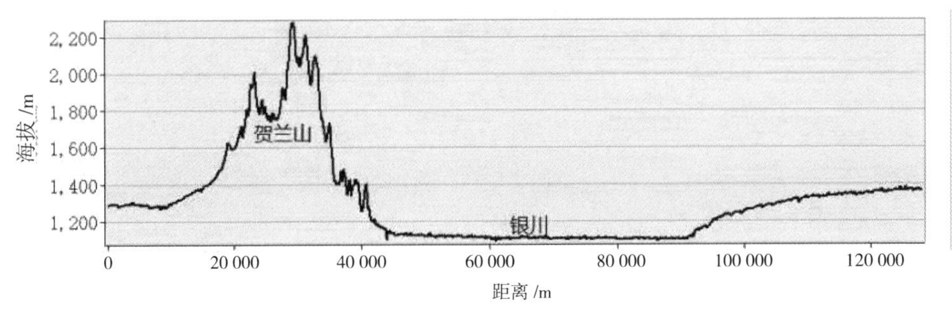

图 2　贺兰山东麓地形图断面

3. 便利的灌溉条件

贺兰山东麓东临黄河，有较完善的自流引水灌溉设施，发展了现代化的节水灌溉，灌溉便利。有效解决了干旱气候环境下葡萄栽植的水源限制问题。

二、研学活动流程设计

科学的研学活动流程设计能够很好地激发学生的参与感、求知欲、学习兴趣，将书本知识转化为社会实践力，助力学生通过社会实践活动补充其对课本知识理解的缺失。本文笔者以“闽宁镇”的故事为研学主线设计了研学的情景流程，如下所示。

研学主题 贺兰山东麓酿酒葡萄栽植、葡萄酒产销情况

1. 研学前

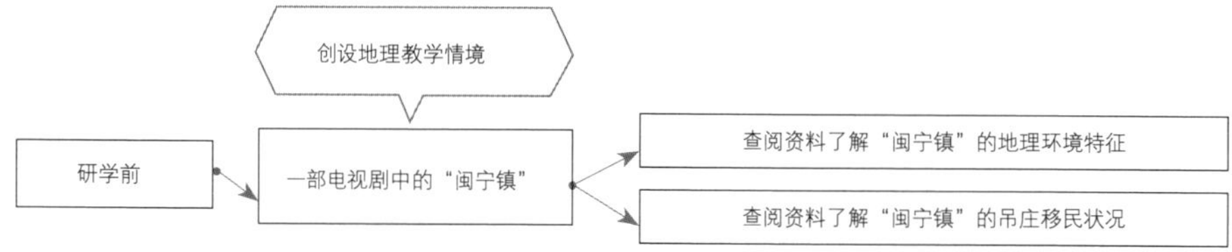

2. “干沙滩”的故事

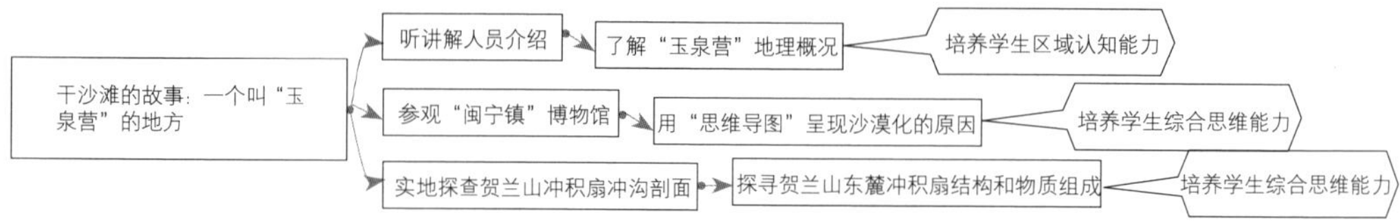

3. “金沙滩”的故事

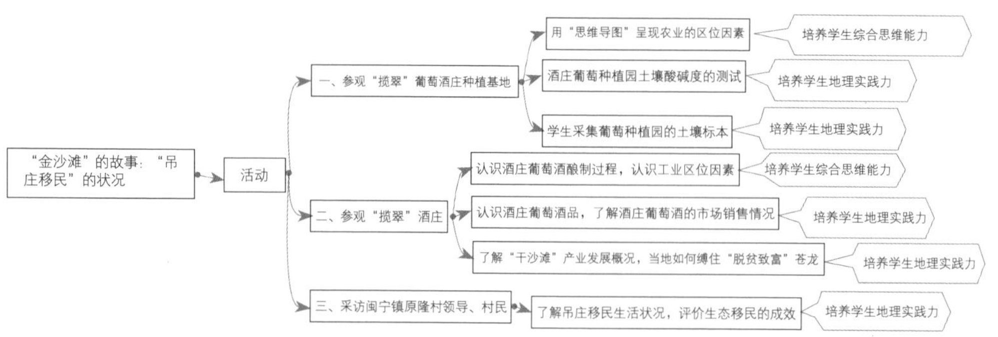

4. “绿水青山”的故事

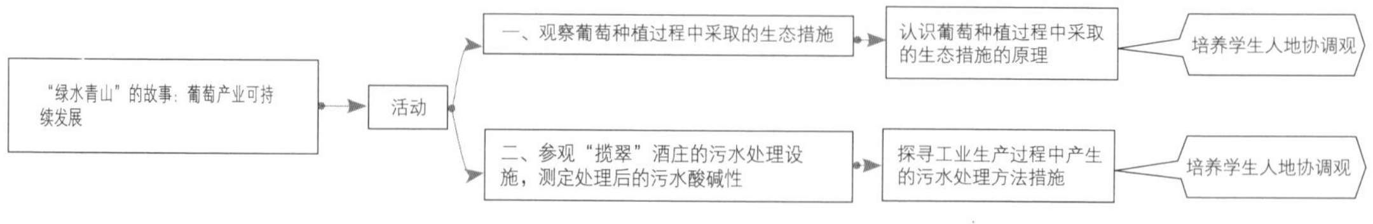

5. 研学后

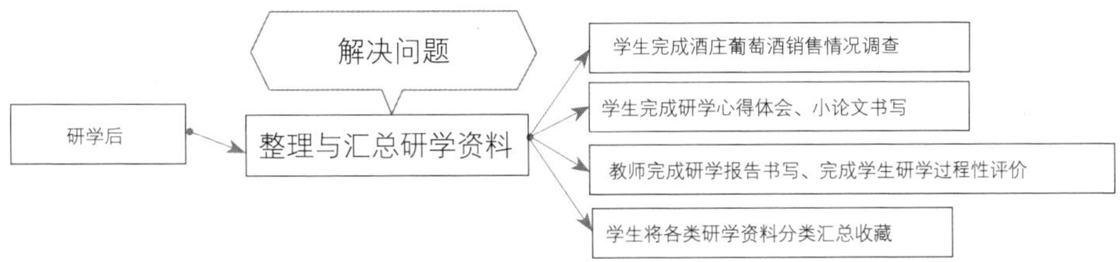

三、区域葡萄栽植、葡萄酒酿制具体情况

1. 酿酒葡萄品种选育、栽植，葡萄酒酿制

因地制宜利用地貌、气候、土壤等自然特点，因势利导、趋利避害栽植欧美优质酿酒葡萄，酿制风格独特的葡萄酒产品。据报道，在 2018 年上海举办的中国品牌价值评价信息发布会上，在原产地地域保护区域葡萄酒品牌百强榜中，贺兰山东麓产区位列全国第 14，品牌价值潜力巨大。

2. 引植欧美优质酿酒葡萄，栽植科技展现葡萄独特个性

据统计，引植的优质红、白酿酒葡萄比例为 6.5 ： 3.5，红色品种以梅洛、赤霞珠为主，占比为 60%，其他品种如西拉、蛇龙珠等占比为 40%；白色品种以霞多丽、雷司令、白玉霓、贵人香等为主，其中霞多丽、雷司令占比最高为 50%，其他品种占比为 50%；区域结合酿酒葡萄栽植户、酒庄特色，已经形成多元化葡萄品种栽植结构。

3. 贺兰山东麓酿制的葡萄酒品种与品质定位

宁夏葡萄酒酿制历史较短，但靠引植欧美高品质葡萄品种，引进技术人才、现代科学酿制技术，形成了不同层次的酒庄、酿制企业集聚发展态势。依赖产出的优质原料开发了迎合市场的干白、桃红、干红（新鲜、陈酿）、甜酒、起泡、干化、利口等受原产地地域保护的葡萄酒，葡萄酒产业被明确定义为区域性。

近年来，随着居民生活水平的提高，现代物流业的快速发展，居民在家轻松享受本地产优质葡萄酒不再困难。随着对葡萄酒文化的了解，消费者对葡萄酒品格、口感适合度要求越来越高，尤其是受原产地地域保护的品牌葡萄酒消费需求不断增长。到 2018 年年末，产区葡萄栽植面积稳步增长，适应市场、风格独特的葡萄酒更加突出，产出的高端酒比例明显增加。区域的市场营销网络基本建立，酒庄与文化旅游进一步融合，现代物质技术装备条件有较大改善，产区品牌知名度也逐步提升，基本建立了比较完善的葡萄栽植与葡萄酒产业体系。目前在葡萄酒市场培育，葡萄酒文化的推广建设，酒庄旅游业的发展等方面还比较滞后，这些问题业已引起社会及相关部门的重视。为了能准确地

理解影响农业区位的要素，本案策划了“贺兰山东麓酿酒葡萄栽植、葡萄酒产销情况”作为社会研学调查的主题。

四、地理研学调查活动目的

地理教学以课程标准为目标，遵循地理科目核心素养培养的要求，关注生活中的地理。在真情实景中，同学之间、小组之间、班级之间合作探究交流，提升学习者之间的友谊，加强区域认知能力、地理研学实践力和综合思维能力培养。具体内容如下。

1. 了解葡萄栽植，葡萄酒酿制、销售现状

分别针对银川贺兰山东麓葡萄栽植业主、城市居民、葡萄酒营销人员等对象设置不同的调查问卷和调查表，对其进行问卷调查和访谈。收集整理调查数据，综合分析葡萄栽植，葡萄酒酿制、销售现状。组织学生到贺兰山东麓立兰酒庄、附近的种植户实地考察，并对酒庄企业主、种植户、葡萄酒酿制企业进行问卷调查和访谈。综合分析得出贺兰山东麓葡萄栽植、酿制、储藏、销售、运输等现状。

2. 提出促进葡萄产业科学发展的意见和建议

尝试从引种优质葡萄、葡萄酒酿制、酒窖建设、健康饮酒文化培育、酒庄旅游业发展、葡萄酒营销网络建设等方面，综合分析产业发展中存在的主要问题，并结合葡萄栽植企业、酒庄栽植园、栽植户的实际情况，提出具有参考价值的意见和合理化建议，促进产业进步。培养学习者敏锐发现、分析、探究解决问题的思路，提出合理解决问题的对策、建议、措施，培养其地理综合思维素养。

五、葡萄栽植、酒庄集聚地带研学调查的实施过程及评价

研学调查遵从地理学科特点，符合地理核心素养社会实践力的培养。调查的实施过程一般包括筹划制订详细调查计划；合理设计调查问卷（问卷可采用开放式、封闭式或组合式）收集信息；培训研学人员；开展研学调查、资料统计分析；撰写研学报告。评价是要对研学实施的各个环节所收集的资料、数据进行科学统计分析，并作出定量和定性评价。同时对此次地理社会研学实践表现层次、水准做最后评定和定性定量总评。

1. 地理研学活动调查计划的制订及评价

紧扣选定的主题，参考查阅与研学活动相关的各类资料，思考提出不同层次问题，并确立符合实际的研学调查项目。例如对银川市贺兰山东麓葡萄栽植、葡萄酒产销情况问题进行调查，提出区域近年来集中连片栽植葡萄的必要性和所需条件等问题，提出的主要问题包含若干个子问题。

（1）地理研学活动调查项目

了解银川贺兰山东麓葡萄栽植、葡萄酒酿造、营销情况。

（2）地理研学活动调查方法

常用方法有：实地调查法，问卷调查法，网络查询法，文献查阅法，对象访问法，地理现象观察等。

①实地调查法：通过对贺兰山东麓毗邻的若干个酒庄（以立兰酒庄为主）的实地调查，了解该区引植酿酒葡萄、葡萄酒酿制、酒品营销情况以及葡萄酒相关产业的发展问题。

②问卷调查法：设计合理的调查问卷，选定合理调查对象（银川市居民、葡萄酒营销人员、葡萄种植户等），采用开放式调查问卷收集信息。了解该区引植优质葡萄、葡萄酒生产营销情况，综合分析栽植葡萄、葡萄酒酿制、销售、运输等产业发展中存在的问题。

③网络查询、文献查询法：通过互联网、书面材料，统计数据等文献查询，对研究对象进行间接调查。了解该区引植优质葡萄的历程，区域适合酿酒葡萄栽植的有利、不利自然地理条件。了解政府对发展贺兰山东麓酿酒葡萄栽植、葡萄酒酿制的产业政策。

④对象访问法：通过与酒庄业主、种植户交谈获得资料。比较全面地了解酿酒葡萄栽植、葡萄酒的产销情况，促进酒庄文化建设、度假旅游等相关产业发展的措施等。

（3）合理安排地理研学调查活动时间

时间安排大致分为研学活动筹备阶段、研学活动调查阶段、研学活动分析阶段、研学活动总结阶段四个阶段。

①研学活动筹备阶段：筹备调查内容、工具、对象，分组、培训研学人员，遵从“组内异质”实现差异化分组，使成员之间形成友爱、互助和协作的关系，或采用“组间同质”分组，使小组与小组之间差异不大，以利于小组间开展竞争学习，激发学习兴趣。活动共分 6 组，每小组 5 名学生。

②研学活动调查阶段：制定对城市居民消费者、酒庄种植户、葡萄酒营销人员实施调查所填写的访谈表，收集资料。在银川市兴庆区步行街、金凤区万达广场、大阅城商业广场对部分城市居民发放调查问卷；在银川镇北堡西部影视城等旅游景点，对外地游客进行随机调查，了解外地游客对银川原产地葡萄酒的认识；对酒庄销售公司、大型超市、葡萄酒专卖店营销人员发放调查问卷并实地考察；交流访谈安排前往银川立兰酒庄基地、鼎夏酒庄基地进行实地考察并与相关人员交流访谈。

③研学活动分析阶段：此阶段对各研学小组所提供的各类调查数据严格审核，对审核无异议的调查数据，通过整理、统计、分析，得出较科学合理的结果。

④研学活动总结阶段：依据对各小组研学调查数据的科学分析，得出科学合理的结果，撰写相应的研学小论文、研学报告、提案等。

（4）社会研学活动调查预期成果

①撰写可行性的研学活动调查报告。

②对所有研学调查问卷数据整理，各类调查表、访谈表汇总。

③绘制银川市葡萄酒营销人员调查地点分布图。

④归类所有研学调查拍摄的 VCR、照片以及其他与调查内容相关的资料。

（5）调查评价体系建立（见表 1）

表 1　制定地理研学调查计划的评价

<table>
<tr><td>调查小组</td><td colspan="3"></td><td>填表时间</td><td colspan="2"></td></tr>
<tr><td rowspan="2">评价内容</td><td rowspan="2">评价内容总分值</td><td>学生自我评价</td><td>小组相互评价</td><td>专业教师评价</td><td rowspan="2">总得分值</td><td>总评</td></tr>
<tr><td>（最高 7 分）</td><td>（最高 8 分）</td><td>（最高 10 分）</td><td rowspan="10">（定性评语）</td></tr>
<tr><td>①研学内容的专业性、科学性、实用性</td><td>25</td><td></td><td></td><td></td><td></td></tr>
<tr><td>②研学内容的普遍性、代表性</td><td>25</td><td></td><td></td><td></td><td></td></tr>
<tr><td>③研学调查方法的实际性、可行性</td><td>25</td><td></td><td></td><td></td><td></td></tr>
<tr><td rowspan="2">④研学调查时间安排的精准性、合理性</td><td rowspan="2">10</td><td>（最高 3 分）</td><td>（最高 3 分）</td><td>（最高 4 分）</td><td rowspan="2"></td></tr>
<tr><td></td><td></td><td></td></tr>
<tr><td rowspan="2">⑤研学调查预期成果的可预见性</td><td rowspan="2">15</td><td>（最高 4 分）</td><td>（最高 4 分）</td><td>（最高 7 分）</td><td></td></tr>
<tr><td></td><td></td><td></td><td></td></tr>
<tr><td>⑥各项分值总计</td><td>100</td><td></td><td></td><td></td><td></td></tr>
</table>

2. 研学活动互动调查问卷的规范设计及合理评价

（1）城市居民消费贺兰山东麓酒庄产葡萄酒状况问卷

第一部分：调查对象（银川市城市居民）基本情况。包括调查对象的姓名、性别、民族、户籍所在地、现居住地、从事职业、经济收入等。

第二部分：调查对象（银川市城市居民）对贺兰山东麓酒庄产葡萄酒的基本看法。

基本看法包括酒庄产葡萄酒品种，酒庄产葡萄酒的品色（白、红、桃红），酒庄产葡萄酒糖含量，酒庄产葡萄酒含酒精度，酒庄产葡萄酒适口度，酒庄产葡萄酒价格，对酒庄产葡萄酒了解程度等。

第三部分：调查对象（银川市城市居民）消费该区产葡萄酒的状况调查。

主要包括调查对象在哪里看到销售该区酒庄葡萄酒，每月购买葡萄酒的频率（次），每月购买葡萄酒的数量（瓶），消费葡萄酒的主流销售渠道（电商还是实体店），购买葡萄酒的意愿，喜欢饮用的是哪类葡萄酒品种等。

第四部分：调查对象（银川市城市居民）对该区酒庄酿造企业延长产业链，特色酒庄集群建设的看法。

内容包含各类优质葡萄酒、鲜榨果汁、葡萄籽深加工产品接受程度，葡萄加工产业链价值，酒庄旅游度假产品开发，酒文化培育、推广，品牌酒集中展示接受程度，酒庄集群建设等。

（2）贺兰山东麓酿酒葡萄栽植企业（酒庄）、栽植户产销情况调查问卷

第一部分：酿酒葡萄栽植户、酒庄的基本情况。

包括酒庄名称，酒庄建设时间，酒庄酒窖规模，是市场运作型、品牌塑造型，还是特色模式类型酒庄，栽植户姓名、性别、年龄、文化程度、经营方式、酿酒葡萄栽植技术等。

第二部分：优质酿酒葡萄栽植的情况调查。

包括酒庄名称或栽植户，葡萄栽植年限（年），栽植的葡萄品种，单个品种栽植面积及比重（%），栽植面积变化（与上一年份对比），葡萄园的管理（防寒越冬、土壤改良、防治病虫害、除草等），栽植成本（元），栽植收益等。

第三部分：葡萄酒营销渠道、销售市场情况。

营销渠道包括原料葡萄收购商，酿造企业，电商平台销售（天猫、京东、苏宁易购等）。酒庄自产自销以及营销占比等。

营销市场包括本地银川市场，区内其他城市市场，外省首府市场，北上广市场，国际市场及市场占比等方面。

第四部分：栽植酿酒葡萄、栽植面积变化的原因调查。

包括该地栽植酿酒葡萄的原因，栽植面积逐年变化的原因；产量不稳定的原因；在最近几年里是否遇到原料葡萄、葡萄酒滞销情况及其原因；葡萄酒产量不稳定的原因；推广、培育酒文化困难的原因；酒庄与度假旅游融合发展遇到的困境及原因；酒庄管理遇到的瓶颈及其原因等。

第五部分：调查葡萄栽植、酿制企业、酒庄与度假旅游融合发展前景。

包括葡萄酒酿制技术，酒庄管理、品牌推广、策划，葡萄酒营销、市场维护、效益、

政府政策等。例如，贺兰山东麓地处中国葡萄栽植的黄金地带，是栽植葡萄最富生机和酿制高端葡萄酒最具潜力的产区之一。政府规划建设贺兰山东麓酿酒葡萄栽植、酒庄集聚区，将区域资源优势转化为经济优势，列为银川市重要的经济增长点。是产业结构优化、改善生态环境、推动精准扶贫、增加农民收入的一项重大战略决策。

（3）对酒品营销人员营销葡萄酒情况问卷调查

第一部分：酒品营销人员的基本情况。包括研学调查对象的基本信息（姓名、性别、年龄、户籍）、营销经营方式、从事葡萄酒销售年限、线上和线下销售差异等。

第二部分：葡萄酒营销情况调查。包括是否销售本地产葡萄酒；销售的（淡、旺季）时间，本地酒进货价格，本地酒进货渠道、地点，销售本地酒数量（瓶）和价格（元），营销本地葡萄酒获取利润（元）等。

第三部分：本地葡萄酒销售原因的调查。包括研学调查对象的基本信息（姓名、性别、年龄、户籍）、销售原因、不销售原因、积极主动销售原因、被动销售原因等。

第四部分：对市场销售本地产葡萄酒情况预测调查。包括本地酒销售渠道、价格、数量，最受市场接纳的本地酒品种，最不受市场接纳的酒品种等。

（4）研学活动评价体系的建立（见表2）

表2　地理研学社会实践活动调查问卷计划评价

<table>
<tr><td>调查小组</td><td colspan="3"></td><td>填表时间</td><td colspan="2"></td></tr>
<tr><td>评价内容</td><td>评价内容总分值</td><td>学生自我评价</td><td>小组相互评价</td><td>专业教师评价</td><td>总得分值</td><td>总评</td></tr>
<tr><td>①研学实践活动调查问卷的设计可行性</td><td>25</td><td></td><td></td><td></td><td></td><td rowspan="9">（定性评语）</td></tr>
<tr><td>②研学实践活动所调查问题的设计代表性</td><td>25</td><td></td><td></td><td></td><td></td></tr>
<tr><td rowspan="2">③研学实践活动调查问卷的设计合理性</td><td rowspan="2">20</td><td>（最高5分）</td><td>（最高5分）</td><td>（最高10分）</td><td rowspan="2"></td></tr>
<tr><td></td><td></td><td></td></tr>
<tr><td rowspan="2">④研学实践活动调查问题的设计全面性</td><td rowspan="2">15</td><td>（最高5分）</td><td>（最高5分）</td><td>（最高10分）</td><td rowspan="2"></td></tr>
<tr><td></td><td></td><td></td></tr>
<tr><td rowspan="2">⑤研学实践活动成员参与调查问卷设计的贡献度</td><td rowspan="2">15</td><td>（最高7分）</td><td>（最高8分）</td><td>（最高5分）</td><td rowspan="2"></td></tr>
<tr><td></td><td></td><td></td></tr>
<tr><td>⑥各项分值总计</td><td>100</td><td></td><td></td><td></td><td></td></tr>
</table>

3. 地理研学社会实践调查活动的实施与评价

（1）策划有针对性的研学调查：针对不同人群开展研学调查活动。

针对银川市居民：课外时间到市区人流密集的街区开展问卷调查。如周末到兴庆区步行街，金凤区万达广场、光明广场、大阅城广场及街巷开展问卷调查。

（2）针对葡萄酒营销人员：分别对宁夏葡萄酒展销中心、鼎夏葡萄酒销售中心、酒品连锁销售店、酒品专卖店、大型商城、百货连锁商店、银川市电商中心等销售户进行调查。

（3）针对酿酒葡萄栽植户：组织前往贺兰山东麓葡萄集中栽植区进行实地考察、访谈，如到银川市镇北堡蓝山酒庄、闽宁镇立兰酒庄、银川市鼎夏酒庄、红寺堡农业合作社栽植区进行实地调查。

（4）研学调查活动评价体系（见表3）。

表3　地理研学社会实践调查活动实践评价

调查小组				填表时间		
评价内容	评价内容总分值	学生自我评价	小组相互评价	专业教师评价	总得分值	总评
①研学调查地点设计合理性	20	（最高5分）	（最高5分）	（最高10分）		
②研学调查采样信息有效性	25	（最高7分）	（最高8分）	（最高10分）		
③研学调查采样样本的代表性	25	（最高7分）	（最高8分）	（最高10分）		（定性评语）
④参与调查活动人员对调查事件的积极、主动程度	15	（最高5分）	（最高5分）	（最高5分）		
⑤与调查对象和谐交流、融洽程度	15	（最高5分）	（最高5分）	（最高5分）		
⑥各项分值总计	100					

4. 撰写研学调查报告及合理评价

对研学调查资料归类整理，说明贺兰山东麓葡萄栽植、销售状况。

根据研学调查问卷，对研学资料归类整理。利用统计软件（如excel表格），对调查数据进行数字化、图像化处理。并分析说明酿酒葡萄栽植、销售状况。

以研学调查数据为依据，对葡萄集中连片、酒庄集群发展区产业链进行具体分析，精准找出目前产业存在的主要问题。

针对研学调查活动发现的主要问题，提出合理建议（意见）。

针对现阶段贺兰山东麓葡萄产业存在的主要问题，提出精准的、比较科学的、有针对性和可行性的意见和建议。并尝试将存在问题以及针对性意见和建议，以提案形式提交给相关部门、单位和栽植户。

建立研学评价体系（见表4）。

表4　地理社会研学实践活动调查报告的评价

<table>
<tr><td>调查小组</td><td colspan="3"></td><td>填表时间</td><td colspan="2"></td></tr>
<tr><td>评价内容</td><td>评价内容总分值</td><td>学生自我评价</td><td>小组相互评价</td><td>专业教师评价</td><td>总得分值</td><td>总评</td></tr>
<tr><td rowspan="2">①研学调查信息处理的科学性、准确性</td><td rowspan="2">25</td><td>（最高5分）</td><td>（最高5分）</td><td>（最高10分）</td><td rowspan="2"></td><td rowspan="13">（定性评语）</td></tr>
<tr><td></td><td></td><td></td></tr>
<tr><td rowspan="2">②研学调查采样信息结论的可信程度</td><td rowspan="2">20</td><td>（最高5分）</td><td>（最高5分）</td><td>（最高10分）</td><td rowspan="2"></td></tr>
<tr><td></td><td></td><td></td></tr>
<tr><td rowspan="2">③研学调查结论的可操作性</td><td rowspan="2">20</td><td>（最高5分）</td><td>（最高5分）</td><td>（最高10分）</td><td rowspan="2"></td></tr>
<tr><td></td><td></td><td></td></tr>
<tr><td rowspan="2">④研学调查提出问题原因分析的可靠性</td><td rowspan="2">15</td><td>（最高3分）</td><td>（最高4分）</td><td>（最高8分）</td><td rowspan="2"></td></tr>
<tr><td></td><td></td><td></td></tr>
<tr><td rowspan="2">⑤撰写的研学调查报告结构具有的规范性、严谨性、科学性</td><td rowspan="2">10</td><td>（最高3分）</td><td>（最高3分）</td><td>（最高4分）</td><td rowspan="2"></td></tr>
<tr><td></td><td></td><td></td></tr>
<tr><td rowspan="2">⑥最后参与撰写调查报告的贡献度</td><td rowspan="2">10</td><td>（最高3分）</td><td>（最高3分）</td><td>（最高4分）</td><td rowspan="2"></td></tr>
<tr><td></td><td></td><td></td></tr>
<tr><td>⑥各项分值总计</td><td>100</td><td></td><td></td><td></td><td></td></tr>
</table>

5. 地理研学实践活动调查人员总体表现的层次水平评价

结合贺兰山东麓“栽植欧美优质酿酒葡萄、葡萄酒产销状况”研学活动实施过程，可将“地理研学实践调查活动”要素划分为四个基本层次水平。如表5所示。

表 5　地理社会研学活动表现的层次水平

划分层次水平	层次水平具体表现
层次水平一	成员在同伴的协助下，在社会研学调查活动中能全程参与，如亲身体验、仔细观察地理事物现象，访问、访谈、记录信息等。在获取和简略处理信息后，能踊跃参与分组讨论，并了解大体的结论：引植葡萄品种、栽植面积增长，葡萄产量增加，葡萄酒消费市场上贺兰山东麓产低端酒产品消费占比下降、高端酒产品消费占比上升，新开发的葡萄果汁、葡萄籽系列产品市场占比上升幅度大
层次水平二	能为拟订研学活动计划和编写调查问卷提供一些建议、思路，踊跃配合其他成员完成研学活动调查任务。收集一定信息后，对其整理加工，分析得出葡萄栽植面积增长，葡萄产量增加，葡萄酒市场上该区产低端酒消费占比下降、高端酒消费占比上升，新开发葡萄果汁、葡萄籽系列产品市场占比上升幅度大
层次水平三	作为小组骨干成员，能踊跃为制订研学计划与策划研学活动问卷出谋划策，基本能独立完成研学任务。发现该区域葡萄栽植、葡萄酒营销等存在的若干问题，并分析产生问题的原因，尝试提出几条初步的针对性较强的发展建议
层次水平四	作为研学小组负责人员，能熟练领导、组织成员制订好研学活动调查计划，协调策划编写研学问卷。能独立完成所属研学任务，以提案形式为酒庄业主、种植户或相关部门、机构提供一份可行的、比较科学的发展建议

最后，依据各小组在本次研学实践调查活动中的每个环节的具体表现，对其进行综合评价。如根据表 6 的要点，给参与本次研学活动的每个成员进行定量和定性的评价。（见表 6）。

表 6　地理研学活动总评表

评价内容	分值	教师评价（定量）	总评
制订科学的地理研学调查计划	10		（定性评语）
设计合理地理研学调查问卷	20		
地理研学实践	30		
撰写地理研学报告	40		
分值总计	100		

六、结束语

有效培养高中生的地理实践力，需整合校内外的学科资源，贯穿在野外研学考察、研学实践调查和校内的地理模拟实验等各项内容中。校内在导师指导下的地理模拟实验，是获取和验证自然地理基础知识的方式和手段之一，具有直观性、探究性和实践性特点。但这仅是一种模拟，科学局限性显著。地理核心素养能力的提升，还要通过训练学习者的思维与应用等项目来提升，最为重要的是要依赖校外的地理研学实践活动。陶行知先生提到“社会即学校”，突出反映了地理教学与社会生活的紧密联系。导师更应积极鼓励学生走出校园、走向社会，尝试调用地理学科知识，发现生活中的自然地理事物、现象发展变化的过程及形成的原因，在生活、生产中应用的人文地理要素所表现的问题，分析其原因，并有针对性地提出建议、对策。这种“学校 + 社会”的研学实践教学方式，更生动、直观，更有趣味、更具挑战性，在很大程度上刺激了学习者的各种感官活动，激发其学习潜能。当然，学习者有明显的个体差异，这也为评价研学活动奠定了基础。指导者通过细致入微地跟踪研学活动过程，作出对学习者更为公正、合理的评价。引导高中生深刻认识自身在研学活动中表现的优缺点，从而有针对性地对自身优点进行保持、发扬，并尝试改正缺点，最终达到立足学生的长足进步、长远发展的目标，为培养其成为具有地理核心素养的合格公民打下坚实根底。

参考文献

[1] 毛忠义，朱瀛．例谈高中地理研学调查活动的开展——以调查银川贺兰山东麓葡萄栽植、葡萄酒产销情况为例 [J]. 中学教学参考，2020（22）:94-95.

[2] 许观明，陈泽艺．阴阳五行与天人合一思想在地理教学中的应用——以“自然环境的整体性”为例 [J]. 地理教育，2022（S2）:62-64.

[3] 陈丽满．“气压带和风带”（第一课时）教学设计 [J]. 中学地理教学参考，2021（14）:70-72.

做好劳动教育，倡导知行合一、劳动树人，体现育人价值

——以多学科融合的劳动教育为例

一、案例教学设计背景

1. 领悟课标背景

立德树人的根本使命是把培养地理学科核心素养贯穿地理课程设计始终，贯穿教学活动始终，是新课程改革有效实施的体现。立德树人的根本任务在新课改课标修订中从三个层面进行了论述。在学科内容层面，充分体现了地理学科的学科本质、知识价值和育人价值，尤其凸显了学科的育人价值。它以较强的思想性和科学性，展示了地理学科独特的视角，展现了地理学科的核心思想。在社会需求层面，课程标准对党和国家提出的“创新、协调、绿色、开放、共享”的新发展理念作出了充分的响应，凸显出地理学科与社会的深刻联系。在学生的生涯发展层面，将学生放在自然和社会的课堂中学习，引导学生学习对其生涯发展有用的地理知识，并将学生以往的社会生活经验更紧密地结合到地理学科中，地理学科的发展对学生的人生发展起到了积极的促进作用，地理学科的发展助力学生的人生发展。

人类赖以生存的地理环境是一个有机的复合体，这就要求新时代的高中生在认识自然地理环境和自然规律时，要紧跟时代转换的视角，从全局的角度出发，对自然地理环境进行全面系统的认识。这对学生的逻辑思维能力、综合思维能力等方面的要求比较高。作为地理学科的四大核心素养之一，综合思维能力是一项不容小视的工作，其重要性是不言自明的。地理学科教师在普通高中地理学科课堂教学实践过程中，往往忽视了当地资源的作用，很少利用当地资源进行乡情教育。缺乏组织学生开展野外考察、社会调查、生活劳动实践等活动对学生的锻炼和教育，仅特别重视使用教材上列举的一些典型地区的典型案例来开展教学，这些教材上列举的典型案例相对本地学生来说比较陌生，学生无法深入现实进行考察和调研，无法快速有效理解所学的地理知识、原理和规律，难以生成学科知识的迁移。新时代的学生在生活中或多或少会触摸到一定的乡土地理资源，应合理利用乡土地理资源组织学生进行本地的地质、地貌、植物、土壤等的野外考察，把劳动所具有的综合育人价值充分融入学生的成长过程，组织学生参加课外劳动实践和体验活动。新时期学生能否全面发展，能否健康成长，加强学生的劳动教育是关键。教师组织学生开展劳动教育，学生才能接受锻炼，磨炼意志，增强体质，强化他们的责任担当。使他们从尊重劳动、热爱劳动、崇尚劳动的角度，真切地感受、体会和认识到劳动的光荣、崇高、伟大和美好。“为了每一位学生的终身发展”，既是教育的本质内涵，也是培养社会主义合格建设者和接班人的必然要求，既是教育事业的本质内涵，也是培养学生全面发展、个性发展的需要。坚持德、智、体、美、劳“五育”一体，引领学校教育回归育人本源。

2. 顺应时代潮流

宁夏回族自治区自党的十八大以来，积极投入巨大的人力物力开展教育改革，一批制约教育发展的瓶颈问题不断破解。自治区教育事业发展在改革的基础上，以落实立德树人为根本任务、以更高质量发展为主题、以增强学生综合素养和把握培养学生未来能力为重点，更加注重学生身心健康和全面发展，在构建和形成德、智、体、美、劳“五育”融合发展体系上下足功夫。

学生时期对其一生良好的道德品质和心理健康的形成起着至关重要的作用，是人生美好品德成长的最佳时期，是身体和智力发展的重要阶段。在实施素质教育过程中，劳动教育作为社会实践的有机组成部分，是学校教育必不可少行之有效的手段之一。因此，开展劳动教育工作的地位和作用，在深化教育改革，促进学生全面健康发展中显得尤为重要。更好地促进学生综合素养的提高，是地理学科教学与劳动实践课的科学融合，是物理、化学、生物、信息技术等多学科的融合。通过参加劳动实践活动，培养学生热爱劳动的意识，让他们懂得，通过自己的双手去创造更有意义、更有价值。为了引领学校教育回归教育本源、回归育人本源，促进学生全面发展、个性发展，高中地理学科教师始终坚持德、智、体、美、劳“五育合一”，这才是真正意义所在。

3. 课程目标要求

学生可以利用所学知识和地理工具，在室内、野外和社会环境中，通过考察、实验、测量等各种手段获取地理信息。用行动去探索、尝试，去解决实际问题。

4. 劳动实践活动的意义

（1）塑造学生劳动观念、培养学生自主意识。学生参加劳动，不仅不会影响学生学习地理知识，而且劳动实践活动将劳动课和地理实践课有机地融合在一起，对增强学生的自主意识，形成良好的心理素质起到了促进作用。学生的思维能力和想象能力通过动手、实践不断得到提高。激发了其热爱劳动、刻苦钻研地理知识的浓厚兴趣。

（2）增强了学生的劳动知识技能。将劳动课和地理实践课相结合，使学生能熟练地掌握、使用各种劳动工具，劳动技能得到提高，锻炼增强了体魄，其综合素质也得到提升。案例活动的开展，使学生养成了良好的劳动习惯，掌握了一定的劳动技能，同时也树立了正确的劳动观念。使他们切身感受到一切劳动成果来之不易，培养他们热爱自己、尊重他人的劳动成果，养成勤俭节约的优良品质，从思想上、行动上得到锻炼提高。

（3）培养学生意识，创新课堂教学。将生活劳动与地理学习创新融合，打造“从一粒种子开始到果实收获”的全流程高中校园生活。在校园耕作中倡导“分工协作”，培养学生的团队协作能力。通过课程融合让新时代的中学生掌握“有用”的农业地理知识。创新性地开展与垄膜沟种玉米不一样的垄膜玉米、沟种豌豆的创新套种种植模式，培养了他们的创新精神和地理实践能力。地理劳动实践课教学培养了学生的创新意识、创新思维、创新能力、创新人格，这些都是学生在新时期勇于探索，增强创新意识所需要的。

二、组织学生预习并准备劳动实践所需的工具、植物种子、化学实验器材

课前准备：

1. 课前预习教材农业区位的影响因素，并绘出思维导图（见图 1）

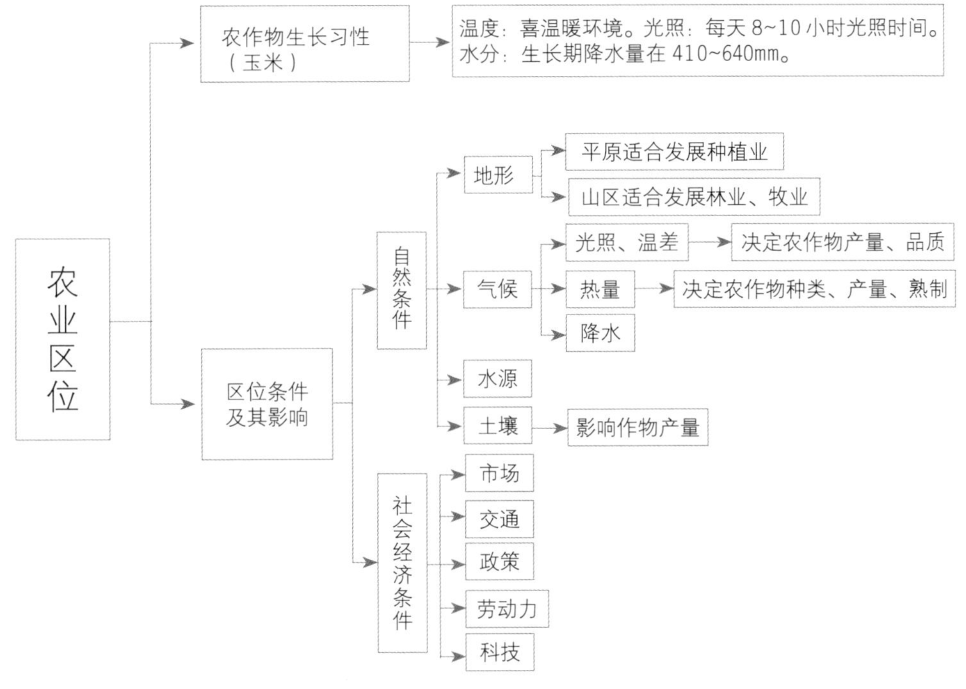

图1 农业区位影响因素

2. 课前布置收集资料、分组探讨学科问题

布置学生课前收集资料，了解玉米、大豆的生长过程对温度、光照、水分、土壤的要求，了解玉米、大豆的生长习性。

（1）玉米的生长习性。全生育期玉米喜温，要求较高温度，10℃左右为生长有效温度。要求籽粒在发芽期温度为6~10℃，发芽缓慢的温度低于10℃，温度达到16~21℃为出芽繁盛期，28~35℃为种子最适宜的发芽温度，温度过高则抑制发芽，超过40℃则停止发芽。玉米苗期能耐受短期 –2~3℃的低温。拔节期要求15~27℃的温度，开花期温度要在25~26℃，引水灌溉、灌浆期要求温度在20~24℃；对日光照射的要求。短日照作物，能正常吐蕊结籽，日照期日照时间每日8~10小时；要求水分状况。其植株高大，叶片面积大，水肥需要量大，是一种以水肥为原料的植物。410~640毫米的降水量在生长期间是最适宜的，干旱会对产量和质量造成影响；玉米对土壤的要求不是很苛刻，要求有一定的质地。要求土质疏松深厚，可栽植于黑钙土、栗钙土及含有机质丰富的砂质壤土。

（2）大豆的生物习性。我国大部分地区可以种植大豆，但高海拔、高纬度热量不足的地区和干旱地区无灌溉条件，年降水量小于250毫米的地区除外。大豆喜好排水良好、富含有机质的坡耕地，pH介于6.2 ~ 6.8的偏酸性土壤。播种宜早品种，以条播为主的方式播种。生长过程中需要更多的肥料，对氮元素的需求量比禾谷类同样的产量水平高出4~5倍。平地种植的大豆，要注意及时灌水、排水，以防止土壤起碱。

课前分组讨论，依据玉米生长的自然习性，选择的校园中的地块从区域自然特征方面是否符合玉米、大豆的生长生物特性并说出依据。

3. 准备合适的劳动工具、作物种子、地膜、化学实验器材

（1）课前准备。

劳动工具：锄头 2 把、铁锨 10 把、地膜 50 米、软尺 1 把。

化学实验原料、器材：土壤样本、水源样本，pH 试纸、比色卡、烧杯 2 个、玻璃棒 1 个、蒸馏水一瓶（1000 毫升）。

土壤标本：红壤、沙土、地块耕作土、黄壤。

（2）小组课前依据学校现有化学实验条件学习、探究土壤酸碱性科学的测定方法。

在下列方法中选择最简易、最适合高中学生开展实验的方法并熟悉实验过程和了解实验注意事项。① pH 试纸，比色卡对比法。②电位法。③氮化钾交换，综合滴定法。

（3）校园灌溉水与唐徕渠灌溉水、家庭自来水、矿泉水的酸碱性对比试验。

三、地理劳动实践课教学设计

教学设计基本内容：

表 1　数字设计基本内容

名称	抓好劳动教育，倡导知行合一，以劳树人——以多学科融合的劳动教育为例
课题	校园中实践陇膜沟种大豆和陇上玉米套种
教学内容	多学科融合的校园中玉米、大豆的垄沟种植
教学目标	1. 以立德树人为根本任务，全面实施教育“三新改革”，着力构建形成德、智、体、美、劳“五育”融合发展体系为重点，以实现教育更高质量发展为主题，以提升各学段学生的地理学科综合素养和把握学生未来发展能力为重点 2. 坚决坚持德、智、体、美、劳相融的“五育”教学，引领学校教育回归育人本源，遵循“为了每一位学生的终身发展”既是教育的本质，丰富的内涵，又是着眼于培养全面合格社会主义事业建设者和接班人的必然要求，既是教育的本质，也是教育事业发展的必然要求 3. 培养学生热爱劳动意识，通过参加劳动实践，提高学生勇于探索的意识，通过劳动过程解决地理现实问题的动手能力，体验劳动的艰辛和劳动的光荣，培养学生吃苦耐劳的优秀品格，通过劳动锻炼学生的动手能力，使学生在劳动中成长，在劳动中塑造优秀品格，从而深刻认识到通过自己双手创造的劳动成果更有意义和价值

续表

名称	抓好劳动教育，倡导知行合一，以劳树人——以多学科融合的劳动教育为例
教学重点	1. 校园地块土壤和银川郊区耕地土壤土质酸碱性对比试验 2. 测定土壤酸碱度的方法：取少许土样置于洁净的烧杯内，在烧杯内加入蒸馏水，使土壤充分浸胀饱和，然后用玻璃棒搅拌，使水与土充分融合，并将一滴浸出液吸出，置于澄清后滴于酸碱度试纸上。土壤与水的混合没有固定的配比关系，但应注意充分吸饱水分，使土壤达到过于饱和的状态是十分必要的。 3. 校园灌溉水与唐徕渠水、家庭自来水、矿泉水酸碱性对比试验 用玻璃棒蘸取少量待测水溶液，然后滴在 pH 试纸上，以确定酸碱度，直至试纸变色，并与标准比色卡进行颜色对比 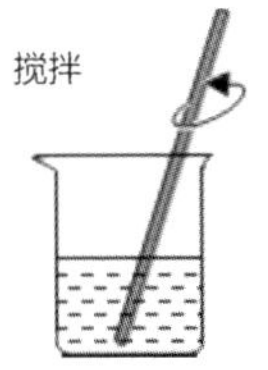 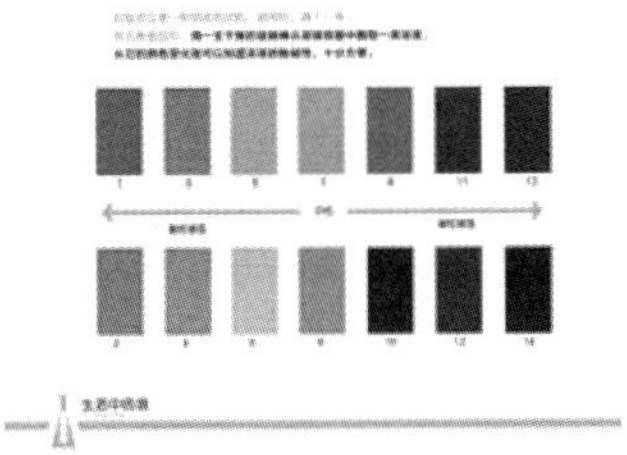 4. 玉米、大豆的陇膜沟种方法和玉米、大豆的陇膜套种方法。 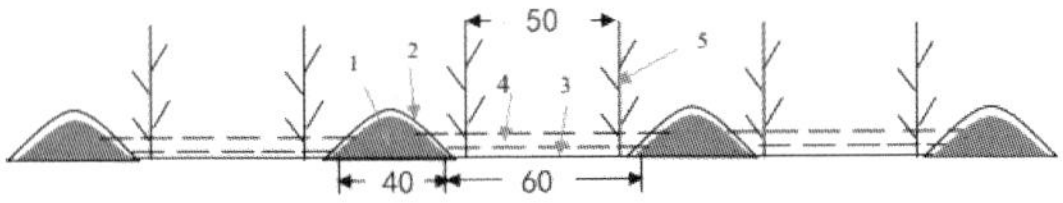 说明：长度单位均为厘米（cm） 1—垄；2—垄面上覆盖地膜；3—沟；4—沟面选择性覆盖地膜或秸秆；5—种植的玉米。
教学难点	种植过程中学生安全保护问题、地膜的科学覆盖问题、玉米与大豆种子穴播深度问题
教学准备	教学课件、锄头、铁锨、地膜、软尺、水源样本、pH 试纸、比色卡、烧杯 2 个、玻璃棒 1 个、蒸馏水 1 瓶。 土壤标本：红壤、沙土、地块耕作土、黄壤
板书设计与注意事项	玉米、大豆的陇膜沟种方法和玉米、大豆的陇膜套种过程。 1. 选址：地势平坦，土层深厚，土质疏松，肥力适中，选择银川市第九中学校园用地 2. 整地：平整土地，不留大土，不侵石，防止跑墒 3. 画行：划行起垄、开沟的位置 4. 起垄：铁锨铲土起垄，平整垄沟 5. 种子选择：籽粒饱满的黄豆和玉米，选择种子袋中的种子 6. 播种：玉米、大豆种子播种 7. 覆膜：贴膜的时候要贴白地膜，还要贴在垄面上 8. 覆膜压土：为防止大风掀开覆膜，用表层土压住覆膜的垄沟、垄面 垄沟种植方法注意事项： 注意垄沟高度、宽度合理，便于充分利用有限校园耕地资源 确保穴播种子均匀，注意种间距、行间距，防止植株过密，影响植物采光 陇面要平整、确保覆盖地膜平整，防止不平整表面弄破地膜 地膜以合适的位置和间隔压土，防止地膜因风吹动而引起地膜的上升和破坏 提醒学生注意不要践踏其他地块作物

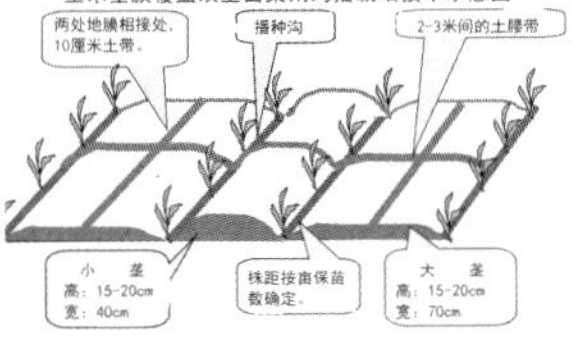

续表

名称	抓好劳动教育，倡导知行合一，以劳树人——以多学科融合的劳动教育为例		
教学环节	教师活动	学生活动	教学设计意图
情境导入 任务一； 1. 图新地球上搜索银川九中寻找地块，量算面积，划分垄沟。 2. 实地查勘地块，测量面积、划分垄沟。	师生互动导入：把地理课堂开在田间，首先要知道在哪里开展实践活动，如何实地进行劳动实践，具体的操作步骤是什么？选择的地块在哪里？一粒玉米种子，经过选种、种植、发芽、出苗、生长等环节，最后经过我们辛勤的劳动，玉米苗能茁壮成长，变得绿油油的了！那么，接下来我们要怎样种植一颗玉米种子呢？让我们一起走进今天的地理劳动实践课《旱地玉米的陇膜沟种技术和玉米大豆陇膜套种技术》。（教师板书课题） 老师在学生实际操作的过程中，对学生质疑： 搜索到银川九中，将图放大后，设置地形夸张，同学们就会发现地块为不规则多边形 教师提问：在这样的地块中划分垄沟，应怎样划分？ 实地量算地块面积并将平方米换算为亩 教师提问：实际地块的面积和平台量算的面积，长度、宽度有没有误差，如果有误差，我们应该怎么办？	1. 在线上利用图新地球平台搜索、熟悉并观察所展示的银川九中校园劳动实践地块的位置。并利用图新地球平台对地块面积进行测算 2. 根据量算的土地面积，依据要求的垄沟宽度来计算地块精确划分垄沟数量 地块位置 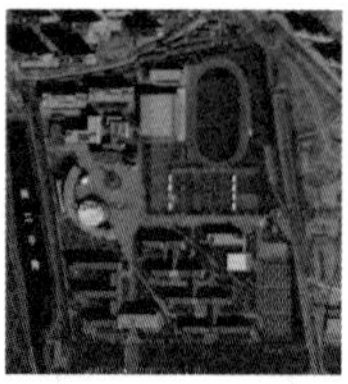 3. 学生操作过程：打开菜单→测量分析→面积测量（米^2）→按照图示要求测量选定这块地表面。 4. 学生校园中选定地块地表面积量算结果为 195 平方米。   5. 学生依据垄宽 40 厘米沟宽 60 厘米，地块面积划分垄沟。注意量算地块的边长和宽度	1.创设教学情境，主动参与劳动实践活动，激发学生的学习兴趣。劳动实践活动是地理实践活动的主要内容之一。 2. 整合 IT，培养学生运用 IT 的能力。 3. 培养学生的区域认知能力，信息技术平台的操作能力。 4. 培养学生正确识别平台展示的小区域的地理位置的能力
		6. 地块所处地点空间距离测量。依据平台提示测量方法，开展测量。 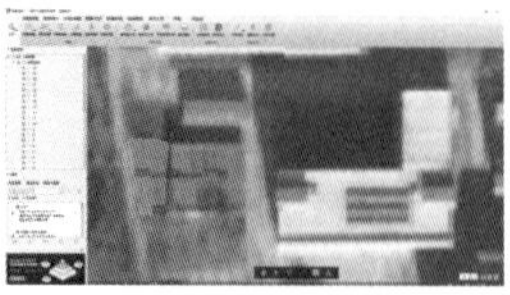  7. 开展挖方测量，如果开挖的话预估填土石方量 	

续表

名称	抓好劳动教育，倡导知行合一，以劳树人——以多学科融合的劳动教育为例		
任务二：对所选地块进行土壤碱度测定，对灌溉用水进行土壤碱度测定	教师讲述： 1. 教师给出所有校园地块土壤和银川郊区耕地土壤，进行土质酸碱性对比试验。 2. 酸碱性比较试验，学校灌溉水和黄河水、家庭自来水、矿泉水对比。 教师提问：水体、土壤的酸碱性检测，用pH试纸是不是可以检测出来。它对农作物的影响，通过土壤和水体的酸碱性来判断。 教师指导：适宜不同作物生长的土壤性质不同	1. 学生试验，教师指导。测定土壤酸碱度的方法：在洁净的烧杯中放置少许土样，在充分浸透饱和的土壤中加入蒸馏水，再用玻璃棒搅拌，静置一滴浸出液，待澄清后滴在酸碱度测试纸上，即可测出。土壤与水不存在固定的混合比例关系，但要注意使土壤达到过饱和状态，以充分吸饱水分。 2. 酸碱性比较试验，学校灌溉水和黄河水、家庭自来水、矿泉水对比。 3. 根据教师指导观察实验试纸，并与比色卡对比。 4. 土壤样本酸碱性由比色卡判断 搅拌	1. 通过对比试验，使学生初步判别土壤、水体的酸碱性，认识土壤性质对农作物类型的影响，提高学生综合实践力。 2. 训练探究能力，解题能力，动手操作能力。 3. 培养学生融地理学科和化学实验于一体的科学探究精神
任务三：观察图1图解技术种植方法——玉米垄膜沟种	教师引导： 1. 观察旱地玉米垄沟种技术示意图。图中的垄高垄阔，沟壑纵横，无一不详见。 2. 了解玉米沟种的行间距、株距，思考这样设置的好处是什么？ 教师提问与要求： 1. 垄上地膜覆盖，描述地膜的作用是什么？玉米种在沟中，分析沟的作用是什么？ 2. 想一想，垄沟的走向与当地常年夏季风向呈什么关系更有利于玉米的生长。 3. 想一想，垄沟的走向与当地夏季日照方向呈什么关系更有利于玉米的生长	50cm　40cm　60cm 图1 玉米垄膜沟植微集水种植技术示意图 1. 独立观察示意图，尝试辨识图中符号给出的信息。 2. 分组讨论：每组讨论一个问题，形成一个结果，分三个课题组进行研究。 教师提示：有关垄沟走向与当地夏季风向、太阳光照之间的关系。可以查阅相关资料进行小组探究，有关垄沟走向与光照的关系，可联系北半球中纬度夏季太阳升落的相关原理来分析	1. 从不同空间的角度进行判读，通过示意判读，培养学生读图识景的能力。 2. 培养学生全面思考的探究精神。 3. 培养学生发现和解决问题的能力

续表

名称	抓好劳动教育，倡导知行合一，以劳树人——以多学科融合的劳动教育为例		
任务四：观察图 1 技术种植模式示意图——玉米垄膜沟播	老师引导学生观察图示： 全膜覆膜栽培技术示意图——玉米双垄集雨沟播 1. 观察玉米集雨沟播栽培全膜覆膜双垄技术示意图。图中的垄高垄阔，沟壑纵横，无一不详见。 2. 玉米沟种的行间距、株距。 教师提问与要求： 分析垄上地膜覆盖，描述地膜的作用是什么？玉米种在沟中，分析沟的作用是什么？分析两幅地膜衔接处，10 厘米土带的作用	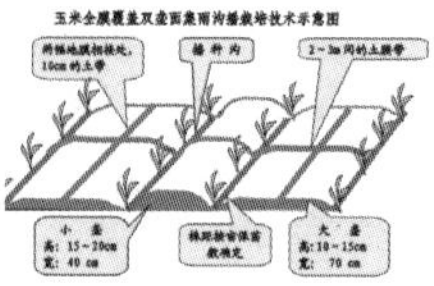 1. 读有关示意图，要在老师的带领下进行判读。根据得出的结论我们应该怎么种玉米。 2. 我们采取怎样的种植技术在有限的地块中种植玉米是最合理的	1. 通过实际的分析，使学生能亲身感受农业技术怎样规避现实中的不利条件，化害为利，有利于深刻理解农业的区域性特点，提高学生地理实践力。 2. 以读图的方式训练地理示意图的判读能力
任务五：我们设计的种植模式，垄膜垄种玉米、沟种大豆套种技术	教师指导学生进行操作实践，步骤如下： 种植示意图先画在纸上，如上图所示。要求垄宽 90 厘米，沟宽 40 厘米，垄高 15 厘米，垄长玉米行距 60 厘米，株距 15 厘米。该品种属豌豆品种，株间距 15 厘米。 教师引导：在西北干旱区地理环境对人类活动有很大的影响，农业生产的区域性特征显著，采取合理的作物种植技术有利于农业的发展。 教师提问：该示意图种植模式有什么优势？为什么要采取这样的套种模式？采取这样的种植模式利与弊是什么	学习教材农业区位内容,依据教材内容进行回答。 在教师的引导下，根据宁夏银川的气候特点，联系气候条件对农作物生长习性的影响，综合分析我们选择玉米、大豆作物的原因。 看相关资料，对采取这样的种植模式，以及人类活动和自然环境之间的关系，辩证地思考利弊 	1.通过拓展研究，让学生体会农业技术的应用价值，引发学生对于人地关系思考，培养学生形成因地制宜的思想观念。 2. 培养学生综合实践能力的劳动课和地理学科相互融合
任务六：进行实地的劳动活动	师生实地劳动活动： 1. 通过活动，你能掌握哪些劳动工具的使用方法？ 2. 你能否通过劳动实践设计出更便捷、更省力的劳动工具？ 3. 劳动实践用的劳动工具，在实际的操作过程中蕴含了哪些物理学原理？ 4. 思考劳动实践用的劳动工具，你们在使用过程中有没有发现设计不合理的地方？如果有，又该如何改进？ 活动拓展：将学生分组进行种植劳动体验，小组成员合作打造专属的“开心农场”。并与其他小组分享	教师讲解劳动工具的使用方法，操作规程。 1. 学生分组利用现有的劳动工具，在划分的地块中起垄、开沟、覆膜。 2. 学生在所起的垄上穴播玉米种子。 3. 学生在开挖的垄沟中种植大豆。 4. 劳动工具的正确使用方法，同学们都掌握得很好。课后开展劳动工具的革新实践	通过小组合作交流，完成专属“开心农场”种植，培养学生劳动工具的使用方法，使活动内容及意义得到延伸。 与物理学科融合，体验杠杆原理的实际利用，培养学生的科学精神。 创新劳动工具，激发学生创造发明意识

名称	抓好劳动教育，倡导知行合一，以劳树人——以多学科融合的劳动教育为例		
任务七：学生劳动过程	A. 到劳动基地（体育委员整队，以整齐的步伐唱着《放飞理想》的校歌，向劳动基地进发）。亲自实践旱地陇膜沟种玉米，陇膜套种玉米、大豆。教师先做示范动作，同学们边看边学。老师辅导学生劳动实践。 种植过程： 1. 整地：平整土地，做到无大土块、防止跑墒。 2. 划行：划行起垄、开沟位置。 3. 起垄：铁锨铲土起垄，平整垄沟。 4. 选种：选出种子袋中的大豆、玉米饱满的种子。 5. 播种：播种玉米和大豆种子，按需坑穴种植。 6. 覆膜：覆膜时贴着陇面的垄脊。 7. 地膜压土：用地膜压住垄沟和垄面表层的土，防止大风刮起。 8. 注意不要践踏其他地块作物 B. 教师强调劳动过程中的注意事项：（1）为避免碰到同学，不要抬起太高的铁钎和锄头。（2）不要踩到其他地块作物。 C. 学生分小组练习，各组组长先作示范，再对小组成员进行指导。教师检查指导，发现问题，对学生的行为及时纠正	1. 教师示范、学生学习玉米种子的穴播方法。 2. 学生操作农作物的种植。 3. 教师提醒劳动过程安全注意事项	通过小组合作交流，完成专属“开心农场”种植，辅导学生学习劳动工具的使用方法，地块的耕作方法、地膜的覆盖技术，作物的点播技术，使活动内容及意义得到延伸
任务八：总结劳动情况	总结劳动情况：表扬表现优异的学生，总结劳动过程中出现的问题，把工具收拾好，放回原处，把手洗干净。大家齐唱歌曲《打靶归来》。返回班级	提醒学生做好后期的田间管理，如地膜放苗，浇水，施肥、间苗等日常田间管理。 一旦出现作物病虫害，在校园中应该采取怎样的防治方法是最有效、最安全的	1. 对学生进行科学探究精神培养，探究所提出的问题。与化学、物理、生物学科相互融合 2. 让学生体验劳动最光荣。带着劳动的快乐回教室
教学反思	通过种植作物的劳动实践，同学们在学习通用农具的使用方法、农作物种子的点播方法的同时，掌握了旱地垄膜玉米和沟种大豆的劳动技能，体会到了劳动的快乐	提出问题，学生反思：在本节劳动课中你最大的收获是什么？对自己的生涯成长有何意义？	通过教师、学生的反思找出劳动中表现出的不足，使教师与学生共同成长
课后发现新问题	教师依据照片呈现内容提出问题：同样的地块为什么照片中树下的农作物显得低矮和瘦弱而其他地方的作物长势良好呢？请同学们依据学过的地理学科和生物学科知识简析原因	学生依据学过的地理学科和生物学科知识简析原因	把学过的生物、地理知识运用到日常生活中，培养学生发现问题、解决问题的能力。扩大学生的整体思维，培养探究科学的本领

四、劳动实践课的教学反思

高中学生实践劳动课教学反思对于实践课教学来说不存在统一的模式或者固定的程序，不应被所谓的“模式或程序”禁锢。生活劳动实践课堂永远是充满激情的、动态的和变化的，是充满了创造性的过程。立于地理学科教师的视角，将课堂开在田地里，我深刻领悟到教学反思在劳动实践课教学中的必要性和重要性。课后教学反思是教师努力将自己的“学会教学”与学生的“学会学习”融为一体，从而不断提高教学实践的科学性和合理性的过程，是施教者个体对自己在教育教学过程中所表现的行为及其结果进行自我审视和解剖的动态过程，是教师提高教学效益的动力过程。

1. 反思教学过程中的成功点

完成实践课，教师对自己设计的教学环节所采用的那些教学方式、方法，采用的技术手段，总会从中发现成功之处、授课亮点。课后教师及时进行归类记录，从中不断汲取经验教训，做到日积月累，学以致用。如此反思，对于不断提高自身的教学水平，有积极的帮助。

2. 对教学过程中出现的纰漏、不到位的地方进行反思

教师要及时记录整节课教学过程中出现的纰漏和失败的地方，在探索和寻找更好的教学方法和解决这些问题的措施的同时，主动认真地查找产生的原因。比如，在实际操作过程中，教师没有讲清楚玉米种子的每穴播种量，造成有的学生一穴播种近 20 粒种子，不仅造成种子浪费，也给以后的间苗增加了难度。在一年的劳动实践中，由于浇水、施肥、除草的不及时在作物生长的某个时段影响到作物的生长，最终影响到最后的收获。

3. 教师机智的表现，学生在教学过程中独到的见解，并在教学过程中进行反思

在地理课堂教学中，随着地理教学内容的不断展开，教师和学生的思维往往会因为一些偶发事件而火花四溅，产生瞬间的灵感，这些“智慧的火花”往往是自由的、自主的、突发的，教师如果不及时利用课后反思进行捕捉、收集，就会烟消云散。师生智慧的火花随着地理教学内容的不断展开而不断碰撞。在地理课堂教学过程中，教师有睿智的表现，教师也有机智的一面。课堂上的学生是学习的主体，“创新的火花”总会不断从学生的思维中迸发出来。教师在教学过程中，对学生在课堂上提出的一些独特见解，给予积极的、充分的肯定，并对其进行正面的引导和鼓励。例如在劳动实践中学生提出的垄沟排列方向是否要考虑风向、采光等条件。也有学生提问大田作物用黄河水灌溉，如果灌溉不合理会导致土壤盐碱化。我们用生活用水灌溉是否也会产生这样的问题？我的回答是，同学们在作物生长期内要不时地对地表进行观察并取土样进行检测，看看土壤酸碱性是否发生了变化。

4. 反思教学过程中的一些突发事件

户外生活劳动课的纪律一直是教师们最为关注的问题。出现突发事件，虽然许多教师能随机应变并予以解决，但这一问题应在教学结束后引起重视，并在后记中详细记录，以便于今后在课堂上处理可能出现的类似问题，避免出现尴尬的气氛和状况，从而使教师在教学中不断提高应变能力做到有备无患，在教学中做到应付自如。例如在实施劳动教学过程中有学生不太遵守劳动纪律，在劳动过程中不小心被工具划伤，因为这一突发事件导致课堂教学次序被打破，引起学生的躁动导致课时延长。在以后的劳动实践操作中，强调劳动纪律和劳动安全并准备相应急救药品。

总之，课后的教学反思有着不可估量的积极作用，地理教师作为一名在新课改背景下积极开展融合教学的教师，应该在教学过程中不断进行教学反思和教学凝练，从中发现问题，发现不足，学会钻研教学，探索教学，不断提高自己的教学思辨力和创新力，努力把自己塑造成科研型、反思型的地理学科教师，使自己在教学过程中不断提升自己的教学素养，从而在教学过程中不断提高自己。

参考文献

[1] 张家辉，徐峰，邓若男．最新高中地理课标对地理教师专业素养的要求 [J]. 天津师范大学学报（基础教育版）,2018，19（3）:8–11.

[2] 周绍东，张凯．“新发展理念”的时代品质与实践要求 [J]. 唯实，2017（5）,23–27.

[3] 莫玉婉．我国参与全球教育治理的十年回顾与展望 [J]. 河北师范大学学报（教育科学版）,2021,23（4）57–64.

[4] 崔华前．当代大学生社会主义核心价值体系教育机制研究 [M]. 合肥：合肥工业大学出版社，2012–03–01.

[5] 《内蒙古政治建设 70 年》课题组，杨腾原，刘银喜．共同创造美好生活 ——内蒙古社会建设 70 年 [J]. 实践（思想理论版）,2017（6）:34–36.

[6] 葛鑫鑫．基于核心素养培养的高中地理实验教学改革 [J]. 科教导刊—电子版（上旬）,2018（9）:17–19.

[7] 廉永杰．大学生思想道德修养 [M]. 西安：陕西人民出版社，2003.

[8] 黎相坤．议 GBF 管现浇混凝土空心无梁楼板施工技术 [J]. 科技致富向导,2011（12）:111–113.

[9] 母永才，王月桃，栾洪江．龙海乡玉米高产栽培技术要点探析 [J]. 农民致富之友,2017（10）:166,3.

[10] 冯晓奕 . 教学需要常态反思 [J]. 科学大众（科学教育）, 2017（1）:171.

[11] 李含侠 . 浅谈语文教学中的教育机智 [J]. 连云港化工高等专科学校学报 ,2002（2）:68-70.

[12] 王艳 . 乘着反思的“翅膀”——小议新课改背景下的教学反思 [J]. 音乐天地 ,2009（1）:8-9.

[13] 何天维 . 对高中音乐教学任务及反思 [J]. 读写算（教育教学研究）,2014（50）:3-5.

案例一　《气压带和风带的形成》教学设计

一、课程标准要求

施教者充分运用示意图对气压带和风带的分布进行说明，严格按照课程标准的要求执行。

二、课标分析

使用示意图等讲解课标要求的教学内容在教学过程中更加形象、直观，同时通过气压带、风带分布图的展示，培养求学者的地理动手能力。图解气压带与风带的分布即要求求学者对气压带与风带形成原理的认识达到一定程度，培养求学者对气压带与风带形成原理的综合思维能力和区域认知能力，并对气压带与风带形成原理的认识进行深入的探讨和辨析。

三、教材分析

本课时内容为“地球上的大气”第 2 章第 2 节地理必修 1 知识点，使用的是人教版教材。本节课教材首先介绍了大气环流的概念、影响因素和意义，然后逐一验证和推翻了气压带风带形成和运动原理的假定条件。假定地球不自转不公转、地表均一时大气运动形成单圈环流。假定在地表均匀的条件下，地球自转而不公转，大气运动形成“三圈环流”；呈南北方向运动，形成风带气压带的季节移动。本节课先阐述大气环流的观点，而后阐述影响大气活动构成三圈环流和近地面的“六风七带”。

四、学情分析

本节内容包含上一节中热力环流和风的相关知识，还涉及地球自转和公转的意义的相关知识，部分学生遗忘的可能性较大，故教师在教学过程中要注意带领学生对已有的相关知识点进行回忆和复习，以保证教学顺利进行。高中求学者逻辑思维和迁移理解能力强，课堂上鼓励求学者结合教材内容和实际现象或问题，运用自主学习探究、探讨、解决问题的方法，结合地理学科的核心素养，主动梳理构建气压带、风带形成的相关知识，引导学生通过问题链培养求学者必备的地理学科核心素养。

五、教学目标

水平 1	水平 2
结合教材内容，能够在教师引导下简述大气环流的概念，能简单描述气压带、风带形成的基本过程，并能简单归纳气压带、风带的分布特点。（综合思维）（区域认知）；能够结合资料和短片，在教师引导下利用本节内容分析德雷克海峡风大浪高的原因。（综合立意）（地理学科动手能力考查在实际操作中）；课后能结合教材内容，动手绘制气压带、风带分布图，把“六个风带、七个气压带”（考查地理学科的实用性）描绘在合适的用具上（如乒乓和圆形压克力球体），得到老师的指导；初步了解科学家不畏艰险的科考精神，以及 Drake 海峡的危险性	结合教材内容，能通过小组协作学习，对气压带、风带形成的基本过程及其影响因素，大气环流、气压带、风带（综合思维）的分布特点（区域认知）等概念进行详细描述；能够将素材与短片相结合，与时空变迁的影响因素相结合，群策群力，独立探究 Drake 海峡风大浪高（综合思维）的成因（地理实践力）；课后能主动独立地绘制气压带、风带分布图，并能联想教材内容将“六个风带”（旨在培养求学者的地理实践力）绘制在乒乓上；初步了解科学家不畏艰险、勇往直前、努力拼搏的科考精神，了解了德雷克海峡的危险

六、教学重点

气压带和风带的形成。

七、教学难点

气压带和风带的季节移动。

八、教学方法

采用案例教学法，问题解决法，讲解法，协作式学习法，角色演示法等一系列图文并茂、绘声绘色的授课方式。

九、教学媒体

示意图、幻灯片、视频短片。

十、教学过程

教学环节	教师活动	求学者活动	设计意图
导入	提问：地球上海峡众多，很多海峡我们都耳熟能详，同学们来说一说自己都知道哪些海峡？ 那同学们知道世界上最深、最宽的海峡是什么海峡吗？ 老师来告诉大家是德雷克海峡 展示：世界地图 请同学们找出世界地图中 Drake 海峡的位置、轮廓，并描述它的位置。 展示资料：Drake 海峡是南大西洋和太平洋的互通之地，也是南美和南极洲分界线所在，位于南美洲最南端纬度 57.35° S 的位置，靠近智利和阿根廷，所以去南极科考的国家非常多，Drake 海峡也是必去之地。德雷克海峡虽然宽度和深度世界第一，但并不是那么的知名，它虽然在众多海峡中缺乏存在感，但它却有自己的脾气和个性，是个“惹不起”的海峡，它是世界上最危险的海峡被人们称为“魔鬼海峡”。 展示：轮船在德雷克海峡遭遇风暴的视频。 提问：德雷克海峡一年中超过 300 天的风力都在 8 级，就像视频中看到的那样，即使是万吨巨轮，在波涛汹涌的海面上，随着风浪上下左右摇晃，也只能像一片叶子。 为什么德雷克海峡会有如此令人闻风丧胆的狂风巨浪？ 我们今天要研究的问题与气压带风带的形成和分布有一定的关系	马六甲海峡，介于马来半岛和苏门答腊岛之间，直布罗陀海峡，介于非洲和欧洲之间，突厥海峡，白令海峡，亚欧分界线，英吉利海峡等。 纬度位置位于南纬 60 度左右的德雷克海峡。相对位置是南大西洋和太平洋的互通之地，也是南美洲和南极洲的分界线，位于南美洲最南端，靠近智利和阿根廷。距离近，科考船一般在南美洲最南端的火地岛补充物资后经德雷克海峡到南极半岛，节省时间和成本	以问题引入德雷克海峡相关知识，再以视频体现德雷克海峡的狂风巨浪，最后抛出本节课的问题：为什么德雷克海峡会有如此令人闻风丧胆的狂风巨浪？开展问题式教学。 为本节内容建构现实问题的情境，削减本节内容的抽象性，激起求学者的探知新知识的乐趣

续表

教学环节	教师活动	求学者活动	设计意图
环节1	过渡：大气环流是由大气活动构成的气压带和风带组成的，那么大气环流究竟是怎样的呢？请同学们找出33页教材中大气环流的概念，产生的原因，起到的作用。让同学在教材中找出，并一起朗读出来。 观点：大气环流是反映大气活动持久性和均匀性状况的全球性、规律性的大气活动形式。 成因：地球表面热量分布的差异，是太阳辐射在纬度上的差异造成的。其辐射的能量大小随纬度的变化而变化。 作用：带动大气不断地运动、热量的输送和热量的交换	找概念，找原因，找教材中大气环流的含义	让求学者自己在书上找大气环流的概念、产生原因和意义，利用教材让求学者在脑海中自己建立知识框架，便于求学者记忆，培养综合思维和信息提炼能力
环节2	过渡：现在正在着手探测气压带形成过程，还有风带。 假定身份：①地球表面是均质的平原；②地球不公转；③地球不自转。 影响结果：高开低走，不均匀热量分布。 任务一：假设太阳永远直射赤道，把热流环流画在赤道和极点之间，在图中是如何画的。（请一位同学上台作画） 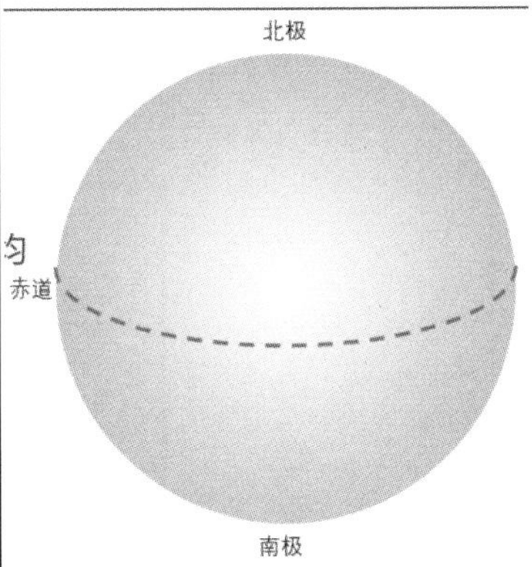 北极 匀 赤道 南极 解释：由于太阳直射赤道，使赤道大地热得更多，两极热得更少，赤道地区近地面的空气会膨胀上升，聚集在上空，使空气密度上升，在上空形成高气压，赤道地区近地面的空气就会聚集在一起，因此赤道地区近地面的空气就会随着极点受热较少，从而使极点的空气收缩下沉，赤道地区近地面的空气会随着极点的受热空气密度在上空减少，就会形成气压过低的现象；极点的受热少，空气密度就会上升，就会造成气压过大的现象；如果极点受热少，空气密度就会上升。因而，空中由赤道上空高气压向南北极低气压目的地舒展，形成闭合。在近地，赤道上空上升后流出，使赤道近地的空气密度降落，构成低气压，近地的空气密度因下沉式气流而增加，使赤道近地的空气密度降落在极区附近，形成南、北极地区的高气压。由此，近地面的空气再次由两极回流到赤道，形成热流环流，使赤道的上升空气得到弥补。因为南北半球各有一圈，故称之为单圈环流。 提问：请同学们开动脑筋思考一下，赤道和极地的热力环流，在真实的情况下是不是还能维持下去	大气运动方向箭头标注在图中 想想看，赤道和极地之间，能不能保持热环流？为什么会这样呢	先假设：①地球不公转；②地球不自转；③地表均一；让求学者在赤道与极地之间绘制出热力圈的理想状态，帮助求学者回忆热力圈的原理，同时也为后面讲述的三圈环流做好铺垫。画出来后再思考这样的热力环流能否维持，来推翻假设条件，引出下面讲三圈环流

续表

教学环节	教师活动	求学者活动	设计意图
环节3	过渡：是的，由于这仅仅是三种假设条件下的理想状况，因此这样的热力环流无法维持。让我们一起来看看地球自转这条热力环流会有哪些改变吧！ 假定前提：①地表均一②地球不公转 图像分类：①受热不均的影响，与高纬度或低纬度的差异较大；②地转偏向力：以北半球为例，对大气活动状态进行分析阐述。 解释：（老师在黑板上边画边讲）同样先看赤道，假设太阳直射点一直直射赤道，赤道及其两侧接受太阳辐射能量最多，近地面空气受热膨胀上升，空气减少，气压降低，所以赤道是因为地球不公转，太阳光一直直射到某一纬度，所以赤道是由于地球不公转，太阳光直射到赤道不变。太阳太阳辐射能量在赤道和赤道之间，所以最大的原因是在南北纬5°之间由于赤道太阳辐射能量形成赤道的低气压带。受赤道上空气压梯度力（烟熏风）影响，北流至赤道地区，暖空气上升；偏南风转西南风，风向渐偏，受地面转向偏力的影响；转向西进，接近北纬30°。如此一来，气源继续北上受阻于赤道上空，因此在30度范围内不断堆积，逼近气压更高的地面，逼得空气不断下沉，副热带高气压带也随之发展。从副热带高气压带流出的气流在气压梯度力的影响下向南偏北移动，其中一股向南流至赤道低气压带，风力方向受地转方向力的影响而逐渐向右偏成东北风，称为东北信风，位于赤道低气压的北侧。因此形成了一个低纬环流圈，介于赤道和北纬30度之间，而在赤道和南纬30度之间也是一样的。 展示：赤道和30°N之间的立体图。 再梳理一遍低纬环流圈（着重解释风向） 释义：（在黑板上连续作画）在近地面上，一股气流从副热带高气压带向北流出，逐渐向右偏转成西南风，在地转偏向力的作用力下，称为盛行西风。北极附近地区是纬度最高、太阳辐射能量最少、常年严寒、遇冷空气密度变大收缩下沉、构成极地高气压带的地区，是纬度最高、太阳辐射能量最少的地区，也是北极及其附近地区中受太阳辐射能量最少、最寒冷的地区。极地高气压带南下气流（北风）在地转偏向力作用下，逐渐向东北偏右方向移动。它在北纬60度左右遇到来自副热带高气压带较暖的西南气流，向温度较低、气体密度较大的气流爬去，在60度左右形成副极地上升气流，使近地面气压下降，形成副极地低气压带。上升到高空的气流又一次扭转到副热带和极区，于是就有了环流（介于中纬度和高纬度之间的环流）的形成。随后副热带高气压带与副热带低气压带之间产生气压差，空气在气压梯度力（南风）的作用下向北移动，在此形成无数个风带的西南风，称为西风带的盛行，这是由于地转偏向力的作用而逐渐向西南方向偏转，西风带在此形成西南方向的风力。副极地低气压带与极地高气压带在气压梯度力（北风）的作用下产生气压差，空气向南运动，并因受到地转偏向力影响而逐渐向东北偏转，由此形成东北风，称为极地东风带。 任务二：南半球气压带、风带分布，请同学们用图解释一下。 施教者以概括性的方式阐述了气压带与风带在南半球分布原理	听课、记笔记、画重点 南半球气压带的分布状态和风带是用绘图工具绘制出来的	一个假定前提被颠覆了，探讨地球自转时的大气活动状态。先在地球平面图中画出低纬环流的简图，先在立方体中讲解低纬环流规律，立体直观，便于求学者理解记忆。培养综合思维 让求学者画南半球的气压带和风带分布状况，检测掌握程度，锻炼绘图能力，培养区域认知、综合思维和地理实践力

续表

教学环节	教师活动	求学者活动	设计意图
环节4	展示：全球气压带和风带的分布图 讲解：强调三圈环流是针对同一半球而言 讲解：气压带形成的原因 强调：无论是气压带还是风带，都是以近地面为目标	在书上补充知识点	重点突出一些易混合的知识点，让求学者看得懂，记得牢。有益于综合思路的培养
环节5	小结：下面总结一下，世界上一共有7个气压带，分别是：赤道低气压带，副热带高气压带，副极地低气压带，南北纬极地高气压带，6个气风带分别是：赤道附近的信风带，中纬度的西风带，高纬度的极地东风带，其组成如下：低纬度：中纬度运动的西风带，北半球的东北信风带和南半球的东南信风带，极地东风带位于北半球的东北方向，南半球的东南方向，北半球吹东北风，南半球吹东南风。 任务四：通过观察全球气压带风带分布图请同学们协作分组讨论，搜寻全球气压带风带散布规律，同时与实际情况进行联系，展开有针对性地分组讨论等手段，对环球气压带、风带分布的特点、规律等分组协作讨论得出结论。 分布特征：①南北对称、相间分布等特征在气压带和风带上均有表现。②气压带高低错落分布，风带高低错落分布。③同半球的信风带与西风带相反，其风向与极东风一致。 ④风带整体北撇南捺，连起来是一个“<”	全班一起总结 分组讨论气压带和风带的分布规律	小结：气压带风带的数量和名称，让求学者小组讨论，总结其分布规律，锻炼合作学习能力和信息提炼能力，培养求学者的综合思维和区域认知。
环节6	展示：全球气压带风带地图，分布图 提问：刚才老师讲到德雷克海峡的狂风大浪和气压带风带的形成和分布是有关系的，现在气压带和风带的形成和分布我们已经学过了，请同学们结合气压带和风带的分布图，大家一起来探讨一下德雷克海峡形成狂风大浪的原因，我们小组来进行协作。 综述：德雷克海峡位于南半球的西风带控制区，陆地在南半球分布较少，多为海洋，风的摩擦力较小，风速较快，因此形成了狂风。海水受到西风的推动，且陆地少，摩擦力小，且德雷克海峡是南半球西风带最狭窄的部分，有聚集作用，流速极快，对行船造成不便。才有了视频里巨轮在海面上像一片树叶一样随风浪上下起伏左右摇晃的现象	同学们对德雷克海峡形成狂风巨浪的原因进行了讨论	返利案例，让求学者分组讨论，培育合作研修本领，让求学者将所学常识应用到实践征象中，检测基本知识把控水平，磨炼知识迁徙应用本领，培育综合思维本领、地区认知本领和地理实践本领，经由过程返利案例，让求学者在实践中实现对知识的明晰和熟悉，经由过程返利案例，让求学者在实践中实现对所学知识的再认知和再熟悉

续表

教学环节	教师活动	求学者活动	设计意图
环节7	提问：再仔细观察一下，德雷克海峡的纬度约 57.35° S，而老师刚才讲过气压带的宽度一般为 10°，那么南半球西风带的范围就是 35° S ~ 55° S，这样看来，德雷克海峡并不完全是在西风控制下的呀，那为什么南极科考船在穿越德雷克海峡时会遇到狂风巨浪？是不是我们刚刚学习气压带风带的时候忽略了什么？ 过渡：我们刚刚只推翻了一个假设条件——地球不自转，还有两个假设条件呢，我们来看看地球自转和公转时，气压带和风带的分布会出现什么变化？ 任务 4：地球公转时太阳直射点季节性活动的意义。 小组讨论： 太阳直射点季节性活动对气压带风的影响究竟是什么，而且对课本上的三张图进行了考察，尤其是：太阳直射点季节性活动对气压带风的影响究竟有多大？ 讲解：假设条件：地表均一 影响范围：①地球表面高纬度和低纬度地区，受热不均；②使地面受力偏移；③日光直射点，季节运动的南北方向。一年中的气压带和风带也有季节性的周期性运动，因为直射点随季节南北移动，改变了地表的冷热分布状况。与二分日的北半球相比，气压带和风带的位置更大，分别位于夏季的北部和冬季的南部。 提问：现在小组合作，讨论为什么南极科考船在穿越德雷克海峡时会遇到狂风巨浪？ 概述：由于南极洲科考的最佳时期是在南半球的夏季，即北半球的冬季，此时太阳直射点向南移动，因此气压带的风带也随之向南移动，导致南半球的西风带范围向南，控制了德雷克海峡，促使海水快速运动，形成狂风巨浪。图片中展示的就是我国科考船在穿越魔鬼西风带时的惊险场面，即使是如此凶险的海况也不能阻止我们南极科考的步伐，我们要学习这种不畏艰险的科考精神，不论是学习还是生活都要“迎难而上”	小组讨论： 气压带和风带在一年中也属于循环运转的季候型。与二分日的北半球相比，气压带和风带的位置更大，分别位于夏季的北部和冬季的南部。 小组讨论回答问题	建立理论与现实生活现象之间的矛盾，激发求学者的探究兴趣。用问题引出气压带和风带的南北移动，由老师讲解后，再让求学者小组讨论解决问题，锻炼求学者的合作学习能力，培养求学者的综合思维和地理实践能力，求学者的综合思维和地理实践能力是求学者的主要特点，也是求学者的综合思维和地理实践能力的体现，也是求学者的综合能力的体现。 弘扬科学考察，(课程思政)。
总结	本节课我们探究了“魔鬼海峡”德雷克海峡的狂风巨浪形成的原因，学习了大气环流的相关知识、气压带和风带的形成、分布和移动原理	梳理思路	归纳总结，助力求学者们把这节课的思路框架在脑海中搭建起来
课后作业	气压带风带分布图（边画边描述进程）请求学者在课后自立绘制。 地理活动：在乒乓球上绘制“六个风带、七个压带”来帮助记忆	自己绘制气压带、风带分布图；在乒乓球上画上“六个风带”	在学校课程中最有特色的是帮助求学者展开对知识的记忆和理解，培养求学者的综合思维能力，培养求学者的实际操作能力，增强求学者对地理学科的理解能力，这是求学者的一项重要的课题，也是施教者的一项重要的课题

续表

教学环节	教师活动	求学者活动	设计意图
板书	气压带和风带的形成 一、大气环流 二、单圈环流 三、三圈环流 四、气压带和风带的季节移动		

十一、教学评价

教师评价以地理学科焦点素养程度为主要依据，采取观察评价法和估计量表法。运用观评法，旨在了解学生在探究气压带、风带的形成过程中的表现，如能否通过气压带风带的分布规律和季节移动规律，运用教材、资料、分析、归纳等方法，分析产生德雷克海峡狂风巨浪的原因；采用评价量表法，根据求学者课后作业的完成情况，了解求学者在课后作业中掌握和运用气压带、风带的形成、分布及运动规律等知识，并根据实际情况，制定了“求学者课后作业量表法”。

十二、教学反思

“气压带与风带”为难点、重点内容。从知识结构上看，它起着承先启后的纽带作用。以学习效果从课堂反映和求学者作业的情况来看并不理想，普遍反映这一段的难度有所增加。这一节由于前后的知识联系比较紧密，对知识的准备要求比较扎实，所以往往对于学习能力比较差的同学难度比较大。剖析求学者在施教环境中的表现，主要存在如下几个方面的问题：

（1）没有掌握热力环流和风向形成的原理，对单圈环流的形成和三圈环流的形成存在一定的认识上的误区。

（2）没有对前后知识点进行有机衔接，没有对知识点进行整体把握，没有明确课文所设知识点的逻辑次序。

（3）气压带和风带对气候的影响主要体现在热量和水分在全球高、低维度间的调节和再分配上，求学者无法准确理解其知识内涵。

气候特点在不同气压带和风带的支配下，不可能面面俱到，各有各的特点。针对以上求学者出现的情况，从以下几个方面加以调整，并加以引导：

（1）做好知识铺垫，关键知识点再现，建模“热力环流的思维导图”。

（2）本节课施教以“循序渐进地假设—层层递进—贴近现实”讲解气压带、风带的产生和运动等知识点。

（3）重点信息符号化，在实际审题过程中读懂示意图。

通过这一节知识点的教学方法和策略的完善，学生在学习气压带和风带不再感到如此吃力。通过对复杂的知识点进行分解，为知识做铺垫，然后从细节入手，层层递进，各个击破，求学者在有意识地强化元认知理论训练的同时，逐步了解学习过程，感受到逻辑思维的乐趣。

参考文献

[1] 王海龙 . 建构主义视野下的高中地理尝试教学法研究 [D]. 济南 : 山东师范大学 ,2015.

[2] 姜雪 . 数字技术在摄影实践教学中的应用研究 [J]. 艺术研究 ,2015（3）:118–119.

[3] 赵羽竹 . 国际民用飞机市场分析及我国民用飞机出口的目标市场研究 [D]. 北京 : 北京航空航天大学；2002.

[4] 王飞 , 于富强 , 武同元 . “要素增加”教学逻辑下的三圈环流教学设计 [J]. 地理教学 ,2020（20）:50–52.

[5] 蒋碧野 . “感受—升华”小学语文阅读教学模式建构研究 [D]. 长春 : 东北师范大学 ,2012.

[6] 张晓茹 . 教材插图在高中地理教学中的应用现状与策略研究 [D]. 郑州 : 河南大学 ,2019.

[7] 陈振权 , 夏云 . 巧用三个假设 , 讲清大气环流 [J]. 地理教学 ,2010（22）:27–28.

[8] 王君武 .《高中地理》“全球性大气环流”一节教学初探 [J]. 甘肃教育 ,2007（19）:36 –37.

[9] 黄秋怡 . 高中地理教学中尺度思想的培养研究 [D]. 广州 : 广州大学 ,2022.

[10] 王晨光 , 一种演示气压带风带移动及其对气候影响的地理教具 :CN202021362837.8[P]. 2020–07–11.

[11] 曾慧 . 高中地理教材中插图隐性知识的挖掘研究——以湘教版必修第一册为例 [D]. 长沙 : 湖南师范大学 ,2021.

[12] 赵欣睿 . 基于高考试题考查特征的地理空间能力培养策略研究 [D]. 济南 : 山东师范大学 ,2022.

[13] 刘艺轩 . 基于概念图的高中地理课堂教学策略研究 [D]. 海口 : 海南师范大学 ,2019.

案例二　《地球的宇宙环境》教学设计

一、课标

应用要求资料，描绘地球所处的宇宙环境。

二、课标分析

利用资料说明描绘地球宇宙环境时，需要学生用图文并茂的资料进行描绘，学生能够利用的方法是什么？“描述”要求学习者能用文字、图像等形象表达出的“地球所处的宇宙环境”到底是如何的？我们可以从以下几个方面来考虑地球的宇宙环境。地球的宇宙环境是如何的？第一，认识宇宙需要搞清楚物质在宇宙之间以怎样的形态存在，宇宙空间领域又是什么。二是从地球上看，另外的天体都是“天上”，地球相对于另外的天体也是“天上”，所以要求把地球定位在宇宙的大氛围中，需要把差异层次的天体系统区分开来，作为描述地球宇宙环境的参照。第三，地球因其所处位置而与地球所拥有的环境条件密切相关，在人类已经认识的宇宙范围内（尤其是相对太阳系的其他行星），具有生命高级体生存的特殊性。

三、教材分析

本课是地理必修一第一章第一节《行星地球》人教版的内容。教学内容以宇宙中存有的物质形式——天体为引入点，深入浅出地介绍天体的类型，引出天体系统的定义，然后将天体系统的等级由高到低排序，然后分别介绍主要的天体系统，然后将目光缩小到地球所在的太阳系，引入太阳系八颗大行星的分类和运动特征，然后再以“地球是个既普通又特殊的行星”展开，介绍地球的普遍性和特殊性。

四、学情分析

高二年级的学生在高一已经学习了本节的内容，初步形成了地理的空间概念和良好的读图能力，初步具备了地理分析的思维，地球的宇宙环境知识内容比较抽象，并辅以大量高清图片和相关知识的视频，这将更好地激发学生对本节内容的兴趣，加深对本节内容的理解，同时也使学生在理解本节内容，加深相关知识点难度的同时，进一步培养学生的地理核心素养，老课新讲有利于学生巩固地理学科知识，也有利于学生学习地理学科知识，所以这节课的内容对于培养学生的综合思维是至关重要的。

五、教学目标

水平 1	水平 2	水平 3	水平 4
能在教师的指导下初步理解地球的广泛性和特殊性（综合思维），初步理解天体的基本定义和种类、天体系统的梯度结构和八大行星的分类及其运行规律；对地球宇宙环境（区域认知）的描述深入浅出，能初步掌握地球系统在不同层次天体中所处的位置；对某一天体是否存在生命（地理实践力），能运用这部分知识进行简单判断；在初步了解到保护地球宇宙环境（人地协调观）的重要性的同时，培养对为祖国航天事业付出的航天人和科学家的崇敬之情	能根据影像资料了解天体的基本定义和种类，对天体系统的层次结构和八大行星的分类和运行规律有一定的了解，对地球的共性和特殊性（综合思维）有初步的认识，对地球的总体和特殊性（综合思维）有较强的研究能力，能较好地理解天体系统的基本定义和种类；能根据示意图展开对地球宇宙环境（区域认知）的简单描述，对地球在不同等级天体中系统中的层次位置进行了解；对某一天体有无生命（地理实践力），能运用这一段知识进行判断；在初步认识到尊重地球宇宙环境（人地协调观）的必要性的同时，培养出对为祖国航天事业付出的航天人和科学家的崇敬之情	能运用影像资料了解天体的定义和基本类型，能对太阳系八大行星的层次结构和分类运行规律进行描绘，能对地球（综合思维）在宇宙中普通性和特殊性进行认识；描绘描述地球的宇宙环境（区域认知），可通过示意图等方式，描绘地球在天体系统中不同层次的位置；能运用本题知识判断某一物质是否为天体，判断某一物质是否存在生命（实际应用地理的能力）；在体验敬畏地球宇宙环境(人地协调观)的必要性的同时，培养对为祖国航天事业付出的航天人和科学家的崇敬之情	能利用影像资料，与观测天球活动相结合，掌握天体定义，能对天体系统各类型特征及层次结构进行描述。能通过图表资料描述太阳系八大行星的分类和运行规律，明晰地球在宇宙中的普通和特殊性，掌握判断天体是否有生命存在的条件（综合思维）。具有较强的理论能力，能在不同层次的天体系统中运用示意图等方式指出地球所在位置，对地球宇宙环境（区域认知）进行描述；能道理明晰、依据充分地判断某物质是不是天体，能不能有生命存在于某一天体之中（地理实践能力）；在体会敬畏地球宇宙环境的必要性的同时，培养航天人和科学家对祖国航天事业付出的崇敬之情，确立人地协调（人地协调）的理念

六、教学重点

1. 地球在天体系统中到底处于哪里

2. 地球的普遍性和特殊性

七、教学难点

1. 天体的判断方法

2. 地球上生命存在的条件

八、教学方法

采用图文并茂的讲解方式和合作式的学习方法，采用了问题式的授课方法。

九、教学媒体

高清图片、幻灯片、音频、视频

十、教学过程

教学环节	教师活动	学生活动	设计意图
导入	展示：春节晚会上演唱的歌曲《星辰大海》为情景展示，星辰大海，浩瀚宇宙，今天我们就来探索一下地球的宇宙环境	欣赏歌曲，注意视频中的宇宙知识	欣赏歌曲，引起学生兴趣，一边看一边指出视频中涉及的宇宙知识，歌曲中还有思政元素，培养学生的爱国情怀。“查究”为主题，激励求学者的学习兴趣

续表

问题链	我们的宇宙环境探索之旅将以这八个问题为线索展开，在解决这八个问题的过程中，循序渐进地解开宇宙环境的奥秘面纱	阅读八个问题，了解课堂的逻辑结构顺序	采用问题式教学法，将课程内容总结为八个问题，激发学生学习兴趣的探索，帮助学生梳理本节课的逻辑顺序，便于学生建构知识框架。
问题 1	问题 1：了解人类采取怎样的方式来获取宇宙的环境信息？ 综述：使用天文望远镜是人类获取宇宙信息的最主要途径。美国哈勃望远镜 [FAST（fast）]，中国 500 米口径球面射电望远镜（FAST）	了解基本的望远镜类型，理解人类是如何获取宇宙信息的	从提出设问开始，增加求学者的参与度，简要科普天文望远镜相关原理知识，扩大学生的知识面，便于下面引入天体的定义和类型相关知识
问题 2	问题 2：我们知道了可以用天文望远镜获取宇宙信息之后，大家想一想，当我们利用光学望远镜观测宇宙时，都可以看到什么物质呢？ 综述：宇宙中物质存在的形式——天体 类型：星云，行星，恒星，流星体，卫星，彗星等。 提问：度量天体间的距离应该采用什么单位呢？ 综述：一般天体之间的距离用光年来测量，是指一年中光经过的距离沿直线在宇宙真空中传播。1 光年约为 9.4607 乘以 10 公里。 简单介绍各自然天体类型。 介绍人造天体，以最近上天的神舟十二号和中国空间站为例	（1）掌握天体定义、类型以及距离度量单位，计算光年和千米之间的换算，进一步理解光年的定义。 （2）了解人造天体的概念，了解我国航天事业所取得的巨大成就和对人造天体的认识	（1）承接上一问题，引出天体的定义，类型，距离度量单位的定义，让学生通过计算进一步理解光年定义，培养综合思维。 （2）以最近上天的神舟十二号和中国空间站为例介绍人造天体，加深学生理解，进行课程思政，培养对为祖国航天事业付出的航天员和科学家们的崇敬之情
问题 3	问题 3：我们了解了天体的基本类型后，假设用光学望远镜观测的时候，我们怎样判别看到的某个物质是不是天体呢？ 综述：采用“三看”法： ①看方位：看宇宙中央是否能独立存在于地球大气层以外的地方。进入地球大气层的物体，或者是落回地面的物体，都不属于该天体的一部分，因此，进入地球大气层的物体都不属于天体。 ②看特征：宇宙间的物质均为天体，而有些自然现象则不属于天体，所以，宇宙间的物质均为天体。 ③看运行：看它是不是单独运行在某一轨道上，与其他天体相依附而运行的物体不归该天体所有。 活动：判断下列哪些是天体：流星体、流星现象、绕月运行的“嫦娥”二号、在火星上考察的火星车？ 综述：绕月运行的流星体，“嫦娥”二号为天体；天空中的流星现象和火星巡天的火星车都不是天体	掌握判断天体的方法 判断下列是否是天体并说明根据什么来判别的	（1）了解天体的判断方法，加深同学们对天体定义的理解，培养同学们的综合思维能力。 （2）让学生判断天体，考查学生能否了解判别天体的方法，培育地理实践力
问题 4	问题 4：我们刚才大致了解了天体的基本类型也学会了如何判断它，现在我们将这些天体所在的系统详细地看一看，同学们，什么是天体系统呢？ 小结：宇宙中的天体都是运动的，运动中的天体互相吸引，互相转圈，就形成了一个天体系统。（说明是“互相吸引，互相绕圈子”的意思）。（解释为“相互吸引、相互绕圈子”）。按总星系、银河系、太阳系、地月系从高到低的顺序排列，天体系统的等级不同。 简单介绍一下地月系和太阳系的有关知识	掌握天体系统的概念和分类级别	使学生掌握天体系统的概念和分类等级，培养学生的综合思维能力，是一种真正意义上的综合思维能力

续表

问题5	问题5：如何对太阳系中的8颗大行星进行分类？ 示意图：八大行星的具体位置空间图，大致是这样分类的：表面呈固体的水星，金星，地球和火星被分在一起，被称为类地行星，体积较小，与太阳距离较近；木星、土星体形硕大，有巨行星之称；因为天王星和海王星都远离太阳，所以被称作远日行星。 展示：八大行星物理性质表 活动：教学生根据表格数据来验证分类是否准确	通过分析图表信息，掌握八大行星分类方法 根据表格数据来验证分类是否准确	（1）通过分析图表信息，加深学生对太阳系八大行星分类的理解，培养信息分析能力和综合思维。 （2）教学生根据表格数据来验证分类是否准确，造就“用科学数据论证的系统思维”，加深求学者对八颗大行星分类的认识，培养综合思维
问题6	问题6：当我们明白了八颗大行星是怎样分类之后，我们再来看看它们是如何在太阳系中运动的？ 展示：八大行星运动示意图 活动：八大行星的运动规律，请同学们对这幅图进行观察和总结。 综述：8颗行星均围绕太阳公转 ①共同的方向性：公转方向都是自西向东。 ②共面性：围绕太阳运动的轨道面之间的夹角非常小，在浩瀚的宇宙中几乎位于同一平面上。 ③近圆性：公转轨道的轮廓线围绕太阳运动，大致呈圆形。 简要介绍小行星带。	厘清八大行星在太阳系中的运行规律	加深学生对地球共性、特殊性的认识，在区域认知、综合思维等方面进行培养
问题7	问题7：地球为什么是一颗既普通而又非凡的星球？ 展示：八大行星体积位置图 综述：由远近日向，自身体积，或由公转方式分析，表示一般的地球性质。 提问：地球特殊在哪？ 综述：地球是8颗大行星中唯一拥有高级智慧生命的行星，基于目前人类探测到的宇宙信息	理解地球的普遍性和特殊性	加深求学者对地球个性、特殊性的了解，在区域认知、综合思维等方面进行培养
问题8	问题8：地球为何能够存在生命？它存在生命应具备了哪些条件？ 活动：我们可以将其生命存在的条件分为几部分？分别是？其存在生命的外围条件是什么，谁先来具体分析？让学生分析外部条件——安全和稳定（教师在过程中加以引导） 活动：事实上只有地球存在生命，地球能如此特殊，除了外部条件，它自身一定也有许多过人之处，我们就来一起看看它存在生命的自身条件都有什么？谁能结合生活经验，讲讲生命存在的需求条件是什么？ 让学生分析地球存在生命的内部条件——三个适中（教师在过程中加以引导） （根据八大行星的物理性质比较） 强调宇宙环境维护工作的重要性和必要性 简要介绍银河系和可观测宇宙	了解地球存在生命的原因，明晰生命存在条件类问题的剖析方法，做相关题目。 理解保护宇宙环境的必要性	（1）通过让学生讲的方法，增加学生的参与度，掌握内容，让求学者成为课堂的主导，培育他们的综合思维。 （2）做相关的题目，检测学生对地理学科的把握程度，培养学生的实际动手能力，这些都是地理学科需要留意的方面，也是地理学科评价的手段。 （3）强调对宇宙环境的保护和建立人地协调的观点的重要性

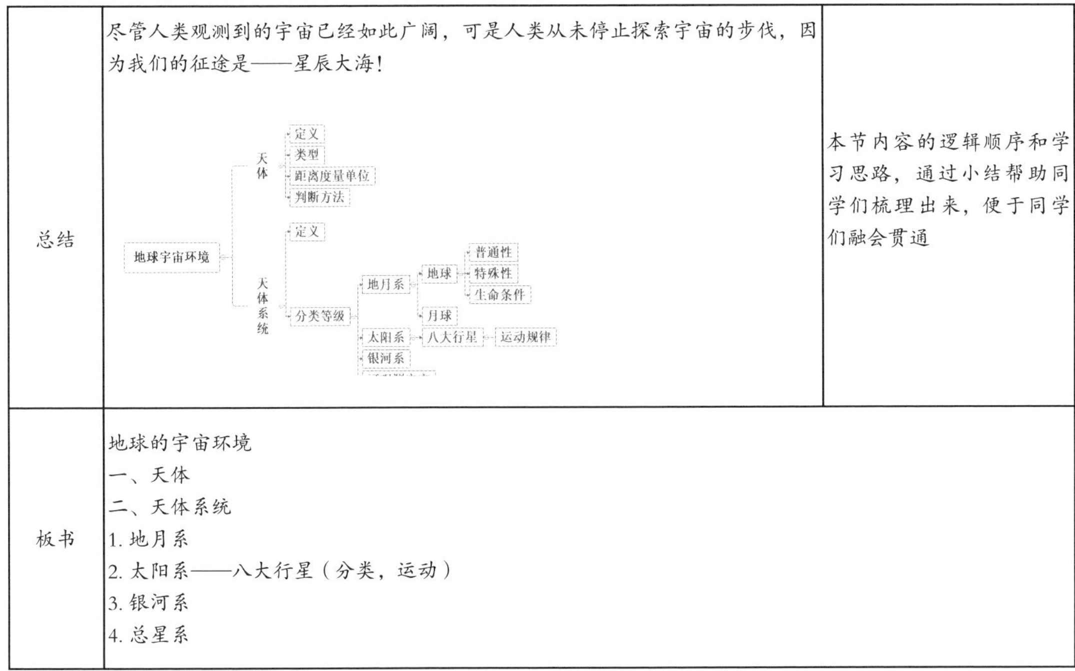

总结	尽管人类观测到的宇宙已经如此广阔，可是人类从未停止探索宇宙的步伐，因为我们的征途是——星辰大海！	本节内容的逻辑顺序和学习思路，通过小结帮助同学们梳理出来，便于同学们融会贯通
板书	地球的宇宙环境 一、天体 二、天体系统 1. 地月系 2. 太阳系——八大行星（分类，运动） 3. 银河系 4. 总星系	

十一、教学评价

教师评价以地理学科核心素养水平为主要标准，采用观察评价法和估量表法。运用观察评价法，旨在了解学生在探究地球宇宙环境过程中的表现，如能不能说出天体定义和种类并判断天体、能不能用图表数据分析太阳系八大行星的分类和运动规律、能不能解释地球这一天体的广泛性和特殊性、生命依存的条件等；以学生课后作业和练习的达成状况为依据，运用评价量表法，了解学生掌握和运用地球宇宙环境知识内容的情况。

十二、教学反思

回想学生在课堂上的表现和课后作业的完成情况，可以发现学生对这节课知识内容的掌握还是不错的，但听课老师指出了一些问题，主要有两点：第一点是课堂气氛不够活跃，在教学过程中要多一些幽默风趣，这样才能更好地引起学生的高度关注，所以在课堂上要多一些激情，把课堂上的知识内容带给学生，声调要抑扬顿挫，这样才能更好地反映学生的学习效果，才能更好地在课堂上学习气氛，更好地将知识内化于课堂之中。第二点，学生解答问题的时候，忽略了其他的学生，声音有些小，对每个学生照顾不够，课堂是大家的，不仅要注意引导学生，而且要注意每个学生在以后的教学过程中的反馈，要有针对性地给予回应。总体来说，这次讲课比上一次有进步，但还要加强学习交流，希望每一次尝试都有进步！

参考文献

[1]. 吴乔昊 . 地球科学学科排名研究——基于 ESI 数据库计量分析 [D]. 武汉 : 中国地质大学 , 2013.

[2] 李春梅 . 初高中“地球”相关内容前后衔接的教学设计研究 [D]. 重庆 : 西南大学 , 2021.

[3] 靳子星 . 学生尽快完成初中形象思维向高中逻辑思维的转变研究 [D]. 石家庄 : 河北师范大学 ,2015.

[4] 武心灵 . 浅谈如何激发学生学习文言文的兴趣 [J]. 科教文汇（中旬刊）,2020（20）:148−149.

[5] 祝波 . 区域地理地图信息知识提取策略、模式 [J]. 新课程（中）,2018（4）:67.

[6] 肖萍 .“地球的公转”教学设计 [J]. 地理教学 ,2016（21）:28−31,27.

[7] 汤春兰 . 高中地理教学开展辩证唯物主义教育的探索与实践 [D]. 赣州 : 赣南师范大学 ,2018.

[8] 胡继中 . 地理核心素养视域下的“六导”教学策略设计探析——以人教版“宇宙中的地球”为例 [J]. 地理教学 ,2017（20）:18−23.